***ACCESO GRATIS** a la Lectura en la Nube*

Para visualizar el libro electrónico en la nube de lectura envíe junto a su nombre y apellidos una fotografía del código de barras situado en la contraportada del libro y otra del ticket de compra a la dirección:

ebooktirant@tirant.com

En un máximo de 72 horas laborables le enviaremos el código de acceso con sus instrucciones.

AF617425

GOBIERNOS LOCALES EN IBEROAMÉRICA

Retos y oportunidades

Procedimiento de selección de originales, ver página web:
www.tirant.net/index.php/editorial/procedimiento-de-seleccion-de-originales

GOBIERNOS LOCALES EN IBEROAMÉRICA

Retos y oportunidades

JOSÉ MANUEL RUANO DE LA FUENTE
CAMILO VIAL COSSANI
Editores

tirant lo blanch
Valencia, 2026

En caso de erratas y actualizaciones, la Editorial Tirant lo Blanch publicará la pertinente corrección en la página web www.tirant.com.

Directores de la Colección:

ISMAEL CRESPO MARTÍNEZ
Catedrático de Ciencia Política y de la Administración en la Universidad de Murcia

PABLO OÑATE RUBALCABA
Catedrático de Ciencia Política y de la Administración en la Universidad de Valencia

© TIRANT LO BLANCH
EDITA: TIRANT LO BLANCH
C/ Artes Gráficas, 14 - 46010 - Valencia
TELFS.: 96/361 00 48 - 50
FAX: 96/369 41 51
Email: tlb@tirant.com
www.tirant.com
Librería virtual: www.tirant.es
DEPÓSITO LEGAL: V-266-2026
ISBN: 979-13-7021-118-9
MAQUETA: Tink Factoría de Color

Si tiene alguna queja o sugerencia, envíenos un mail a: *atencioncliente@tirant.com*. En caso de no ser atendida su sugerencia, por favor, lea en *www.tirant.net/index.php/empresa/politicas-de-empresa* nuestro procedimiento de quejas.

Responsabilidad Social Corporativa: http://www.tirant.net/Docs/RSCTirant.pdf

Índice

Problemática y desafíos de los gobiernos locales en Iberoamérica

JOSÉ MANUEL RUANO DE LA FUENTE
Universidad Complutense de Madrid

CAMILO VIAL COSSANI
Universidad Autónoma de Chile

Hace prácticamente una década se publicó el *Manual de Gobiernos Locales en Iberoamérica* (Ruano y Vial, 2016), una obra colectiva y pluridisciplinar que analizó la arquitectura municipal en 13 países de la región, indagando tanto en factores comunes como en elementos atípicos y singulares de la rica y heterogénea experiencia municipal. Pese a las significativas diferencias analizadas, se evidenció un denominador común: el quehacer de las municipalidades impacta diariamente en la calidad de vida de las personas, probablemente más que cualquier otro órgano del Estado.

Hoy, la evidencia demuestra que los gobiernos locales siguen siendo la cara más visible y cercana del Estado con la ciudadanía: continúan teniendo un rol central para la provisión y prestación de bienes y servicios públicos, son grandes aliados de los gobiernos centrales o regionales para la articulación y el desarrollo de las políticas públicas, y se han consolidado como tomadores de decisiones estratégicas para el desarrollo local.

No obstante, en esta última década han ocurrido procesos y acontecimientos de diversa naturaleza que tienen efectos relevantes sobre los sistemas municipales iberoamericanos. En dinámicas de constante tensión entre los gobiernos centrales y los subnacionales (Iwanowski, 2024; Kiermeier & Martínez, 2023; Nickson, 2023), se han experimentado algunas reformas profundizadoras de los procesos de descentralización, como la municipalización en Uruguay (Freigedo et al., 2023) o la elección democrática de los gobernadores regionales en Chile (Fuentes et al., 2025), aunque ello ha convivido con experiencias recentralizadoras de distinta índole en países como Perú (Quispe-Mamani et al., 2023), Brasil (Schlegel & Vazquez, 2021) y Chile (Anderson et al., 2023).

Adicionalmente, la última década ha sido testigo de diversas crisis sociales y políticas como en Colombia en 2021, Ecuador en 2015, Perú en 2022, Bolivia en 2019 y Chile en 2019; la asunción de gobiernos de sectores políticos no convencionales que han tensionado las estructuras de la administración pública a distintos niveles, como en El Salvador, Brasil y Argentina; la consolidación de gobiernos que han sido cuestionados por prácticas no democráticas, como en Venezuela y Guatemala; o las crispaciones políticas e institucionales que han acabado con gobiernos nacionales antes del cumplimiento de sus mandatos a través de distintos mecanismos (por ejemplo, Perú en 2018 y 2020, Bolivia en 2019, Brasil en 2016, Guatemala en 2015 y Ecuador en 2023). A ello se pueden sumar las grandes crisis migratorias que, con distintos factores y consecuencias, experimentaron con anterioridad España y Portugal, y posteriormente buena parte de América Latina (BID, 2023); así como también el impacto que generó la pandemia por COVID-19, tanto en sus estrategias de contención y mitigación, como en el manejo estratégico de la crisis (CEPAL, 2020). Estas experiencias, en su mayoría, no son de responsabilidad municipal, pero sí han tenido efectos y gestiones diferenciadas a escala local.

Todos los grandes problemas humanos se expresan, en última instancia, en unidades político-administrativas a las que comúnmente denominamos municipios. Aunque se trate de entidades de muy diversa naturaleza, enfrentan desafíos similares con grados de intensidad variables. Existen ciudades y zonas rurales que han colapsado, mientras otras han prosperado; comunidades que se han despoblado para alimentar los suburbios de las grandes urbes, donde hoy se hacinan cientos de millones de personas. Son ciudades donde coexisten la marginación y la riqueza, la innovación cultural y tecnológica junto con la violencia y la deshumanización.

De acuerdo con Naciones Unidas, la mayoría de la población mundial vive en ciudades y alcanzará el 68% en el año 2050 (Naciones Unidas, 2024), si bien la región iberoamericana es la más urbanizada del mundo, puesto que más del 80% de su población vive ya en ciudades.

Estas, especialmente en Latinoamérica, se han desarrollado de forma abrupta y desorganizada como resultado de los rápidos procesos migratorios internos desde el campo a la ciudad que tuvieron lugar desde mediados del siglo XX. La búsqueda de mejores condiciones de vida de las que podía ofrecer la vida en el campo propició el desarrollo acelerado y caótico de unas ciudades que, sin los adecuados instrumentos de ordenación urbana y sin los medios, servicios ni infraestructuras que permitiesen acoger en condiciones dignas a esa masa de población, produjeron ciudades marcadas por altos índices de desigualdad, inequidad, inseguridad, contaminación y crecimiento desordenado, configurando a la larga guetos de clase alta y de clase baja, esto es, espacios aislados de clase media-alta y barrios informales que carecen de los servicios públicos más elementales y que son el signo más inequívoco del fracaso de las ciudades entendidas como espacios públicos compartidos por gentes de toda condición.

Idealmente, el crecimiento de las ciudades debe ir acompañado de la aplicación de instrumentos de planeación y de ordenamiento urbano que permitan prever los usos del suelo, la construcción de infraestructuras y la provisión de servicios para el conjunto de la ciudad. De hecho, las grandes ciudades latinoamericanas ya contaban con planes de ordenación urbana desde los años treinta y cuarenta del siglo pasado, pero adolecieron de la voluntad política y de la capacidad institucional suficientes para orientar procesos de urbanización que dieran respuesta rápidamente a las demandas más acuciantes de sus habitantes.

Estos planes urbanísticos, siendo esenciales para el desarrollo ordenado de la ciudad, son hoy en día insuficientes si no van acompañados de proyectos estratégicos que den cuenta de los problemas urbanos y que planteen soluciones realistas basadas en la participación y en la forja de consensos con los principales actores institucionales y sociales. El principal elemento diferencial de las ciudades en el mundo lo marca la existencia de ciudades que carecen de proyecto frente a aquellas que sí lo tienen, que son capaces de diseñar proyectos de futuro basados en su identidad, su singularidad y en la construcción de una imagen de marca en un mundo globalizado que permita a las ciudades competir en un "mercado" global en el que los factores de producción son móviles y se desplazan con facilidad de unas ciudades a otras (las materias primas, los recursos humanos, la energía, las ideas, las empresas). Solamente el territorio es permanente y debe ser un factor de diferenciación y de competitividad que permita el desarrollo de ciudades sostenibles ambientalmente, inclusivas socialmente y eficaces administrativamente.

Estos planes de ciudad deben apoyarse en un liderazgo local fuerte y en dinámicas económicas y sociales que permitan su desagregación en proyectos concretos. No cabe duda de que el éxito de estos planes estratégicos requiere, de un lado, de la iniciativa y de la capacidad catalizadora y de liderazgo del gobierno local, pero también de la participación activa de los actores privados en su concepción y ejecución.

La puesta en marcha de estos planes transformadores deviene en un proceso legitimador de la acción de gobierno en la medida en que se parte de la constatación de que las ciudades no pueden permitirse ser espacios empobrecidos, inseguros, insalubres ni excluyentes de buena parte de su población. Deben ser actuaciones que, a partir de la búsqueda de consensos entre actores urbanos, articulen y reequilibren el conjunto del territorio de la ciudad, permitan ganar en transparencia y en eficacia de la acción administrativa y mantengan un compromiso irrenunciable por el logro de un equilibrio entre la competitividad económica, la sostenibilidad ambiental y la cohesión social.

Estas problemáticas sociales tienen expresión concreta en el ámbito local y ningún gobierno municipal puede permanecer ajeno a ellas. Ya se trate de una gran metrópolis o de un pequeño municipio rural, todos los gobiernos locales se verán forzados a actuar dentro de sus capacidades y marcos de competencia. Sin embargo, es fundamental no confundir el territorio con su gobierno: la transformación del primero requiere la acción conjunta de múltiples actores, tanto públicos como privados, con intereses diversos e incluso contradictorios. Precisamente ahí radica uno de los principales desafíos del gobierno local: ejercer un rol catalizador, impulsor y articulador de los procesos de cambio.

En este sentido, las competencias municipales no pueden definirse como una rígida separación entre funciones exclusivas de distintos niveles de gobierno, sino que deben primar las relaciones cooperativas y contractuales sobre las relaciones jerárquicas con otros gobiernos o agentes sociales. La demanda social, para que las autoridades públicas aborden sus problemas, debe permitir a los gobiernos municipales actuar para abordarlos directamente si estos entran en su esfera competencial formal o, en cualquier caso, deben asumir el rol de catalizadores o coordinadores de actores públicos y privados para dar respuesta al problema, aun cuando este escape a sus atribuciones formales.

Así, en materia económica, las ciudades no son ajenas a la necesidad de impulsar políticas que las hagan más competitivas y atractivas para la inversión exterior, aun cuando buena parte de la responsabilidad en este campo suele estar en manos de los gobiernos centrales y regionales. Sin embargo, los gobiernos municipales pueden contribuir al cuidado del entorno, estimular la actividad económica, reducir la burocracia administrativa o velar por la existencia de reglas claras que garanticen la objetividad pública, la transparencia y la agilidad de las relaciones con el sector privado.

También en los sectores de seguridad y justicia, aunque no son competencias exclusivas locales, hay iniciativas para coordinar cuerpos de policías y poner en marcha programas de prevención innovadores. Igualmente, en educación, política social y salud han participado habitualmente en la red básica de servicios y tienen la posibilidad de complementar la red y los servicios en estas materias.

Por el contrario, en política de urbanismo y medio ambiente, aunque se trata de competencias formalmente locales, sus decisiones suelen estar condicionadas por las de los gobiernos nacionales o incluso supranacionales (la Unión Europea, en el caso español y portugués). En estos sectores, la relación con las administraciones de ámbito territorial superior se torna esencial, no solo porque estas tengan capacidad legislativa y mayores recursos económicos, sino además porque buena parte de la política territorial suele referirse a espacios metropolitanos que superan los estrictos límites administrativos de las ciudades.

La construcción de espacios públicos desempeña un elemento esencial en la creación de ciudades atractivas y competitivas, cohesionadas socialmente y sostenibles ambientalmente. La degradación del espacio público (ruido, contaminación, residuos, inseguridad, barreras arquitectónicas) conduce al desarraigo, al rechazo y a la falta de identificación de los vecinos con su ciudad. En las grandes ciudades, más del 60% de la superficie viaria está ocupada por el transporte privado a pesar de que solo una parte de la población recurre a este tipo de transporte en sus desplazamientos. A esto se añade el hecho de que el tráfico es la principal fuente de contaminación atmosférica y la causante de miles de muertes anuales. Sólo en los últimos años se ha tomado conciencia de la necesidad de revertir las políticas que consistían en adaptar la ciudad al vehículo privado, no a la inversa.

Estas complejas realidades se manifiestan con particular intensidad en Iberoamérica. Una región conformada por países profundamente diversos, pero con desafíos comunes, que enfrentan estas tensiones con sus propias fortalezas y debilidades. A veces se trata de gobiernos locales con escasa autonomía; en otras, de plataformas que permiten proyectarse hacia la política nacional. Algunos municipios cuentan con recursos y capacidades institucionales para liderar procesos innovadores de gestión pública, mientras que otros apenas logran cubrir las necesidades básicas de sus comunidades. La experiencia iberoamericana, rica en matices, ofrece lecciones valiosas sobre las posibilidades y los límites del gobierno local en contextos de transformación profunda.

Tras estos años resulta necesario volver a ahondar en la relevancia de los gobiernos locales en Iberoamérica. Tanto por los cambios que estos puedan haber experimentado, pero, sobre todo, por los nuevos y variados desafíos que se han ido experimentando en esta parte del mundo. El trabajo que aquí se presenta es una obra colegiada que no sólo retoma y actualiza la discusión antes descrita, sino que además permite profundizar en los principales problemas y desafíos que enfrentan las municipalidades en Argentina, Bolivia, Brasil, Chile, Colombia, Ecuador, España, México, Paraguay, Perú, Portugal, Uruguay y Venezuela.

El libro se estructura en trece capítulos, cada uno dedicado al análisis de un país de Iberoamérica, con el objetivo de ofrecer una mirada comparada sobre el papel, las capacidades y los desafíos de los gobiernos locales en la región. Cada capítulo comienza con una introducción breve que contextualiza la división político-administrativa del país y el lugar que ocupan las municipalidades dentro del diseño institucional. Se examina si estas entidades tienen un peso relevante en el sistema político y administrativo, y si su importancia varía según el tipo de municipio o en función de otros factores estructurales y territoriales.

La primera parte de cada capítulo presenta una descripción sistemática de los gobiernos locales, abordando los tipos de entidades subnacionales existentes además de los municipios, las competencias que ejercen y el rol que desempeñan dentro del entramado institucional del país. Se analiza su forma de financiamiento, distinguiendo entre ingresos propios y transferencias, y se discute cómo esta estructura afecta a su autonomía. También se examinan los mecanismos de elección de alcaldes y concejos municipales, el papel de los partidos políticos y el potencial de proyección nacional de los liderazgos locales. A esto se suma un análisis del asociacionismo municipal y las relaciones intergubernamentales, incluyendo experiencias de cooperación intermunicipal y vínculos con otros niveles de gobierno. La segunda parte de cada capítulo está centrada en las principales políticas urbanas desarrolladas por los municipios, identificando distintos desafíos prioritarios en contextos urbanos —como segregación, inseguridad, movilidad o sostenibilidad— y evaluando críticamente las respuestas institucionales, los modelos de gestión empleados y los aprendizajes que estas experiencias ofrecen para el fortalecimiento del gobierno local en la región.

REFERENCIAS BIBLIOGRÁFICAS

Anderson, S., Uribe, M., & Valenzuela, J. P. (2023). Reforming public education in Chile: The creation of local education services. Educational Management Administration and Leadership, 51 (2), 481-501. Scopus. https://doi.org/10.1177/17411432209833 27.

BID. (2023). ¿En qué situación están los migrantes en América Latina y el Caribe? Mapeo de la integración socioeconómica. https://publications.iadb.org/publications/spanish/document/En-que-situacion-estan-los-migrantes-en-America-Latina-y-el-Caribe-mapeo-de-la-integracion-socioeconomica.pdf.

CEPAL. (2020). Transformación del modelo de desarrollo en América Latina y el Caribe: hacia una recuperación pos COVID-19 con igualdad y sostenibilidad. CEPAL, Naciones Unidas.

Freigedo, M., Milanesi, A., & Rodríguez, J. R. (2023). Decentralizing Under Uncertainty: Informal Relations and Results-Based Management in the Municipalization Process in Uruguay. Public Organization Review, 23 (3), 927-944. Scopus. https://doi.org/10.1007/s11115-022-00693-y.

Fuentes, V., Montecinos, E., Díaz, G., & Vivero, L. (2025). Decentralization and territorial governance in Chile: A state of the art, review and perspectives. Revista Venezolana de Gerencia, 30 (110), 1010-1029. Scopus. https://doi.org/10.52080/rvgluz.30.110.15.

Iwanowski, Z. W. (2024). Latin American Federalism: Decentralization and Relations between the Center and the Entities. Iberoamerica (Russian Federation), 4, 26-54. Scopus. https://doi.org/10.37656/s20768400-2024-04-02.

Kiermeier, A., & Martinez, J. (2023). Federalism and decentralisation in Latin America. En Göttingen Handbook on Latin American Public Law and Criminal Justice (pp. 61-85). Scopus. https://www.scopus.com/inward/record.uri?eid=2-s2.0-85203039989&partnerID=40&md5=5e86c293a6863aff4b1a92a7c0b9b26c.

Naciones Unidas. (2024). *World Cities Report,* Nairobi: United Nations Human Settlements Programme (UN-Habitat). https://unhabitat.org/wcr/.

Nickson, A. (2023). Decentralization in Latin America After 40 Years: Work in Progress; A Commentary Essay. Public Organization Review, 23 (3), 1017-1034. Scopus. https://doi.org/10.1007/s11115-023-00739-9.

Quispe-Mamani, E., Borda, W. Q., & Gebera, O. T. (2023). Recentralization, intergovernmental conflicts and territorial inequality: Perspective of local governments in Peru. Revista de Administracao Publica, 57 (2). Scopus. https://doi.org/10.1590/0034-761220220245x.

Schlegel, R., & Vazquez, D. A. (2021). Coercion in Disguise? A Reassessment of Brazilian Education and Health Reforms. Journal of Politics in Latin America, 13 (2), 243-268. Scopus. https://doi.org/10.1177/1866802X21991145.

El sistema de gobierno municipal en Argentina

DANIEL CRAVACUORE
Universidad Nacional de Quilmes, Argentina

Resumen: Este capítulo presenta la compleja estructura de organización política, administrativa y fiscal del sistema de gobierno local en Argentina. Aborda sus heterogeneidades demográficas, territoriales, institucionales, competenciales, político-electorales, económicas y financieras. También presenta un análisis de las políticas territoriales más relevantes desarrolladas en las últimas tres décadas, de las características de las relaciones intergubernamentales, así como de los principales desafíos para fortalecer este sistema.

Palabras clave: Argentina – Federalismo – Descentralización – Gobiernos locales.

Abstract: This chapter presents the complex political, administrative, and fiscal organizational structure of the local government system in Argentina. It addresses its demographic, territorial, institutional, jurisdictional, political-electoral, economic, and financial heterogeneities. It also presents an analysis of the most relevant territorial policies developed in the last three decades, the characteristics of intergovernmental relations, and the main challenges for strengthening this system.

Keywords: Argentina – Federalism – Decentralization – Local governments.

1. INTRODUCCIÓN

Argentina es una nación federal compuesta por 23 provincias, la Ciudad Autónoma de Buenos Aires y más de 2.300 gobiernos locales. Su forma de federalismo evolucionó con el tiempo desde un «modelo dual» a uno cooperativo. Este se caracteriza por la colaboración entre los distintos niveles de gobierno, donde las provincias mantienen un grado significativo de autonomía en la toma de decisiones: entre ellas, la definición de su propio sistema de gobierno municipal (Cravacuore y Nickson 2022).

Desde 1983 el país goza de estabilidad política. Entre las reformas implementadas durante la Transición Democrática se contaron cambios parciales en los regímenes municipales, incluyendo el reconocimiento de la autonomía municipal, la elección directa de todas las autoridades locales y la inclusión de instrumentos de participación ciudadana, entre otras (Cravacuore 2024).

No existe una ley general del gobierno local para todo el país y el diseño del sistema municipal es competencia de cada provincia. La importancia del gobierno local depende de múltiples factores: el nivel de autonomía que le asigna cada provincia, el tamaño demográfico —que influye tanto en las políticas de otras jurisdicciones como en la relevancia electoral—, y hasta del liderazgo local (Cravacuore 2021b).

Tabla 1. Medición de la autonomía municipal en las provincias argentinas, utilizando local autonomy index 2.0 (Año 2020)

Nivel de autonomía municipal en escala internacional	Provincia	LAI 2.0 / 100
Nivel Alto	Corrientes – Tierra del Fuego – Antártida e Islas del Atlántico Sur	81
	Córdoba – Chubut – Neuquén – Salta	76
	Chaco – Formosa – Jujuy – Santa Cruz	73
Nivel Medio – Alto	Entre Ríos – Río Negro	68
	Catamarca – La Pampa – Misiones – San Juan – Santiago del Estero	65
	La Rioja – Tucumán	62
Nivel Medio	Buenos Aires – Mendoza – Santa Fe	59

Fuente: Cravacuore (2021b).

El caso argentino fue uno de los estudiados con el Índice de Autonomía Local 2.0, un indicador que mide el grado de autonomía municipal relativa respecto de otros niveles del Estado entre 1990 y 2020 (Ladner 2020, p. 8). El país se encuentra en la posición 27 respecto de una muestra de 57 países, ligeramente por encima del promedio. Sin embargo, este valor no logra capturar las asimetrías internas: dos provincias —las de Corrientes y Tierra del Fuego, Antártida e Islas del Atlántico Sur— tienen un grado de autonomía municipal equivalente a países donde alcanza el máximo mundial y otras ocho se encuentran en un nivel alto (Cravacuore 2021b, p. 17).

Evaluando el portafolio legal de bienes públicos que pueden proporcionar, los gobiernos locales argentinos se encuentran en un nivel medio en comparación internacional y en un nivel más alto si valoramos las competencias efectivamente ejercidas. También alcanza un nivel elevado la autonomía fiscal (Cravacuore 2021b). Por el contrario, se encuentran, comparativamente, en un nivel bajo en su capacidad de *lobby* (Ladner, Keuffer & Bastianen 2021).

Esta medición también mostró otra característica: el estancamiento del proceso de descentralización municipal desde la década de 1990 (Cravacuore 2021b).

2. DESCRIPCIÓN GENERAL DE LOS GOBIERNOS LOCALES

2.1. Tipos de gobiernos locales

Existen un total de 2.304 gobiernos locales, de los cuales 1.222 son municipalidades y 1.082 son otros tipos sin jerarquía municipal (REFEGLO 2025). Estos últimos responden a distintas denominaciones en distintas provincias: comisiones de fomento, juntas rurales, juntas de gobierno, comisiones municipales y comunas, que no representan un tipo particular sino meras designaciones que definen las distintas Constituciones provinciales; una comuna o una comisión municipal puede tener atributos que, en otra provincia, sólo están reservados a una municipalidad. Estos gobiernos locales no tienen ninguna subordinación jurídica respecto de otras municipalidades, sino que representan una institución autónoma en un territorio particular (Cravacuore 2016a).

El número total de gobiernos locales varía con el tiempo: por un lado, su incremento como resultado de la creación de nuevas municipalidades, comunas, comisiones o juntas —en total, 128 desde 1990—. Entre Ríos es la única provincia que experimentó una disminución en la cantidad de gobiernos locales no municipales, tras la implementación del nuevo régimen previsto en la Constitución provincial de 2008. Sin embargo, este proceso no implicó un proceso de fusión municipal, como el ocurrido en muchos países europeos, sino la aglomeración de las históricas juntas de gobierno en 81 nuevas comunas: actualmente, subsisten residualmente 97 juntas de gobierno (REFEGLO 2025).

El número de municipalidades y gobiernos locales se modificará en el futuro mediato porque la reforma constitucional de la provincia de Santa Fe, sancionada en septiembre de 2025, indica que todas sus comunas se transformarán en municipios, aunque las de menos de 10.000 habitantes sólo gozarán de autonomía semiplena. También habrá diferencias en su régimen electoral considerando el tamaño poblacional.

Tabla 2. Número y categoría de gobiernos locales en Argentina, por provincia

Provincia	Gobiernos locales en Argentina					
	Total Gobiernos Locales	Municipalidades				Gobiernos locales no municipales
		Total	Primera o Única Categoría	Segunda Categoría	Tercera Categoría	
Total	2304	1.222	930	195	97	1.082
Buenos Aires	135	135	135	—	—	—
Catamarca	36	36	36	—	—	—
Chaco	70	70	10	23	37	—

Provincia	Gobiernos locales en Argentina					
	Total Gobiernos Locales	Municipalidades				Gobiernos locales no municipales
		Total	Primera o Única Categoría	Segunda Categoría	Tercera Categoría	
Chubut	47	24	6	18	—	23
Córdoba	427	260	260	—	—	167
Corrientes	75	75	75	—	—	—
Entre Ríos	261	83	83	—	—	178
Formosa	53	27	2	6	19	26
Jujuy	64	28	28	—	—	36
La Pampa	79	60	60	—	—	19
La Rioja	18	18	18	—	—	—
Mendoza	18	18	18	—	—	—
Misiones	78	78	26	52	—	—
Neuquén	57	36	13	13	10	21
Río Negro	75	39	39	—	—	36
Salta	60	60	60	—	—	—
San Juan	19	19	6	5	8	—
San Luis	67	26	26	—	—	41
Santa Cruz	20	15	15	—	—	5
Santa Fe	365	65	2	63	—	300
Santiago del Estero	165	28	5	5	18	137
Tierra del Fuego A.e.I.A.S.	3	3	3	—	—	—
Tucumán	112	19	4	10	5	93

Fuente: REFEGLO [Registro Federal de Gobiernos Locales] (2025).

En la Tabla N° 2 mostramos que algunas provincias tienen sólo un tipo de gobierno local —el municipal— y otras poseen varios tipos, incluyendo una categorización —que suele estar basada en el tamaño poblacional—, tanto de sus municipalidades como de los otros gobiernos. Esta categorización, con acuerdo a la jurisdicción, puede suponer atribuciones diferenciadas, como la posibilidad de sancionar su propia Carta Orgánica o autonomía en el control de cuentas o, más habitualmente, ser una mera denominación.

La creación —o municipalización— de nuevos gobiernos locales es potestad del legislador provincial, variando los criterios en las distintas provincias, aunque resulta mayoritaria la fijación de mínimos de población. Algunas provincias incluyen otros requisitos, como el número de electores o la densidad de población (Cravacuore 2016a).

Respecto de la jurisdicción territorial, los gobiernos locales argentinos se dividen en dos grandes tipos: los de tipo condado y los de ejido urbano. Los primeros son colindantes e incluyen áreas urbanas y rurales; en los segundos, sus límites coinciden con una única localidad —y eventualmente un área rururbana de crecimiento futuro— (Cravacuore 2016a).

En términos demográficos, existe una notable heterogeneidad. Tres municipalidades —La Matanza, Córdoba y Rosario— superan el millón de habitantes e incluyen el 9,5% de la población total del país; en oposición, una comuna cordobesa —Colonia Anita— tiene sólo cinco habitantes (Censo 2022). En síntesis, el sistema se caracteriza por la presencia de algunas grandes municipalidades, especialmente en el Área Metropolitana de Buenos Aires y en las ciudades capitales de las provincias más pobladas, junto con una gran cantidad de gobiernos locales pequeños distribuidos en todo el territorio nacional.

Las competencias municipales emergen de la regulación provincial, sea en la Constitución como en la ley de municipalidad, o bien de la Carta Orgánica municipal. Esta última es un texto codificado surgido del poder constituyente local, que actúa como la norma fundamental del municipio, con un rango superior al resto de otras reglas jurídicas que lo involucren. Con acuerdo a las normas constitucionales provinciales, una parte o la totalidad de las municipalidades pueden sancionarlas; sólo cuatro provincias niegan esta posibilidad.

Existe un conjunto de competencias concurrentes entre el gobierno nacional, los provinciales y los municipales, como la construcción de obras de infraestructura, la promoción social, la defensa del consumidor, el impulso del desarrollo económico, el fomento del deporte, la reglamentación de terminales de carga y pasajeros, la regulación del transporte automotor, la promoción turística y la gestión del patrimonio cultural y natural; por otro, un conjunto de competencias compartidas entre el gobierno provincial y las municipalidades, como la provisión de servicios públicos, la protección contra incendios y la atención sanitaria (Cravacuore 2016a). Por último, existe un conjunto de competencias exclusivas de las municipalidades que, históricamente, se limitaron a tres grandes campos de intervención:

a) La construcción y el mantenimiento de la infraestructura urbana, incluyendo la provisión de alumbrado público, el aseo y la recolección de residuos sólidos urbanos, la construcción y reparación de calles y caminos vecinales, la conservación de parques y paseos públicos, el cuidado de cementerios y el mantenimiento del equipamiento urbano;

b) La regulación y el control de las actividades que se desarrollan en el territorio, incluyendo la regulación sobre el hábitat, las actividades económicas y el tránsito urbano;

c) La asistencia a la población en riesgo, a través de la asistencia social directa a pobres e indigentes, la atención primaria de la salud y la defensa civil ante desastres naturales (Cravacuore 2016a).

Estos campos de intervención son los consagrados en el régimen municipal de cada provincia, que todos los gobiernos locales cumplen con mayor o menor eficacia. Sin embargo, desde la década de 1990, una parte de ellos —aquellos dotados de mayores capacidades institucionales— asumieron un conjunto de nuevas responsabilidades:

a) El cuidado del medio ambiente;

b) La seguridad ciudadana complementaria a la labor de las policías provinciales, que alcanza particular importancia en algunas municipalidades de gran tamaño;

c) La promoción económica, función en la que más corrientemente avanzaron todos los gobiernos locales mediante la creación de agencias de desarrollo local, la promoción de la competitividad empresarial, el microfinanciamiento, y el fomento de la economía social, entre otras acciones;

d) El acceso a la justicia y la resolución de conflictos vecinales mediante la mediación comunitaria;

e) La promoción social, ejecutando políticas para la atención de la pobreza, de la discapacidad, de la minoridad, de la juventud y de los adultos mayores; para promover la equidad de género y las diversidades; para prevenir las adicciones; para ampliar la atención sanitaria, y para promover la cultura y el deporte;

g) La educación en sus distintos niveles, completando la oferta educativa ofrecida por las provincias, mediante el apoyo a centros educativos complementarios, el otorgamiento de becas y, más recientemente, el cofinanciamiento de carreras universitarias en el territorio (Cravacuore 2016a).

Es infrecuente que los gobiernos locales asuman simultáneamente todas estas responsabilidades, debido a sus propias limitaciones de capacidades y recursos, como a la diversidad de demandas ciudadanas, que no son uniformes ni simultáneas.

En síntesis, el municipio argentino vio ampliada su agenda por la presión de las demandas ciudadanas, la desconcentración de algunas políticas provinciales y también por la decisión del liderazgo local. Buena parte de las municipalidades gobiernan sus territorios, en especial aquellas dotadas de suficientes recursos humanos y económicos para hacerlo. Su lugar como el nivel estatal más cercano a los ciudadanos se potenció desde la Transición Democrática, aunque la heterogeneidad normativa, institucional, demográfica, jurisdiccional, presupuestaria e impositiva condiciona la capacidad del autogobierno local de algunas municipalidades.

2.2. Forma de financiación

El gasto municipal argentino es, en las últimas décadas, alrededor del 8% del total del Estado, siendo uno de los más limitados de América Latina. En 2023, la estructura vertical del gasto consolidado se distribuyó de la siguiente manera: el gasto nacional representó el 57,7% del total, con un gasto per cápita de 1.948 dólares estadounidenses; las provincias, el 35,0% del total, lo que implicó un gasto per cápita de 1.180 dólares, y los gobiernos locales tuvieron una participación del 7,3%, con un gasto per cápita de 247 dólares.

También es baja la recaudación jurisdiccional de los gobiernos locales. En 2023, la estructura vertical del ingreso consolidado en Argentina se distribuyó de la siguiente manera: el gobierno nacional recaudó el 67,5% del total, las provincias un 28,7% y los gobiernos locales apenas el 3,8%.

El principal ingreso recaudado por los gobiernos locales argentinos es la tasa general de servicios, que incluye los servicios de recolección de residuos, de aseo, de mantenimiento de calles y el alumbrado público, entre otros. Otras tasas son por mantenimiento de caminos vecinales; por ocupación de la vía pública, del subsuelo y del espacio aéreo; por publicidad comercial; por faena de animales; por inspección veterinaria, y por inspección general, seguridad e higiene. También los derechos de cementerio, de construcción, de organización de espectáculos deportivos y de inspección de medidores y motores; los permisos de venta ambulante y de uso del mercado, del matadero, de la terminal de ómnibus y de servicios atmosféricos, entre otros (Cravacuore 2021b).

Tres impuestos fueron descentralizados hacia gobiernos locales en las distintas provincias: a) el impuesto a los ingresos brutos —sólo en Chubut— que supone la aplicación de un porcentaje sobre la facturación de un negocio independientemente de su ganancia; b) el impuesto automotor, que grava la tenencia de vehículos de pasajeros, de carga y agrícolas, y c) el impuesto inmobiliario, que grava la posesión de inmuebles urbanos o rurales (Cravacuore 2021b).

El impuesto automotor es cobrado por los gobiernos locales de Chaco; Chubut; Corrientes; Formosa; Jujuy; Neuquén; Salta; Santa Cruz, y Tierra del Fuego, Antártida e Islas del Atlántico Sur. La alícuota varía en las distintas provincias sobre un valor sugerido por la Dirección Nacional del Registro de la Propiedad Automotor (DNRPA) del Ministerio de Justicia de la Nación, e inclusive puede variar en una misma provincia con acuerdo al valor del vehículo. En la provincia de Buenos Aires, los vehículos con más de una década pagan su impuesto automotor a las municipalidades; en la de Córdoba existe, en 243 gobiernos locales, el Impuesto Automotor Unificado (IAU), recaudado por la provincia y luego transferido, mientras que, en los restantes, se mantiene la dualidad del impuesto provincial y de una tasa municipal (Cravacuore 2021b).

El inmobiliario urbano es recaudado por los gobiernos locales de las provincias de Chaco, Chubut, Corrientes, Formosa, Salta, Santa Cruz y Tierra del Fuego, Antártida e Islas del Atlántico Sur. Un tributo de uso creciente son las contribuciones especiales, que se abonan obligatoriamente por la generación de beneficios, individuales o colectivos, derivados de obras públicas: la forma más habitual es la contribución por mejora (Cravacuore 2021b).

Las provincias argentinas distribuyen entre sus gobiernos locales parte de los ingresos obtenidos de las transferencias regulares que reciben del gobierno federal, como de su propia recaudación de impuestos y de las regalías que reciben por la explotación de minerales, gas, petróleo y obras hidroeléctricas: para ello, legislan un régimen de coparticipación municipal de impuestos, con excepción de la de Jujuy (Cravacuore y Nickson 2022). Existe una heterogeneidad en estos regímenes, tanto en términos de los ingresos compartidos como en relación con los criterios utilizados para su asignación. Sobre estos fondos, los gobiernos locales tienen libre disponibilidad (Cravacuore 2021b).

Las municipalidades no reciben fondos federales de manera regular, con excepción de los fondos asignados por la ley federal N° 26.075 de financiamiento educativo para cubrir, parcialmente, gastos de infraestructura educativa. En la década de 2010, existió el Fondo Federal Solidario, que transfería a las provincias el 30% de las retenciones impositivas a la exportación de soja y las obligaba a canalizar al menos el 30% a sus gobiernos locales, con el fin de financiar obras de infraestructura sanitaria, educativa, hospitalaria, de vivienda o vial (Cravacuore 2024).

Las transferencias condicionadas son asignadas para la ejecución de obras públicas y proyectos sociales. Hasta 2023 fueron un mecanismo habitual que utilizó el gobierno nacional en favor de gobiernos locales oficialistas —en particular, municipalidades de gran población electoralmente significativas—. El nuevo gobierno nacional las eliminó casi por completo.

En una perspectiva histórica, los ingresos jurisdiccionales representaron, hasta 2003, un promedio del 50% del total; luego hubo una tendencia decreciente, con un promedio del 36%, siendo 2010 el de menores ingresos (con un 30,7%); desde 2017 hubo una tendencia ligeramente creciente. Existen amplias diferencias entre provincias: en la provincia de La Rioja, el conjunto de municipalidades recauda menos del 10% de sus ingresos mientras que las de Chubut alcanzan más del 90% (López Accotto *et alii* 2015). Esta variación se explica en distintas razones, como el diseño de los sistemas de transferencias —por ejemplo, el nivel de descentralización fiscal—, el tamaño demográfico —a mayor población, mayor capacidad de autofinanciamiento—; el modelo de desarrollo territorial —las economías donde predominan los servicios privados, la agroindustria y las actividades mineras estimulan gobiernos locales con mayor autosuficiencia presupuestaria—; y las características del sistema político, que parece favorecer en otras provincias la pereza fiscal y la dependencia del gobierno provincial —donde existen culturas políticas más asociadas al caudillismo, los recursos propios son menos significativos—.

Las Constituciones provinciales y las leyes de municipalidades autorizan a los gobiernos locales al endeudamiento: dicho procedimiento lo autoriza su Honorable Concejo Deliberante con distintas mayorías especiales —la excepción son los gobiernos locales de la provincia de Tucumán, que deben solicitar autorización a la Legislatura provincial—. En 16 provincias, la deuda no puede superar el 25% de las rentas; en otras cuatro, no puede exceder el 20%, mientras que en dos —Santa Cruz y Tucumán— no existe regulación. En relación con el uso de los fondos, en diez provincias la normativa delimita los destinos del endeudamiento: en las de Buenos Aires, Chubut, Neuquén y San Juan, para obras de mejoramiento o interés público, casos fortuitos o fuerza mayor y/o consolidación de deudas; en Formosa y Tierra del Fuego, Antártida e Islas del Atlántico Sur sólo se menciona el mejoramiento y el equipamiento de interés público; en La Rioja el financiamiento debe ser para obras y servicios públicos municipales, deuda pública y desarrollo regional; en Chaco, para la atención de obras; y en Santa Cruz y Tucumán, los empréstitos deben ser para financiamiento de la obra pública. Adicionalmente, en Corrientes, San Luis y Tierra del Fuego, Antártida e Islas del Atlántico Sur, los empréstitos no se pueden utilizar para el financiamiento de gastos corrientes (Cravacuore 2021b).

La dependencia fiscal de las municipalidades argentinas y su vinculación con la autonomía local es un tema de debate y preocupación de los expertos pero no de los sectores políticos. Existe el desafío de reducir la dependencia de transferencias intergubernamentales, que limitan la capacidad de los gobiernos locales para llevar a cabo políticas adaptadas a sus necesidades específicas. Es necesario mejorar los mecanismos de recaudación propia para fortalecer la autonomía municipal, que debería incluir la revisión de la distribución de competencias tributarias entre los diferentes niveles de gobierno y el incentivo para que las municipalidades amplíen sus bases imponibles y mejoren la eficiencia en la recaudación. Sin embargo, existe una debilidad histórica del *lobby* municipalista, tanto al nivel federal como provincial, que impediría plantearlo con éxito en el corto plazo.

2.3. Alcaldes/as y los concejos municipales

Las municipalidades argentinas tienen dos poderes: el Ejecutivo es ejercido por un alcalde electo con el título de intendente —en cinco provincias con el acompañamiento de un viceintendente— de manera directa, a simple mayoría del voto universal, igual, secreto y obligatorio de argentinos y extranjeros empadronados. El Poder Legislativo es ejercido por un número variable de concejales electos por un sistema de listas de partidos, habitualmente con distribución proporcional de escaños según coeficiente D'Hondt, aunque existen otras modalidades; en 12 provincias el Honorable Concejo Deliberante se renueva por mitades.

La reelección indefinida, en 11 jurisdicciones, estimula a los alcaldes y concejales a mantenerse en su posición. Por el contrario, las limitaciones estimulan su aspiración a cargos legislativos como senadores o diputados provinciales; en caso de no lograrlo, buscan ser funcionarios provinciales. El acceso a posiciones como gobernadores o, eventualmente, legisladores nacionales o, menos frecuentemente, ministerios nacionales o provinciales, está limitado a los alcaldes de gobiernos locales populosos (Cravacuore y Nickson 2022).

En los gobiernos locales no municipales también existen otras formas, como órganos colegiados integrados por tres o más miembros, o comisionados unipersonales. Sus mandatos duran cuatro años, con excepción de la provincia de Santa Fe, donde duran dos (Cravacuore y Nickson 2022). Sin embargo, esta situación se modificará una vez que entre en vigencia el recientemente aprobado régimen municipal santafecino, que establece mandatos de cuatro años para todos los gobiernos locales provinciales. Todas las autoridades locales del país son electas por el sufragio popular.

Las elecciones tienen un carácter pluralista, aunque en algunos gobiernos existe la posibilidad de que la primera fuerza alcance proporciones excepcionalmente altas, hecho originado en fenómenos culturales y el clientelismo exacerbado (Cravacuore 2009).

En los procesos electorales locales compiten los grandes partidos y alianzas nacionales, que pueden hacerlo en forma independiente o con frentes multipartidarios, liderados por estos partidos e integrados por otros: estas coaliciones pueden sellarse al nivel nacional, provincial o local. También compiten partidos provinciales, que pueden alcanzar caudales importantes en algunas jurisdicciones —como Misiones, Neuquén y Santiago del Estero—. Algunas expresiones provinciales de partidos nacionales poseen un comportamiento distinto de su directiva nacional, lo que hace que, en la práctica, actúen como los provinciales: es el caso del Partido Justicialista de la provincia de Córdoba (Cravacuore 2024).

También existen partidos locales —denominados vecinales— que, muchas veces, se alían, formal o informalmente, al oficialismo, nacional o provincial, para acceder con mayor éxito a las transferencias discrecionales, federales y provinciales. Toda la participación electoral en Argentina debe vehiculizarse necesariamente por partidos políticos.

Las municipalidades con autonomía plena, que cuentan con una Carta Orgánica, pueden definir, en algunas provincias, la fecha de las elecciones locales o influir parcialmente sobre elementos del sistema electoral (Cravacuore 2021b). También designar su propia Junta Electoral y constituir el padrón de electores.

Sobre la boleta electoral, las del alcalde y concejales pueden ir separadas —lo que fomenta la mayor pluralidad— o con el titular del Ejecutivo encabezando la lista legislativa, que suele fomentar el fenómeno de arrastre. Las elecciones locales pueden estar obligatoriamente asociadas a las provinciales; por el contrario, algunas Cartas Orgánicas indican taxativamente que deben realizarse con anterioridad o posterioridad a otros comicios (Cravacuore 2024).

El personalismo de los alcaldes debilitó los vínculos con los órganos deliberantes municipales; los concejales oficialistas suelen alinearse sin fisuras al Ejecutivo. En el caso de los opositores, suelen desarrollarse distintos mecanismos de cooptación, de distinta naturaleza. La participación de los concejales en el proceso de toma de decisiones se limita principalmente a la aprobación de normas necesarias para recibir financiamiento externo o para implementar nuevas políticas; la moción de censura no existe en el régimen municipal. Además, se observa que los concejales tienden a enfocarse más en fortalecer sus relaciones con las organizaciones vecinales que en involucrarse en la gestión local (Cravacuore 2024).

Lamentablemente, no hubo debates sobre el sistema de representación, salvo excepciones puntuales, ni sobre la institucionalidad que regula el sistema político local. Las autoridades provinciales y municipales temen que las reformas permitan el surgimiento de actores que alteren la dinámica de reproducción política, caracterizada por el clientelismo y el nepotismo. Tampoco existe una demanda social por ellos, prefiriéndose acciones de lobby o protestas sociales (Cravacuore 2024).

Los alcaldes son respetados como líderes locales con capacidad de movilización del electorado en un país cuya política es fuertemente territorial. Sin embargo, debe diferenciarse entre los alcaldes de las grandes ciudades, con peso en las elecciones federales y provinciales —aunque tienen dificultades para transponer ciertos límites implícitos, como el acceso a los altos cargos de los poderes Ejecutivo y Legislativo—, de aquellos de las localidades pequeñas, subordinados a sus gobernadores. Sin embargo, todos los alcaldes tienen jerarquía al nivel local, dado que sus gobiernos suelen contar con más recursos económicos y simbólicos que otros actores territoriales.

Los ciudadanos no tienen formas de control sobre sus representantes. En algunas municipalidades se crearon Defensorías del Pueblo, que velan por la defensa y protección de los derechos humanos y garantías de los ciudadanos frente a hechos, actos u omisiones que realicen sus administraciones; sin embargo, su importancia es limitada.

Tampoco los ciudadanos participan habitualmente en las políticas públicas. En las reformas constitucionales de la Transición Democrática se incorporaron una diversidad de mecanismos —la iniciativa popular, la consulta popular, el referéndum y la revocatoria de mandato— pero no se utilizaron en demasía. Con la crisis política de 2001/2 se buscó fortalecer la legitimidad de los gobiernos locales y reducir las tensiones sociales mediante la cooptación de actores sociales, abriéndose algunos espacios de concertación, como consejos sectoriales, pero estas estrategias fueron abandonándose progresivamente.

2.4. El asociacionismo municipal y las relaciones intergubernamentales

El asociacionismo municipal en Argentina surgió en la década de 1990 por acuerdos de cooperación voluntarios entre gobiernos locales pequeños y medianos para abordar cuestiones específicas, tanto en la prestación de servicios como en la promoción del desarrollo territorial. No confundimos esta estrategia *bottom-up* con la regionalización promovida por gobiernos provinciales para desconcentrar su gestión (Cravacuore 2016b).

Las asociaciones intermunicipales, variadas en número y tipo de gobiernos participantes, objetivos, mecanismos de financiamiento y grado de participación civil, se orientaron a actividades como el desarrollo económico y turístico, la gestión de residuos, la oferta de servicios médicos y educativos no formales, y, en algunas provincias, a la justicia de faltas. También incluyeron compras conjuntas y la administración de fondos de desarrollo (Cravacuore 2016b).

No existe un registro nacional de asociaciones: estudios académicos (IFAM 2003, Cravacuore 2016b) muestran que nunca funcionaron simultáneamente más de un centenar de iniciativas: su momento de mayor vitalidad fue el comprendido entre el segundo quinquenio de la década de 1990 y el primero de nuestro siglo.

Las asociaciones intermunicipales responden a las modalidades mancomunales y comarcas en partes equivalentes; además, existieron una decena de redes temáticas de ciudades (Cravacuore 2016b). En cuanto a su gestión, existen dos modelos principales: el de gerencia autónoma, donde un funcionario especialmente contratado coordina las actividades junto a una asamblea de intendentes, y la coordinación delegada, donde un funcionario de un gobierno local asume responsabilidades adicionales a sus tareas habituales. En términos de estructura, todas las asociaciones en Argentina operan bajo un principio de igualdad entre miembros, sin votación ponderada por tamaño demográfico (Cravacuore 2016b).

Legalmente, 14 constituciones provinciales mencionan el asociacionismo. También se sancionaron leyes específicas, en especial sobre la intermunicipalidad metropolitana. Adicionalmente, provincias como las de Buenos Aires, Chaco, Córdoba y Río Negro implementaron, en distintos momentos, políticas de fomento, aunque no se mantuvieron en el tiempo. También el gobierno federal las tuvo durante la segunda mitad de la década de 1990, aunque también se descontinuaron (Cravacuore 2016b).

Esta dinámica de colaboración intergubernamental enfrenta varios desafíos que hacen que su implementación sea compleja. La falta de normas útiles, el localismo —político y cultural— profundamente arraigado, la planificación y ejecución deficientes, la ausencia de políticas de apoyo consistentes, la escasa integración de actores de otras jurisdicciones y las restricciones presupuestarias son algunos de los factores que contribuyeron a esta situación desalentadora (Cravacuore 2024).

La participación en redes de ciudades internacionales se limita a la Red de Mercociudades, siendo la intervención en otras de carácter marginal (Cravacuore 2016b: 35).

Respecto de la intermunicipalidad transfronteriza en Argentina, existe un pequeño número de casos en los casi diez mil kilómetros limítrofes: en las últimas tres décadas, sólo una decena de casos se institucionalizaron. En la debilidad de las municipalidades de frontera —quizás con excepción de algunos gobiernos de mayor tamaño poblacional en las fronteras con Brasil, Paraguay y Uruguay— y en la rémora de la desconfianza construida históricamente anidan posibles razones explicativas; tampoco contribuyen la falta de infraestructura para la circulación —como puentes, rutas y puestos aduaneros— y las políticas federales restrictivas del movimiento transfronterizo. La mayor parte de las iniciativas carecieron del apoyo de los gobiernos nacionales, pese a la existencia del MERCOSUR y del fin de los conflictos limítrofes con Chile. Igualmente, las iniciativas privilegiaron un diseño comarcal, privilegiando el desarrollo económico y turístico, por encima de iniciativas mancomunales (Cravacuore 2016c).

Respecto del asociativismo intermunicipal organizado al nivel federal, en 1991 un grupo de alcaldes de grandes municipalidades, sin distinciones partidarias, se autoconvocaron para crear la Federación Argentina de Municipios (FAM). La ley federal N° 24.807, sancionada el 23 de abril de 1997, le dio reconocimiento nacional. La FAM intentó históricamente mantener una alineación con el gobierno nacional, con un presidente oficialista y vicepresidentes opositores; esto se mantuvo hasta 2016, cuando desacuerdos en la elección de nuevas autoridades llevaron a la retirada masiva de alcaldes, dejando la federación en manos de los intendentes kirchneristas. Aunque los intendentes peronistas retornaron en 2020, la FAM perdió mucho de su carácter representativo. A nivel provincial, no existen organizaciones municipalistas que trasciendan las líneas partidarias (Cravacuore 2024).

3. PRINCIPALES POLÍTICAS URBANAS Y DESAFÍOS MUNICIPALES

La inseguridad emerge como una preocupación principal en el país (Opinion Lab 2025). A pesar de no ser una competencia directa de los gobiernos locales, la premura llevó a muchos de ellos, principalmente algunas grandes municipalidades, a ejecutar medidas complementarias a la acción policial provincial. Ello incluye la formación de cuerpos preventivos no armados, la compra de vehículos policiales, la instalación de sistemas de videovigilancia y la confección de mapas del delito, con el objetivo de mejorar la seguridad local y mitigar los efectos del delito. Además, la expansión de la pobreza, del narcomenudeo y de los problemas asociados con los jóvenes que ni estudian ni trabajan añaden capas de complejidad al panorama urbano y exigen respuestas más integradas. Sin embargo, los resultados son desalentadores, pese al incremento del gasto en este rubro.

En las grandes municipalidades de Argentina, además de la inseguridad, existen otros problemas urbanos que reciben menos atención (Reynoso 2023). La congestión del tránsito urbano, como resultado del incremento del parque automotor, no se considera un objetivo prioritario para intervenciones significativas: sólo se apela al cobro del estacionamiento en las áreas centrales, aunque más con fines recaudatorios que ordenadores. Tampoco los gobiernos avanzaron en estrategias de electrificación vehicular o de retiro de unidades antiguas —la edad promedio del parque automotor es de 13 años y uno más para el transporte de cargas—.

La situación del transporte urbano muestra contrastes. Tanto los trenes de cercanías, que se encuentran bajo gestión federal y sólo brindan servicios en el Área Metropolitana de Buenos Aires, como los subterráneos, tutelados por el Gobierno de la Ciudad Autónoma de Buenos Aires, carecen de planes de expansión territorial. En el resto del país, sólo existen autobuses, bajo el contralor exclusivo de las provincias o de las municipalidades, con acuerdo a su jurisdicción. Tecnológicamente, el gobierno federal invirtió en la renovación ferroviaria en los últimos tres quinquenios, pero poco invirtieron los propietarios de las líneas de autobuses en su electrificación o descarbonización. La principal preocupación gubernamental es el costo de las tarifas: ante el incremento paulatino de los costos por la inflación, el gobierno federal creó un fondo para subsidiar el valor del billete de autobús en las principales ciudades del país, aunque, recientemente, el gobierno del presidente Javier Milei eliminó estas partidas presupuestarias. Poco avanzaron los gobiernos locales en estrategias para la reducción del tiempo de los traslados, con excepción de la construcción de carriles exclusivos en nueve grandes municipalidades bajo el auspicio federal en tiempos del gobierno del presidente Mauricio Macri. El sistema de taxis se rige por los parámetros tradicionales y las municipalidades rechazan formalmente, pese a su éxito social, los VTC.

La vivienda es otro tema crítico que enfrentan las municipalidades. Aunque es un problema estructural, su capacidad para ejecutar políticas habitacionales está limitada por restricciones presupuestarias. Sólo algunas municipalidades oficialistas obtuvieron fondos para proyectos de vivienda, pero nunca de manera suficiente para resolver las carencias. Un puñado de municipalidades crearon oficinas autárquicas, aunque su impacto es limitado. La alta inflación impidió por muchos años el otorgamiento de créditos hipotecarios a las familias por el sistema bancario: sólo se mantuvo en la última década un programa estatal de crédito orientado a sectores con cierta capacidad de ahorro. El déficit habitacional es de casi cuatro millones de viviendas: 1,3 millones de familias necesitan una nueva y 2,6 millones tienen necesidades de ampliarla o mejorarla. Tampoco en el país existen sistemas de apoyo estatal para el arrendamiento o de reducción del precio del suelo.

La ocupación ilegal de solares urbanos y la formación de asentamientos informales es el resultado de la falta de políticas de vivienda de suficiente alcance. Este fenómeno no sólo plantea desafíos en términos de regulación del uso de la tierra y la provisión de servicios básicos —agua y saneamiento, electricidad, gas natural por red, recolección de residuos, transporte automotor—, sino que también agudiza las tensiones sociales en las áreas afectadas. La falta de políticas efectivas para gestionar estos asentamientos y la ausencia de alternativas habitacionales adecuadas perpetúan un ciclo de marginalidad y exclusión en la población más vulnerable. La integración de los barrios populares fue objeto del financiamiento federal, principalmente canalizado por los movimientos sociales, pero sus efectos positivos no fueron suficientes.

Respecto del ordenamiento territorial, la influencia de los desarrolladores urbanos sobre las administraciones hace que existan recurrentemente excepciones para la construcción en altura o para la creación de barrios cerrados. Las normas de preservación patrimonial son débiles y la gentrificación no suele formar parte de las preocupaciones locales.

En grandes municipalidades hubo avances en la provisión de agua potable por red en las barriadas pobres —principalmente, en el Área Metropolitana de Buenos Aires, con el apoyo de una empresa federal—, aunque servicios como los de saneamiento y los de distribución de gas natural por red continúan relegados. La recolección de los residuos sólidos urbanos es universal en estos gobiernos locales, aunque la disposición final de los mismos es aún mejorable mediante técnicas adecuadas de clasificación y reciclaje.

En los gobiernos locales más pequeños, la falta de empleo productivo y la disponibilidad de infraestructuras —el asfaltado de calles y rutas, la provisión de agua potable y gas natural por red— suelen tomar preponderancia. El financiamiento de las obras suele concentrarse en las ciudades de mayor tamaño, dado que urge intervenir en las barriadas populares para paliar los efectos de la segregación socioterritorial; adicionalmente, como concentran un mayor número de potenciales votantes, se espera un rendimiento electoral mayor.

En muchas localidades de menor tamaño existe una demanda por la ampliación del sistema de salud, que si bien respondió adecuadamente durante la pandemia del COVID-19, también mostró los problemas de la desigual distribución de los efectores en los territorios, concentrados en las grandes ciudades (Cravacuore 2021a). Menor es la presión por una ampliación de la infraestructura escolar: el acceso a Internet impactó satisfactoriamente sobre la oferta de la educación universitaria —la principal demanda en este campo—, permitiendo que los jóvenes puedan estudiar sin trasladarse a los grandes centros urbanos. También la expansión de la televisión por cable y satélite permitió incrementar las opciones de entretenimiento en estas localidades más pequeñas, mejorando la calidad de vida.

Problemas como la contaminación del aire y del agua o la gestión integral de los residuos sólidos urbanos no suelen ser suficientemente atendidos y tampoco la ciudadanía es consciente de la calidad de la gestión local. Poco se avanzó en las municipalidades argentinas en la localización de ODS, independientemente de su tamaño poblacional; las estrategias federales y provinciales son inocuas, porque se topan con la falta de una cultura de la planificación y evaluación de las políticas públicas.

Tampoco existen, en la mayor parte de los gobiernos locales, políticas para mitigar el cambio climático, reduciendo emisiones de gases de efecto invernadero. La reforestación urbana y rururbana está librada a la decisión de cada autoridad local, al igual que la mejora de la eficiencia energética en edificios públicos y sistemas de iluminación. El fomento del uso de bicicletas, moto-vehículos y automóviles compartidos es inexistente, salvo algunas ciudades que construyeron ciclovías. La mejora de infraestructura de drenaje para hacer frente a las inundaciones y tormentas más intensas está subordinada a las nuevas obras que se realicen.

Sobre la equidad de género y las diversidades, desde la restauración democrática en diciembre de 1983, se sancionaron más de cuarenta leyes federales y normativas destinadas a abordarla. La ley N° 24.012 de Cupo Femenino estableció que al menos el 30% de las listas electorales de los partidos políticos para las elecciones federales debían estar ocupadas por mujeres, impulsando a la mayoría de las provincias a promulgarlas para sus elecciones provinciales y municipales. Un avance adicional se produjo en 2017 con la sanción de la ley N° 27.412 de Paridad de Género en ámbitos de representación política federal, que estableció la obligatoriedad de intercalar mujeres y varones en las listas electorales, aunque algunas provincias legislaron previamente sobre esta cuestión para las elecciones locales.

La creación del Ministerio de Mujeres, Género y Diversidad a nivel federal en 2019 tuvo un impacto positivo en las provincias y gobiernos locales, incentivándolos a establecer dependencias especializadas, bajo la forma de ministerios y secretarías. Sin embargo, persiste el "techo de cristal" sobre las mujeres en el acceso a las alcaldías. Un estudio reveló que en 2007 había 205 intendentes mujeres, cifra que aumentó a 262 en 2019, representando apenas el 12% del total de ejecutivos municipales (Campari et al., 2019); además, más de la mitad de estas mujeres lideraban gobiernos locales con menos de 2.000 habitantes.

Argentina se destaca como un país que promueve y acoge a migrantes, como lo refleja el artículo 25 de su Constitución y las diversas leyes federales. La última, la 25.871, promulgada en 2003, establece en su artículo 14 que los tres niveles del Estado tienen la responsabilidad de facilitar la integración de los inmigrantes. Sólo pocas municipalidades crearon oficinas especializadas, por lo que el arraigo de nuevos inmigrantes queda subordinado a la contención que ofrezcan las redes familiares o comunitarias.

Señalamos que, desde la década de 1990, los gobiernos locales con mayores capacidades institucionales asumieron gradualmente una serie de nuevas responsabilidades. No todos pudieron hacerlo, dadas sus limitaciones organizacionales, competenciales y presupuestarias. Sin embargo, los que pudieron hacerlo, muchas veces lo hicieron de manera innovadora. Esta ampliación de la agenda local se centró principalmente en el desarrollo económico local, la promoción social, el cuidado del medio ambiente y en la seguridad ciudadana y no fue el resultado de una descentralización competencial, sino más bien de la voluntad de los gobiernos locales de abordar temas que no estaban siendo atendidos de manera adecuada por los gobiernos federal o provinciales.

En muchas de estos temas los gobiernos locales adoptaron el enfoque de la gestión asociada como respuesta a las recurrentes crisis económicas, sociales y políticas, lo que llevó a la necesidad de construir una gobernanza renovada. Habitualmente, se buscó establecer relaciones con los actores territoriales a través de consejos o foros, con diferentes niveles de institucionalización. También, como señalamos, lo hicieron asociándose con otros gobiernos locales, aunque esta modalidad perdió el impulso inicial y logró un bajo nivel de inserción en la vida municipal.

Las sociedades comerciales locales fueron otra innovación desarrollada en las últimas décadas, aunque se concentraron en un número reducido de municipalidades, principalmente de tamaño demográfico medio; se utilizan para la administración de bienes municipales; construcción y mantenimiento de infraestructuras y redes de agua potable, Internet, gas natural y saneamiento; desarrollo urbano; recolección de residuos, y transporte de pasajeros.

El régimen de alianza público-privada no se aplicó al nivel local, pese a la existencia de normas federales desde mediados de la primera década de siglo. Sí resulta usual, en las municipalidades de mayor tamaño, la concesión administrativa para la recolección de residuos sólidos urbanos, el cuidado de parques y paseos, el mantenimiento de equipamiento urbano —como alcantarillas, arbolado, luminarias y paradas de buses— y el servicio de transporte público en la ciudad. En los gobiernos locales de menor tamaño, las prestaciones suelen realizarse por gestión directa. Otros servicios son prestados al nivel local bajo concesiones administrativas provinciales —como la provisión de agua potable y saneamiento, la electricidad y el transporte interurbano— o federal —como la distribución de gas natural por red, la telefonía fija y móvil, y el transporte interprovincial e internacional.

Menos frecuente fue el uso de mecanismos alternativos de financiamiento, como la emisión de bonos y obligaciones —el aumento de las tasas de interés la tornó inviable—, la contribución por valorización del suelo y los contratos urbanísticos. Más usuales son los incentivos fiscales a las empresas para fomentar la inversión, aunque, en muchas municipalidades, es relativamente pequeña la contribución que pueden ofrecer.

La incorporación de nuevas tecnologías de gestión digital fue gradual y limitada. Si bien la tecnología digital modificó las prácticas, no fue acompañada por cambios sustanciales en las estructuras ni en los procedimientos administrativos, en el desempeño del personal, en la productividad, en el uso eficiente de los recursos y en la adopción de políticas de reingeniería.

4. CONCLUSIONES

El sistema municipal argentino presenta características distintivas que lo hacen único en el contexto latinoamericano; en particular, la coexistencia de 23 sistemas distintos, uno por provincia. Dentro de ellos también pueden existir diferencias, coexistiendo municipalidades de distintas categorías y otras formas del gobierno local no municipal.

Desde las reformas constitucionales federal y provinciales de la Transición Democrática y el cambio en la jurisprudencia de la Corte Suprema de Justicia de la Nación, las municipalidades gozan de una considerable autonomía en el orden institucional, político, administrativo, económico y financiero. Sin embargo, su capacidad para ejercerla positivamente varía según el régimen municipal de cada provincia (Cravacuore 2021) y de las capacidades institucionales de cada gobierno local.

La heterogeneidad del sistema municipal se refleja en varios aspectos, como la demografía, las normas provinciales, las instituciones, los recursos financieros disponibles, la capacidad de recaudar impuestos, los sistemas electorales y la jurisdicción territorial, entre los más distintivos. No obstante, los distintos gobiernos locales comparten sus problemas políticos y de gestión.

El debate sobre la profundización de la descentralización municipal se estancó en el último cuarto de siglo y no hubo transferencia de nuevas competencias, a excepción de los sistemas integrales de protección de los derechos de la infancia y la adolescencia en 21 provincias. Por el contrario, el proceso de recentralización que afecta a América Latina en nuestro siglo, comenzó a observarse. Si bien la existencia de 23 sistemas municipales actúa como elemento de protección legal frente a las políticas en esa dirección, el Estado federal logró imponer, desde 2003, la centralización del financiamiento de las obras de infraestructura, incrementando la dependencia política de los alcaldes; luego, la federalización de las políticas sociales, que significó la pérdida de un instrumento fundamental que utilizaban los gobiernos locales para construir relaciones clientelares, una modalidad tradicional de vinculación con los electores (Cravacuore 2017).

El cambio de la agenda quizás sea el más relevante del sistema municipal. Los gobiernos locales dotados de mayores capacidades institucionales desarrollaron políticas de seguridad ciudadana, de protección del medio ambiente, de desarrollo económico local, de promoción social en sus distintos órdenes, y de educación como resultado del incremento de las demandas ciudadanas y del incumplimiento efectivo por parte de los gobiernos federal y provinciales, aun en competencias que no les son propias (Cravacuore 2016a).

Este cambio se da en el marco de un contexto fiscal inalterable durante el último cuarto de siglo. El gasto municipal argentino es uno de los más limitados de América Latina, representando menos del 10% del total del Estado; la recaudación jurisdiccional también es baja, no superando el 4% de los ingresos estatales. Los gobiernos locales argentinos obtienen la mayoría de sus ingresos a través de la tasa general de servicios y otros impuestos, como el impuesto automotor y el impuesto inmobiliario, pero su recaudación no es suficiente para cumplir con las expectativas ciudadanas. Las municipalidades podrían endeudarse, pero existen regulaciones en cuanto al límite de deuda y los destinos del endeudamiento en cada provincia, y la inflación en el último cuarto de siglo lo hizo inviable: la obtención de fondos extra jurisdiccionales es la única opción para financiar infraestructura. Por ello, existe el desafío de reducir la dependencia de transferencias intergubernamentales y fortalecer la autonomía municipal a través de una mejor recaudación propia y una revisión de la distribución de competencias tributarias. Sin embargo, la falta de influencia política del *lobby* municipalista dificulta la implementación de estas medidas en el corto plazo.

Habitualmente, los gobiernos locales tienen dos poderes, aunque algunos gobiernos locales tienen sólo uno. Los mandatos son de cuatro años —la única excepción de las comunas santafecinas— con reelección indefinida en once provincias, lo que promueve en esos casos el caudillismo. Además, la participación ciudadana en las políticas públicas y el control sobre los representantes son limitados en el sistema político local argentino, debilitando la democracia local.

El asociacionismo municipal en Argentina surgió como una estrategia *bottom-up* para abordar cuestiones específicas en la prestación de servicios y el desarrollo territorial. Las iniciativas se enfocaron en actividades como el desarrollo económico, la gestión de residuos y la oferta de servicios médicos y educativos. Sin embargo, enfrentan desafíos como la falta de normas útiles, el localismo arraigado y las restricciones presupuestarias. La intermunicipalidad transfronteriza es limitada debido a la debilidad de las municipalidades de frontera y la falta de infraestructura para la circulación.

En las grandes municipalidades de Argentina, la inseguridad es la principal preocupación, aunque todos los gobiernos locales enfrentan desafíos complejos en áreas como el transporte, la vivienda, la salud y el medio ambiente, con resultados desalentadores a pesar de los esfuerzos realizados. Sólo se observan avances en cuestiones de equidad de género, y persisten desafíos en la representación política y la integración de inmigrantes.

El sistema municipal argentino experimentó transformaciones significativas, pero la crisis política de 2001 y 2002 inició la devaluación de la consideración positiva de la descentralización y se fortaleció la subordinación del sistema municipal al gobierno central. Además, medidas como la federalización de las políticas sociales y una virtual nacionalización electoral redujeron la capacidad política de los alcaldes. Paralelamente, la falta de una agenda de transformación municipal tanto al nivel federal como provincial y la debilidad del ejercicio de *lobby* por parte de los alcaldes contribuyó a la ausencia de iniciativas para promover una descentralización más eficaz en beneficio de la ciudadanía.

5. REFERENCIAS BIBLIOGRÁFICAS

Campari, S., Mondino, S., Arnaudo, N., Papalía, N., y Torres Otero, E. (2019). "Mujeres y gobiernos locales". *Estado Abierto,* 3 (3), 95-118.

Cravacuore, D. (2009). "La participación ciudadana en los gobiernos locales argentinos". *Gestión municipal participativa. Construyendo democracia cotidiana.* Universidad de Los Lagos – Corporación Innovación y Ciudadanía.

Cravacuore, D. (2016a). "El sistema municipal argentino". *Manual de gobiernos locales en Iberoamérica.* Universidad Autónoma de Chile – CLAD.

Cravacuore, D. (2016b). "La intermunicipalidad en Argentina. Contribuciones para su mejor conocimiento". *Encrucijada Americana,* 8 (1), 31-51.

Cravacuore, D. (2016c). "La intermunicipalidad transfronteriza en Argentina". *Anuario de la Revista Iberoamericana de Derecho Internacional y de la Integración,* 321-350.

Cravacuore, D. (2017). "La recentralización municipal en Argentina. Apuntes para su análisis". *Estado Abierto,* 2 (1), 167-190.

Cravacuore, D. (2021a). "Argentine Federalism in COVID-19 Pandemic". *American Federal Systems and COVID-19. Responses to a Complex Intergovernmental Problem.* Emerald Publishing Limited.

Cravacuore, D. (2021b). "Local Autonomy Index 2.0. (1990-2020) Argentina (AR)", Universidad de Lausana.

Cravacuore, D. (2024). "40 años de descentralización municipal en Argentina". *Revista Iberoamericana del Gobierno Local,* 25.

Cravacuore, D. y Nickson, A. (2022). "Intra-State Relations In Argentina: A Permanent Conflict Between Legal Autonomy And Political Centralism". *Modern Guide to Local and Regional Politics.* Edward Elgar Publishing Limited.

IFAM (2003). "Microrregiones argentinas". Instituto Federal de Asuntos Municipales.

Hinojosa, M. (2009). "Argentina' s Women: Don' t Cry For Us". *Women & Politics Around the World.* ABC-Clio, Inc.

Ladner, A. (2020). Self-Rule Index for Local Authorities in the EU, Council of Europe, and OECD Countries, 1990-2020. European Commission.

Ladner, A., Keuffer, N. y Bastianen, A. (2021). "Self-Rule index for local authorities in the EU, Council of Europe and OECD countries, 1990-2020". European Commission.

López Accotto, A. y Macchioli, M. (2015). *La estructura de la recaudación municipal en la Argentina: alcances, limitaciones y desafíos.* Universidad Nacional de General Sarmiento.

Opinion Lab (2025). "Argentina In Focus". Opinion Lab.

REFEGLO [Registro Federal de Gobiernos Locales] (2025). https://gobiernoslocales.mininterior.gob.ar/

Reynoso, D. (2023). Satisfacción con el gobierno local en 15 municipios: Benchmarking y análisis de Drivers de la satisfacción. Universidad Nacional de La Matanza.

El municipio en el Estado Plurinacional de Bolivia

LUIS EDUARDO MARTÍNEZ ALMANZA

Consultor independiente en gestión pública autonómica

Resumen: Bolivia, Estado Plurinacional, se distingue por sus autonomías multinivel, donde el municipio y los territorios indígenas son la célula básica de su organización territorial. Este documento es una invitación a descubrir la vibrante diversidad de sus gobiernos locales, reflejo de la riqueza geográfica, étnica y cultural que los define.

Desde la elección de autoridades hasta la gestión de servicios, Gobiernos Autónomos Municipales e Indígenas ejercen una democracia plural y una gestión pública intercultural, enfrentando retos como el desarrollo urbano, la equidad social y la sostenibilidad ambiental en un contexto de cambio climático.

Pero en este desafío reside una gran oportunidad: construir juntos regiones resilientes, prósperas e inclusivas —con gobiernos locales transparentes y abiertos— donde se proyecte un futuro sostenible para Bolivia.

Palabras clave: Gobiernos locales, Municipios, Autonomía indígena, Desarrollo urbano, Políticas públicas y Estado Plurinacional de Bolivia.

Abstract: Bolivia, a Plurinational State, is distinguished by its multi-level autonomies, where the municipality and indigenous territories are the basic units of its territorial organization. This document is an invitation to discover the vibrant diversity of its local governments, reflecting the geographic, ethnic, and cultural richness that defines them.

From the election of authorities to the management of services, Autonomous Municipal and Indigenous Governments exercise a plural democracy and intercultural public management, facing challenges such as urban development, social equity, and environmental sustainability in a context of climate change.

But within this challenge lies a great opportunity: to build together resilient, prosperous, and inclusive regions with transparent and open local governments, where a sustainable future for Bolivia is projected.

Keywords: Local governments, Municipalities, Indigenous autonomy, Urban development, Public policies and Plurinational State of Bolivia.

1. INTRODUCCIÓN

Bolivia, Estado Plurinacional situado en el corazón de Sudamérica, se caracteriza por un sistema de autonomías multinivel y una creciente tradición de empoderamiento local, especialmente notable en las últimas décadas. Sus municipios, ricos en geografía y cultura, reflejan esta diversidad.

El país tiene una extensión de 1.098.581 Km^2 y se organiza política y administrativamente[1] en nueve departamentos. Estos departamentos se subdividen en provincias (112), que a su vez se componen de municipios (335). Los municipios, junto a los Territorios Indígena Originario Campesinos (ocho[2]), son las unidades territoriales locales que son administradas por los gobiernos autónomos municipales e indígena originario campesinos, respectivamente.

El municipio desempeña un papel crucial en la estructura territorial e institucional del país, es la unidad espacial básica del Estado

---

1 Para la correcta interpretación de la organización territorial e institucional del Estado boliviano, es fundamental establecer una clara distinción entre los conceptos de Unidad Territorial y Entidad Territorial, tal como se definen en la Ley Marco de Autonomías y Descentralización (LMAD). El artículo 6 de dicha ley define la Unidad Territorial como una porción geográficamente delimitada del territorio estatal, que puede corresponder a un departamento, provincia, municipio, territorio indígena originario campesino o región, estos últimos sujetos a la obtención de la autonomía. En contraposición, la Entidad Territorial se refiere a la institución administrativa y gubernamental que ejerce funciones sobre dicha Unidad Territorial, en el marco de las competencias asignadas por ley.

2 La conformación de los ocho Gobiernos Autónomos Indígena Originario Campesinos proviene de dos vías: cinco de ellos surgieron de la conversión de gobiernos municipales preexistentes, mientras que los tres restantes se originaron a partir de Territorios Indígenas que, habiendo sido parte de territorios municipales mayores, lograron su reconocimiento como unidades territoriales y por tanto el derecho de conformar su propia entidad territorial autónoma.

y tiene en los Gobiernos Autónomos Municipales (GAM) la representación más cercana a la población por parte del sector público.

Estos GAM tienen la responsabilidad del diseño e implementación de políticas públicas locales en el ámbito de su jurisdicción y competencias (aseo urbano, servicios básicos, infraestructura de salud, educación, deportes y caminos vecinales, entre otras que se abordaran posteriormente en detalle), así también en ellos se expresan las diferentes formas de democracia en el país: tanto representativa (elección de alcaldes y concejales en listas separadas), directa (referéndum y cabildos) y comunitaria (elección de autoridades por normas y procedimientos propios en el caso de los distritos indígenas y las AIOC).

1.1. Antecedentes del municipio en Bolivia

El análisis histórico del municipio en Bolivia, presentado por Yujra et al. (págs. 48 y 61), señala que sus raíces se remontan a formas de organización precoloniales de los pueblos indígenas. No obstante, la llegada de los españoles introdujo el modelo hispanoamericano, transformando la estructura del poder local.

Durante el período republicano, el municipio en Bolivia experimentó altibajos en cuanto a su pertenencia al Estado. La Constitución de 1826 no incluyó ninguna previsión sobre el régimen municipal, lo que reflejaba la fuerte centralización del poder en la naciente república boliviana. Sin embargo, a lo largo de los siglos XIX y XX, se implementaron diversas reformas que, en primera instancia, devolvieron y posteriormente, fortalecieron la institucionalidad del municipio.

El hito más importante en la historia del municipalismo en Bolivia se da en la década de los noventa con la denominada Ley de Participación Popular (LPP) N° 1551 de abril de 1994. Esta ley amplió las competencias de los municipios y les transfirió infraestructura y recursos, para consolidar —de manera irreversible— la institucionalidad municipal. Así también se establecieron formas de participación ciudadana en el control de la administración de los recursos financieros asignados.

Previo a la promulgación de la Ley de Participación Popular (LPP), la administración territorial en Bolivia se limitaba a 24 municipios con jurisdicción exclusivamente urbana. La Ley N° 1551 transformó esta estructura, estableciendo 311 municipios con gobiernos propios y jurisdicción sobre la totalidad de su territorio, tanto urbano como rural. Esta municipalización integral extendió la presencia del Estado a áreas previamente desatendidas.

La LPP representó un cambio fundamental en la administración territorial, la descentralización del poder, la participación ciudadana y una mayor equidad en la distribución de los recursos públicos de Bolivia.

La Constitución Política del Estado (CPE) de 2009 representa un hito contemporáneo fundamental en el municipalismo boliviano. Al establecer el Estado Plurinacional y reconocer las autonomías municipales, la CPE asignó a estos niveles de gobierno un conjunto significativo de competencias y recursos. Si bien muchas de estas ya se ejercían como legado de la Ley de Participación Popular (LPP), la CPE formalizó y amplió su alcance, otorgando también facultades legislativas y reglamentarias para sus competencias exclusivas. Además, la CPE incorporó históricamente la figura de los Gobiernos Autónomos Indígena Originario Campesinos (GAIOC), permitiendo a los pueblos indígenas ejercer su derecho al autogobierno según los requisitos previstos por la Ley Marco de Autonomías y Descentralización (LMAD) de 2010.

1.2. Organización territorial en Bolivia

En la organización del Estado se cuenta con departamentos, provincias, regiones, municipios y territorios indígena ordinario campesinos (TIOC). Sin embargo, el municipio se mantiene como la "célula básica" (Aliendre, 2018, pág. 15) de la organización del Estado boliviano.

A la organización territorial anterior, la CPE vigente, en su artículo 269.I, añade que "Las regiones formarán parte de la organización territorial, en los términos y condiciones que determinen la ley". Por su parte la LMAD en su artículo 15.I aclara que "Los territorios indígena originario campesinos y las regiones pasarán a ser unidades territoriales una vez que, cumpliendo los requisitos de ley, hayan decidido convertirse en autonomías indígena originaria campesinas o autonomías regionales, respectivamente".

1.3. Importancia y características de la autonomía municipal en Bolivia

Para resaltar la trascendencia de la autonomía municipal en Bolivia, la LMAD, en su artículo 8.3 le asigna la función general de "impulsar el desarrollo económico local, humano y desarrollo urbano a través de la prestación de servicios públicos a la población, así como coadyuvar al desarrollo rural.".

Según Aliendre (2018, pág. 26), se puede decir que el municipio es una parte esencial del Estado, debido a su contribución al desarrollo, así como a las competencias y recursos financieros que administran.

La autonomía de las entidades territoriales en Bolivia, entre las que se encuentran los gobiernos municipales, implica las siguientes características, según la CPE:

a) Autonomía política: "Elección directa de sus autoridades". (Art. 272).

b) Autonomía financiera: "Administración de sus recursos económicos". (Art. 272).

c) Competencias y facultades propias: "Ejercicio de las facultades legislativa, reglamentaria, fiscalizadora y ejecutiva, por sus órganos de gobierno en el ámbito de su jurisdicción, competencias y atribuciones". (Art. 272).

d) Igualdad jerárquica: "Las entidades territoriales autónomas no estarán subordinadas entre ellas y tendrán igual rango constitucional (Art. 276).

Si bien el marco normativo nacional ha experimentado avances significativos en el fortalecimiento de los gobiernos autónomos, la implementación efectiva de dichas disposiciones se ve modulada por la aplicación del principio de gradualidad, así como una tendencia persistente hacia la recentralización del poder por parte del gobierno nacional, lo cual plantea desafíos continuos para el pleno ejercicio de la autonomía.

2. DESCRIPCIÓN GENERAL DE LOS GOBIERNOS LOCALES EN BOLIVIA

En Bolivia, los gobiernos municipales tienen diferentes competencias vinculadas a la prestación de servicios públicos locales, para lo cual cuentan con distintas fuentes de financiamiento que incluyen recursos propios y transferencias desde el Nivel Central del Estado (NCE). Los alcaldes y concejales son elegidos de manera democrática en listas separadas y con mandatos quinquenales.

2.1. Tipos de gobiernos locales

Los gobiernos locales en Bolivia se pueden distinguir en municipales e indígenas originario campesinos. Estas autonomías ejercen funciones claves en el desarrollo local a través de la gestión de servicios públicos, el desarrollo económico y la protección del medio ambiente, entre otros.

2.1.1. Gobiernos autónomos municipales e indígena originario campesinos

La organización territorial del Estado boliviano, analizada en el título anterior, tiene su contraparte institucional para la administración de estos territorios. Por ello, para la gestión de 2025 el Presupuesto General del Estado consigna 353 Gobiernos Autónomos, de los cuales 343 se pueden considerar gobiernos locales: 335

Gobiernos Autónomos Municipales (GAM) y ocho gobiernos autónomos Indígena Originarios Campesinos (GAIOC), además de un Gobierno Autónomo Regional (GAR) y nueve Gobiernos Autónomos Departamentales (GAD), como se puede apreciar en la siguiente tabla.

Tabla 1. Unidades[3] y entidades territoriales en el Estado Plurinacional de Bolivia

Unidad territorial	Cantidad de unidades territoriales	Entidad territorial	Cantidad de gobiernos autónomos
Departamento	9	Gobierno Autónomo Departamental (GAD)	9
Región	1	Gobierno Autónomo Regional (GAR)	1
Municipio (1)	335	Gobierno Autónomo Municipal (GAM)	335
TIOC (2)	8	Gobierno Autónomo Indígena Originario Campesino (GAIOC)	8
Total			**353**

(1) Al interior del municipio no existen otras unidades territoriales menores, sin embargo, el municipio puede organizar su territorio en distritos municipales que generalmente son administrados por un subalcaide como representación desconcentrada del GAM.

(2) Existen trrd diferentes formas de acceso a la autonomía indígena, y a la fecha se han perfeccionado dos: la vía de la *conversión municipal* (cinco municipios decidieron, mediante un referéndum, convertir su GAM en un GAIOC) y la *vía territorial*, por lo cual las restantes tres AIOC se crearon por un procedimiento de acceso con base en sus Territorios Indígena Originario Campesinos (TIOC) consolidaron sus AIOC lo que les permitió convertir sus TIOC en unidades territoriales y así mismo conformar su propia entidad territorial (GAIOC).

Fuente: Elaboración propia con base en *Entidades territoriales autónomas vigentes* (Servicio Estatal de Autonomías, 2024) y *Presupuesto General del Estado 2025* (Ministerio de Economía y Finanzas Públicas, 2024).

2.1.2. Estructura organizativa de los Gobiernos Municipales e Indígena Originario Campesinos

Los gobiernos municipales bolivianos se estructuran bajo el modelo de autonomía, definido por la Constitución Política del Estado (CPE) y la Ley Marco de Autonomías y Descentralización (LMAD). Esta estructura se basa en la separación de poderes, con un Concejo Municipal (legislativo) y un órgano ejecutivo liderado por el alcalde. La Ley de Gobiernos Autónomos Municipales detalla la organización, estableciendo secretarías y otras entidades, y promoviendo la participación democrática y la equidad de género.

Un análisis crítico revela que, si bien el marco legal promueve la autonomía, la implementación efectiva varía significativamente. La dependencia financiera de las transferencias del gobierno central limita la capacidad de los municipios para ejercer plenamente su autonomía. Además, la falta de capacidades técnicas en algunos municipios dificulta la planificación y gestión eficaz.

En cuanto a los Gobiernos Autónomos Indígena Originario Campesinos (GAIOC), su estructura organizativa se basa en sus propias normas y tradiciones, lo que refleja la diversidad cultural del país. Sin embargo, esta flexibilidad puede generar desafíos en la coordinación y estandarización de políticas públicas a nivel nacional.

2.1.3. Competencias de los Gobiernos Autónomos Municipales e Indígena Originario Campesinos

Los GAM tienen diferentes tipos de competencias: exclusivas (43), compartidas (7) y concurrentes (16) establecidas en la CPE.

Las competencias exclusivas son "...aquellas en las que un nivel de gobierno tiene sobre una determinada materia las facultades legislativa, reglamentaria y ejecutiva, pudiendo transferir y delegar estas dos últimas" (CPE; 2009, Art. 297.I.2). La propia constitución asigna un total de 43 competencias exclusivas al nivel municipal en el artículo 302.I, entre las que destacan la planificación del desarrollo, ordenamiento territorial, referendos municipales, caminos vecinales, catastro urbano, áreas protegidas locales, deporte, cultura, turismo, transporte urbano, empresas públicas, servicios básicos, entre otras.

Las competencias concurrentes son "... aquellas en las que la legislación corresponde al nivel central del Estado y los otros niveles ejercen simultáneamente las facultades reglamentaria y ejecutiva" (CPE; 2009, Art. 297.I.3). El artículo 299.II de la carta magna asigna 16 competencias concurrentes a los diferentes niveles de gobierno incluyendo el municipal, en este caso se destacan dos de las materias más onerosas para los gobiernos municipales del país: "Gestión del sistema de salud y educación" así como otras competencias esenciales como la "seguridad ciudadana".

En el ámbito de la salud y en virtud de la competencia concurrente, los GAM financian la construcción, el equipamiento y la administración de la infraestructura de salud de primer y segundo nivel. Además, contribuyen al financiamiento del Sistema Único de Salud, tal como lo establecen las leyes del Nivel Central del Estado (NCE).

De igual manera, en el sector educativo, los GAM asumen la responsabilidad de la infraestructura, el equipamiento y la administración del sistema de educación regular, tanto a nivel primario como secundario, de acuerdo con la Ley nacional del sector educación.

En cuanto a seguridad ciudadana, su tarea se reduce a la construcción y el equipamiento de módulos policiales, así como dotar de vehículos y otros equipos a la policía nacional en el ámbito de la jurisdicción municipal.

Así también existen siete competencias compartidas que se definen como "... aquellas sujetas a una legislación básica de la Asamblea Legislativa Plurinacional cuya legislación de desarrollo corresponde a las entidades territoriales autónomas, de acuerdo a su característica y naturaleza. La reglamentación y ejecución corresponderá a las entidades territoriales autónomas" (CPE; 2009, Art. 297.I.4). Estas incluyen temas como el régimen electoral, la electrificación urbana, las relaciones internacionales, la conciliación ciudadana y la regulación de impuestos subnacionales (Art. 299.I).

Todo el catálogo competencial descrito en favor de los GAM ha sido asignado de igual manera a los GAIOC en el artículo 303.I de la CPE, al establecer que "La autonomía indígena originaria campesina, además de sus competencias, asumirá la de los municipios…".

La Carta Magna asigna a los GAIOC, de manera adicional: 23 competencias exclusivas (304.I), cuatro compartidas (304.II) y diez concurrentes (304.III). Entre las competencias que destacan para este nuevo tipo de gobierno está el de la justicia en la jurisdicción indígena, consulta previa, institucionalidad en función de normas y procedimientos propios, medicina tradicional y otras que hacen referencia al carácter cultural o tradicional en cuanto al enfoque de su desarrollo.

Tabla 2. Rol en la prestación de bienes o servicios públicos

Ámbito competencial	Bien o servicio público	1[4]	2[5]	3[6]	4[7]
Desarrollo económico y fomento productivo	Apoyo al desarrollo de micro, pequeñas y medianas empresas			X	
	Fomento industrial				X
	Capacitación con foco en empleabilidad		X		
	Programas de apoyo técnico y financiero			X	
Desarrollo social	Programas sociales contra la pobreza		X		
	Atención de necesidades específicas (grupos etarios, migrantes, discapacidad)		X		
	Fomento de actividades deportivas	X			
	Asistencia social y jurídica			X	
Educación	Educación preescolar				X
	Educación primaria		X		
	Educación secundaria		X		
	Programas educacionales complementarios de apoyo (alfabetización, nivelación, etc.)			X	

4 El municipio es el responsable exclusivo en la prestación del bien o servicio público (atribución exclusiva).

5 Rol fundamental para la provisión del bien o servicio público, pero compartida con otros órganos del Estado (atribución compartida). Por ejemplo, en el caso de una municipalidad que no diseñe ni planifique la provisión de un bien o servicio público, pero que lo ejecute directamente.

6 Rol secundario para la provisión del bien o servicio público, en forma de apoyo o fomento a otra entidad estatal (nacional o regional).

7 No desempeña ningún rol en la prestación del bien o servicio público.

Ámbito competencial	Bien o servicio público	1[4]	2[5]	3[6]	4[7]
Gestión urbana y equipamiento comunitario	Aseo y ornato de los espacios públicos	X			
	Mantenimiento de parques, jardines y áreas verdes	X			
	Mantenimiento de aceras, calles y carreteras urbanas	X			
	Expansión urbana planificada y sostenible	X			
	Conectividad y acceso a infraestructura y servicios, en zonas rurales y urbanas	X			
Transporte	Transporte público (buses urbanos, taxis y otros afines)	X			
	Gestión de la circulación vial y tránsito (señaléticas, semáforos, dirección de calles, etc.)	X			
Medio ambiente y sustentabilidad	Recolección de basura	X			
	Reciclaje	X			
	Monitoreo y control de la calidad del aire y/o agua		X		
Vivienda	Viviendas sociales		X		
	Programas de apoyo y/o financiamiento para vivienda de sectores medios			X	
	Programas de mejoramiento de barrios	X			
	Regulación de las condiciones de construcción	X			
Seguridad y orden público	Policía local				X
	Cuerpos de seguridad ciudadana complementarios (no policía)		X		
	Programas de prevención del delito		X		
	Administración de complejos fronterizos				X
	Cámaras de seguridad, iluminación y otros	X			

Ámbito competencial	Bien o servicio público	1[4]	2[5]	3[6]	4[7]
Salud	Centros de salud de baja complejidad	X			
	Hospitales de alta complejidad, institutos especializados			X	
	Programas de prevención y/o acercamiento de servicios de salud a públicos específicos (normalmente carenciados, tercera edad, etc.)		X		
Desastres naturales	Gestión de emergencias o desastres naturales	X			

Fuente: Elaboración propia con base en la normativa sobre el Sistema de Asignación Competencial en Bolivia.

2.1.4. Categorización de municipios en Bolivia

Con respecto a la categorización de municipios en Bolivia, en primera instancia se debe tomar en cuenta que el tipo de autonomía del Estado boliviano es sincrónico pero gradual, es decir, aunque existen importantes diferencias entre municipios de distintas regiones del país, en cuanto a cultura, acceso a servicios, población y recursos, la CPE asignó las mismas competencias y fuentes de financiamiento, pero agregó que el ejercicio de estas competencias se realizará de manera gradual en función a los recursos y capacidades de cada gobierno autónomo.

Sin embargo, dada la enorme heterogeneidad entre municipios del país, existen diferentes formas de categorizarlos, como la que realiza la Ley del Régimen Electoral 026 para la definición de cantidad de miembros del Concejo Municipal (GAM con cinco, siete, nueve u 11 curules) y otra clasificación que se aplica para efectos administrativos diferenciados y en la que existen cuatro tipos de municipios según cantidad poblacional (A, B, C y D). A continuación, se desarrollan estas dos categorizaciones que tienen, netamente, un criterio poblacional.

En cuanto al número de concejales, la Ley del Régimen electoral establece el tamaño de la población como criterio y se aplica a todos los municipios del país.

Tabla 3. Número de concejales según la Ley del Régimen Electoral No 026 (2010)

Habitantes del municipio	Número de concejales
Hasta 15.000	5
15.001-50.000	7
50.001-75.000	9
Más de 75.000 o capital de departamento	11

Fuente: Elaboración propia con base en Art. 72 inc. f (Ley del Régimen Electoral No 026, 2010).

Durante la implementación de la Ley de Participación Popular (LPP) a mediados de la década de 1990, se estableció una clasificación de municipios basada en su población, dividiéndolos en cuatro categorías. Aunque esta categorización continúa vigente, la Asamblea Legislativa Plurinacional actualmente debate propuestas para una nueva clasificación:

- Categoría "A". Población hasta 5.000 habitantes
- Categoría "B". Población entre 5.001 y 15.000 habitantes
- Categoría "C". Población entre 15.001 y 50.000 habitantes
- Categoría "D". Población mayor a 50.000 habitantes

Estas categorías se utilizan normalmente para dar ciertas preferencias o facilidades administrativas a los municipios con menor población, como la posibilidad de contratar directamente o emplear formatos de reglamentos simplificados.

Tabla 4. Número de municipios según categorías poblacionales con datos del Censo de Población y Vivienda 2024

Tipo/Categoría de unidad territorial	Cantidad	Población Censo 2024
TIOC	**8**	**93.019**
A	3	8.862
B	2	13.820
C	3	70.337
Municipio	**335**	**11.219.601**
A	54	159.615
B	144	1.349.604
C	107	2.643.669
D	30	7.066.713
Total general	**343**	**11.312.620**

Fuente: Elaboración propia con base en datos de CPV 2024 (Instituto Nacional de Estadística, 2024).

La categorización nos muestra que más del 90% de los municipios cuentan con menos de 50.000 habitantes (A, B y C). Sin embargo, más del 60% de la población se encuentra en los municipios de más de 50.000 habitantes (D).

En el caso de las AIOC no existe ninguna en la categoría D, ya que en su mayoría son del área rural, con poca población y con importantes procesos de migración campo-ciudad.

Tabla 5. Caracterización general de los municipios de Bolivia

Tipo de unidad territorial	Cantidad de municipios/ AIOC	Población total	Población promedio	Proporción de municipios con menos de 5.000 hab.	Suma de población de municipios con menos de 5.000 hab.	Proporción de municipios con más de 100.000 hab.	Suma de población de municipios con más de 100.000 hab.
Municipios	335	11.219.601	33.491	16%	159.615	5%	6.221.366
TIOC	8	93.019	11.627	38%	8.862	0%	0
Total	**343**	**11.312.620**	**32.981**	**17%**	**168.477**	**5%**	**6.221.366**

Fuente: Elaboración propias con datos del INE (Resultados de Conteo Poblacional CPV 2024 – primera entrega, 2024).

2.2. *Forma de financiación*

Los Gobiernos Autónomos Municipales (GAM) dependen de diversas fuentes de financiamiento, siendo las transferencias del Nivel Central del Estado las más significativas. No obstante, un desafío crucial para la sostenibilidad financiera de los GAM es la progresiva generación de recursos propios, con el objetivo de disminuir la dependencia de las transferencias centrales.

2.2.1. Financiamiento de los GAM/GAIOC

La CPE establece el régimen económico financiero de las entidades territoriales autónomas, el cual se desarrolla en la LMAD. Esta ley define las diferentes fuentes de recursos municipales, que se clasifican según su naturaleza en la siguiente tabla:

Tabla 6. Recursos de los Gobiernos Autónomos Municipales e IOC

Categoría de recurso	Tipo de recurso	Descripción
1. RECURSOS ESPECÍFICOS	1.1. Recursos propios	– Impuestos municipales creados en el marco de la Ley N° 154 (Impuesto a la Propiedad de Bienes Inmuebles – IPBI, Impuesto a la Propiedad de Vehículos Automotores —IPVA— y la transferencia de éstos, principalmente). – Tasas, patentes a la actividad económica y contribuciones especiales. – Venta de bienes, servicios y la enajenación de activos. (100% para el GAM/GAIOC).
	1.2. Regalía minera departamental	Coparticipación para municipios productores (15% de la regalía) .
2. TRANSFERENCIAS DEL TGN	2.1. Transferencias por coparticipación tributaria	Coparticipación de las recaudaciones en efectivo de impuestos nacionales (20% para los municipios distribuidos en función a la población con datos del último censo).
	2.2. Transferencias en efectivo del IDH	Coparticipación del Impuesto Directo a los Hidrocarburos (variable, en función a si el municipio es parte de un departamento productor o no, y en el primer caso, además, si es municipio productor). El IDH a nivel nacional es del 32% de la producción y se distribuye entre diferentes niveles de gobierno.
3. CRÉDITOS Y DONACIONES	3.1. Créditos y empréstitos internos y externos. 3.2. Legados, donaciones y otros ingresos similares.	
4. OTRAS TRANSFERENCIAS	4.1. Transferencias por delegación o transferencia de competencias. 4.2. Otros (transferencias intergubernamentales).	

Fuente: Elaboración propia con base en Guía Metodológica para la identificación y aplicación de recursos municipales propios (Servicio Estatal de Autonomías, 2021, págs. 17-18).

Como se puede observar en la tabla anterior, los GAM en Bolivia cuentan con diversas fuentes de financiamiento para llevar a cabo sus funciones y competencias. Estas fuentes se pueden clasificar en cuatro categorías principales: recursos específicos, transferencias del Tesoro General de la Nación, créditos y donaciones, y otras transferencias.

2.2.2. Recursos específicos

Los recursos específicos son aquellos que provienen de la actividad propia del municipio, como los ingresos tributarios (impuestos, tasas, contribuciones especiales y patentes municipales) y los ingresos no tributarios (venta de bienes y servicios, enajenación de activos y otros ingresos).

Cabe resaltar que los recursos específicos han sido desarrollados de manera importante por los municipios capitales de departamento que tienen mayor población. Sin embargo, aún son un tema pendiente para los municipios rurales del país, que son la mayoría.

2.2.3. Transferencias del Tesoro General de la Nación

Las transferencias del Tesoro General de la Nación son recursos que el gobierno central transfiere a los municipios. Estas transferencias incluyen la coparticipación tributaria, el Impuesto Directo a los Hidrocarburos (IDH) y el Impuesto a la Participación en Juegos (IPJ).

Estas fuentes son en este momento las más importantes para los GAM/GAIOC del país, debido a la dependencia que aún se tiene de las transferencias y al bajo desarrollo de recursos propios por parte de los municipios de menor población.

2.2.4. Créditos y donaciones

Los créditos son préstamos que los municipios pueden obtener de entidades e instituciones financieras, tanto nacionales como internacionales. Las donaciones son aportes no reembolsables que los municipios reciben de organismos multilaterales, agencias de cooperación, gobiernos y ONG.

2.2.5. Otras transferencias

Las otras transferencias incluyen los recursos que los municipios reciben por delegación o transferencia de competencias, así como los recursos provenientes de acuerdos y convenios intergubernativos. Además de estas cuatro categorías principales, los municipios también pueden recibir recursos específicos para fines determinados, como el bono para personas con discapacidad.

Es importante resaltar que en virtud de lo establecido en la LMAD (Art. 105 y 106) los GAM y GAIOC cuentan con las mismas fuentes de financiamiento, por lo que las referencias a ingresos municipales en el presente apartado se deben entender de igual manera como ingresos de las AIOC.

2.2.6. Dependencia de las transferencias del NCE

El Servicio Estatal de Autonomías (SEA) en el Balance del Estado Autonómico Boliviano (2020) analiza que "...la Coparticipación Tributaria y el IDH, son las fuentes de ingresos más importantes y que para su distribución considera el criterio de población...". Este dato también denota la dependencia de los gobiernos municipales de las transferencias del NCE, que según el texto citado, en el período 2011-2020 representaron el 61% de los recursos totales de los municipios, mientras que los recursos propios representan solo el 22% de los ingresos municipales, tal como se puede apreciar en el siguiente gráfico:

Gráfico 1. Composición de los recursos de los GAM, acumulado 2011-2020 (Presupuesto) en porcentajes

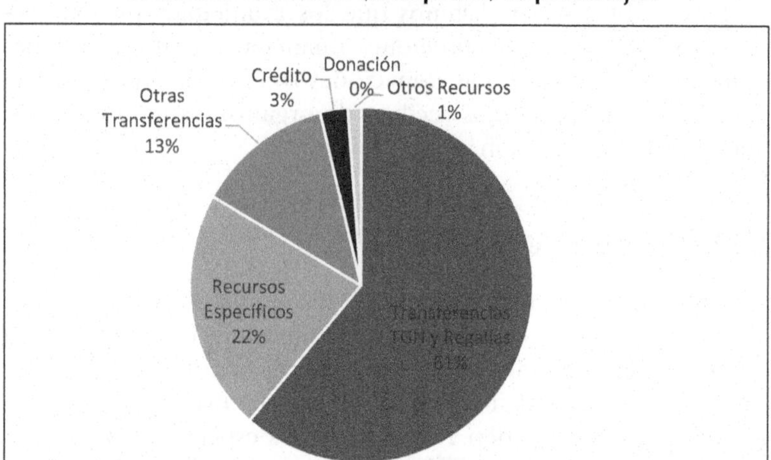

Fuente: Elaboración propia con base en el Balance del Estado Autonómico Boliviano (Servicio Estatal de Autonomías, 2020, pág. 114) y con datos del Ministerio de Economía y Finanzas Públicas.

El análisis de los datos anteriores revela una importante dependencia financiera de estas entidades respecto al Nivel Central del Estado (NCE). Si bien las transferencias del NCE son fundamentales para el funcionamiento de los gobiernos locales, la concentración de la generación de recursos propios en municipios con mayor población y desarrollo, como las capitales de departamento y el eje troncal (La Paz, Cochabamba y Santa Cruz), crea una brecha con el resto de los GAM. Esta situación limita la autonomía financiera y la capacidad de gestión de la gran mayoría de los municipios y las AIOC, que enfrentan el desafío de desarrollar sus propios recursos.

Es importante destacar que la dependencia de las transferencias del NCE puede influir en la dinámica de la gestión local, considerando los diferentes mecanismos e instrumentos de transferencias de recursos existentes en algunos casos discrecionales.

2.3. Alcaldes/as y los concejos municipales

El alcalde y el concejo municipal son elegidos por votación popular para un mandato de cinco años. El alcalde se elige por mayoría simple, mientras que los concejales se eligen mediante representación proporcional en una lista separada a la del Ejecutivo. Los partidos políticos son clave al postular candidatos, pero también pueden participar agrupaciones ciudadanas y pueblos indígenas sin representación política expresa.

2.3.1. Elección de alcalde/alcaldesa

El alcalde es elegido en una circunscripción municipal única por mayoría simple de votos, su postulación puede realizarse con organizaciones políticas de alcance nacional, departamental o municipal y puede ser reelecto de manera continua por una sola vez, según lo establecido en el Art. 71 de la Ley del Régimen Electoral No 026 (2010).

2.3.2. Elección de concejales

El Concejo Municipal, como órgano representativo del poder popular, ejerce funciones deliberativas, fiscalizadoras y legislativas dentro de su ámbito competencial. Su composición, según el *Manual para Concejalas y Concejales* (Yujra Coarite & Endara, 2021, pág. 23), incluye concejales elegidos por sufragio universal, considerando criterios de población, territorio y equidad. Adicionalmente, en municipios que no se han constituido en Autonomías Indígena Originario Campesinas (AIOC), se integran representantes de naciones y pueblos indígena originario campesinos, seleccionados mediante sus normas y procedimientos propios.

En cuanto a la forma de elección de los concejales, la Ley No 026 establece que serán postulados en listas separadas del alcalde por organizaciones políticas de alcance nacional, departamental o municipal, podrán ser reelectos de manera continua una sola vez y el número de concejales de un municipio será establecido en función al criterio poblacional, según lo determinado en el Art. 72 de la (Ley del Régimen Electoral No 026, 2010).

Para el caso de las elecciones en las AIOC, la Ley del Régimen Electoral ratifica lo establecido en la CPE de que las elecciones en estos territorios se regirán por normas y procedimientos propios según lo determinado en sus estatutos autonómicos (Arts. 2, 30 y 289 al 296 de la Constitución Política del Estado y Art. 74 de la Ley No 026).

2.3.3. Revocatoria de mandato

Con respecto a la revocatoria a mandato de las autoridades municipales, la CPE (Art. 240) establece que toda autoridad electa podrá ser revocada de su mandato (excepto las del órgano judicial). El procedimiento establece que:

- La revocatoria del mandato podrá solicitarse cuando haya transcurrido al menos la mitad del período del mandato.
- La revocatoria del mandato no podrá tener lugar durante el último año de la gestión en el cargo.
- El referendo revocatorio procederá por iniciativa ciudadana, a solicitud de al menos el 15% de votantes del padrón electoral de la circunscripción que eligió a la servidora o al servidor público.
- La revocatoria del mandato de la servidora o del servidor público procederá de acuerdo a Ley.
- Producida la revocatoria de mandato el afectado cesará inmediatamente en el cargo, proveyéndose su suplencia conforme a ley.
- La revocatoria procederá una sola vez en cada mandato constitucional del cargo electo.

Además de la revocatoria por mandato expreso de la población, los alcaldes municipales pueden ser destituidos de su cargo por el Concejo Municipal, únicamente si existe sentencia condenatoria ejecutoriada, según lo establecido en la LMAD (Art. 148) y lo expresado por la Sentencia No 2055/ 2012 (Tribunal Constitucional Plurinacional, 2012).

2.3.4. Proyecciones de los alcaldes en otros niveles de gobierno

La dinámica electoral históricamente mostró una disparidad entre las aspiraciones de los líderes municipales y las demandas del electorado nacional. Mientras que los alcaldes solían enfocar sus trayectorias hacia cargos departamentales o ministerios, desde el retorno a la democracia en la década de los años 80 ningún presidente electo había tenido, de manera previa, el rol de Alcalde, a pesar de las candidaturas previas sin éxito (como Juan del Granado y Ronald Mc Lean, exalcaldes de La Paz, y Manfred Reyes Villa, exalcalde de Cochabamba).

No obstante, esta tendencia histórica se rompió en las últimas elecciones. El triunfo de Rodrigo Paz (exalcalde de Tarija), quien superó la segunda vuelta y es el nuevo presidente electo con un 54,5% de los votos, establece un hito. Por primera vez en la historia democrática reciente del país, la experiencia en la gestión municipal se consolida como una base legítima y exitosa para alcanzar la jefatura de Estado, redefiniendo la proyección política de los líderes locales.

2.4. El asociacionismo municipal y las relaciones intergubernamentales

En Bolivia el municipalismo tiene una fuerte tradición asociativa, cada departamento cuenta con una asociación que aglutina a los diferentes municipios del territorio y existe una Federación de Asociaciones Municipales (FAM) a nivel nacional. De igual manera, conviven con estas formas asociativas figuras como las de la mancomunidad y la región. Cada uno de estos conceptos se describirán a continuación.

2.4.1. Asociativismo municipal

La Ley N° 540 establece la estructura del sistema asociativo municipal en Bolivia, el cual se compone de: la Federación de Asociaciones Municipales (FAM), las nueve asociaciones departamentales de municipios, la Asociación de Alcaldesas y Concejalas de Bolivia (ACOBOL), con sus respectivas asociaciones departamentales, y la Asociación de Municipalidades de Bolivia (AMB), que agrupa a los gobiernos municipales de las nueve ciudades capitales y El Alto (2014, pág. Art. 2).

Los fines del asociativismo, según la norma antes citada (Art. 3), son fortalecer a los municipios bolivianos a través de la cooperación y la capacitación; promover el desarrollo equitativo y solidario, el intercambio de experiencias y la defensa de la autonomía municipal en el marco constitucional. Además, coordinan planes de desarrollo a largo plazo alineados con la planificación nacional, impulsando una gestión municipal más eficiente y eficaz.

2.4.2. Mancomunidades

Según la LMAD (Art. 29), una mancomunidad es una asociación voluntaria entre municipios, regiones o autonomías indígenas originario campesinas. Su objetivo es desarrollar acciones conjuntas dentro de las competencias de sus miembros, como la gestión de servicios públicos, el desarrollo económico local o la protección del medio ambiente.

La mancomunidad permite unir recursos y capacidades de diferentes entidades territoriales para llevar a cabo proyectos de mayor envergadura, compartiendo recursos económicos, técnicos y humanos. De esta manera, se mejora la eficiencia en la gestión de servicios y la ejecución de proyectos, a la vez que se fortalece la cooperación entre entidades. La mancomunidad, en definitiva, amplía la escala de acción para abordar problemáticas que van más allá de los límites de una sola entidad.

Si bien las mancomunidades son un instrumento clave para la gestión territorial en Bolivia, con el potencial de fomentar la cooperación, la eficiencia y el desarrollo local, su implementación ha sido dificultosa. La necesidad de coordinar acciones entre autoridades con intereses personales y territoriales diversos puede dificultar su funcionamiento. Además, la asignación de recursos, provenientes —de manera voluntaria— de los presupuestos de los propios GAM, y la coordinación interinstitucional requieren un esfuerzo considerable. A pesar de esto, existen experiencias exitosas, aunque limitadas, de mancomunidades que han logrado brindar servicios efectivos a sus miembros, buscando la sostenibilidad y demostrando el potencial de esta herramienta para el desarrollo local.

2.4.3. Regiones

La LMAD define a la región como "...un espacio territorial continuo conformado por varios municipios o provincias que no trascienden los límites del departamento, que tiene por objeto optimizar la planificación y la gestión pública para el desarrollo integral, y se constituye en un espacio de coordinación y concurrencia de la inversión pública. Podrán ser parte de la región, las entidades territoriales indígena originario campesinas que así lo decidan por normas y procedimientos propios." (Art. 19.I).

Así también añade que "La región como espacio territorial para la gestión desconcentrada forma parte del ordenamiento territorial, que podrá ser definida por el gobierno autónomo departamental". Para conformar una región se requiere que las unidades territoriales involucradas compartan características comunes como cultura, historia, economía y ecosistemas, y que tengan una vocación compartida para su desarrollo.

La gestión de la región se lleva a cabo a través de un Consejo Regional Económico Social (CRES), que coordina la planificación y gestión entre los municipios, autonomías indígenas y el gobierno departamental. La región es un instrumento de planificación y gestión que busca el desarrollo integral a través de la cooperación y coordinación entre diferentes entidades territoriales.

Como se mencionó anteriormente, las regiones pueden acceder a la autonomía (regional) siguiendo un procedimiento establecido en la CPE y la LMAD, para lo cual ya existe un ejemplo en el país: la Autonomía Regional del Chaco en el departamento de Tarija, conformada por los municipios de Villamontes, Yacuiba y Caraparí (la región con mayor riqueza hidrocarburífera del país), así como otras que han iniciado el proceso de acceso, como la Región del Sudoeste Potosino (en la zona de los salares).

3. PRINCIPALES POLÍTICAS URBANAS Y DESAFÍOS MUNICIPALES

3.1. Desafíos y políticas públicas locales

Las ciudades bolivianas enfrentan desafíos críticos que obstaculizan su desarrollo sostenible e inclusivo. Entre los más apremiantes se encuentran la expansión urbana descontrolada, que deriva en carencias de servicios básicos y degradación ambiental, y la profunda inequidad social, manifestada en segregación espacial y falta de oportunidades.

3.1.1. Desafíos urbanos en los municipios de Bolivia

Los principales desafíos urbanos en el país se pueden agregar en tres áreas, el *desarrollo urbano deficiente* que se caracteriza por la planificación urbana desarticulada e ineficiente, así como por las limitaciones en la gobernanza urbana; la *inequidad y la exclusión social* que se manifiestan en el acceso desigual a servicios básicos y espacios públicos, y en la exclusión de grupos vulnerables; y finalmente la *(in) sostenibilidad ambiental y los conflictos* se reflejan en el impacto negativo a los sistemas naturales, la vulnerabilidad frente al cambio climático, los conflictos urbanos y el deterioro del patrimonio.

A continuación, se profundiza en el análisis de cada una de estas áreas problemáticas, con el objetivo de comprender los desafíos que enfrentan las ciudades bolivianas y proponer soluciones que contribuyan a un desarrollo urbano sostenible, equitativo e inclusivo.

3.1.2. Desarrollo urbano deficiente en Bolivia

El desarrollo urbano deficiente en Bolivia se manifiesta a través de una planificación urbana desarticulada e ineficiente, exacerbada por limitaciones en la gobernanza urbana. El crecimiento urbano acelerado, superando la capacidad de planificación de las ciudades, ha resultado en una expansión descontrolada y la ocupación de zonas inadecuadas.

La gestión del suelo urbano, influenciada por intereses inmobiliarios, fomenta la especulación y los asentamientos informales. La falta de recursos humanos calificados y herramientas adecuadas en los Gobiernos Autónomos Municipales (GAM) limita su capacidad de gestión. Además, la descoordinación institucional, la falta de cooperación intermunicipal, la insuficiente participación ciudadana, la carencia de información y las debilidades financieras obstaculizan la gobernanza urbana efectiva.

3.1.3. Inequidad y exclusión social en las ciudades bolivianas

La inequidad y exclusión social en las ciudades bolivianas se manifiestan en la desigualdad de acceso a servicios básicos como saneamiento e Internet, en la ineficiencia de la movilidad urbana y la carencia de espacios públicos adecuados. La inseguridad alimentaria agrava la situación, especialmente entre los grupos vulnerables.

La exclusión social se refleja en la pobreza multidimensional, que afecta desproporcionadamente a mujeres, y en la segregación socioespacial que concentra a los hogares pobres en áreas periféricas con servicios limitados. La desigualdad de género se evidencia en la falta de oportunidades económicas para las mujeres y en la violencia de género.

3.1.4. (In) Sostenibilidad ambiental y conflictos en las ciudades bolivianas

Las ciudades bolivianas enfrentan desafíos de cara a la sostenibilidad ambiental, debido al impacto negativo en los sistemas naturales, la vulnerabilidad al cambio climático, conflictos urbanos y el deterioro del patrimonio natural.

El crecimiento urbano descontrolado ha llevado a la contaminación del aire y del agua, degradación del suelo, pérdida de biodiversidad y ocupación de zonas de riesgo. La vulnerabilidad al cambio climático se manifiesta en el aumento de temperaturas, eventos climáticos extremos y escasez de agua.

3.1.5. Respuestas de los Gobiernos Autónomos Municipales (GAM) a las problemáticas urbanas en Bolivia

Los GAM en Bolivia enfrentan el reto de gestionar un crecimiento urbano acelerado y en constante cambio. Para ello, han implementado diversas políticas y acciones que buscan responder a las problemáticas urbanas antes analizadas.

3.1.6. Planificación y gestión del desarrollo urbano

Planificación urbana:

- Planificación territorial: si bien varios GAM han elaborado Planes Municipales de Ordenamiento Territorial (PMOT), estos planes han quedado obsoletos debido a cambios en la normativa nacional. Se requiere de lineamientos metodológicos actualizados, los cuales no han sido generados por las instancias nacionales. A pesar de esto, los PMOT se siguen utilizando como referencia y se está avanzando en la planificación territorial con la elaboración de Planes Territoriales de Desarrollo Integral (PTDI) en todos los municipios del país. Sin embargo, la calidad y el grado de implementación de estos planes varían entre municipios. Algunos municipios han incorporado herramientas de planificación participativa.

- Gestión del suelo: los GAM tienen la responsabilidad de gestionar el suelo urbano, incluyendo la regulación del uso del suelo, la titulación de propiedades y la promoción de la vivienda social. Algunos municipios han implementado sus planes de usos del suelo y en alianza con la Agencia Estatal de Vivienda apoyan programas de vivienda social. Sin embargo, la especulación inmobiliaria, la informalidad en la tenencia de la tierra y el déficit de vivienda siguen siendo desafíos importantes.
- Fortalecimiento institucional: los GAM están fortaleciendo sus capacidades para la planificación y gestión urbana, a través de la capacitación de personal, la implementación de sistemas de información geográfica y la mejora de la gestión administrativa. Algunos municipios han creado unidades especializadas en planificación urbana y ordenamiento territorial, principalmente en municipios capitales de departamento, persistiendo el desafío de fortalecer municipios intermedios y rurales.

Gobernanza urbana:

- Coordinación intermunicipal: se han establecido instancias de coordinación intermunicipal para abordar problemas comunes, como la gestión de áreas metropolitanas y la provisión de servicios básicos. Las mancomunidades municipales son un ejemplo de estas instancias, que permiten la cooperación entre municipios para la gestión de servicios y la planificación regional.
- Participación ciudadana: los GAM están implementando mecanismos para fortalecer la participación ciudadana en la gestión urbana, a través la realización de consultas pú-

blicas y la promoción del control social. Sin embargo, la participación ciudadana efectiva sigue siendo un desafío, debido a la falta de información, la debilidad de las organizaciones sociales y la resistencia de algunos actores a la participación.

- Transparencia y rendición de cuentas: Los GAM están implementando medidas para mejorar la transparencia y la rendición de cuentas en la gestión municipal, a través de la publicación de información en línea, la implementación de sistemas de control interno y las unidades de transparencia, aunque, aún, con insuficiente independencia para generar el cambio necesario.

3.1.7. Promoción de la equidad e inclusión social

Acceso a servicios básicos:

- Expansión de redes: los GAM están invirtiendo en la expansión de redes de agua potable y alcantarillado para mejorar el acceso a servicios básicos en zonas periféricas y asentamientos precarios. Se están implementando programas de agua y saneamiento para comunidades rurales y periurbanas, con enfoque en la gestión comunitaria del agua. En algunos casos con el financiamiento del NCE o en concurrencia con los GAD y en alianza con los prestadores de este servicio a nivel local.
- Equidad en el acceso: algunos GAM están implementando políticas para garantizar la equidad en el acceso a servicios básicos, a través de la aplicación de tarifas diferenciadas, la promoción de conexiones domiciliarias en zonas de bajos ingresos y la implementación de programas de subsidio en coordinación con las entidades que prestan los servicios.

Movilidad urbana:

- Transporte público: los GAM están implementando sistemas de transporte público masivo, como buses de tránsito rápido (BRT, en Santa Cruz de la Sierra, como experiencia fallida y actualmente paralizada) y tranvías (Cochabamba con su moderno sistema de tren metropolitano) para mejorar la eficiencia y la calidad del transporte público, también en ciudades como La Paz se ha incursionado en otros métodos innovadores de transporte como el teleférico, sin embargo este es un servicio dependiente del NCE y ha habido pocos esfuerzos de coordinación con el nivel municipal, para asegurar la articulación con el sistema de transporte de buses del GAM.

- Modos de transporte sostenibles: los GAM están promoviendo modos de transporte sostenibles, como la bicicleta y la caminata, a través de la construcción de ciclovías, la implementación de sistemas de bicicletas públicas y la promoción de la peatonalización de espacios públicos. Estas experiencias se vieron potenciadas durante la pandemia, aunque luego de algunos años, pocas han tenido sostenibilidad en cuanto a su uso, se puede destacar el sistema de ciclovías de la ciudad de Cochabamba.
- Gestión de la demanda: los GAM están implementando medidas de gestión de la demanda para reducir la congestión vehicular, como la restricción vehicular de zonas con alto tráfico (ciudades como La Paz y Cochabamba con relativo éxito).

Espacios públicos:

- Creación y mejora de espacios públicos: los GAM están invirtiendo en la creación y mejora de espacios públicos, como parques, plazas, áreas verdes y equipamientos recreativos. Se están implementando programas de recuperación de espacios públicos degradados, con la participación de la comunidad.
- Accesibilidad universal: los GAM, gradualmente, están incorporando criterios de accesibilidad universal en el diseño y la construcción de espacios públicos, para garantizar el acceso de las personas con discapacidad.

- Gestión de áreas verdes: los GAM están implementando planes de gestión de áreas verdes, que incluyen la arborización urbana, el mantenimiento de parques y jardines, y la promoción de la biodiversidad urbana, para ello ciudades como San Ignacio de Velasco y Ascensión de Guarayos cuentan con agendas urbanas que priorizan el incremento de áreas verdes y bosques urbanos en los próximos años.

Seguridad alimentaria:

- Huertos urbanos y agricultura urbana: los GAM están promoviendo la creación de huertos urbanos y la agricultura urbana, para mejorar el acceso a alimentos frescos y saludables en las ciudades. Se están implementando programas de capacitación en agricultura urbana y periurbana, con enfoque en la producción agroecológica, con buenos resultados en ciudades como Tarija.
- Mercados y ferias: los GAM están fortaleciendo los mercados y ferias locales, para promover la comercialización de productos agropecuarios de la región y mejorar el acceso a alimentos a precios justos. También se debe destacar los esfuerzos de municipios de la Amazonía boliviana para incluir los frutos amazónicos de sus productos en el desayuno escolar, generando un importante efecto multiplicador en la economía local.

Inclusión social:

- Programas sociales: los GAM están contribuyendo en la implementación de programas sociales nacionales para combatir la pobreza, la desigualdad y la exclusión social, así también se generan acciones locales para el apoyo a grupos vulnerables, como mujeres, personas con discapacidad, adultos mayores y jóvenes.
- Equidad de género: los GAM están incorporando, aun débilmente, la perspectiva de género en la planificación y gestión urbana, para garantizar la igualdad de oportunidades entre hombres y mujeres. Se están implementando

programas para promover el empoderamiento económico de las mujeres, prevenir la violencia de género y garantizar el acceso a servicios de cuidado. Todos los GAM del país, por normativa nacional, cuentan con un Servicio Legal Integral para la Mujer (SLIM), para asesorar a las mujeres en situación de violencia y brindar apoyo mediante casas de acogida, en caso de ser necesario.

3.1.8. Sostenibilidad ambiental y conflictos

3.1.8.1. Gestión ambiental

- **Gestión de residuos sólidos:** los GAM están implementando sistemas de gestión integral de residuos sólidos, que incluyen la recolección selectiva, el reciclaje, el compostaje y la disposición final adecuada de los residuos. Se están promoviendo iniciativas de economía circular, para reducir la generación de residuos y fomentar la reutilización y el reciclaje, aún en una etapa incipiente, pero con perspectivas de su consolidación en el mediano plazo.
- **Protección de áreas verdes, áreas protegidas y promoción de la biodiversidad:** los GAM están implementando medidas para la protección de áreas verdes y la conservación de la biodiversidad urbana, como la creación de áreas protegidas urbanas, la reforestación y la promoción de la agricultura urbana. En el país se cuenta ya con más de un centenar de áreas protegidas subnacionales y otras en proceso de creación que se suman a las 24 áreas protegidas nacionales.

3.1.8.2. Cambio climático

- **Planificación urbana resiliente:** los GAM están incorporando, aun precariamente, criterios de resiliencia al cambio climático en la planificación urbana, a través de la gestión de riesgos, la promoción de la eficiencia energética en edificaciones, la gestión del agua y la adaptación de la infraestructura urbana a eventos climáticos extremos.

- **Gestión del agua:** Los GAM están implementando medidas para la gestión sostenible del agua, como la captación de agua de lluvia, la recarga de acuíferos y la promoción del uso eficiente del agua, principalmente a través de las instancias responsables de prestar el servicio (empresas municipales o cooperativas locales).

3.1.8.3. Gestión de conflictos urbanos

- **Mecanismos de diálogo y concertación:** algunos GAM están estableciendo mecanismos de diálogo y concertación para la resolución pacífica de conflictos urbanos, como mesas de diálogo, mediación comunitaria y procesos de consulta pública.
- **Prevención de conflictos:** ciertos GAM están implementando medidas para prevenir conflictos urbanos, como el apoyo a la implementación de programas de capacitación en cultura de paz.

3.1.8.4. Patrimonio cultural

- **Protección y conservación:** algunos GAM están implementando medidas para la protección y conservación del patrimonio cultural e histórico, como la restauración de edificios históricos, la creación de museos y la promoción del turismo cultural, se puede destacar ciudades como Sucre o Potosí, así como algunos municipios de la Chiquitanía boliviana.
- **Legislación y normativa:** los GAM están fortaleciendo la legislación y la normativa para la protección del patrimonio cultural, y promoviendo la participación de la comunidad en su conservación.

- **Educación patrimonial:** los GAM están implementando programas de educación patrimonial, para concientizar a la población sobre la importancia del patrimonio cultural e histórico y promover su valoración y protección. Nuevamente existen experiencias recientes junto a ONU – Habitat y UNESCO de programas de formación para jóvenes en la Chiquitanía, sobre patrimonio cultural y arquitectónico.

Los GAM en Bolivia están implementando diversas políticas y acciones para responder a las problemáticas urbanas, aún de manera incipiente y con resultados no siempre positivos. Sin embargo, persisten desafíos importantes, como la falta de recursos, la debilidad institucional, la desigualdad social y la vulnerabilidad al cambio climático. Es necesario fortalecer las capacidades de los GAM, promover la cooperación interinstitucional, fortalecer la participación ciudadana y asegurar el financiamiento para el desarrollo urbano sostenible.

3.1.9. Modalidades para la gestión de las políticas municipales

La gestión de estas políticas se realiza a través de diferentes modalidades, principalmente con la gestión directa, aunque es muy común tercerizar el servicio de gestión de residuos sólidos. Los servicios de agua potable generalmente son prestados por cooperativas locales, empresas u otra instancia creada por el gobierno municipal con cierta autonomía de gestión, aún son un desafío la gestión de proyectos mediante alianzas público-privadas, pero se están desarrollando en los últimos años, principalmente por la disminución de los ingresos de los Gobiernos Autónomos Municipales y se encuentran con restricciones desde la normativa nacional.

3.1.9.1. Gestión directa

Las municipalidades implementan directamente algunas políticas, como la regulación del transporte público o la creación de espacios verdes. Gobiernos municipales como el de La Paz, participan de manera directa con la prestación de buses municipales de manera complementaria al sistema de buses local y también cuentan con diferentes empresas municipales para brindar servicios como mantenimiento de parques y jardineas, terminal de buses y otros similares.

3.1.9.2. Concesión administrativa

En algunos casos, se delega la gestión de servicios públicos a empresas privadas como la recolección de residuos, en el caso del suministro de agua potable se lo realiza en general con cooperativas locales o empresas municipales.

3.1.9.3. Alianzas público-privadas

Se establecen alianzas con el sector privado para el desarrollo de proyectos de infraestructura o la prestación de servicios públicos, esta modalidad aún está en desarrollo en el país, dadas las restricciones normativas que vienen desde el Nivel Central del Estado, pero ciudades como Santa Cruz de la Sierra, están apostando varios de sus proyectos estratégicos a alianzas con el sector privado.

4. CONCLUSIONES

El análisis de la organización territorial en Bolivia revela la función esencial de los municipios y la innovación del modelo autonómico, destacando la inclusión de las Autonomías Indígenas Originario Campesinas. Este mecanismo permite la implementación concreta de la democracia intercultural, dando inicio a una gestión pública desde la mirada de los pueblos indígenas, un hito histórico y un gran desafío para el país. Si bien la autonomía municipal otorga alta responsabilidad en la gestión territorial, coexiste con retos estructurales persistentes, como la planificación desarticulada, la inequidad en servicios básicos y la insostenibilidad ambiental.

A nivel político, el patrón histórico de proyección de líderes locales se rompió con el triunfo presidencial del exalcalde Rodrigo Paz, validando la gestión municipal como una plataforma exitosa para alcanzar la máxima magistratura. La convergencia de esta reconfiguración de liderazgo, la consolidación de la autonomía indígena, y la necesidad de superar los desafíos de equidad y sostenibilidad, serán los elementos que marcarán el futuro del modelo autonómico boliviano y su impacto en el desarrollo nacional.

5. REFERENCIAS BIBLIOGRÁFICAS

Aliendre, F. (2018). Gestión municipal. La Paz: MILTLUZ.

Asamblea Constituyente. (07 de febrero de 2009). Constitución Política del Estado. Gaceta Oficial.

Estado Plurinacional de Bolivia. (30 de junio de 2010). Ley del Régimen Electoral No 026. La Paz, Bolivia: Gaceta Oficial de Bolivia. Obtenido de https://www.oep.org.bo/wp-content/uploads/2019/07/LEY_026.pdf.

Estado Plurinacional de Bolivia. (19 de julio de 2010). Ley Marco de Autonomías y Descentralización No 031. La Paz, Bolivia: Gaceta Oficial de Bolivia.

Estado Plurinacional de Bolivia. (09 de enero de 2014). Ley de Gobiernos Autónomos Municipales No 482. La Paz, Bolivia: Gaceta Oficinal de Bolivia.

Estado Plurinacional del Bolivia. (25 de junio de 2014). Ley de Financiamiento del Sistema Asociativo Municipal No 540. La Paz, Bolivia: Gaceta Oficial de Bolivia.

Instituto Nacional de Estadística. (2024). Resultados de Conteo Poblacional CPV 2024 - primera entrega. La Paz: INE. Obtenido de www.ine.gob.bo.

Instituto Nacional de Estadíticas - INE. (2022). Encuesta Nacional de Hogares. La Paz.

Ministerio de Economía y Finanzas Públicas. (2024). Presupuesto General del Estado 2025. La Paz: MEFP.

Ministerio de Obras Públicas, Servicios y Vivienda. (2024). Política Nacional de Desarrollo Integral de Ciudades. La Paz.

Servicio Estatal de Autonomías. (2020). Balance del Estado Autonómico Boliviano. La Paz: SEA.

Servicio Estatal de Autonomías. (2021). Guía metodológica para la identificación y aplicación de recursos municipales propios. La Paz. Obtenido de https://www.sea.gob.bo/wp-content/uploads/2023/08/Guia-Metodologica-para-la-identificacion-y-aplicacion-de-recursos-municipales-propios_SEA.pdf.

Servicio Estatal de Autonomías. (2024). Entidades Territoriales Autónomas en el Estado Plurinacional de Bolivia. La Paz: SEA. Obtenido de hhttps://www.sea.gob.bo/documentos-institucionales/.

Tribunal Constitucional Plurinacional. (2012). Sentencia Constitucional Plurinacional No 2055/2012 - Demanda de Inconstitucionalidad de la LMAD No 031. Sucre, Bolivia: TCP.

Yujra Coarite, A., & Endara, N. (2021). El Concejo Municipal como órgano legislativo, deliberativo y fiscalizador: manual para concejalas y concejales. Oruro, Bolivia: Latinas Editores Ltda.

Yujra Coarite, A., Tarqui Candia, N. H., Gurachi Asistiri, R., & Tola Tola, N. (2022). Comentarios y anotaciones a la Ley 482 de Gobiernos Autónomos Municipales: un estudio desde la perspectiva del Derecho Constitucional y Autonómico. La Paz: Grupo Editorial Kipus.

El rol del municipio en la Federación Brasileña: posibilidades, límites y desafíos

EDUARDO JOSÉ GRIN

Fundação Getulio Vargas, Brasil

Resumen: En el contexto del federalismo brasileño, los municipios son esferas de gobierno fundamentales debido a su rol como proveedores de muchas políticas públicas, sobre todo de bienestar social, bajo el marco de descentralización y transferencias federales y estatales de recursos que opera desde finales de la década de 1980. El capítulo aborda estes roles bajo dimensiones de análisis como la tipicidad de los municipios, sus formas de financiación, cómo se organizan alcaldías y consejos municipales, el asociacionismo municipal y las relaciones intergubernamentales, desafíos de los municipios y sus políticas urbanas, con énfasis para la gestión de riesgos, desastres naturales, acceso a viviendas y el desarrollo económico local.

Palabras clave: municipio; autonomía local; políticas urbanas; capacidades estatales; ingresos municipales.

Abstract: In the context of Brazilian federalism, municipalities are fundamental spheres of government due to their role as providers of many public policies, especially social welfare under the framework of decentralization and federal and state transfers of resources that has been in operation since the late 1980s. The chapter addresses these roles under dimensions of analysis such as the typicality of municipalities, their forms of financing, how mayors and municipal councils are organized, municipal associations and intergovernmental relations, challenges of municipalities and their urban policies, with emphasis on risk management, natural disasters, access to housing and local economic development.

Keywords: municipalitiy; local autonomy; urban policies; state capacity; municipal revenues.

1. INTRODUCCIÓN

La República Federativa del Brasil está formada por 26 estados más el Distrito Federal, y 5.568 municipios. Sólo existe una clasificación jurídica para las municipalidades, en línea con la concepción del federalismo simétrico (Grin, Segatto y Abrucio, 2016). Hay tres niveles de gobierno: central, estatal y municipal. El municipio es una unidad integrante del sistema federativo y no subordinada a ningún nivel superior de gobierno. La Constitución así lo define: la República Federativa es una unión indisoluble de la Unión, estados, municipios y el Distrito Federal. De acuerdo con el artículo 18 de la Constitución Federal, la organización política y administrativa de la Federación comprende la Unión, los estados, el Distrito Federal y los municipios, en régimen de autonomía. La autonomía municipal es fundamental en varias disposiciones constitucionales que otorgan poderes a los municipios para constituir su propio gobierno, organizar servicios, hacer sus propias leyes y autoadministrarse, según el ordenamiento jurídico del país (Pires, 2017).

Según la Constitución Federal, los tres órdenes de gobierno son autónomos y las posibilidades de intervención federal y estatal son muy limitadas. La autonomía política implica que la autoridad política de los alcaldes no proviene del gobierno de nivel superior, pues son elegidos directamente (Arretche, 1999). Como los municipios son entidades federativas autónomas, el alcalde es la autoridad soberana en su circunscripción. Los municipios disfrutan de autonomía política, administrativa y financiera, sobre la cual no existe la posibilidad de interferencia desde los niveles superiores de gobierno. Las municipalidades son entes jurídicos de derecho público y titulares de derechos y obligaciones que les otorgan poderes para atender los intereses locales de las poblaciones locales (Resende, 2008).

No existe un tratamiento especial para ninguna ciudad, pues todas son igualmente consideradas entidades autónomas, de conformidad con las prescripciones de la Constitución Federal. La autonomía política quedó definida por la elección directa del prefecto y los concejales, por la autoorganización por medio de sus Leyes Orgánicas Municipales (una especie de Constitución local) y por la competencia de legislar sobre varios temas. Por el artículo 30 de la Constitución Federal, poseen autonomía administrativa (organización, regulación y ejecución de servicios bajo su titularidad y definición de su estructura interna) y autonomía financiera (recaudan y establecen tributos sobre la propiedad urbana, servicios, transferencia de bienes raíces y para realizar gastos). Pero los municipios no pueden crear otros tributos propios y tampoco dejar de cobrar aquellos que la Constitución Federal determina (Grin y Abrucio, 2018).

El listado de temas que los municipios pueden legislar es extenso, según el artículo 30 de la Constitución Federal: normalizar temas de interés local; crear y recaudar tributos propios; aplicar sus rentas; suplementar la legislación federal y estadual cuando sea aplicable; crear y suprimir divisiones administrativas en su territorio, cumpliendo con la legislación estatal; brindar, directamente o bajo régimen de concesión o permiso, servicios públicos de "interés local", incluyendo el transporte colectivo; mantener, con la cooperación técnica y financiera federal y de los estados, programas de educación infantil y escuela primaria y atención a la salud de la población; promover ordenamiento territorial mediante planeamiento y control del uso, fraccionamiento y ocupación del suelo urbano y proteger el patrimonio histórico-cultural.

Los municipios deben aprobar el Plan Plurianual (PPA), las Directrices Presupuestarias (LDO) y el Presupuesto Anual (LOA). El artículo 182 determina que los municipios deben ejecutar la política de desarrollo urbano y garantizar el bienestar de sus habitantes. Complementariamente, el artículo 23 define varias competencias comunes entre la Unión, los estados y los municipios. En ese ámbito, cualquier nivel de gobierno puede actuar sin que exista la necesidad constitucional ni legal de que la otra esfera también lo haga (Arrecthe, 2012 e Grin, Demarco e Abrucio, 2021).

Los municipios pueden implementar todos los servicios y pueden responder por la organización del desarrollo urbano local y por su planificación económica. Aunque sea un ente con autonomía política, no puede decidir sobre el número de concejales. En cuanto a su autonomía financiera, consagrada en la Constitución por la posibilidad de generar recaudación propia, no pueden crear nuevos tributos y, en el caso de que los apliquen, deben hacerlo respetando las reglas federales. Son pocas las competencias constitucionales exclusivas de los estados y municipios. Tomando la Constitución Federal como regla, los municipios poseen un alto rango de autonomía para actuar en favor del "interés local", y en ese aspecto no tienen ninguna restricción de parte de los entes estatal y federal. Pero, en muchas otras áreas, necesitan seguir reglas constitucionales y definiciones adoptadas a nivel federal, incluso en cuestiones que ya habían sido roles suyos posteriormente quitados, como es la definición de número de concejales y alícuotas del impuesto sobre servicios.

La autonomía política municipal está garantizada constitucionalmente y se manifiesta en la elección directa del alcalde y de los concejales, el poder de autoorganización a través de sus Leyes Orgánicas Municipales, la capacidad de regulación y ejecución de los servicios públicos de su competencia y la capacidad de legislar sobre materias que le están reservadas exclusivamente o de forma complementaria. Aunque sea un ente federal con autonomía política, no puede decidir sobre el número de concejales.

En el contexto del federalismo brasileño, los municipios son esferas de gobierno muy importantes debido a su rol como proveedores de muchas políticas públicas, sobre todo de bienestar social, bajo el marco de descentralización y transferencias federales y estatales de recursos que opera desde finales de la década de 1980. Todos los municipios son importantes, por las razones descritas anteriormente, y todos tienen el mismo tipo de importancia, con autonomía para la gestión en sus territorios. Los municipios con más habitantes, capitales de estado o con influencia regional, pueden tener mayor poder político dentro del escenario estatal o federal, aunque esto no significa que sean más poderosos en la letra de la Constitución que el municipio más pequeño de la Federación, ya que las reglas son las mismas para todos.

2. DESCRIPCIÓN GENERAL DE LOS GOBIERNOS LOCALES EN BRASIL

Esta parte del capítulo describe las principales características de las municipalidades y sus autoridades, siguiendo explícitamente los subtítulos expuestos a continuación.

2.1. Tipos de gobiernos locales

El municipio es la personalidad jurídica de derecho público y titular de derechos y deberes. Pueden completar las normas federales y estatales cuando no existen, aunque su poder residual es muy pequeño, ya que el rol regulador federal abarca muchos asuntos de responsabilidad local. No existen otros tipos de gobiernos locales además de los municipios reconocidos por la Constitución Federal. Los municipios pueden adoptar la división por distritos, pero estos no son reconocidos como entidades autónomas. El papel que desempeñan estos distritos se refiere a cuestiones administrativas municipales, apuntando a una mejor asignación de recursos, por ejemplo. Las tablas 1 y 2 ayudan a comprender mejor la realidad de los municipios brasileños.

Desde el punto de vista demográfico, hay enormes diferencias: 88,1% de los municipios con hasta 50.000 habitantes poseen el 31,5% de la población nacional, los 46 más grandes suman el 31% (algo como 65 millones de personas) y 2.514 municipios con hasta 10.000 habitantes son el 44% y tienen 6,2% de la población. La tabla 1 muestra los grupos de municipios por tamaño poblacional (Grin y Abrucio, 2018).

Tabla 1. Municipios brasileños según grupos de habitantes e intervalos cuantitativos en el año 2017

Grupos de habitantes (por mil)	Número de municipios	Porcentaje	Cantidad de habitantes	Porcentaje sobre población total
Brasil	**5570**	**100,0**	**208.494.900**	**100,0**
Hasta 5	1257	22,6	4.234.044	2,1
De 5 a 10	1203	21,6	8.585.515	4,1
De 10 a 20	1348	24,2	19.290.479	9,3
De 20 a 50	1096	19,7	33.371.579	16
De 50 a 100	349	6,3	24.092.419	11,6
De 100 a 500	271	4,9	53.904.350	25,9
De 500 a 1000	29	0,5	19.248.136	9,2
+ 1000	17	0,31	45.748.378	21,9

Fuente: elaboración propia basada en el cálculo poblacional de Instituto Brasileiro de Geografia e Estatística (IBGE) (https://www.ibge.gov.br/estatisticas-novoportal/sociais/populacao/9109-projecao-da-populacao.html?=&t=downloads).

Aunque un 76% de la población nacional esté concentrada en zonas urbanas, lo que equivale al 26% de los municipios, todavía cerca de un 60% de las localidades son esencialmente rurales. La distribución territorial de los municipios rurales es desigual (más grande en las regiones norte y noreste, las más pobres del país, en cuanto las regiones Sur y Sudeste, las más dinámicas económicamente, las tasas son más pequeñas). Casi la mitad de los municipios (45,9%) poseen hasta 10.000 habitantes, pero son sólo un 7% de la población nacional (Marenco y Strohschoen, 2018).

La configuración socioeconómica y administrativa municipal es muy heterogénea y muchos tienen poca capacidad para ejercer su autonomía (Franzese y Abrucio, 2013) (tabla 2).

Tabla 2. Indicadores socioeconómicos municipales según grupos de habitantes en el año de 2010

Grupos de habitantes (por mil)	Índice de Gini	Renta per capita (R$)	% pob. con acceso inadecuado al agua y desagüe sanitario	IDH municipal
Brasil	**0,494**	**862,00**	**9,2**	**0,66**
Hasta 5	0,466	648,00	5,22	0,67
De 5 a 10	0,484	572,10	8,31	0,65
De 10 a 20	0,504	544,97	12.36	0,64
De 20 a 50	0,516	613,00	12,34	0,65
De 50 a 100	0,518	744,23	9,89	0,69
De 100 a 500	0,506	994,87	3,61	0,74
De 500 a 1000	0,545	1.215,14	1,69	0,77
+ 1000	0,601	1.563,60	1,83	0,78

Fuente: elaboración propia en base en el Atlas de Desarrollo Humano (PNUD), 2010.
Nota: Valores de renta per cápita actualizados por la variación del IPCA de 2011 a 2014.

La desigualdad económica y administrativa entre los municipios genera dificultades para consolidar el pacto federativo basado en la descentralización de políticas. Hay distintas condiciones organizativas y capacidades institucionales, que son más escasas en aquellos con hasta 50.000 habitantes.

En cuanto a la administración, los municipios deben obedecer las leyes federales (por ejemplo, para licitaciones públicas). Pero los municipios tienen autonomía para organizar la gestión de los recursos humanos, sus carreras y sueldos, aunque dentro de los márgenes de la ley federal (como máximo el 60% de los ingresos netos pueden dedicarse a gastos de personal). Los municipios pueden legislar y regular la provisión de servicios públicos (por ejemplo, transporte público) de acuerdo con el concepto de "interés local" (Resende, 2008).

El municipio tiene competencias propias de conformidad con la Constitución Federal. Sin embargo, en términos de competencias comunes a los tres tipos de entidades federadas, el municipio tiende a desempeñar un papel prioritario en la implementación de políticas, debido a su proximidad a la población. Además, el municipio tiene, salvo en determinados casos, primacía en las cuestiones que conciernen a los intereses locales. Los municipios, según Losada (2008), consolidaron su posición como componente de la estructura federativa. Tienen estatus constitucional de entidades federales autónomas. No son unidades administrativas, sino entidades políticas dotadas de autonomía política, administrativa, financiera e incluso legislativa, al igual que los estados.

La Constitución Federal otorga amplias facultades a los municipios en su artículo 30 (legislar sobre "asuntos de interés local"). Sin embargo, los municipios tienen dos áreas de autonomía exclusiva, según la Constitución Federal: a) Administrativa: la autoorganización, regulación y ejecución de servicios públicos, que consiste en organizar y prestar, directamente o en régimen de concesión o permiso, servicios públicos de interés local —incluido el transporte público de su responsabilidad—, así como recaudar los impuestos de su competencia y administrar sus propios bienes; y b) Legislativa: competencia para legislar en materias que le están reservadas exclusivamente.

En otros niveles de gobierno, como los estados, las competencias exclusivas de la Unión delimitan atribuciones municipales que pueden complementar la legislación Federal y Estatal, aunque esta prerrogativa deja poco margen para una acción autónoma en los ámbitos de la educación infantil y primaria, y servicios sanitarios que permitan la legislación federal. Pueden promover la ordenación de su territorio mediante la planificación, el control del uso, la ocupación del suelo urbano y la protección del patrimonio histórico y cultural, en consonancia con la legislación federal y estatal. La autonomía municipal se basa en los siguientes principios sin enfrentar ninguna subordinación jerárquica a los poderes Estatal y Federal: a) facultad de autoorganización (elaboración de su propia ley orgánica y de sus propias leyes en cuanto a las materias de su competencia); b) facultad de autogobierno: elección del alcalde y vicealcalde y de los concejales y la existencia de poderes Legislativo y Ejecutivo propios; c) facultades legislativas en "asuntos de interés local" (por ejemplo, sobre tasas impositivas urbanas) respetando la Constitución Federal y las leyes federales y estatales; d) facultad de autoadministración: tienen su propia administración pública para prestar servicios de interés local, aplicar sus ingresos y gestionar sus gastos.

2.2. Forma de financiación

Corresponde a los municipios el cobro de tres impuestos, además de tasas y contribuciones de mejora, de acuerdo con la Constitución Federal: el Impuesto sobre Propiedad Territorial Urbana (IPTU), el Impuesto sobre Servicios (ISS) y el Impuesto de Transmisión de Bienes Inter Vivos (ITBI). La determinación de sus valores, así como los plazos y formas de pago, son responsabilidad municipal. Otras formas de recaudación son las tasas por servicios específicos como la recogida de residuos, la prevención de incendios, la limpieza urbana y la policía (poder de regulación y de cobranza sobre actos de concesión de licencia, exención o fiscalización de actividades económicas públicas y privadas). Las contribuciones se aplican teniendo como hecho generador un beneficio del estado al ciudadano (por ejemplo, iluminación pública o el asfaltado de calles). En estas tasas y contribuciones, la Constitución Federal define que las localidades tienen autonomía para promover leyes y los valores de las alícuotas, en línea con el artículo 30 que sostiene que los municipios atienden al "interés local" (Grin y Fernandes, 2019). También pueden retener el impuesto sobre la renta de sus empleados públicos y proveedores de servicios, y pueden generar ingresos con sus rentas patrimoniales y cobrar tarifas públicas derivadas de la provisión de servicios de agua, energía y cementerio, entre otros.

El municipio recibe también transferencias de tributos de los estados y de la Unión. La Tabla 3 resume las fuentes propias de recursos y las transferencias constitucionales entre los estados y la Unión a los municipios. Se puede ver que los impuestos que garantizan una mayor recaudación no son municipales, lo que también justifica la existencia de transferencias.

Tabla 3. Impuestos recaudados por cada ente federativo y su peso en la tributación total

<table>
<tr><td rowspan="5">Municipio</td><td>IPTU</td><td>N/A</td><td>1,60%</td></tr>
<tr><td>ISS</td><td>N/A</td><td>3,00%</td></tr>
<tr><td>ITBI</td><td>N/A</td><td>0,60%</td></tr>
<tr><td>Tasas</td><td>N/A</td><td rowspan="2">1,20%</td></tr>
<tr><td>Contribuciones de mejoras</td><td>N/A</td></tr>
<tr><td rowspan="4">Estado</td><td>Impuesto sobre Propiedad Vehículos Automotores (IPVA)</td><td>50% Impuesto sobre Propiedad Vehículos Automotores (IPVA)</td><td>1,90%</td></tr>
<tr><td>Impuesto de Circulación de Bienes y Servicios (ICMS)</td><td>25% Impuesto de Circulación de Bienes y Servicios (ICMS)</td><td>20,60%</td></tr>
<tr><td>Transmisión causa mortis y donación, de cualquier bien o derecho (ITCD)</td><td>N/A</td><td>0,30%</td></tr>
<tr><td>Otras contribuciones estaduales</td><td>N/A</td><td>2,60%</td></tr>
<tr><td rowspan="4">Unión</td><td>Impuesto sobre la renta (IR)</td><td>100% de la contribución de los servidores municipales al Impuesto sobre la Renta (IR)</td><td>17,50%</td></tr>
<tr><td>Impuesto Propiedad Territorial Rural (ITR)</td><td>50% Impuesto Propiedad Territorial Rural (ITR)</td><td>0,10%</td></tr>
<tr><td>Impuesto sobre Operaciones de crédito cambio y seguros (IOF)</td><td>N/A</td><td>1,80%</td></tr>
<tr><td>Contribuciones a la seguridad social</td><td>N/A</td><td>35,00%</td></tr>
</table>

Unión (cont.)	Impuestos sobre Productos Industrializados (IPI)	N/A	2,50%
	Impuesto sobre grandes fortunas (desactivado)	N/A	—
	IPI – exportación	25 % a los municipios ubicados en estados exportadores	2,00%
	Otras contribuciones	N/A	9,40%

Fuente: Grin y Fernandes (2019).

Según la Constitución Federal, los municipios reciben transferencias intergubernamentales que refuerzan sus roles federativos. Sobre la relación entre ingresos propios y transferencias, el federalismo fiscal brasileño, si bien ha recibido mayores ingresos municipales desde 1988, sigue presentando problemas de financiación (gráfico 1). Hay una gran dependencia municipal de las transferencias federales y estatales. Para los más pequeños, la gran fuente de recursos son las transferencias federales. La capacidad de recaudación propia, en promedio, es baja y disminuye en relación con la población local. Cuanto más pequeño es el municipio, más dependiente es de transferencias de niveles superiores de gobierno.

El volumen total de recursos recaudado localmente es muy inferior al transferido por los gobiernos estatales y federal. La relación entre ingresos propios y transferencias es desigual: para la gran mayoría de los municipios, las transferencias constituyen la mayor parte de sus ingresos. Cuanto menor sea la población del municipio, mayor será su dependencia de las transferencias; cuantos menos habitantes, menores serán las posibilidades de tributación y, por lo tanto, menor será el impuesto recaudado y mayor será la dependencia de las transferencias. Si un municipio tiene una alta dependencia de transferencias, las posibilidades de una autonomía política local efectiva son menores, ya que dependerá de otras formas de financiamiento para llevar a cabo acciones de intervención local.

Gráfico 1. Participación relativa de los ingresos municipales acorde a su tamaño poblacional

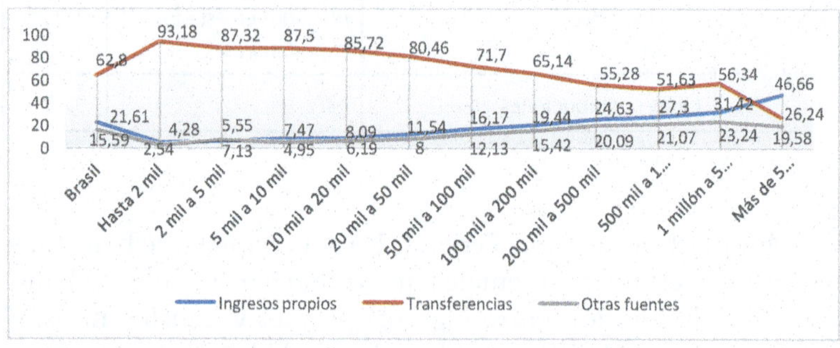

(1) Los municipios con más de cinco millones de habitantes son Rio de Janeiro y São Paulo.

Fuente: Bremaeker (2021) basado en Ministerio de Hacienda/Secretaría del Tesoro Nacional. Finbra 2020.

En términos formales, de acuerdo con la Constitución Federal, los municipios se consideran entes federativos autónomos, pero en la práctica esa autonomía no existe para la gran mayoría, pues son muy dependientes de transferencias intergubernamentales (gráfico 2). Los ingresos del presupuesto municipal proceden en un 67,43% de transferencias, el 17,79% de ingresos tributarios y el 14,78% de otros ingresos. El 84,4% de sus ingresos propios lo recauda el 11% de los municipios más grandes. Los municipios de hasta 50.000 habitantes (el 55,7% del total) reciben la mayor parte de las transferencias. En promedio, un 80% de los ingresos de los municipios proceden de transferencias intergubernamentales. Brasil está marcado por una gran disparidad, puesto que 2.672 municipios (el 48%) apenas invierten el 4,6% de sus ingresos.

Gráfico 2. Dependencia municipal del FPM

Hasta 20 mil	34,4
20 a 50 mil	22,9
50 mil a 100 mil	16,6
100 mil a 200 mil	13,1
200 mil a 500 mil	8,8
Más de 500 mil	4,9
Muncipios	15,1

0 5 10 15 20 25 30 35 40

Fuente: Multicidades (2022) – Frente Nacional de Prefeito.

2.3. Alcaldes/as y los consejos municipales

Los municipios tienen como representantes de los poderes Ejecutivo y Legislativo a los alcaldes y concejales (que integran el Ayuntamiento). Ambos son elegidos por períodos de cuatro años, pero mediante sistemas electorales diferentes: mientras que el alcalde es elegido por un sistema de mayoría absoluta, los concejales son elegidos por el sistema proporcional de lista abierta —los candidatos del partido que alcanzan el cociente electoral, según el número de votos recibidos (el mayor número). La Constitución Federal estipula el número máximo de concejales que pueden ser elegidos para integrar el Consejo Municipal, de acuerdo con el número de habitantes del municipio (ver Art. 29). Los partidos políticos sólo pueden ser organizados a nivel nacional y son fundamentales, pues la legislación requiere que todos los candidatos estén asociados a un partido para postular a una plaza de concejal o a la alcaldía. Los Alcaldes pueden postular a cargos de expresión política más alta tales como diputado estatal y diputado federal o incluso de senador y, en el caso de aquellos que vienen de las capitales y mayores ciudades, muchos son candidatos a gobernadores de su Estado.

Basado en el principio de simetría federativa, las reglas se aplican de igual manera a todos los niveles de gobierno. No existe posibilidad constitucional de establecer sistemas electorales propios a nivel estatal o municipal, ni tampoco hay debate sobre este tema, ya que está regulado por la Constitución Federal. Solo existe una excepción para la elección de gobernadores, del Presidente de la República y de alcaldes en municipios con más de 200.000 electores, en los cuales, si ningún candidato obtiene más del 50% de los votos válidos, se realiza una segunda votación. Las elecciones se celebran de forma alterna: las elecciones municipales tienen lugar en una única convocatoria, mientras que las elecciones federales y estatales se organizan de forma conjunta. Por el principio de simetría federativa, los cargos ejecutivos tienen mandatos de cuatro años y pueden ser reelegidos por un período más. Eso no impide que los alcaldes vuelvan a optar al cargo después de dos períodos sucesivos de cuatro años. La reforma legislativa de 2017 impide la presentación de coaliciones de partidos en la elección de concejales, aunque sí están permitidas para la elección de los alcaldes.

No están previstas las instituciones de la moción de censura ni el voto de confianza. El instrumento más cercano es la destitución del alcalde electo, que puede ser votado por el Consejo Municipal de acuerdo con reglas definidas en la Ley Orgánica Municipal. No es raro que los alcaldes utilicen sus mandatos para proyectarse políticamente en el ámbito nacional, pues existe un historial de exalcaldes que alcanzaron cargos con mandato electoral nacional, como diputados federales, senadores e incluso presidentes. Sin embargo, lograr esta proyección requiere tiempo, inversión política y financiera (incluso dentro del partido) y, casi siempre, exige ocupar otros puestos como diputado estatal o gobernador.

2.4. El asociacionismo municipal y las relaciones intergubernamentales

Los consorcios intermunicipales están regulados por la ley federal (mientras que los consejos son voluntarios, más informales y no están regulados por la ley federal). Los consorcios existen en Brasil desde la década de 1960, pero hubo un crecimiento significativo después de que la Ley de Consorcios estableció la posibilidad de crear consorcios públicos. Las nuevas normas legales son parte de un avance generado por la Constitución Federal del año 1988, que redefinió la noción de servicios públicos al establecer que pueden ser ofertados colectivamente por dos o más unidades federales que también pueden incluir entidades nacionales y estatales (Grin y Abrucio, 2017). La nueva regla constitucional y la legislación federal sobre asociaciones intermunicipales fue importante para generar más seguridad jurídica para que los gobiernos locales participen de este tipo de arreglo de cooperación territorial (Grin, 2021). En la tabla 4 se muestra la importante evolución sectorial de los consorcios entre 2005 y 2019.

Tabla 4. Evolución de asociaciones intermunicipales por sector de política pública (2005-2019)

Áreas	Años				Variación en (%)
	2005	2011	2015	2019	
Educación	248	280	352	441	+77,8
Salud	1906	2288	2800	3216	+68,7
Asistencia Social	222	232	453	499	+224
Turismo	351	456	477	509	+45
Cultura	161	248	353	385	+239
Vivienda	106	241	262	292	+275
Medio Ambiente	387	704	910	950	+245
Transportes	295	211	344	344	+16,6
Desarrollo Urbano	255	402	715	827	+324
Saneamiento Básico	343	426	667	754	+220
Gestión de residuos sólidos	—	—	1299	1209	- 7
Agua	—	—	426	427	+2
Total	4274	5488	9058	9853	+230

Fuente: elaborado por el autor basado en la Munic IBGE 2005, 2011, 2015 y 2019.

Según el Observatorio de Consorcios de la Confederación Nacional de Municipios (2021), en 2019, 4.074 localidades formaban parte de algún consorcio público (73% de los 5.570 municipios brasileños). En promedio nacional, cada consorcio atendió a 145.541 habitantes, lo cual es positivo considerando que el 70% de las ciudades tienen menos de 20.000 habitantes y el 90% tienen menos de 50.000 habitantes. En este sentido, los consorcios se forman para generar economías de escala y ganancias organizativas, lo que explica el alto porcentaje de municipios consorciados (Grin, 2021).

Hay sectores prioritarios para los consorcios como las políticas de bienestar (salud, educación, asistencia social, cultura y seguridad alimentaria), sostenibilidad y medio ambiente (residuos sólidos, saneamiento y medio ambiente) y desarrollo urbano (planificación, vivienda y alumbrado público), movilidad (transporte y tráfico). Las áreas de gestión son menos representativas, excepto el desarrollo de proyectos y captación de fondos y, en menor medida, las tecnologías de la información. En general, la cooperación intermunicipal se organiza en torno a tres áreas principales: adquisiciones colectivas (economía de escala y reducción de precios de medicamentos y equipos mediante licitaciones unificadas), apoyo técnico-administrativo (para superar la falta municipal de mano de obra calificada en contabilidad, derecho público y planificación) y prestación de servicios médicos especializados, a los que algunos municipios tienen un difícil acceso.

En cuanto a relaciones de cooperación con otros niveles de gobierno, el paradigma dominante es el Sistema Único de Salud (SUS) que, desde 1993, institucionalizó un estilo federativo de coordinación y toma de decisiones colegiado y consensuado (Abrucio y Grin, 2015; Fructuoso, 2010). Como atribución compartida por todos los estados de la federación brasileña, el desafío está en definir los mecanismos de deliberación y toma de decisiones. Esto se ha abordado con la creación de foros institucionales de toma de decisiones en el que participan gestores municipales, estatales y federales. El Comité Interinstitucional Tripartito (CIT) reúne a funcionarios de los tres niveles de gobierno y, en los 27 estados de Brasil, los Comités Interinstitucionales Bipartitos (CIB) reúnen a funcionarios estatales y municipales. Estos comités están anclados en el Consejo Nacional de Departamentos Municipales de Salud y el Consejo Nacional de Secretarios de Salud, que son foros de coordinación horizontal y federativa (Leandro y Meniccuci, 2018).

En 2005 se estableció el Sistema Único de Asistencia Social como el ámbito nacional de coordinación intergubernamental. El marco es similar al de la salud con las características de un sistema basado en el consenso de cooperación federal y descentralización participativa basado en los gobiernos subnacionales. Esta nueva realidad institucional permitió la implementación de mecanismos de negociación y deliberación entre federaciones (CIB y CIT), coordinación y división de competencias entre niveles de gobierno. El sistema está anclado en las CIT y las CIB como foros permanentes de gestión conjunta que deliberan sobre los aspectos operativos de la implementación de políticas por parte de los gobiernos subnacionales.

La política educativa ha seguido un camino diferente, porque los gobiernos estatales y municipales pueden brindar estos servicios a los mismos estudiantes a través de redes escolares separadas. La política educativa ha estado marcada por la poca colaboración entre estos dos niveles de gobierno. La Constitución Federal estableció un régimen de colaboración para fomentar la coordinación entre las entidades de la federación. Sin embargo, en la gestión intergubernamental no existen pactos federativos ni arreglos institucionalizados de negociación, como sí existen en las áreas de Salud y Asistencia Social.

Hay asociaciones intermunicipales de carácter transfronterizo con Argentina y Uruguay. Según Rótulo et al. (2014), los gobiernos de Brasil y Uruguay han puesto en marcha en 2002 la llamada Agenda de Cooperación y Desarrollo Fronterizo. El objetivo era la mejora del desarrollo regional en las zonas de frontera, incluyendo políticas públicas de salud, medio ambiente, educación y saneamiento. Con Argentina existe, desde el año 2005, el Acuerdo sobre Localidades Fronterizas Vinculadas, con 19 municipios fronterizos. Existe también el Consejo de Desarrollo de los Municipios Limítrofes del Lago de Itaipú que involucran lugares de Brasil y Paraguay (Grin, Segatto y Abrucio, 2016). Con Bolivia, desde 2011, existen tres comités operando en seguridad, defensa y proyectos de infraestructura para la construcción de dos puentes fronterizos. Con Colombia hay la "Comisión de Vecindad e Integración", establecida en 1993, que reúne a vicecancilleres de ambos países. Con Guyana, en 2009 se creó el acuerdo del régimen de fronteras y de transporte para las ciudades de Bonfim (Brasil) y Lethem (Guyana), que tratan de simplificar la importación de mercancías entre ambas ciudades y regular el transporte en la región.

3. PRINCIPALES POLÍTICAS URBANAS Y DESAFÍOS MUNICIPALES

En este apartado se abordan dos políticas públicas urbanas centrales (riesgo de desastres naturales y acceso a la vivienda) y un desafío: el desarrollo económico local.

3.1. Gestión de riesgo en los municipios brasileños

La Constitución brasileña otorga a los municipios muchas responsabilidades para abordar las políticas ambientales y la gestión del riesgo de desastres. Los municipios conservan la autonomía para definir cómo organizar sus propios sistemas de defensa civil, siempre y cuando cumplan con las normas constitucionales y las del Sistema de Protección y Defensa Civil Nacional, que definen la acción municipal en la prevención de desastres y atención a las personas afectadas por desastres ambientales y catástrofes naturales (Brasil, 2017). Sin embargo, aunque los municipios son los órganos encargados, según la Constitución, de planificar e implementar políticas públicas en esta área, su capacidad para actuar eficazmente sigue siendo un desafío.

Una encuesta nacional de municipios brasileños realizada en 2017 mostró que, durante los cuatro años anteriores, el 48% de las ciudades habían sido afectadas por sequías, el 31% había sufrido inundaciones, el 20% había sufrido procesos de erosión y el 29% había enfrentado fuertes lluvias e inundaciones (Instituto Brasileiro de Geografia e Estadística, 2017). Estudios del Centro Nacional de Monitoreo y Alertas de Desastres Naturales muestran que más de 2.000 municipios están en riesgo de deslizamientos de tierra, inundaciones, tormentas y otro tipo de desastres climáticos. En conjunto, cubren el 70% de la población nacional (140 millones de personas), mientras que el 56% de los desastres naturales están asociados a lluvias, inundaciones y deslizamientos de tierra resultantes del crecimiento urbano no planificado (*A Verdade y Governo do Estado de São Paulo*). Según la Confederación Nacional de Municipios (2022), entre 2013 y 2022, hubo 53.960 decretos de anormalidad (emergencia o estado de calamidad pública) en el 93% de las ciudades (Tabla 5).

Tabla 5. Número de decretos municipales de anormalidad por tipo de desastre

Evento	Número	%
Sequías	22.261	41,3
Enfermedades virales infecciosas	14.896	27,6
Lluvias	2.265	4,2
Vendavales	1.728	3,2
Inundaciones	1.704	3,2
Fuego en florestas y parques	1.132	2,1
Alagamentos	1.163	2,2
Fuego en florestas y parques en áreas no protegidas	926	1,7
Granizo	733	1,4
Deslizamientos	684	1,3
Otros	2.011	3,7
Total	**53.960**	**100**

Fuente: elaborado por el autor adaptado de CNM (2022)..

El número de desastres relacionados con la sequía es alarmante. Sin embargo, la pérdida de vidas humanas, los daños económicos y la degradación ambiental son enormes para las ciudades, lo que agrava aún más las situaciones de pobreza y los obstáculos para mejorar el desarrollo humano (gráfico 3). La magnitud de los desastres ambientales muestra cuán vulnerables se han vuelto las ciudades brasileñas al impacto del cambio climático (*Painel Brasileiro de Mudanças Climáticas,* 2016).

Gráfico 3. Perjuicios municipales ocasionados por sequías (2013-2016)

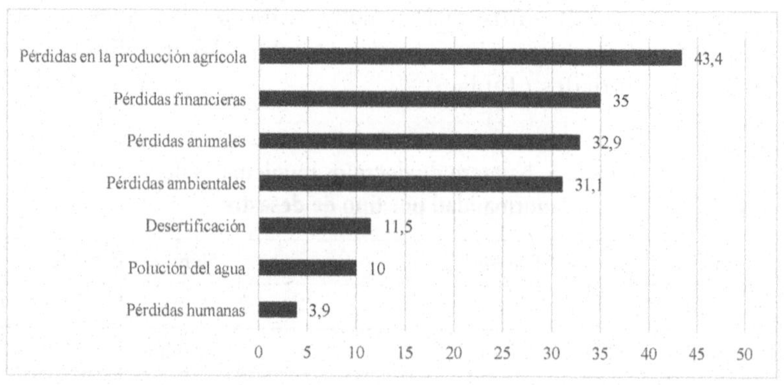

(1) Los números sobrepasan el 100% puesto que cada ciudad reportó más de una pérdida.

Fuente: IBGE (2017). Los porcentuales representan el tipo de daño reportado por las municipalidades.

3.2. *Capacidades municipales en el sector de gestión de riesgos y respuestas a desastres*

Las ciudades brasileñas están mal equipadas para hacer frente a estos problemas. Si bien el 69% cuenta con una Unidad de Coordinación Municipal de Defensa Civil, sólo el 17% cuenta con un Cuerpo de Bomberos, el 7% tiene un Centro de Defensa Civil y el 25% no tiene ningún organismo responsable de la Gestión del Riesgo de Desastres (*Instituto Brasileiro de Geografia e Estatística,*

2017). Los Centros de Defensa Civil son importantes como espacios de participación de la sociedad civil. Requieren que los gobiernos municipales negocien sus propias agendas con los actores sociales, pero necesitan capacidades políticas para garantizar que las decisiones se implementen (Grin, Demarco y Abrucio, 2021).

En general, la gestión del riesgo de desastres es precaria en términos de capacidad de planificación. En casi el 60% de las ciudades no existe ningún instrumento de planificación preventiva. Esto muestra la escasez de capacidad técnica y disponibilidad de personal, así como la existencia de un sistema de gestión financiera que no asigna recursos suficientes. Superar estas limitaciones es crucial para fortalecer la resiliencia urbana (Heinzlef et al., 2020).

Una situación similar ocurre con la gestión de áreas de alto riesgo por deslizamientos de tierra porque el 71% de las ciudades no cuentan con ningún tipo de herramienta (por ejemplo, mapeo de áreas de riesgo y sistema de alerta de desastres) para abordar este tema. Cuando existe un instrumento, el recurso más común es el mapeo de estas áreas, pero pocas ciudades adoptan planes de contingencia u otro tipo de acciones preventivas o mitigadoras. En resumen, la fragilidad de la acción es extrema y pone de relieve la débil capacidad del Estado para afrontar los deslizamientos de tierra.

La vulnerabilidad en la gestión de riesgos frente a las inundaciones y tormentas no es diferente porque el 60% de las ciudades no cuentan con ninguna iniciativa de este tipo. Lo más común es el mapeo de áreas de riesgo, pero existen pocos planes de acción preventiva y de contingencia, políticas de mitigación (programas de vivienda o proyectos de ingeniería), apoyo a las poblaciones (sistemas de alerta temprana de desastres) o medidas de implementación (registro de riesgos e inspección de áreas de riesgo). Estas cifras están en línea con el análisis de la situación en las ciudades brasileñas más pequeñas (Ribeiro, Saito y Alvalá, 2022).

Según la legislación federal brasileña, corresponde a los municipios: a) responder a las causas de los desastres e incorporar la planificación y ejecución de la política nacional de protección y defensa civil; b) informar a la población; c) fomentar la participación ciudadana; d) inspección de áreas de riesgo; e) adoptar de acciones preventivas y medidas de mitigación como realojamiento y albergues temporales, y f) establecer una unidad responsable de gestionar la prevención y protección contra desastres naturales, así como un presupuesto definido para financiar acciones. Las normas brasileñas sobre defensa civil recomiendan que los empleados municipales tengan conocimientos técnicos sobre procesos relacionados con normas legales. El perfil del personal municipal y sus conocimientos técnicos son fundamentales para la acción local en gestión de riesgos y prevención de desastres. Sin embargo, especialmente en ciudades más pequeñas y que sufren frecuentes desastres, el cumplimiento de estos requisitos está lejos de lo esperado (Scott y Few, 2016).

Tampoco la realidad municipal favorece las acciones de lucha contra el cambio climático. Santos y Oliveira (2022) encontraron que pocas ciudades cuentan con planes o iniciativas similares para abordar esta agenda: sólo 12 tenían estrategias de resiliencia, cuatro tenían planes de sostenibilidad o conservación de áreas, 16 tenían planes de desarrollo municipal que contenían acciones enfocadas en el clima, y nueve tenían planes de gestión de desastres que abordan cuestiones relacionadas con el cambio climático. En muchos casos se trata de las mismas ciudades, lo que muestra la enorme disparidad en la actuación municipal en este tema. Lo más notable es que la mayoría de las ciudades con mejores capacidades estatales son capitales de estado y ciudades grandes. Si bien, por un lado, es en las grandes ciudades donde los desafíos ambientales y climáticos se sienten con mayor intensidad, la evidencia disponible muestra que este tema aún no ha sido incorporado en la agenda de gestión y de planificación de la mayoría de las ciudades brasileñas con la urgencia que amerita (Iturriza et al., 2020).

En resumen, la realidad de los desastres naturales en Brasil, y su asociación con los efectos del cambio climático, muestra las enormes deficiencias de la gestión del riesgo de desastres en términos de capacidades administrativas y técnicas municipales, y la fragilidad para desarrollar relaciones con las partes interesadas y fortalecer redes con la sociedad civil para la actuación comunitaria cercana de los gobiernos locales. No hay en esta área iniciativas para la conformación de alianzas público-privadas o concesiones, ya que esta es un área en la que los gobiernos locales suelen actuar solos o con participación social voluntaria.

3.3. El acceso a viviendas y el desarrollo

Desde el año 2000, la Constitución Federal considera el derecho a la vivienda como un derecho social. El Plan Nacional de Vivienda (PlanHab) fue formulado en 2009 y definió como objetivo central abordar el problema de la escasez de vivienda digna. Entre sus objetivos estaba que las familias que viven en asentamientos precarios se beneficiaran de nuevas viviendas que se obtendrían con recursos del gobierno federal (Plan Nacional de Vivienda, 2009). La revisión del PlanHab debería finalizar en 2022 e incorporar el debate sobre la sostenibilidad ambiental, en línea con los ODS y la Nueva Agenda Urbana de ONU Hábitat. Sin embargo, esta es una propuesta inacabada y no aborda el enfoque en los grupos de vivienda vulnerables.

En esta línea, desde 2001, el principal referente ha sido el Estatuto de la Ciudad, que establece diversos instrumentos de planificación y gestión urbana, en particular la aprobación de directrices para la política de vivienda. Con la implementación del Ministerio de las Ciudades en el año 2003, se aprobó la Política Nacional de Vivienda, cuyo principal instrumento pasó a ser el Sistema Nacional de Vivienda de Interés Social (SNHIS). El SNHIS es un acuerdo institucional de colaboración entre estados y municipios. Los objetivos del SNHIS son: a) satisfacer la demanda de vivienda de la población de bajos ingresos a través del acceso a suelo urbanizado y vivienda digna y sostenible; b) garantizar inversiones y subsidios para posibilitar el acceso a la vivienda de este público; c) integrar a todos los organismos que trabajan en el campo de la política de vivienda; d) garantizar la articulación federativa con estados y municipios, y el control social en todos los niveles de la federación a través de consejos integrados por representantes del gobierno y de la sociedad, y e) centralizar todos los recursos para vivienda social en un fondo nacional. Hasta 2007, al SNHIS habían adherido a 4.572 municipios (el 82% del total). Con el gobierno actual, desde 2019 sólo se invirtió el 3% de los recursos del Fondo Nacional de Vivienda de Interés Social, lo que en la práctica significa que actualmente no existe una política para este fin.

Sin embargo, los resultados del SNHIS no fueron tan alentadores (tabla 6). En nueve años, el número de concentraciones de infravivienda prácticamente se duplicó y el número de ciudades con este tipo de condiciones habitacionales creció más del doble. Por lo tanto, si bien desde 2005 existe el Plan Nacional de Vivienda para atender a la población vulnerable, los resultados alcanzados expresan un empeoramiento de las condiciones habitacionales de los segmentos de bajos ingresos desde la perspectiva de la vivienda social (Grin y Pantoja, 2023).

Tabla 6. Número de asentamientos informales (2010-2019)

	2010	2019
Municipalidades con asentamientos informales	323	734
Número de asentamientos informales	6.329	13.151
Número de viviendas en asentamientos informales	3.224.529	5.127.747

Fuente: IBGE (2019). https://biblioteca.ibge.gov.br/visualizacao/livros/liv101717_apresentacao.pdf.

El gráfico 4 presenta la cobertura de servicios de vivienda, lo que permite identificar una gran heterogeneidad en cuanto a los tipos de intervención municipal. Como se puede observar, en todas las actividades, los municipios han enfrentado una disminución de cobertura en los últimos seis años. Llaman la atención temas como la existencia de lotes irregulares que aún son la realidad en un casi 60% de municipios, así como una muy baja reducción de los tugurios y similares que siguen estando presentes en casi el 20% de las localidades. En efecto, la precariedad de la acción de los gobiernos locales es una realidad.

Gráfico 4. Cobertura de servicios de vivienda (porcentaje de municipios que suministran servicios)

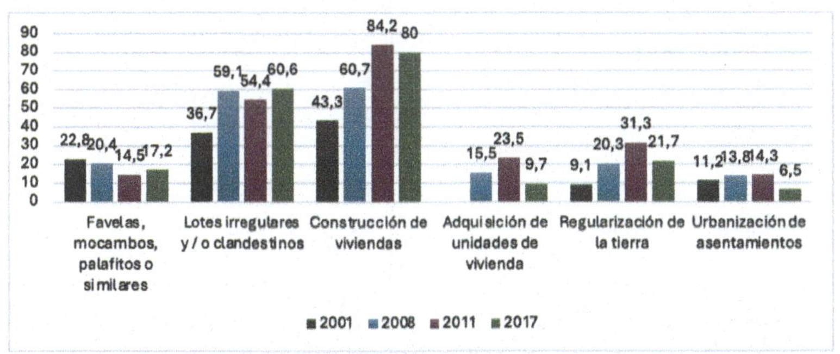

(1) Para el año 2001 no hay información disponible sobre adquisición de unidades de vivienda.

Fuente: elaborado por los autores basado en MUNIC IBGE.

Aunque las municipalidades estén desarrollando políticas públicas en el sector de la vivienda, las capacidades municipales aún revelan un panorama muy desfavorable, como se muestra en la tabla 7.

Tabla 7. Capacidades estatales municipales en el sector de vivienda

Variable	Rango	*Cluster*			
		1	2	3	4
Caracterización del órgano gestor	0-no existe 1-subordinado 2-secretaria exclusiva	1,04	1,06	1,08	1,07
Plan Municipal de Vivienda	0-no 1-sí	0,19	0,63	0,67	0,24

Variable	Rango	Cluster			
		1	2	3	4
Fondo Municipal de Vivienda	0-no 1-sí	0,14	0,64	0,69	0,18
Catastro de familias interesadas en programas habitacionales	0-no 1-sí	0,58	0,91	0,90	0,77
Construcción de unidades habitacionales	0-no 1-sí	0,07	0,75	0,81	0,95
Adquisición de unidades habitacionales	0-no 1-sí	0,05	0,27	0,29	0,35
Mejoramiento de unidades habitacionales	0-no 1-sí	0,16	0,52	0,55	0,55
Oferta de material de construcción	0-no 1-sí	0,15	0,42	0,43	0,42
Oferta de terrenos	0-no 1-sí	0,08	0,28	0,27	0,31
Regularización de terrenos	0-no 1-sí	0,14	0,37	0,41	0,37
Urbanización de asentamientos	0-no 1-sí	0,04	0,18	0,19	0,19
Consejo Municipal de Vivienda	0-no 1-sí	0,24	1,00	1,00	0,02
Carácter consultivo	0-no 1-sí	0,11	0,86	0,43	0,00
Carácter deliberativo	0-no 1-sí	0,12	0,92	0,84	0,00
Carácter normativo	0-no 1-sí	0,01	1,00	0,01	0,01

Variable	Rango	*Cluster*			
		1	2	3	4
Carácter fiscalizador	0-no 1-sí	0,04	0,82	0,27	0,01
Población 2018	Continúa	17.223	60.261	57.574	40.210
PIB per cápita	R$	18.832	25.342	27.481	17.898
Ingresos corrientes per cápita	R$	3.748	4.051	4.230	3.521
IDH Municipal	0-1	0,64	0,67	0,68	0,63
Tamaño del cluster		**625**	**786**	**1595**	**793**
Tamaño de la muestra		**3.799**			

Fuente: elaborado por el autor con base en la MUNIC IBGE, Siconfi y Atlas del Desarrollo Humano.

Como se observa, las capacidades de los municipios son muy heterogéneas, lo que hace de esta política pública un desafío local, ya que la falta de viviendas es un gran problema urbano. Aunque los municipios manejen competencias constitucionales para crear sus propios programas de vivienda, la gran mayoría no dispone de recursos financieros ni técnicos, de suerte que sigue siendo un gran problema urbano. En este sentido, la búsqueda de opciones como las alianzas público-privadas es una alternativa encontrada en muchas localidades. Con los pocos datos disponibles, en 2011 sólo un 5,8% de los municipios había desarrollado convenios con el sector privado y un 4,4% con el apoyo privado o comunitario (MUNIC, 2012). Además, sólo un 40% de las municipalidades poseen planes de vivienda (Grin y Fernandes, 2019).

3.4. Gobiernos municipales y desarrollo económico local en Brasil

Este campo de acción de los gobiernos locales se diferencia de otros como el de la salud, educación y asistencia social, en los que la cooperación federal opera con recursos financieros garantizados y asesoramiento técnico. En el ámbito del desarrollo económico, las localidades son mucho más dependientes de la voluntad política de las autoridades de turno y de los recursos de los ayuntamientos. Es por ello que el punto de partida para analizar el tipo de iniciativas que los municipios pueden implementar en este campo de las políticas públicas es conocer los factores que inciden en las posibilidades de alcanzar resultados. El universo de los municipios brasileños es muy heterogéneo, de modo que un simple diagnóstico de las localidades reflejaría esta problemática con poca precisión. Estos dos temas se tratan en esta sección.

Según datos del MUNIC (2018), sólo 801 municipios (el 14,4%) contaron con un diagnóstico socioeconómico propio, lo que es muy revelador del alcance de estas acciones en los gobiernos locales. Implementar políticas públicas sin evidencia de la realidad generalmente no conduce a buen puerto. Este indicador demuestra plenamente la baja relevancia de estas políticas en los ayuntamientos. También es importante conocer las áreas que, en los gobiernos municipales, son responsables de realizar el diagnóstico. Predominan la agricultura (5,6%), la asistencia social (5,8%), el desarrollo económico (2,5%) y áreas como explotaciones agrícolas, planificación y trabajo, todas con menos del 1%.

Siempre es importante señalar que la heterogeneidad de los 5.570 municipios brasileños, ya sea geográfica, de tamaño poblacional, de recursos naturales o de capacidad institucional, dificulta el diseño de políticas específicas de desarrollo económico local. Para ampliar la discusión sobre la capacidad institucional y el contexto político, demográfico y económico municipal que se asocian al logro de resultados en el ODS 8 (promover el crecimiento económico sostenido, inclusivo y sostenible, el empleo pleno y productivo y el trabajo decente para todas y todos), la tabla 8 presenta los resultados de varias correlaciones.

Tabla 8. Correlaciones de variables y su asociación con el ODS 8

ODS 8			
Ideología	- 0.0360*	Populación	0.0381*
PIB per cápita	0.5058*	Transferencias per cápita	0.1015*
Servidores per cápita	-0.0715*	Educación básica de los empleados públicos	0.0257
Educación superior servidores	0.2316*	Gestión fiscal	0.5698*
Planificación	0.1815*	Cobranza de tajas	0.2833*
Tercerización	0.0108	Uso de TICs	0.2025*
Tipo de órgano gestor	0.1117*	Acciones de empleo y trabajo	-0.0311*
Consorcio de empleo y trabajo	0.0711*		

* <p.05

Fuente: elaborado por el autor basado en la MUNIC 2011, 2015, 2017, 2018, Cuenta poblacional municipal do IBGE, Producto Interno Bruto dos Municipios (IBGE), Siconfi e Índice Firjan de Gestão Fiscal.

Al correlacionar el ODS 8 con la capacidad organizativa y las variables del contexto local, existe información valiosa que nos ayuda a comprender la complejidad que rodea este debate, así como el impacto de la desigualdad entre municipios para poner en marcha políticas públicas de desarrollo local que puedan mejorar el nivel de vida de sus ciudadanos.

Teniendo en cuenta la tradicional división ideológica de los partidos políticos en izquierda, derecha y centro (ver clasificación en Grin y Fernandes, 2022), y adoptando, a efectos de comparación, como referencia a los partidos centristas, la correlación es negativa y estadísticamente significativa (<0,05), por lo que los partidos de izquierda y derecha, en comparación con los de centro, no obtienen mejores resultados en términos de los resultados del ODS 8. Cuanto más grandes son las ciudades y su PIB per cápita, mayores serán las posibilidades de un buen desempeño en este objetivo, como lo demuestra la correlación positiva y significativa

(<0,05). En la misma línea, cuantas más transferencias federales per cápita se reciban, mayores serán las posibilidades de éxito en este ODS.

En relación con la estructura de la burocracia municipal y su educación (tomada como elemento de la competencia técnica): a) el número de empleados per cápita es estadísticamente significativo, pero está asociado negativamente con el ODS 8; b) la proporción de funcionarios con educación primaria entre todos los funcionarios públicos no tiene significancia estadística; c) la proporción de empleados con educación superior entre todos los empleados tiene significación estadística (<0,05) y está asociada positivamente. En definitiva, lo que importa para que las ciudades logren buenos resultados en este objetivo no es el número de empleados, sino la capacidad y calidad de los conocimientos que tengan los empleados municipales.

Las ciudades con mejor desempeño fiscal (medido por el Índice de Gestión Fiscal de Firjan – IFGF) y que cobran tarifas (por ejemplo, tarifas por la recolección de basura) permitidas por la Constitución Federal son las que están en mejores condiciones de aprovechar los resultados del ODS 8. Por lo tanto, tiene sentido inferir que la disponibilidad de recursos permite implementar mejores y más efectivas políticas públicas. En ambos casos, la asociación es positiva y estadísticamente significativa (<0,05). Lo mismo ocurre con los lugares que utilizan más instrumentos de planificación (el sustituto aquí son los instrumentos de planificación urbana). Cuanto más planificada sea la ciudad, mayores serán las posibilidades de conseguir buenos resultados en este Objetivo (asociación positiva y estadísticamente significativa (<0,05).

La subcontratación de servicios (por ejemplo, la contabilidad), una de las señas de identidad de la llamada Nueva Gestión Pública con el objetivo de reducir el tamaño del sector público y la ineficiencia de la administración pública, no presenta significación estadística cuando se correlaciona con el ODS 8. Según esta información, para las ciudades que deseen invertir en acciones orientadas al empleo y los ingresos, la subcontratación de actividades no parece ser un camino adecuado. Por otro lado, a mayor uso de las tecnologías de la información, mayor será la posibilidad de un buen desempeño en este objetivo. La correlación es positiva y estadísticamente significativa (<0,05).

Al considerar la estructura de gestión del área, la existencia de un departamento de desarrollo económico en lugar de otras opciones (agricultura, asistencia social, finca, planificación y trabajo) presenta una correlación positiva y estadísticamente significativa (<0,05). Este hallazgo está en línea con la literatura sobre capacidades estatales (Grin y Abrucio, 2018a): la existencia de un organismo propio amplía las posibilidades de obtener mejores resultados en las políticas públicas. En segundo lugar, el desarrollo económico no se limita a la realización de actuaciones en el ámbito laboral (por ejemplo, intermediación y calificación laboral), sino que requiere de la adopción de una visión sistémica y más integrada. Tampoco debe confundirse con la asistencia social, ya que no se trata sólo de acciones que garanticen derechos, sino posiblemente de acciones más efectivas. El desarrollo económico tampoco puede asociarse únicamente a la concesión de exenciones y ventajas fiscales con el objetivo de atraer empresas, que generalmente realizan los departamentos financieros.

Las acciones realizadas por las ciudades en el ámbito del empleo y el trabajo muestran una correlación negativa con significación estadística (<0,05). A primera vista, podría ser un resultado sorprendente, pero algunas reflexiones son importantes: a) las iniciativas locales pueden ser necesarias, pero insuficientes para hacer frente a la magnitud de un área de actividad limitada por factores estructurales como la política económica del gobierno federal, la tasa de desempleo o las calificaciones profesionales de la fuerza laboral, entre otros; b) la información disponible en el MUNIC IBGE puede no haber captado toda la variedad de acciones que las ciudades vienen implementando en el campo del desarrollo económico.

Los consorcios de "empleo y trabajo", como los denomina MUNIC IBGE, resultan ser un instrumento muy importante, ya que las ciudades que participan en estos acuerdos presentan una correlación positiva y estadísticamente significativa (<0,05) con el cumplimiento del ODS 8. Este resultado se puede interpretar al menos de dos maneras: a) las acciones efectivas en el ámbito de la generación de trabajo, empleo e ingresos requieren de actuaciones más amplias en el territorio y no sólo a nivel municipal, y b) es una forma de compensar la falta de resultados implementados por cada gobierno local, cuyas correlaciones no son positivas.

En resumen, los municipios más grandes y ricos que reciben más transferencias federales per cápita están en mejores condiciones para obtener resultados relacionados con el ODS 8. De esta manera, las desigualdades intrínsecas entre los municipios brasileños que se manifiestan en la capacidad de generar ingresos propios, contar con una fuerza laboral calificada, así como una estructura tecnológica adecuada a las necesidades contemporáneas, son factores que influyen en su capacidad para movilizar recursos que permitan cumplir con los principios del ODS. Sin embargo, la capacidad institucional también importa, ya que las ciudades que tienen su propia área de desarrollo económico, con empleados con mayor competencia técnica, más organizadas en términos fiscales y de planificación y están equipadas con recursos TIC, tienen más probabilidades de lograr un buen desempeño en esta área. También es importante la participación en consorcios intermunicipales.

El diagnóstico de la realidad municipal también se amplía al considerar los tipos de acciones orientadas al desarrollo local según el tamaño de la ciudad (gráfico 7).

Gráfico 7. Acciones de generación de empleo, renta y trabajo por tamaño poblacional municipal (em miles de habitantes)

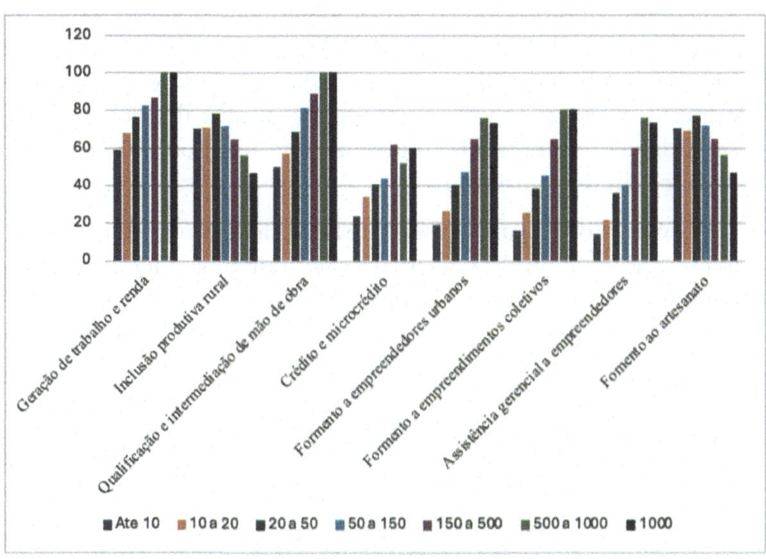

(1) Los municipios fueron agrupados en siete grupos poblacionales: hasta 10 mil habitantes, de 10 a 20 mil, de 20 a 50 mil, de 50 a 150 mil, de 150 a 500 mil, de 500 mil a 1 millón y arriba de 1 millón.

Fuente: elaborado por el autor basado en la MUNIC 2018 y cuenta poblacional municipal 2017 (IBGE).

Las ciudades más pequeñas (aquellas con hasta 50.000 habitantes y que representan el 89% de los municipios brasileños) tienen menos políticas públicas (excepto la inclusión productiva rural y la promoción de la artesanía). El tamaño de la población es un indicador de las economías de escala: las ciudades más pequeñas tienen menos recursos. Pero esto también es un indicador para evaluar la capacidad del Estado: en las ciudades más pequeñas, por regla general, las estructuras administrativas, las habilidades técnicas y la disponibilidad de recursos financieros son menores, lo que reduce la posibilidad de acción en muchas áreas. Y sería precisamente en las ciudades más pequeñas donde debería reforzarse la acción de los poderes públicos municipales en el ámbito del desarrollo local, ya que la mayor fragilidad de la economía local incide en las tasas de desempleo. Posiblemente esta sea la razón por la cual las alcaldías de las ciudades más pequeñas tienen las tasas más altas de servidores públicos por cada 100.000 habitantes (Grin y Abrucio, 2018b). Puede ser que esta realidad sea menor en las ciudades más pequeñas a través de la inclusión productiva rural, ya que las actividades rurales tienden a ser la base de la economía local. La misma situación podría aplicarse a la promoción de la artesanía.

Sin embargo, el panorama general de las acciones de empleo, trabajo y generación de ingresos muestra que las iniciativas están distribuidas de manera desigual según el tamaño de la población. Esta heterogeneidad sugiere que las políticas públicas deberían considerar diferentes realidades municipales y que se debería prestar más atención a los municipios pequeños, que cuentan con menos recursos administrativos, técnicos y financieros.

4. CONCLUSIONES

Los municipios son esenciales para el funcionamiento de la federación brasileña ya que en el marco de la descentralización asumieron un gran número de roles fundamentales para la provisión de servicios y la garantía de derechos, sobre todo en las políticas de bienestar social. Sin embargo, su mayor relevancia política y la ampliación de su autonomía no implica necesariamente que tengan más capacidades o condiciones para el manejo de todas las responsabilidades que han asumido y que siguen siendo transferidas desde los niveles superiores de gobierno. En este sentido, la financiación local es un gran desafío considerando las reducidas posibilidades que tienen los municipios para incrementar sus ingresos propios. Es decir, el municipio es autónomo de iure, pero sigue siendo, de facto, muy dependiente de las transferencias intergubernamentales.

Otro campo en el que la heterogeneidad municipal es muy evidente es la planificación, que es muy dependiente de las dinámicas sectoriales de cada política pública. Por ejemplo, en salud y educación, casi la totalidad de las localidades tienen planificación, pero, sin embargo, sólo el 4,5% poseen planes de seguridad pública y el 4,4% tienen políticas públicas para mujeres. La capacidad técnica disponibles es distinta, de suerte que en muchos temas los municipios están muy poco preparados.

Otro tema relevante es la calidad de la burocracia local. El nivel educativo de las burocracias municipales importa, puesto que es un atributo clave para la calidad de su desempeño. Una mayor autonomía administrativa para los estados y municipios requiere de una mayor capacidad de autorregulación y exige una mayor calidad técnica y organizativa de las alcaldías, como puede comprobarse al ver la evolución del nivel educativo de los servidores públicos municipales. De acuerdo con datos del IPEA (2018) sobre la evolución de la educación formal de los empleados públicos municipales[1], los niveles 3 y 4 han crecido mucho desde principios de la década de 2000. Sin embargo, el número de servidores públicos analfabetos o con pocos años de escolaridad sigue siendo elevado (cerca de 600.000 de un total estimado de 6,5 millones de servidores públicos), realidad que es más pronunciada en los municipios más pequeños y pobres (Grin y Fernandes, 2019).

5. REFERENCIAS BIBLIOGRÁFICAS

Abrucio, F. L. & Grin, E. J. (2015). "*From decentralization to federative coordination: the recent path of intergovernmental relations in Brazil*". II International Conference on Public Policy, Milan. https://www.ippapublicpolicy.org//file/paper/1434043516.pdf.

Arretche, M. T. S. (2012). *Democracia, federalismo e centralização no Brasil.* Fiocruz.

---

1 Considerando los siguientes niveles: 1) analfabetos, hasta quinto año incompleto, quinto año completo, sexto a noveno año de primaria; (2) escuela primaria completa o secundaria incompleta; (3) educación secundaria completa y educación superior incompleta; (4) educación superior completa; (5) maestría y doctorado, o (6) sin nivel.

Arretche M. T. S. (1999). "Políticas sociais no Brasil: descentralização em um Estado federativo". *Revista Brasileira de Ciências Sociais,* 14 (40), 111-141.

Bremaeker, F. E. J. (2021). *Situação fiscal dos municípios em 2020.* http://www.oim.tmunicipal.org.br/abre_documento.cfm?arquivo=_repositorio/_oim/_documentos/1916D38A-FC2C-D30C-B10CC5145FAF00471707202103327.pdf&i=3206. Recuperado en 12 de agosto de 2024.

Confederação Nacional de Municípios (2022). *Danos e prejuízos causados por desastres no Brasil entre 2013-2022.* https://www.cnm.org.br/cms/biblioteca/Danos%20e%20Preju%C3%ADzos%20causados%20por%20desastres_2013%20a%202022_atualizado%20em%20abril.pdf. Recuperado en 12 de octubre de 2024.

Confederação Nacional de Municípios (2020). Observatório dos Consórcios. https://consorcios.cnm.org.br/. Recuperado en 20 de noviembre de 2024.

Franzese, C. e Abrucio, Fernando L. (2013), "Efeitos recíprocos entre federalismo e políticas públicas: os casos dos sistemas de saúde, assistência social e de educação". En: G. Hocman e C. A. Pimenta Faria (eds). *Federalismo e políticas públicas no Brasil.* Editora Fiocruz.

Frente Nacional de Prefeitos (2022). *Multi Cidades - Finanças dos Municípios do Brasil.* Aequus Consultoria.

Fructuoso, J. (201). A gestão do Sistema Único de Saúde. In R.P.O. Oliveira & W. Santana (Eds.). *Educação e federalismo no Brasil: combater as desigualdades, garantir a diversidade.* (pp. 89-108). UNESCO.

Governo do Estado de São Paulo (2020). *As Mudanças Climáticas e as Cidades Brasileiras.* https://cetesb.sp.gov.br/proclima/eventos-proclima/as-mudancas-climaticas-e-as-cidades-brasileiras/

Grin, E. J. y Pantoja, I. (2023). Agenda 2030 and the Challenges of the Sustainable Urban Development Goals in Brazil: The Case of Jundiaí. In: M. Á. Huete García et al. (eds.). *Urban Policy in the Framework of the 2030 Agenda* (pp. 37-59). Springer Nature.

Grin, E. J., Demarco, D. J., & Abrucio, F. L. (2021). *Capacidades estatais municipais- o universo desconhecido no federalismo brasileiro.* Porto Alegre: CEGOV.

Grin, E. J. (2021). Capacidades políticas locais e a realidade dos consórcios intermunicipais na federação brasileira. In: Grin, E. J., Demarco, D. J., & Abrucio, F. L. (2021). *Capacidades estatais municipais: o universo desconhecido no federalismo brasileiro (pp. 317-365).* Editora CEGOV: UFRGS.

Grin E. J. & Fernandes, G. A. L. (2019). Capacidades estatales en los municipios brasileños: resultados tímidos en um contexto de autonomía política local y un escenario de dependencia financiera. In: Grin, E. J.; Completa, E. R.; Carrera-Hernández, A.P. & Arucio, F. L. (Eds.). *Capacidades estatales en gobiernos locales iberoamericanos: actualidad, brechas y perspectivas* (pp. 92-148). Editora FGV.

Grin, E. J., Segatto, C. I. & Abrucio, F. L. (2016). El asociativismo intermunicipal en Brasil. In D. Cravacuore & A. Chacon (eds.). El asociativismo intermunicipal en América Latina (pp. 65-104). Universidad Tecnológica Metropolitana.

Grin, E. J. & Abrucio, F. L. (2017). "La cooperación intermunicipal en Brasil frente al espejo de la historia: antecedentes críticos y la dependencia de la trayectoria después de la creación de la Ley de los Consorcios Públicos". *Revista Políticas Públicas,* 10 (2), 1-27.

Grin, E. J. & Abrucio, F. L. (2018a). "Las capacidades estatales de los municipios brasileños en un contexto de descentralización de políticas". *Reforma y Democracia,* 70, 93-126.

Grin, E. J. & Abrucio, F. L. (2018b). "Quando nem todas as rotas de cooperação intergovernamental levam ao mesmo caminho: arranjos federativos no Brasil para promover capacidades estatais municipais". *Revista do Serviço Público,* 69, 85-122.

Heinzlef, C. et al. (2020). "Operating urban resilience strategies to face climate change and associated risks: some advances from theory to application in Canada and France". *Cities,* 104,102762.

Instituto Brasileiro de Geografia e Estatística. MUNIC - Pesquisa de Informações Básicas Municipais. IBGE: Brasília. https://www.ibge.gov.br/estatisticas/sociais/educacao/10586-pesquisa-de-informacoes-basicas-municipais.html

Instituto de Pesquisa Econômica e Aplicada. Atlas do Estado Brasileiro: uma Análise Multidimensional da Burocracia Pública Brasileira em Duas Décadas (1995-2016), http://www.ipea.gov.br/portal/index.php?option=com_content&view=article&id=34501&Itemid=432. Recuperado en 12 de agosto de 2024.

Iturriza, M., Labaka, L., Hernantes, J., & Abdelgawad, A. (2020). "Shifting to climate change aware cities to facilitate the city resilience implementation". *Cities,* 101: 102688.

Leandro, J. G. & Menicucci, T. M. G. (2018). Governança federativa nas políticas de saúde e assistência social: processo decisório nas Comissões Intergestores Tripartite (2009-2012). *Revista do Serviço Público,* 69 (4), 817-848.

Losada, P. R. (2008). *O Comitê de Articulação Federativa: instrumento de coordenação e cooperação intergovernamental de políticas públicas no Brasil. In:*

XIII Congreso Internacional del Clad sobre la reforma del estado y de la administración pública. Buenos Aires: CLAD.

Marenco, A. e Strohchoen, M. T. B. (2018), "Abrindo a caixa-preta da gestão municipal: variações no perfil de burocracias governamentais locais". En: A. Marenco e M. I. Noll (eds.). *A política, as políticas e os controles: como são governadas as cidades brasileiras.* Tomo Editorial.

Programa das Nações Unidas para o Desenvolvimento (PNUD). *Atlas do Desenvolvimento Humano dos Municípios.* http://www.atlasbrasil.org.br/2013/pt/download/. Recuperado en 23 de septiembre de 2024.

Ribeiro, D. F., Saito, S. M., & Alvalá, R. C. S. (2022). "Disaster vulnerability analysis of small towns in Brazil. *In" ternational Journal of Disaster Risk Reduction,* 68, 102726.

Resende, A. J. C. (2008). "Autonomia Municipal e Lei Orgânica". *Cadernos da Escola do Legislativo,* 10 (15): 7-42.

Rótulo, Daniel *et al* (2013), "Gestión de políticas públicas transfronterizas: el caso de Uruguay y Brasil", documento apresentado no XVIII Congreso Internacional del CLAD sobre la Reforma del Estado y de la Administración Pública. Montevideo. Uruguai.

Santos, A. P., & Oliveira, J. A. P. (2022). *Local Climate Change Plans in Brazil: The Role of Risk Management Capacity and Transnational Municipal Networks.* https://anpad.com.br/uploads/articles/119/approved/79fde5402cbc75ae0615c9ae4c335b46.pdf

Scott, Z., & Few, R. (2016). "Strengthening capacities for disaster risk management: Insights from existing research and practice". *International Journal of Disaster Risk Reduction,* 20, 145-153.

Sistema de Informações Contábeis e Fiscais do Setor Público Brasileiro. (2015) https://siconfi.tesouro.gov.br/siconfi/pages/ public/consulta_finbra/finbra_list.jsf

Souza, C. M. (2016). Local Governments in Brazil: Are They the Hub of the Brazilian "Welfare State"? *In:* Ssadioglu, A & Dede, K. (Eds.). *Comparative Studies and Regionally-Focused Cases Examining Local Governments* (pp. 280-295). Hershey: IGI Global.

Gobiernos locales en Colombia

JOSÉ HERNÁNDEZ BONIVENTO
Universidad Austral de Chile, Chile

MAREN ZAMORANO HERNÁNDEZ
Universidad Austral de Chile, Chile

Resumen: Este capítulo tiene por finalidad presentar, de manera general, una visión actualizada de la situación de los municipios colombianos, en un contexto con la doble característica de ser un Estado unitario y al mismo tiempo, uno de los más descentralizados del continente. Se presentan las características institucionales generales, las formas de financiamiento, la relevancia de los alcaldes y alcaldesas en la vida política nacional y los aspectos relativos al asociacionismo municipal. A su vez, se presentan los mayores desafíos que enfrentan los municipios y la priorización de los temas de política pública, haciendo un especial énfasis en los sectores de salud y educación, así como la presentación de otros desafíos sectoriales y la realidad actual municipal en Colombia. Finalmente, se presentan en las conclusiones la alta diversidad de los municipios colombianos, tanto en tamaño y nivel de desarrollo como en capacidades y competencias para hacer frente a los desafíos que enfrentan en la actualidad.

Palabras clave: Colombia, Municipios, Descentralización, Política Públicas, Grandes Ciudades.

Abstract: The purpose of this chapter is to present a general overview of the situation of Colombian municipalities in a context with the dual characteristic of being a unitary state and, at the same time, one of the most decentralized in the continent. The general institutional characteristics, the forms of financing, the relevance of mayors in the national political life and the aspects related to municipal associationism are presented. At the same time, the significant challenges faced by the municipalities and the prioritization of public policy issues are presented, with special emphasis on the health and education sectors, as well as the presentation of other sectoral challenges and the current municipal reality in Colombia. Finally, the conclusions present the high diversity of Colombian municipalities, both in size and level of development, as well as the capacities and competencies to face the current challenges.

Keywords: Colombia, Municipalities, Decentralization, Public Policy, Large Cities.

1. INTRODUCCIÓN

Colombia es un país geográficamente fragmentado, que de forma histórica ha mantenido una relativa autosuficiencia de sus regiones, divididas por cordilleras, grandes ríos y valles, extensas planicies y selvas tropicales que conforman su territorio. Desde su época colonial y hasta bien entrado el siglo XX, las distintas zonas de lo que hoy conocemos como Colombia se establecieron como pequeñas islas autosuficientes, debido a la riqueza natural de las regiones, la fortaleza de las élites locales y a la difícil conexión entre ellas y la capital, causada por la precaria infraestructura de conectividad nacional (Melo, 2017). Esta fragmentación ha conllevado una gran diversidad cultural que enriquece la vida colombiana, pero también arraiga grandes problemas de gobernabilidad territorial y de vacíos estatales que, trágicamente, han sido coaptados por guerrillas, grupos armados y bandas criminales desde mediados del siglo XX y hasta la actualidad.

No son pocos los textos que revisan la mirada histórica del país, su fragmentación territorial y el centralismo presidencialista que desde finales del siglo XIX se establece en el Estado, hasta su recomposición política y administrativa gracias a la Constitución de 1991 (Bushnell, 1993; Safford & Palacios, 2002; Melo, 2017). Gracias al cambio constitucional, y de la mano con un proceso de democratización —hasta 1985 todos los alcaldes y gobernadores del país eran designados por el partido gobernante— se inicia el proceso descentralizador colombiano, con un especial énfasis en el nivel municipal, empujado en gran parte por las élites locales y convirtiéndolo en un proceso más que todo político, fortaleciendo la toma de decisiones autónoma desde los territorios (Falleti, 2010). Sin embargo, este empuje político de la descentralización colombiana ha tenido resultados diversos, siendo las grandes ciudades las más beneficiadas, gracias a los recursos disponibles que el sistema les entrega, mientras que las zonas más periféricas y poco desarrolladas han mantenido su dependencia al centralismo y sufren constantemente de los vacíos estatales, marcados por la violencia y el conflicto armado (García Villegas et al., 2011). A pesar del proceso inicial descentralizador y democratizador de la

Constitución de 1991, y aun cuando sigue siendo considerado uno de los países más descentralizados de la región, Colombia ha vivido un constante proceso recentralizador en las últimas décadas, el cual ha implicado concentraciones a nivel central en la toma de decisiones, las competencias administrativas y los mecanismos de financiamiento y redistribución de recursos (López-Murcia, 2022). La fragmentación sigue siendo una tensión constante en el país, así como las relaciones entre niveles de gobierno, todo ello enmarcado en contextos de alta desigualdad territorial y vacíos del monopolio de la fuerza en grandes zonas del país.

Con todo esto en mente, el presente capítulo presenta una visión actualizada de la situación de los municipios colombianos en un contexto de alta complejidad. Para ello, el texto se divide en dos partes: una primera descriptiva, en la línea del presente manual, sobre la estructura político-administrativa del Estado colombiano, y una segunda enfocada en dos políticas sectoriales entendidas como prioritarias en el país: salud y educación. Con ello, esperamos poder entregar mayores herramientas para el análisis nacional y comparado de la realidad local iberoamericana, además de buscar convertirse en un texto de referencia para entender el entramado institucional de la descentralización colombiana.

2. DESCRIPCIÓN GENERAL DE LOS GOBIERNOS LOCALES EN COLOMBIA

2.1. Tipos de gobiernos locales

Colombia es un Estado organizado en forma de República unitaria descentralizada, con autonomía de sus entidades territoriales, democrática, participativa y pluralista, según lo establecido en la actual Constitución de 1991. Para efectos de su organización administrativa, se establece que las entidades territoriales se constituyen por departamentos, distritos, municipios y territorios indígenas (Constitución Política de Colombia, 1991, artículo 286).

Se instituyen, además, divisiones especiales correspondientes a las regiones y provincias, cuya delimitación se rige por lo estipulado en la Constitución y la Ley de Ordenamiento Territorial (LOOT). Sin embargo, esta ley se promulgó 20 años después (Ley 1.454 de 2011) y no contempla la creación de regiones, provincias o territorios indígenas, sino más bien una lógica asociativista, parecida a las áreas metropolitanas, para municipios (en provincias) y para los departamentos (en regiones). Así, en la actualidad, Colombia cuenta formalmente con dos niveles subnacionales: el departamental (intermedio) y el municipal (local).

Por su parte, los distritos son entidades territoriales a nivel local, consagrados en la categoría especial de municipios (Art. 286 Constitución Política). Se definen, según la Ley 1.617 de 2013, como entes subnacionales que, conforme a lo provisto en la Constitución, disponen de un régimen particular distinto al de los municipios. Son entidades a las que, ya sea por su relevancia política, cultural, histórica, turística, ambiental, comercial o portuaria, se les permite someterse a este régimen especial con acceso a mayores transferencias fiscales y una mayor importancia político-administrativa a nivel nacional. En la actualidad son 12 los distritos reconocidos, con el caso particular del Distrito Capital de Bogotá que, por ser la capital del país, cuenta con su propio régimen (Ley 1.617 de 2013 y Decreto-ley 1.421 de 1993). Todas estas entidades territoriales poseen la calidad de personas jurídicas, lo que les otorga capacidad de ejercicio para ejercer derechos y asumir obligaciones, contar con patrimonio propio y ser representadas judicial y extrajudicialmente.

En primera instancia se encuentran los departamentos como las unidades territoriales de nivel intermedio, que a su vez se componen de municipios y distritos. Hasta la fecha, el territorio colombiano se divide en 32 departamentos, cuyas competencias abarcan el cumplimiento de funciones administrativas, de coordinación con los otros niveles territoriales, de complementariedad de la acción municipal, de intermediación entre los organismos centralizados y los municipios y la provisión de servicios estipulados en la Constitución y las leyes (art. 298). De esta manera, su importancia estratégica se centra principalmente en su labor de intermediación, siendo responsable de mantener las conexiones o lazos intergubernamentales a nivel vertical para garantizar la comunicación entre los niveles territoriales (González & Jaramillo, 2001), y cumpliendo el rol de vocero de sus municipios frente a la Nación (Duque & Chavarro, 2021).

En el plano local, la administración territorial le corresponde al municipio, definido en el artículo 311 como "la entidad fundamental de la división político-administrativa del Estado", convirtiéndolo en el último eslabón de la estructura organizacional administrativa, concentrando entonces los esfuerzos institucionales de la aplicación de las herramientas con las que el Estado fue dotado para satisfacer las necesidades de la población (Castañeda, 2014).

Sobre sus funciones, al municipio le corresponde "prestar los servicios públicos que determine la ley, construir las obras que demande el progreso local, ordenar el desarrollo de su territorio, promover la participación comunitaria, el mejoramiento social y cultural de sus habitantes y cumplir las demás funciones que le asignen la Constitución y las leyes" (Constitución Política de Colombia, Art. 311). A esto se añade el artículo 3 de la Ley 136 de 1994, que establece las funciones del municipio, abarcando materias como desarrollo municipal, garantía de derechos, seguridad ciudadana, participación comunitaria, ordenamiento territorial y turismo, entre otros aspectos. Su principal objetivo es, entonces, el de servir a la comunidad por medio de la provisión de servicios sociales y promoción de la prosperidad general de la comunidad y su entorno.

Otro aspecto abordado en la Constitución es la categorización municipal, destinada a la distribución de recursos y competencias de los municipios según sus condiciones económicas, demográficas y fiscales. Esto busca facilitar la planificación territorial, designar qué competencias pueden afrontar los municipios según sus capacidades administrativas y buscar un desarrollo más equilibrado, que busque reducir las desigualdades entre municipios grandes y pequeños, para lo cual se esgrimen criterios como población, recursos fiscales, importancia económica y situación geográfica (Art. 320). Por su parte, la Ley 136 de 1994 introdujo los requisitos que dispone cada categoría (Art. 6), los cuales, aunque modificados por otras leyes, se han mantenido hasta la actualidad. De esta forma, los municipios están organizados en siete categorías, dividiéndose también en tres grupos: grandes municipios, municipios intermedios y municipios básicos (Tabla 1).

Tabla 1. Categorización de municipios según criterios de la Ley 136 de 1994

Grupo	Categoría	Población	Ingresos corrientes de libre destinación anuales
Grandes Municipios	Especial	Superior a 500.001 habitantes	Superiores a 400.000 salarios mínimos legales mensuales vigentes
	1	Entre 100.001 y 500.000 habitantes	Superiores a 100.000 y hasta de 400.000 salarios mínimos legales mensuales vigentes
Municipios Intermedios	2	Entre 50.001 y 100.000 habitantes	Superiores a 50.000 y hasta 100.000 salarios mínimos legales mensuales vigentes
	3	Entre 30.001 y 50.000 habitantes	Superiores a 30.000 y hasta 50.000 salarios mínimos legales mensuales vigentes
	4	Entre 20.001 y 30.000 habitantes	Superiores a 25.000 y hasta 30.000 salarios mínimos legales mensuales vigentes
Municipios Básicos	5	Entre 10.001 y 20.000 habitantes	Superiores a 15.000 y hasta 25.000 salarios mínimos legales mensuales vigentes
	6	Igual o inferior a 10.000 habitantes	No superiores a 15.000 salarios mínimos legales mensuales vigentes

Fuente: Elaboración propia a partir de la Ley 136 de 1994

Actualmente Colombia cuenta con 1.103 municipios, de los cuales, según la resolución 450 del año 2022, el 86% pertenece a la categoría 6, la más baja, con menos de 10.000 habitantes e Ingresos Corrientes de Libre Destinación Anual inferiores a 15.000 salarios mínimos legales mensuales vigentes. A su vez, el grupo de Municipios Básicos (categorías 5 y 6) suma un total de 91% de los municipios colombianos, mientras el grupo de Municipios Intermedios (categorías 2, 3 y 4) abarca un 5% y los Grandes Municipios (categoría especial y 1) abarcan tan solo un 3% del total (Tabla 2).

Tabla 2. Número de municipios por clasificación, según la resolución 450 del año 2022

Grupo	Categoría	Número por categoría	Total	Porcentaje
Grandes Municipios	**Especial**	6	33	3%
	1	27		
Municipios Intermedios	**2**	29	69	5%
	3	17		
	4	23		
Municipios Básicos	**5**	48	1001	91%
	6	953		

Fuente: Elaboración propia a partir de datos de la Contaduría General de la República

2.2. Formas de financiamiento

Uno de los puntos centrales de la autonomía territorial es la capacidad de los gobiernos subnacionales de disponer de recursos financieros adecuados y el poder de decisión sobre su distribución. Para esto, la Constitución Política de 1991 dispone en el artículo 287 el derecho de las entidades territoriales a “administrar los recursos y establecer los tributos necesarios para el cumplimiento de sus funciones” y “participar en las rentas nacionales". En la Tabla 3 se presentan las fuentes de financiación de los municipios en Colombia.

Tabla 3. Formas de financiamiento municipal

Recursos propios	Correspondientes a rentas generadas de forma regular a partir del esfuerzo en la recaudación, gestión tributaria y prestación de servicios por parte de las entidades territoriales. Esta categoría abarca los ingresos generados por impuestos tributarios, en su mayor parte por los impuestos de predial e industria y comercio (Departamento Nacional de Planificación, 2023). Por su parte, también se incluye el cobro de tasas, rentas contractuales, multas, ventas de los bienes producidos y contribuciones para el caso de los impuestos no tributarios.
Transferencias del gobierno central	Se trata de los recursos que la nación concede a las entidades territoriales, principalmente, el Sistema General de Participaciones (SGP) y las regalías. El SGP es un ingreso municipal regulado por mandato constitucional, según los artículos 356 y 357, donde este último estipula que el destino de estos recursos debe ir a los servicios a su cargo y dividido en componentes sectoriales "dándoles prioridad al servicio de salud, los servicios de educación preescolar, primaria, secundaria y media, y servicios públicos domiciliarios de agua potable y saneamiento básico, garantizando la prestación y la ampliación de coberturas con énfasis en la población pobre" (Constitución Política de Colombia, 1991, art. 357). Por su lado, las regalías son las contraprestaciones económicas que recibe el Estado por la explotación de un recurso natural, están pueden ser directas, al ser explotadas en la jurisdicción territorial, o indirectas, al ser administrados por el Fondo Nacional de Regalías.
Recursos de crédito	Son ingresos provenientes de entidades crediticias, tanto nacionales como internacionales y regulados por los requisitos y condiciones exigidas por la Ley 358 de 1997.

Fuente: Elaboración propia a partir de la Procuraduría Delegada para la Descentralización y las Entidades Territoriales (2011), la Constitución Política de Colombia (1991) y la Dirección Nacional de Planeación (2022).

En 2022 las transferencias entregadas por el gobierno central representaron un 60% del total de los ingresos totales municipales (Departamento Nacional de Planeación, 2022), constituyéndose como la principal fuente de financiamiento municipal. Este mismo ingreso se presenta en el grupo de Municipios Básicos (categorías 5 y 6) con un 78% dentro sus ingresos totales, es decir que sus finanzas territoriales dependen esencialmente del nivel central. Por su parte, el grupo de Municipios Intermedios (categorías 2,3 y 4) obtiene el 66% de sus ingresos de transferencias de capital, reflejando una dependencia significativa pero menor en comparación con los Municipios Básicos. En contraste, el grupo de Grandes Municipios (categoría especial y 1) se lleva el menor porcentaje de los tres, representado por un 49%, donde poco más de la mitad de sus recursos provienen de recursos propios.

La dependencia a las transferencias giradas desde el gobierno central va en directo perjuicio a la autonomía fiscal de los municipios. La procedencia de las fuentes exógenas tiene por consecuencia el principio unitario que dio un extendido margen de acción al legislador para intervenir en la regulación de los recursos, lo que incluye la fijación de su destino de forzosa o de libre inversión (Sentencia C-414/12). Por tanto, la autonomía en materia fiscal se materializa en el recaudo de recursos de libre destinación anual.

La Tabla 4 revela la correspondencia entre el panorama de la dependencia a trasferencias centrales según los grupos municipales y su porcentaje de autonomía fiscal, entendida como la cantidad de su presupuesto que es de libre disposición. En este caso, los Grandes Municipios son el grupo con mayor porcentaje de autonomía, destacando especialmente la categoría especial con un 60,9%, lo que indica una significativa capacidad para financiarse a través de ingresos propios y una menor dependencia de transferencias externas. Por su parte, los Municipios Intermedios muestran una autonomía fiscal promediada de un 50%. Por último, está el pronóstico previsible del grupo de Municipios Básicos que, por su alta dependencia a las fuentes del nivel central, cuenta con un bajo porcentaje de autonomía fiscal, promediando un 42%. Cabe resaltar que los municipios de la categoría 6, que corresponden al 86% de los municipios del país, tienen un promedio de

34,8% de recursos de libre destinación, poco más de la mitad del porcentaje de los municipios de categoría especial.

Tabla 4. Porcentaje de autonomía fiscal por categoría y grupo de municipios

Grupo	Categoría	Promedio porcentaje autonomía fiscal por categoría	Promedio porcentaje autonomía fiscal por grupo
Grandes Municipios	Especial	61%	56%
	1	52%	
Municipios Intermedios	2	54%	50%
	3	53%	
	4	42%	
Municipios Básicos	5	49%	42%
	6	35%	

Fuente: Elaboración propia a partir de la Dirección Nacional de Planeación (2022).

Se observa entonces que las fuentes propias de financiamiento se encuentran altamente concentradas en un reducido número de municipios. En concreto, Bogotá, Medellín, Cali, Barranquilla, Cartagena y Bucaramanga recaudan el 52% del total de los ingresos por rentas municipales propias, es decir que estos seis municipios (categoría especial) concentran poco más de la mitad de la totalidad de estos recursos y el 48% de los ingresos restantes se distribuyen entre las demás 1.097 entidades locales de las otras seis categorías. Esta disparidad fiscal es resultado de la heterogeneidad en las capacidades de las entidades para generar sus propias utilidades, pues debido a que la actividad económica está mayormente concentrada en unos pocos territorios, aquellos municipios con mayor capacidad local para generar ingresos son los que cuentan con amplias bases tributarias (Bonet & Ayala, 2015).

Como vemos, la grandísima mayoría de municipios del país cuentan con un nivel bajo de ingresos totales, una alta dependencia a las transferencias del nivel central y, a su vez, una limitada autonomía para disponer de su presupuesto. En este sentido, no sería extraño considerar a los municipios pequeños más como organismos desconcentrados del poder central que como organismos descentralizados e independientes (Duque-Cante & Chavarro-Velandia, 2021).

2.3. Alcaldías y consejos municipales

La autoridad principal de los municipios en Colombia es el alcalde, responsable del mando de la administración local y representante legal de la entidad (Constitución Política de Colombia, 1991, art 314). Su cargo es por elección popular directa, aplica la modalidad de mayoría simple en una sola vuelta electoral, con la reciente excepción de Bogotá, que a través de una reforma constitucional (Acto Administrativo 03 de 2019) ahora cuenta con segunda vuelta electoral, la cual puede omitirse en caso de que quien gane la elección alcance más del 40% de los votos y supere por al menos el 10% a quien se ubique en segundo lugar. A su vez, las alcaldías tienen un periodo institucional de cuatro años sin reelección inmediata. Sus atribuciones fueron establecidas en el artículo 315 de la Constitución, teniendo por función cumplir lo que determine el constituyente y la ley, conservar el orden público, dirigir la acción administrativa, nombrar y remover funcionarios bajo su dependencia, presentar proyectos de desarrollo económico y local, entre otras más.

La administración municipal también cuenta con la autoridad del Consejo Municipal, compuesto por un número de concejales que varía según la población del municipio, con un rango que va desde los siete hasta los 21 concejales. Cada miembro se designa por voto popular directo, se aplica el sistema de representación de cifra repartidora en una sola vuelta y su cargo tiene una duración de cuatro años, con reelección inmediata. Es un órgano resolutivo y de control a nivel local, su función primordial es la deliberación y la toma de decisiones sobre asuntos territoriales, por lo que sus atribuciones constan en el reglamentar, adoptar planes de desarrollo territorial, otorgar autorizaciones al alcalde, votar en conformidad a la Constitución y la ley y determinar la estructura de la administración municipal, entre otras (Constitución Política de Colombia, 1991, artículo 313).

Siguiendo la lógica presidencialista del país, existe una mayor expectación pública en la figura del alcalde por encima de los concejales. La valoración de los alcaldes tiene una directa relación con el éxito percibido en el gobierno local y su reconocimiento le permite amplificar su perfil político hacia otras esferas de gobierno, sobre todo cuando se gobierna una de las grandes ciudades del país. Una forma de observar esto es la cantidad de ex autoridades municipales que han sido candidatos o candidatas a la presidencia de la República, siendo el actual presidente Gustavo Petro, ex alcalde de Bogotá (Tabla 5).

Tabla 5. Participación de exalcaldes en candidaturas presidenciales últimas tres elecciones

Elecciones presidenciales 2014	
Candidato	**Cargo público**
Clara López	Ex alcaldesa de Bogotá
Enrique Peñalosa	Ex alcalde de Bogotá
Carlos Holmes	Ex alcalde de Cali
Óscar Iván Zuluaga	Ex alcalde de Pensilvania
Elecciones presidenciales 2018	
Candidato	**Cargo público**
Gustavo Petro	Ex alcalde de Bogotá
Clara López	Ex alcaldesa de Bogotá
Sergio Fajardo	Ex alcalde de Medellín

Elecciones presidenciales 2022	
Candidato	**Cargo público**
Marelen Castillo	Ex alcaldesa Bucaramanga
Federico Gutiérrez	Ex alcalde de Medellín
Sergio Fajardo	Ex alcalde de Medellín
Gustavo Petro*	Ex alcalde de Bogotá

* Elegido.

Fuente: Elaboración propia.

Como se observa, la figura local de los exalcaldes ha logrado trascender a contendientes clave en la arena política nacional, disputando cargos de mayor envergadura, como gobernaciones, parlamento e, incluso, la presidencia. Factores como la experiencia de gestión ejecutiva en contextos de alta complejidad, junto a la alta exposición mediática que implica el gobierno de grandes ciudades, hacen que sea común ver exalcaldes en la contienda electoral nacional.

2.4. El asociacionismo municipal y las relaciones intergubernamentales

Dentro de los esfuerzos por mejorar el desempeño de las administraciones locales, un hito importante ha sido el avance del asociativismo, el cual ha logrado favorecer a los niveles de gobierno subnacionales con mecanismos de cooperación horizontales, buscando sopesar la precariedad institucional territorial y promover las relaciones intergubernamentales (Acosta, 2018). Bajo este contexto se enmarca el incremento de la cooperación intermunicipal como estrategia para abordar desafíos que excedan los límites administrativos (Pinzón, Moreno, 2023), con la expectativa de que la asociatividad permita responder a las particularidades regionales y encaminar verdaderos procesos de desarrollo territorial (Ayala, 2005).

Hasta 2022, se establecieron 56 asociaciones municipales en Colombia, que integran un total de 489 municipios (Observatorio de Organización Territorial Supramunicipal, 2022). Su formación requiere legalmente un acuerdo de voluntades entre los municipios que busquen llevar a cabo la acción mancomunada de servicios y obras públicas mediante convenio suscrito por sus alcaldes, con previa autorización de los respectivos concejos (Bustamante, 2007). Las asociaciones cuentan con personería jurídica y con patrimonio propio y de libre disposición de recursos para los objetivos por los que se crean, se rigen por sus propios estatutos y gozan de los mismos derechos y prerrogativas otorgadas por la ley a los municipios (Ley 136, 1994).

La fortaleza estratégica de las asociaciones radica en la simplificación de los aparatos y estructuras administrativas tradicionales, orientándose hacia la formulación de soluciones integrales que atiendan las necesidades comunes de sus miembros y logren la eficiencia en el ejercicio de la función pública (Bustamante, 2006). Conforme a esto, las funciones de las asociaciones se articulan a través de acciones que promueven el desarrollo económico, político y social de los municipios, siendo su objetivo principal la racionalización de recursos, permitiendo aprovechar las ventajas territoriales y mitigar las disparidades que surgen a nivel local (Hernández, 2009).

En el contexto colombiano, estas figuras de cooperación territorial han surgido en respuesta a diversas necesidades identificadas tanto por los gobernantes locales como por sus comunidades, transformándolas en entidades que van más allá de ser meras proveedoras de servicios (Ayala, 2005). Por lo mismo, existen diversas instancias de asociatividad diseñadas para ser escenarios donde los ciudadanos se reúnen en sus municipios para enfrentar y superar dificultades de diversa índole, ya sean sociales, ambientales, institucionales o económicas (Contraloría General de la República, 2010). Para tales casos, las asociaciones han logrado llevar a cabo procesos de rehabilitación y reconciliación social, pudiendo optimizar la calidad de vida de la ciudadanía (Ayala, 2005).

Sin embargo, en la práctica, esta herramienta de cooperación también ha sido empleada para agilizar los procesos de contratación local, lo que ha permitido eludir en gran medida los mecanismos de rendición de cuentas desde los niveles centrales (Sanabria-Pulido et al., 2024). Al convocar directamente los servicios que brindan los municipios, bajo el supuesto de que los gastos para la entidad territorial disminuyen y se incremente la calidad del servicio, implica a sus asociados la disponibilidad de un portafolio de servicios que incluye asesoría jurídica, la construcción de obras públicas, capacitación a funcionarios, estudios de preinversión, planeación y ejecución de proyectos de diversas áreas (económicas, políticas, sociales), entre otras más.

A nivel nacional, el principal gremio municipalista lo constituye la Federación Colombiana de Municipios (FCM), un organismo con personalidad jurídica, carácter gremial y asociativo, que actúa como intercesor por los intereses colectivos de los organismos locales para fortalecer su capacidad de gestión (Resolución 002 de 1998). Se concibe principalmente como una organización de *lobby*, al presionar por la transferencia de mayores recursos y competencias a las regiones, su visión se vuelve principalmente política al buscar activamente la aprobación de autoridades nacionales (Sanabria-Pulido, et al., 2024). Por lo mismo, su labor de representación ante instituciones públicas y privadas, lo arguye como el principal vocero municipal, con posicionamiento y credibilidad fortalecida a nivel nacional e internacional (Quintero, 2006).

Lamentablemente, no abundan los trabajos enfocados a evaluar la gestión y el funcionamiento general de las asociaciones municipales. Sin embargo, los escasos análisis disponibles evidencian resultados de dinamismo en el desarrollo de los territorios por las acciones empleadas por asociaciones, que en general, se centran principalmente en las buenas prácticas de los casos exitosos (Contraloría General de la República, 2010; Bustamante 2006, Ayala, 2005; Rodríguez, 2018, Hernández, 2009). Así también, exponen la difícil situación que enfrentan estas entidades al reconocer las trabas que han limitado su verdadero potencial y las ha mantenido subvaloradas por el Estado colombiano (Contraloría General de la República, 2010; Hernández, 2009; Sanabria-Pulido et al., 2024; Bustamante, 2006).

Las críticas al asociativismo se centran en conflictos recurrentes presentes en las relaciones intergubernamentales (Barbosa, 2006), que surgen de continuas tensiones entre actores para ejercer autoridad administrativa y disponer de instrumentos de acción e intervención en la gestión operativa (Jordana, 2001). Al respecto, la literatura abarca diversas perspectivas sobre los conflictos que afectan las competencias interrelacionadas a nivel subnacional, las cuales, en sentido amplio, convergen en torno al mismo planteamiento: el descuido del enfoque administrativo que tuvo el proyecto de descentralización en Colombia (Sanabria-Pulido et al., 2024), que deriva en una falta de definición precisa de responsabilidades compartidas (Vargas, Sarmiento, 1997, citados por Jordana, 2001) y un problema estructural de las finanzas locales con un modelo fiscal históricamente débil (Barbosa, 2006), lo que produce deficiencias de coordinación en sus procesos de planeación interinstitucional (Acosta, 2018). Por lo mismo, las asociaciones de municipios se ven entramadas en problemas estructurales como la indeterminación y vaguedad en sus competencias, la vulnerabilidad e inestabilidad presupuestaria y la dependencia a la voluntad y al compromiso político (Contraloría General de la República, 2010; Hernández, 2009; Sanabria-Pulido, et al., 2024; Bustamante, 2006).

Por último, las recomendaciones observadas en la literatura sobre asociacionismo municipal apuntan a medidas como la formulación de un mecanismo de financiación en el largo plazo; la unificación de criterios para regular funciones y competencias; el seguimiento institucional y herramientas de evaluación sobre eficiencia de las mismas; avanzar en la reglamentación de los incentivos, y fortalecer las condiciones para su creación, entre otras más (Bustamante, 2006; Contraloría General de la República, 2010; Departamento Nacional de Planeación, 2022a; 2022b; Asociación de Municipios Solidario y Sostenibles, 2022).

3. POLÍTICAS URBANAS Y DESAFÍOS MUNICIPALES

Similar a otros países de la región, Colombia es un país altamente urbanizado. Según el análisis de política urbana de la OCDE, el incremento de la población urbana colombiana ha sido constante y acelerado en las últimas décadas, pasando de un 38,3% en 1950 a un 75,5% en el 2018, esperándose, para el 2050, que 3 de cada 4 colombianos vivan en un área urbana. A su vez, comparado con otros países de la región, Colombia tiene un sistema urbano policéntrico, donde el 40% de la población urbana habita en las cinco principales ciudades del país: Bogotá, Medellín, Cali, Barranquilla y Cartagena. Finalmente, han sido los centros urbanos los que en general han recibido la población desplazada de zonas rurales por causas del conflicto armado y, en los últimos años, de migrantes y refugiados venezolanos, que para el 2020 superaban los 2,6 millones de personas (OECD, 2022).

A su vez, la diversidad que caracteriza el país también se refleja en las municipalidades colombianas y especialmente en sus zonas urbanas. La concentración de la población urbana en las grandes ciudades, el desarrollo de ciudades intermedias y la debilidad de las municipalidades más pequeñas implica también una diversidad de capacidades y competencias que los municipios tienen para enfrentar sus crecientes desafíos. En términos generales, las grandes ciudades han logrado sacar mayor provecho de la descentralización, puesto que cuentan con competencias en políticas sectoriales y recursos propios para fortalecerlas, mientras que los municipios pequeños aún dependen fuertemente de los niveles superiores de gobierno, y padecen debilidades que no permiten aprovechar las potenciales ventajas de la descentralización (Sanabria Pulido, 2019; Sanabria-Pulido, 2016; Sanabria-Pulido et al., 2024).

En este apartado veremos en detalle las prioridades sectoriales de la población urbana en Colombia, observando los dos sectores que, según estudios de opinión pública, son prioritarios para la ciudadanía: salud y educación. Luego de discutir un estado de la situación en estas áreas, se presenta la estructura de competencias y las herramientas con las que cuentan para la prestación de dichos servicios públicos. Por último, se presentan de manera general otros sectores importantes para las ciudades, de forma que se tenga un panorama amplio de los avances y desafíos a nivel municipal en Colombia.

3.1. Prioridades ciudadanas a nivel urbano

En cuanto a los desafíos urbanos más importantes, la Red de Ciudades Cómo Vamos ha establecido una serie de encuestas que permiten ver, de manera comparada, los temas prioritarios para las personas que viven en centros urbanos del país. En su última Encuesta de Percepción Ciudadana Comparada, del año 2022, se preguntó en 28 ciudades y municipios del país por los temas en los que las alcaldías de sus ciudades deberían concentrar mayores esfuerzos, siendo los sectores de Salud (23,44%), Educación (20,02%) y Pobreza y Vulnerabilidad (15,24%) los que fueron priorizados por la ciudadanía (Red Ciudades Cómo Vamos, 2022) (Gráfico 1).

Gráfico 1. Prioridades ciudadanas, encuestados en 28 ciudades colombianas, 2022

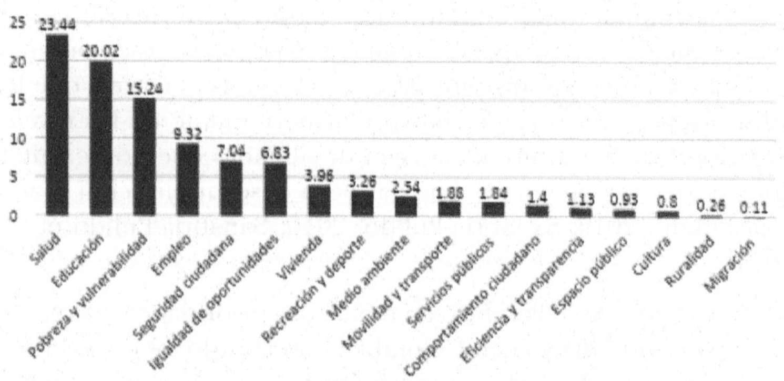

Fuente: Encuesta de Percepción Ciudadana 2022, Red Ciudades Cómo Vamos.

En cualquier caso, es precisamente en salud y educación donde se enfoca la mayor parte del presupuesto nacional: para el 2023, el Presupuesto General de la Nación (PGN) acordó un total de 54,8 billones de pesos colombianos (alrededor de 13 mil millones de dólares), lo que correspondía a un 18% del PGN libre de deuda; en el caso de salud, el monto total fue de 49,6 billones de pesos (alrededor de 11,6 mil millones de dólares), correspondiente a un 16% del PGN libre de deuda (Ministerio de Hacienda y Crédito Público, 2023).

La inversión anual en estas áreas ha tenido un impacto visible en la vida de la población urbana del país. Si se observan los datos recogidos en el Índice de Progreso Social (IPS), que mide datos oficiales y percepción de 15 ciudades colombianas (Fundación Corona & Red Ciudades Cómo Vamos, 2022), en el caso de educación se observa un alto nivel de cobertura de servicio básico, donde varias ciudades alcanzan el 100%, pero solo dos ciudades —Bogotá y Pereira— superan por poco el 55% de cumplimiento en términos de calidad (Gráfico 2).

Gráfico 2. Cobertura y calidad de la educación básica en 15 ciudades colombianas, 2019

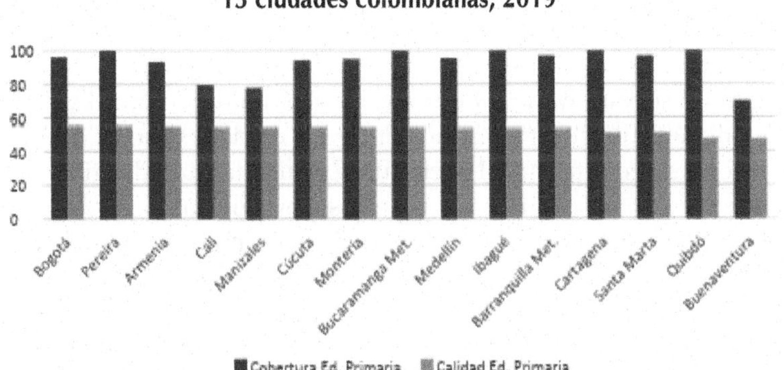

Fuente: Índice de Progreso Social, Fundación Corona y Red Ciudades Cómo Vamos, 2022.

En el sector salud se observa también una amplia cobertura de servicio básico y de aseguramiento de las personas, aunque con importantes diferencias entre grandes ciudades y pequeños municipios: según una investigación publicada en el periódico *El País* (Galindo, 2023), basada en datos del Ministerio de Salud y el Departamento Administrativo Nacional de Estadística (DANE), los niveles de aseguramiento en salud alcanzan un 100% en ciudades con más de 500 mil habitantes, pero dicho nivel cae a un 69,4% en municipios de menos de 5.000 habitantes (Gráfico 3).

Gráfico 3. Tasa de aseguramiento en salud según tamaño de municipio, Marzo 2023

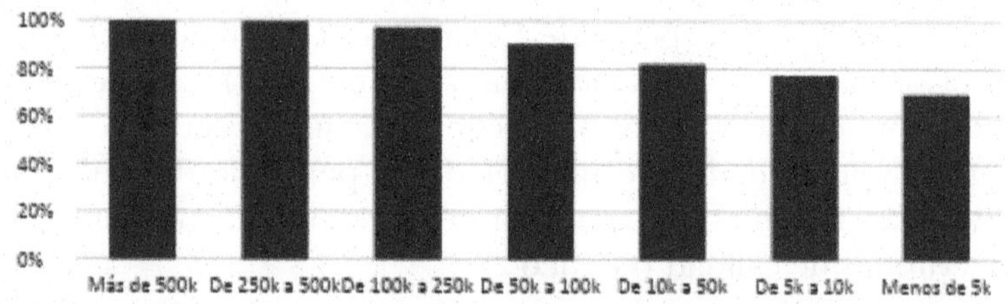

Fuente: El País, con datos del Ministerio de Salud y DANE.

A su vez, a pesar de una amplia cobertura, existen problemas visibles en las ciudades en temas de atención básica en salud: aunque se observan avances en temas de mortalidad infantil y muertes por desnutrición, hay casos entre las ciudades estudiadas con números preocupantes. En cuanto a la mortalidad de niños menores de un año, la tasa de muertes por mil habitantes es muy dispar entre las ciudades del centro geográfico del país —donde se concentra la mayoría de la riqueza— con aquellas ciudades periféricas, en especial las del Pacífico colombiano (Quibdó y Buenaventura) y las de la Costa Caribe (Montería, Barranquilla y Cartagena) (Gráfico 4).

Gráfico 4. Tasa de mortalidad de menores de un año por mil habitantes, 15 ciudades, 2019

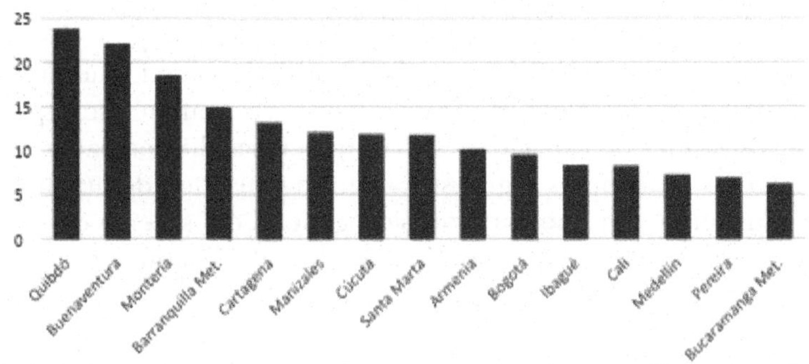

Fuente: Índice de Progreso Social, Fundación Corona y Red Ciudades Cómo Vamos, 2022.

En cuanto a mortalidad por desnutrición, los datos también señalan una desigualdad clara entre ciudades con mayor vulnerabilidad y aquellas con mayores ingresos y niveles de desarrollo: mientras Bogotá alcanza una tasa de 1,1 muertes por cien mil habitantes, esa misma tasa alcanza el 1,2 en el caso de Quibdó, capital del departamento del Chocó, una de las zonas más afectadas por la pobreza y el conflicto armado en el país (Gráfico 5).

Gráfico 5. Tasa de muertes por desnutrición por cien mil habitantes, 15 ciudades, 2019

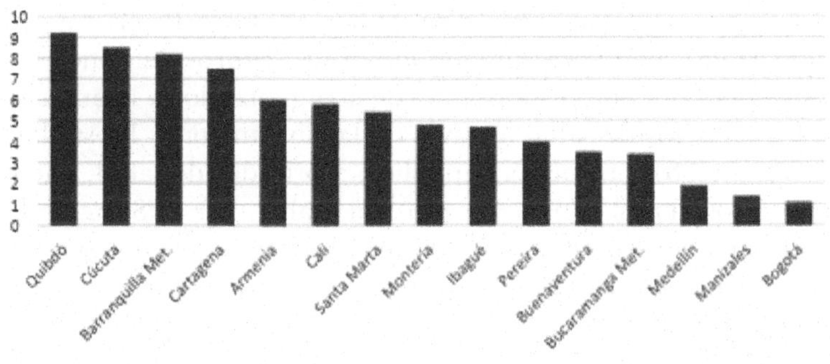

Fuente: Índice de Progreso Social, Fundación Corona y Red Ciudades Cómo Vamos, 2022.

Vemos entonces que existe una desigualdad de resultados entre grandes ciudades y centros urbanos ubicados en la región andina, zona donde se produce la mayor riqueza del país, frente a ciudades y municipios ubicados en zonas periféricas y, por lo mismo, con menor nivel de desarrollo. Esta desigualdad, que puede explicarse por razones históricas y económicas, también se explica por los niveles de capacidades y competencias diferenciadas que tienen los municipios según su categoría y nivel de desarrollo. A continuación, haremos una revisión general del sistema de competencias en las áreas priorizadas, esto es, salud y educación.

3.3. *Estructura descentralizada en salud y educación en Colombia*

El sistema de salud colombiano recae en el Sistema General de Seguridad Social en Salud, creado por la Ley 100 de 1993, poco después de la Constitución de 1991. Dicho sistema se divide en tres regímenes: el contributivo, al que están obligados todas las personas con contrato laboral formal; el subsidiado, que recibe fondos del régimen contributivo y del Estado, y que busca cubrir a las personas con mayor nivel de vulnerabilidad identificadas por el Sistema de Identificación de Potenciales Beneficiarios de Programas Sociales (SISBEN), y el régimen especial, el cual cubre a un 2% de la población y se enfoca en las Fuerzas Armadas, profesores y el funcionariado de la Empresa Colombiana de Petróleos ECOPETROL.

A su vez, el sistema depende de las Entidades Promotoras de Salud (EPS), empresas que gestionan los seguros de salud de la población y que son responsables de la organización y la provisión de los servicios de salud a través de las Instituciones Prestadoras de Salud (IPS), proveedores públicos y privados de salud, que incluyen hospitales, clínicas y centros de salud. Las EPS funcionan como mercado competitivo, donde la población elige la que mejor se corresponda con sus necesidades, buscando mejorar la calidad de la prestación de servicio a través de la competencia entre distintas EPS y las IPS con quienes se articulan. A pesar de las críticas que puedan surgir del sistema, esta coordinación ha permitido que en pocos años Colombia haya logrado el cubrimiento casi total de su población en salud, pasando de un 23,5% de cobertura en 1993 a un 96,6% en el 2014 (OECD, 2015).

Al igual que la mayoría de los sectores de política pública en Colombia, el sector salud mantiene una serie de competencias compartidas entre distintos niveles de gobierno. El Ministerio de Salud y Protección Social es la entidad central, siendo su responsabilidad guiar la totalidad del sistema a través de normas, estándares y directrices tanto para las EPS, las IPS y las Entidades Territoriales, que incluyen departamentos (nivel subnacional), municipios y distritos (nivel local). En cuanto a estos últimos, la Ley 715 de 2001 establece competencias compartidas entre los tres niveles de gobierno, estableciendo en el nivel central la dirección del sistema, mientras que los departamentos y municipios se encargan de la promoción, el control y vigilancia y la implementación de las medidas establecidas desde el nivel central.

Esta doble descentralización del sistema, donde la prestación recae en las EPS y las acciones de política en las entidades territoriales, sumada a la diversidad territorial del país, hacen que el sistema en general sea complejo en su implementación. Por ejemplo, las entidades territoriales están mandatadas a prestar servicios de salud para las personas que no se encuentren afiliadas al Sistema General de Seguridad Social en Salud, lo cual corresponde a las municipalidades y, en los casos en los que no pueda hacerlo, a los departamentos. Según datos de la OECD, mientras que las cinco principales ciudades del país tienen la capacidad de prestar servicios de salud de manera generalizada, en el 73% de los municipios del país solo existe un solo prestador de servicios de salud, y un adicional 14% cuentan con dos prestadores, lo que en la práctica implica que no existe un mercado competitivo en el 89% de los municipios del país. A su vez, la complejidad del sistema, donde se sobreponen competencias entre las entidades territoriales, las EPS y las IPS, hace que los esfuerzos de promoción y prevención en salud se mantengan pobremente articulados (OECD, 2015).

Dicha complejidad también se presenta cuando hablamos del sector educativo, donde, al igual que en el de Salud, existen competencias compartidas entre niveles de gobierno, siendo el Ministerio de Educación Nacional (MEN) el encargado de dirigir todo el sistema y establecer normas y requerimientos para todas las demás entidades territoriales. Pero en el caso de educación existe una variación relevante: distintas entidades territoriales pueden ser acreditadas por el MEN para hacerse cargo, de manera autónoma, de la prestación de servicios educativos, lo cual implica competencias de política y planeación; de administración de personal, recursos y capacitaciones, y de inspección y vigilancia. La Ley 715 de 2001 estableció que los departamentos y los municipios de más de 100.000 habitantes fueran acreditados automáticamente, y estableció los criterios de certificación para municipios de menor población. Para el 2015, 95 entidades territoriales (32 departamentos y 63 municipios y distritos) han sido certificados, lo que implica la totalidad de los departamentos y el 5,7% de los municipios del país (OECD, 2016). Aquellos municipios que no están certificados dependen de sus departamentos y de la nación para la provisión de servicios educativos, por lo que, aun siendo una prioridad ciudadana, la grandísima mayoría de municipios colombianos no tiene ni las competencias ni las capacidades para involucrarse directamente en políticas, programas, gestión o vigilancia de los centros educativos.

Esta estructura del sector ha permitido, por un lado, que las ciudades con competencias y capacidades (básicamente las más grandes del país) hayan podido implementar medidas innovadoras y mejorado sustancialmente sus niveles de desempeño, utilizando recursos propios para expandir la cobertura y mejorar los estándares de calidad. Sin embargo, la falta de capacidades de los municipios no certificados —en especial de aquellos en zonas rurales— y de los departamentos con mayores niveles de vulnerabilidad —que por lo mismo, es donde más se hace necesaria una educación de calidad— hace que la descentralización haya profundizado los niveles de desigualdad territorial, donde las grandes ciudades cuentan con sistemas sofisticados de prestación de servicio mientras la mayoría de municipios y varios departamentos, como se menciona anteriormente, se encuentran con niveles precarios, acrecentándose la brecha entre territorios (OECD, 2016).

Se observa entonces que, a pesar de lograr grandes avances en cuanto a cobertura y, en el caso de las grandes ciudades, hay avances claros en la prestación y calidad de los servicios de educación y salud. El mayor problema que se observa es la desigualdad territorial que estos complejos sistemas crean, debido a la falta de capacidad de las zonas donde más se necesitan esfuerzos en salud y educación. A su vez, la complejidad de ambos sistemas puede generar duplicidades y vacíos por los problemas de coordinación entre niveles de gobierno y prestadores públicos y privados de servicios. Aunque no existen sistemas simples para sectores tan complejos como la salud y la educación, existen varios espacios de mejora en el sistema colombiano.

3.4. Otros temas prioritarios para la población urbana

En este último apartado presentamos algunos datos oficiales y resultados de la Encuesta de Percepción Ciudadana Comparada 2022 en las tres temáticas que, después de salud y educación, fueron priorizadas por la ciudadanía: pobreza, empleo y seguridad. Esto, más que todo, para presentar una imagen del estado de las cosas en las ciudades colombianas.

En términos de pobreza y desigualdad, el Departamento Administrativo Nacional de Estadística (DANE) presentó su informe de pobreza monetaria del año 2023, evidenciando la desigualdad presentada entre las distintas ciudades del país: mientras que Quibdó, capital del departamento de Chocó, se muestra como la ciudad con el mayor porcentaje de su población en niveles de pobreza monetaria (60,1%), la ciudad de Manizales, capital del departamento de Caldas, cuenta con un 17,6% de población en la misma situación, con una diferencia porcentual de 42,5 puntos. En el Gráfico 6 se puede observar la desigualdad territorial en términos de pobreza en el país, donde ciudades periféricas tienen resultados muy por debajo de las capitales de la región central.

Gráfico 6. Porcentaje de pobreza monetaria de la población en ciudades de Colombia, 2023

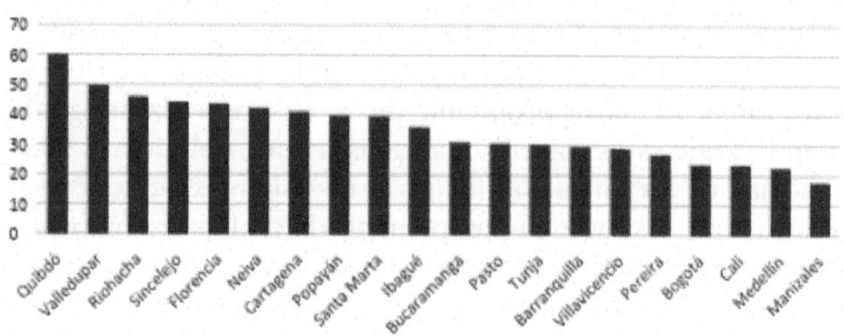

Fuente: DANE 2023.

Por su parte, en los temas de empleo, el nivel de informalidad del trabajo es bastante elevado en las ciudades del país, alcanzando un promedio del 43,11% en 23 ciudades y sus áreas metropolitanas (Departamento Administrativo Nacional de Estadística, 2024). En el Gráfico 7 se observa el porcentaje de informalidad laboral en ciudades colombianas, evidenciándose también una desigualdad territorial marcada por el clivaje centro y periferia.

Gráfico 7. Porcentaje de personas ocupadas de manera informal en ciudades colombianas, 2024

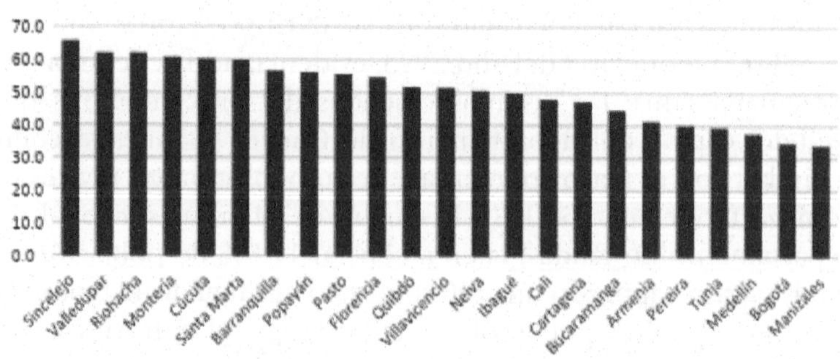

Fuente: DANE 2024.

En cuanto a la facilidad de conseguir empleo, la última Encuesta de Percepción Ciudadana Comparada presenta un panorama desigual y no muy positivo entre las ocho ciudades capitales encuestadas. Aunque es una encuesta de percepción, igual se observan datos preocupantes en ciudades como Cartagena, Cali y Armenia, siendo Pereira y Medellín las que mejores resultados obtienen en la medición (Red Ciudades Cómo Vamos, 2022) (Gráfico 8).

Gráfico 8. Resultados pregunta: ¿en su ciudad es fácil encontrar trabajo? ocho ciudades, 2022

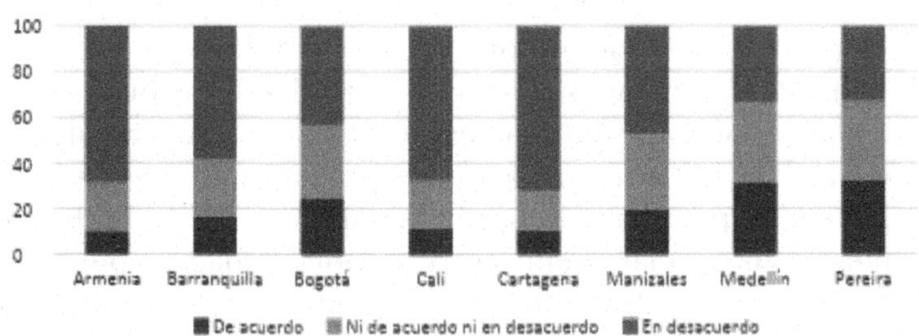

Fuente: Encuesta de Percepción Ciudadana 2022, Red Ciudades Cómo Vamos.

Por último, en temas de percepción de seguridad, también se evidencian diferencias claras entre las ciudades, aunque en esta variable son las ciudades grandes las que tienen menores niveles de percepción de seguridad. Se destaca el caso de Manizales, con un 74% de personas que manifiestan sentirse seguras en la ciudad, frente a Cartagena, con un 48% de personas que se perciben inseguras en la ciudad (Gráfico 9).

Gráfico 9. Percepción de seguridad en la ciudad, ocho ciudades colombianas, 2022

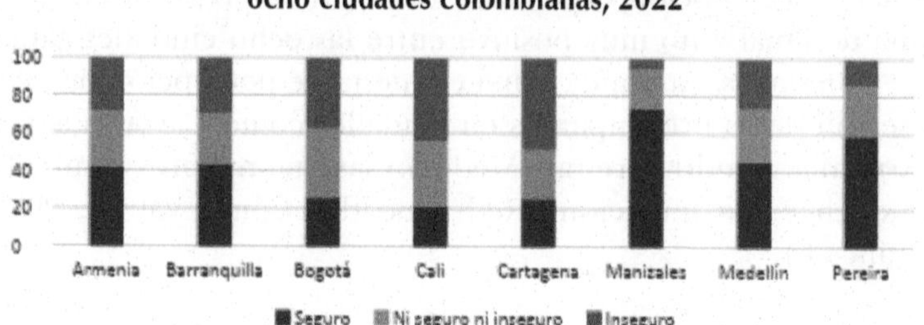

Fuente: Encuesta de Percepción Ciudadana 2022, Red Ciudades Cómo Vamos.

Vemos entonces que no son pocos los desafíos que enfrentan las ciudades colombianas en cuanto a salud, educación, empleo, seguridad y pobreza, y aunque existen avances claros en algunos casos, también es evidente que la capacidad de respuesta y las competencias para hacerlo son desiguales en el país. Dicha desigualdad se marca claramente entre grandes ciudades y pequeñas, y de manera geográfica entre la región andina, en el centro del país, donde se concentra la mayor productividad económica, y las zonas periféricas, en especial detalle en la zona Pacífico. Existen pocos datos de otras zonas vulnerables y periféricas, como la Amazonía y los Llanos Orientales, al ser territorios poco poblados y desarrollados, por lo que una parte considerable del territorio colombiano no es visible de este análisis. Sin embargo, no es descabellado pensar que se comportan de manera similar a las ciudades presentadas aquí, y que ahí también existen múltiples desafíos por enfrentar.

3.5. Buenas prácticas urbanas en salud y educación en Colombia

Finalmente, describiremos aquí algunas prácticas interesantes que han llevado a cabo ciudades en Colombia para enfrentar los señalados desafíos en temas de salud y educación, siendo estos dos sectores los que generan mayor interés en la población. Tal y como lo hemos mencionado anteriormente, muchas de estas prácticas se han podido desarrollar gracias a los recursos y competencias que tienen las grandes ciudades, que les permiten desarrollar medidas innovadoras para atender a su población. A continuación, presentamos tres iniciativas que permiten ver cómo, con recursos y voluntad política, las ciudades colombianas desarrollan medidas que buscan mejorar la calidad de vida de la ciudadanía.

3.5.1. Manzanas del Cuidado – Alcaldía Mayor de Bogotá

La iniciativa Manzanas del Cuidado de la Alcaldía Mayor de Bogotá tiene como objetivo el reconocimiento y la reducción de carga para los trabajos de cuidado en la ciudad, que tradicionalmente recaen en las mujeres. Para ello, se establecen áreas específicas de algunas calles o "manzanas", donde se concentran infraestructuras y servicios destinados a la atención de las cuidadoras de la zona y sus familias, que van desde formación educativa, asesoría jurídica y apoyo psicológico, hasta actividades recreativas y de bienestar. Con esto, se busca acercar a los barrios el acceso a bienes y servicios enfocados en las personas dedicadas al cuidado, para mejorar su calidad de vida y brindar oportunidades de desarrollo personal. Este programa obtuvo en 2023 el Premio Internacional de Guangzhou a la Innovación Urbana, fue reconocido con el Premio Internacional de Visión Urbana (The Bay Urban Visioning Awards) en la categoría Campeones de los ODS, y fue inspiración para el programa Cuidemos, Banco de Tiempo en Monterrey, México (Rojo, 2024; Vanegas, 2022).

3.5.2. Territorios de Innovación y Participación en Salud TIPS – Alcaldía Mayor de Bogotá

En articulación con las Manzanas del Cuidado y en el marco de recuperación durante la pandemia del COVID-19, la Alcaldía Mayor también implementa la estrategia TIPS —Territorios de Innovación y Participación en Salud—, basada en una gestión territorial análoga y digital que permita la colaboración de la ciudadanía en la búsqueda de alternativas innovadoras para enfrentar las distintas necesidades y expectativas en salud (Fundación Corona et al., 2021). Al igual que las Manzanas del Cuidado, esta estrategia busca acercar la gestión en salud a los barrios y localidades de la ciudad, involucrando a la ciudadanía a través de espacios participativos que permitan detectar necesidades y proponer soluciones, que van desde el cambio de hábitos de vida hasta el cuidado integral de la salud (Secretaría de Salud – Alcaldía Mayor de Bogotá, 2021). Esta iniciativa fue parte del primer Plan de Acción para el Gobierno Abierto de la ciudad de Bogotá ante la Alianza para el Gobierno Abierto (OGP por sus siglas en inglés), y fue galardonado con el Premio a la Innovación Local OGP 2021 (OGP, 2021).

3.5.3. Plan Educativo Municipal de Medellín 2016-2027 – Alcaldía de Medellín

El Plan Educativo Municipal (PEM) establecido en la ciudad de Medellín es una hoja de ruta estratégica a mediano plazo que busca orientar y organizar las políticas educativas de la ciudad, con un claro enfoque en la consecución de los Objetivos de Desarrollo Sostenible, en especial el ODS 11 (ciudades y comunidades sostenibles) y el ODS 4 (acceso universal a la educación de calidad). Su construcción se hizo de forma participativa e inclusiva, involucrando actores diversos de la academia, las organizaciones de la sociedad civil y la comunidad en general, buscando construir y desarrollar medidas innovadoras para fortalecer el planeamiento y la gestión educativa en la ciudad (Instituto Internacional de Planeamiento de la Educación – UNESCO, 2023). A su vez, desde el 2015, la ciudad de Medellín ha implementado el Observatorio para la Calidad Educativa en Medellín, el cual, a través del manejo de sistemas de información, busca generar insumos para la toma de decisiones informada en la ciudad (Alcaldía de Medellín, 2025).

4. CONCLUSIONES

En términos generales, podemos observar que, en Colombia, el nivel de descentralización es alto y de gran utilidad para los grandes centros urbanos, que cuentan con competencias, recursos y capacidades para sacar provecho de la autonomía local. Si entendemos que Colombia es un país altamente urbanizado, esto podría ser una ventaja para la mayoría de la población que vive en centros urbanos. Sin embargo, el panorama luce muy distinto para municipios pequeños, sobre todo en zonas del país con alto rezago, que lamentablemente siguen siendo la mayoría. En estos casos se presenta una doble característica que puede actuar como círculo vicioso: poca autonomía, alta dependencia de los niveles superiores de gobierno, pocos recursos y poca capacidad para hacer frente a los desafíos locales. Estas dos realidades hacen que, a pesar de las ventajas visibles en las grandes ciudades, la descentralización en Colombia haya tendido a generar mayor desigualdad territorial.

Cabe entonces preguntarse si los procesos recentralizadores que ha tenido el país en los últimos años no son justificados, dado que la transferencia de competencias y responsabilidades, especialmente a nivel local, no han logrado las promesas de un mayor desarrollo local ni una mejora en la calidad de los servicios públicos en todo el país. Sin embargo, el país ha visto grandes avances en ciudades donde la doble virtud de autonomía con capacidades ha permitido avances e innovaciones claras, como en Medellín y Bogotá. Estas buenas prácticas señalan que la suma entre competencias, voluntad política y capacidades estatales permite un aprovechamiento virtuoso de la descentralización, por lo mismo, antes que volver a una lógica centralista, los esfuerzos futuros deberían enfocarse en fortalecer las capacidades locales y departamentales para hacer frente a los múltiples desafíos de los territorios del país, siempre acompañados de la fiscalización estatal y ciudadana, sobre todo en aquellas zonas donde más se requiere de una presencia estatal profesional y activa, que permita aprovechar las ventajas y alcanzar las promesas de la descentralización.

5. REFERENCIAS BIBLIOGRÁFICAS

Ayala, M. (2005). Las asociaciones de municipios en Colombia: el marco normativo frente a la realidad institucional. *Opera.* 5, 5 (nov. 2005).

Acosta, M. A. (2018). *Las relaciones intergubernamentales en Colombia. Dos estudios de caso entre entidades territoriales para la gestión de recursos y el desarrollo de proyectos.* Universidad Externado de Colombia.

Asociación de Municipios Solidarios y Sostenibles (2020). *Es urgente reglamentar las Asociaciones de Municipios. Amussim.* https://amussim.gov.co/es-urgente-reglamentar-las-asociaciones-de-municipios/#.

Barbosa C, O. (2006). Relaciones intergubernamentales en Colombia. *Cuadernos de Administración.*

Bonet, J., & Ayala, J. (2015). Transferencias intergubernamentales y disparidades fiscales horizontales en Colombia. Documentos de Trabajo sobre Economía Regional, 231.

Bushnell, D. (1993). *The Making of Modern Colombia. A Nation Spite of Itself.* Berkeley: University of California Press.

Bustamante, S. (2006). *Hacia una política pública de asociatividad en Colombia: propuestas para el fortalecimiento de las asociaciones de municipios.* Colombia: Federación Colombiana de Municipios y Agencia Alemana de Cooperación Técnica (GTZ).

Bustamante, S. (2007). Asociaciones de municipios en Colombia. Su importancia, aproximaciones a un diagnóstico, propuestas para su fortalecimiento, casos seleccionados. Bogotá: Federación Colombiana de Municipios.

Congreso de la República. (Colombia) Ley 1.454 de 2011: "Por la cual se expiden normas orgánicas en materia de Ordenamiento Territorial". Bogotá D.C.

Constitución política de Colombia. (1991) Gaceta Constitucional N° 116 del 20 de julio de 1991 (Colombia).

Contraloría General de la República (2010). Situación actual de las asociaciones de municipios en Colombia. Bogotá: CGR.

Decreto Ley 1421 de 1993 [con fuerza de ley]. "Por el cual se dicta el régimen especial para el Distrito Capital de Santafé de Bogotá". 21 de julio de 1993.

Departamento Administrativo Nacional de Estadística. (2024). Estadísticas Empleo Informal y Seguridad Social - Información Junio - Agosto 2024. Https://Www.Dane.Gov.Co/Index.Php/Estadisticas-Por-Tema/Mercado-Laboral/Empleo-Informal-y-Seguridad-Social.

Departamento Nacional de Planeación (2022). Diagnóstico esquemas asociativos territoriales 2022.

Departamentos Nacional de Planeación (2022). Informe de Operaciones Efectivas de Caja para Municipios del período 2000-2023.

Departamento Nacional de Planeación (2023). Documento final Estudios Técnicos en Ordenamiento y Asociatividad Territorial. Bogotá.

Departamento Nacional de Planeación (2023). Oferta de financiación a entidades territoriales y su articulación.

Duque-Cante, Naidú & Chavarro-Velandia, Andrés (2021). Entidades territoriales en Colombia y sus características. Catálogo editorial. El municipio en el marco de la descentralización y las relaciones intergubernamentales en Colombia 10.15765/poli.v1i268.2309.

Falleti, T. G. (2010). *Decentralization and subnational politics in Latin America.* Cambridge: Cambridge University Press.

Fundación Corona, & Red Ciudades Cómo Vamos (2022). Reporte metodológico y de resultados del Índice de Progreso Social (IPS) para 15 ciudades de Colombia 2016-2020.

Galindo, J. (2023, May 29). Los mapas que revelan la cobertura dispar de la salud en Colombia. El País. https://elpais.com/america-colombia/2023-05-29/los-mapas-que-revelan-la-cobertura-dispar-de-la-salud-en-colombia.html.

Gómez, L. A. C. (2014). *Ordenamiento territorial: Elementos para su desarrollo.* Universidad Católica de Colombia.

González, Edgar & Iván Jaramillo (2001). El nivel intermedio en el arreglo institucional: diagnóstico y perspectivas en el ámbito latinoamericano.

Hernández, D. (2009). Las instituciones dentro de los procesos de formación y de toma de decisión para el caso de la Asociación de La Línea —Asolínea—". Bogotá. Recuperado de: http://hdl.handle.net/10554/7655.

Jordana, J. (2001). Relaciones Intergubernamentales y descentralización en América Latina: una perspectiva institucional. Washington: Banco Interamericano de Desarrollo.

Ley 136 de 1994. "Para la modernización en la organización y funcionamiento de los municipios". Bogotá D.C. 2 de junio de 1994.

Ley 1.617 de 2013. "Por la cual se expide el Régimen para los Distritos Especiales". 5 de febrero de 2013.

Ley 358 de 1997. "Por la cual se reglamenta el artículo 364 de la Constitución y se dictan otras disposiciones en materia de endeudamiento". 30 de enero de 1997.

López-Murcia, J.D. (2022). *Recentralization in Colombia.* Palgrave MacMillan.

Melo, J.O. (2017). *Historia Mínima de Colombia.* México: El Colegio de México. Turner.

Ministerio de Hacienda y Crédito Público. (2023). Informe de ejecución del Presupuesto General de la Nación 2023. https://www.minhacienda.gov.co/webcenter/ShowProperty?nodeId=%2FConexionContent%2FWCC_CLUSTER-213773%2F%2FidcPrimaryFile&revision=latestreleased.

Molina Gómez, Y. (2019). Descentralización territorial: crisis y retos que exige la posmodernidad en el estado colombiano. *Advocatus,* 16 (32), 169-178. https://doi.org/10.18041/0124-0102/a.32.5529.

OECD. (2015). OECD Reviews of Health Systems: Colombia 2016. OECD. https://doi.org/10.1787/9789264248908-en.

OECD. (2016). *Education in Colombia.* OECD. https://doi.org/10.1787/9789264250604-en.

OECD. (2022). Estudio de la Política Urbana Nacional de Colombia. https://doi.org/10.1787/dce431e3-es.

Observatorio de Organización Territorial Supramunicipal (2022). https://www.esap.edu.co/inicio/esap/organigrama/subdireccion-nacional-de-investigaciones/grupos-de-investigacion/observatorio-de-organizacion-territorial-supramunicipal/.

Pinzón, C. & Moreno, I. (2023). Análisis de la asociación municipal en Colombia. Ópera, 33, 55-73.

Quintero, R. (2006). Asociativismo municipal en América Latina. Gobiernos locales y sociedad Civil. *Abya-Yala.* Ecuador.

Red Ciudades Cómo Vamos. (2022). Encuesta de Percepción Ciudadana Comparada 2022. Https://Redcomovamos.Org/.

Resolución 002 de 1998. "Por medio del cual se adopta el reglamento de la Federación Colombiana de Municipios". 5 de noviembre de 1998.

Rodríguez, A. J. (2013). *Asociatividad territorial en Colombia. Una caracterización de las asociaciones de municipios y las áreas metropolitanas, en cuanto a su función e impacto sobre el territorio.* Universidad Politécnica de Cataluña.

Safford, F.; Palacios, M. (2002). *Colombia: Fragmented Land, Divided Society.* Oxford: Oxford University Press.

Sanabria Pulido, P. (2019). Las capacidades institucionales de los municipios colombianos. In Capacidades estatales en gobiernos locales iberoamericanos. Actualidad, brechas y perspectivas. Editora FGV.

Sanabria-Pulido, P. (2016). *Modernización de la gestión pública en Colombia: coyunturas críticas y dependencia del sendero en un proceso no lineal.* CLAD.

Sanabria-Pulido, P., Bello-Gómez, R. A., & Leyva, S. (2024). Descentralización y relaciones intergubernamentales en Colombia: gobernanza local y capacidad administrativa a partir de la Constitución de 1991. *Revista Iberoamericana de Gobierno Local*, I.

Sentencia C-414/12. Corte Constitucional de Colombia. 6 de junio de 2012.

Municipalidades en Chile: ¿gobiernos o administraciones locales?

CAMILO VIAL COSSANI
Universidad Autónoma de Chile, Chile
Universidad de la República, Uruguay

Resumen: Las municipalidades de Chile presentan una paradoja estructural: pese a ser las entidades subnacionales con mayor trayectoria y reconocimiento público, enfrentan un contexto de fuerte centralismo que limita su desarrollo institucional. Las municipalidades son percibidas como confiables, cercanas a la ciudadanía y claves en la provisión de servicios públicos. Gozan de altos niveles de confianza y han servido como plataforma para liderazgos políticos de proyección nacional. No obstante, operan en un entorno centralizado, donde administran apenas el 16% del presupuesto estatal. Desde la redemocratización local en 1992, el avance hacia la descentralización ha sido gradual y fragmentado. Las reformas recientes se han enfocado en participación ciudadana, asociatividad municipal, profesionalización de la gestión y limitación de reelecciones, sin alterar sustancialmente el modelo centralista. Incluso propuestas de transformación como el fallido proceso constituyente de 2022 priorizaron el nivel regional por sobre el local. Actualmente, la agenda municipal se encuentra relegada, con iniciativas legislativas de bajo impacto y escaso protagonismo en la discusión nacional. Esta situación revela una desconexión entre la importancia práctica de las municipalidades y el escaso impulso político hacia su fortalecimiento.

Palabras clave: Municipalidades, heterogeneidad, centralismo, Chile.

Abstract: Chilean municipalities exhibit a structural paradox: despite being the subnational entities with the longest trajectory and highest public recognition, they operate within a highly centralized context that limits their institutional development. Municipalities are perceived as trustworthy, close to citizens, and key actors in the provision of public services. They enjoy high levels of public confidence and have served as platforms for political leadership with national projection. However, they function in a centralized environment where subnational governments manage only 16% of the national budget. Since the re-establishment of local democracy in 1992, progress toward decentralization has been gradual and fragmented. Recent reforms have focused on citizen participation, municipal associations, professionalization of local management, and limits on reelection, without substantially altering the centralist model. Even transformative proposals, such as the failed 2022 constitutional process, prioritized the regional level over the local one. At present, the municipal agenda is relegated, with low-impact legislative initiatives and minimal prominence in national debates. This situation reveals a disconnection between the practical importance of municipalities and the limited political momentum for their strengthening.

Keywords: Municipalities, heterogeneity, centralism, Chile.

1. INTRODUCCIÓN

El sistema municipal chileno podría concebirse como una abierta paradoja. Por un lado, las municipalidades son las entidades subnacionales con mayor trayectoria en el país y gozan de un nivel de reputación relativamente alto en comparación con otros órganos públicos. Son percibidas como instituciones confiables, cercanas a la ciudadanía y fundamentales para la administración estatal. Sus atribuciones y funciones las convierten en pilares esenciales del sistema público, lo que ha llevado a que algunas municipalidades se posicionen como plataformas atractivas para líderes políticos con aspiraciones de alcance nacional.

En efecto, después de las Fuerzas Armadas y Carabineros, las municipalidades son las entidades públicas que gozan de mayor confianza por parte de la población, además de contar con menor percepción de corrupción (CEP, 2024). Y en momentos sensiblemente críticos, la ciudadanía valora de manera especial la acción municipal: los alcaldes fueron las personas o instituciones mejor evaluadas en el manejo de la crisis social de octubre de 2019 (CEP, 2019), comúnmente conocida como 'estallido social'. Particularmente se destacó el protagonismo transversal de las autoridades, sin importar su color político, tanto por sus reacciones públicas ante los difíciles acontecimientos experimentados, como por la búsqueda de soluciones concretas a la crisis (Ochoa, 2024).

Pero todo ello ocurre en un contexto, al menos, adverso para el desarrollo municipal: Chile es reconocido como uno de los países más centralizados de la región, tanto en los ámbitos fiscal, administrativo como político (Galilea et al., 2011; Gómez & Jiménez, 2011; Montecinos, 2005; Vial, 2013). Ejemplos de este centralismo abundan: los gobiernos subnacionales representan apenas el 16% del presupuesto estatal, mientras que los Gobiernos Regionales (GORE), que actúan como instancia intermedia entre el nivel nacional y el local, no cuentan con ingresos propios.

Desde el retorno a la democracia, Chile experimentó un proceso de descentralización tímido y gradual. El primer gran paso fue la redemocratización local, materializada en la elección directa de las autoridades municipales en 1992. Este proceso tuvo cierto vigor en la primera década de vida democrática a través de reformas financieras y administrativas, con un rol determinante de una activa Asociación Chilena de Municipalidades (Vial, 2016b). No obstante, ello no logró profundizar en el fortalecimiento de las autonomías subnacionales. Con el paso del tiempo ha predominado una agenda nacional que desplaza las prioridades territoriales, mientras se refuerzan los órganos desconcentrados del Estado con presencia en las regiones (Boisier, 2007; Mardones, 2008; Navarrete & Higueras, 2014; E. Valenzuela, 2015).

De hecho, en el último tiempo las reformas legislativas en materia municipal se refieren al fortalecimiento de los procesos de participación ciudadana (leyes 19.753 de 2002 y 20.500 de 2009), a la posibilidad de que las municipalidades se vinculen entre sí mediante asociaciones formalmente reconocidas por el marco normativo (ley 20.527 de 2011), a la limitación de las reelecciones de alcaldes y concejales (ley 21.324 de 2021) y —probablemente la más relevante— a la profesionalización de la gestión municipal (ley 20.922 de 2016), a través de la implementación de un sistema de alta dirección pública municipal y el fortalecimiento de una carrera funcionaria, entre otros.

Paralelamente, el fallido proceso constituyente de 2022 consideró cambios estructurales en la forma en que el Estado se relaciona con sus territorios, al punto de declarar a Chile como un Estado Regional, similar al caso de España. Más allá de que la iniciativa no prosperó, el foco estaba puesto más en el ámbito regional que en el local.

Por último, el momento de esta publicación existen 14 proyectos de ley en trámite asociados al ámbito municipal. Todos ellos, relativos a ajustes administrativos y electorales de escasa gravitación para el proceso de descentralización. Más aún, todos generados por mociones parlamentarias, de escaso éxito histórico con respecto de las iniciativas de ley generadas por mensajes presidenciales (Toloza & Toro, 2017; Ampuero, 2013). Hoy, la agenda del fortalecimiento municipal está en discusiones muy poco protagónicas, hasta casi desvanecerse.

2. DESCRIPCIÓN GENERAL DE LOS GOBIERNOS LOCALES EN CHILE

2.1. *Tipos de gobiernos locales*

Las municipalidades en Chile se definen legalmente como "corporaciones autónomas de derecho público, con personalidad jurídica y patrimonio propio, cuya finalidad es satisfacer las necesidades de la comunidad local y asegurar su participación en el progreso económico, social y cultural de la comuna" (Subsecretaría de Desarrollo Regional y Administrativo, 2010, p. 8).

Las municipalidades están reguladas por la Ley Orgánica Constitucional de Municipalidades (LOCM) y funcionan bajo un marco homogéneo que les otorga las mismas atribuciones, regulaciones y responsabilidades, a pesar de sus significativas diferencias. Por ejemplo, mientras en 64 comunas la población supera los 100.000 habitantes, en 39 no alcanza los 5.000. Los niveles de pobreza también varían significativamente: 32 comunas superan el 15% de pobreza, mientras que en 21 este índice no llega al 3%.

Además, en 23 comunas sus municipalidades gastan 2.000 USD o más por habitante, cuando en 203 gastan menos de 500 USD per cápita (SINIM, 2024).

A diferencia de los países federales o altamente descentralizados, las municipalidades chilenas carecen de capacidad legislativa. Esto significa que no pueden dictar leyes de alcance local. Sólo cuentan con capacidad normativa para regular aspectos definidos por la LOCM y otras leyes nacionales.

Sus funciones son diversas y están limitadas al ámbito comunal. Estas se dividen en funciones privativas, que son exclusivas de la municipalidad, y funciones compartidas, realizadas en conjunto con otros organismos del Estado. Las funciones privativas incluyen la elaboración de planes como el de Desarrollo Comunal (PLADECO) y el Regulador Comunal (PRC), la promoción del desarrollo comunitario y la gestión del aseo, ornato, transporte y urbanización. En contraste, las funciones compartidas abarcan áreas como transporte, salud, educación, medio ambiente, cultura, deportes, empleo, urbanización, seguridad ciudadana y más. Aunque no dependen jerárquicamente de otros órganos del Estado, las municipalidades están sujetas a directrices superiores para ejecutar estas funciones, principalmente de ministerios y sus entidades desconcentradas en el territorio.. Esto reduce significativamente su autonomía, que se ve limitada tanto administrativa como fiscalmente (Villagrán, 2015).

Pero aún considerando sus atribuciones exclusivas, la relevancia de los PLADECO y PRC en la gestión municipal se termina relativizando, por distintas causas. El PLADECO es el instrumento rector del desarrollo de la comuna, que contempla los grandes lineamientos orientados a satisfacer las necesidades de la comunidad local. Es realizado por cada municipalidad en coordinación con los demás servicios públicos que operan en el ámbito comunal y manteniendo siempre, en su construcción, instancias de participación ciudadana. Habitualmente están ligados a los períodos en los que cada alcalde ejerce su cargo, por lo que más que un instrumento de planificación en muchas ocasiones termina constituyéndose en una suerte de programa de gobierno local (Vial,

2015). Adicionalmente, los contenidos de los PLADECO no son vinculantes, por lo que el nivel de cumplimiento de sus objetivos varía de manera considerable. Incluso, en ocasiones no son viables dado que las municipalidades no cuentan con recursos para su implementación, dependiendo de postulaciones a fondos regionales o nacionales para su financiamiento (Montecinos, 2021).

Por su parte, el PRC es el instrumento a través del cual se hace la planificación urbana de la comuna, con el objetivo de promover el desarrollo armónico de sus centros poblados en concordancia con la planificación regional. Dentro de sus características destaca la regulación del uso de suelo, el establecimiento de límites urbanos y la identificación de las prioridades de urbanización, entre otras. A diferencia de los PLADECO, que es un instrumento requerido por ley cuyo contenido es sólo indicativo, las disposiciones de los PRC son exigibles dado que contemplan una ordenanza local que incluye el reglamento correspondiente. No obstante, cuando las comunas cuentan con centros urbanos de mayor complejidad (como conurbaciones o áreas metropolitanas), son los Gobiernos Regionales los encargados de elaborar los Planes Reguladores Intercomunales y los Planes Reguladores Metropolitanos, con el apoyo técnico de la Secretaría Regional Ministerial de Vivienda y Urbanismo, órgano desconcentrado del Ministerio homónimo. Esta es la realidad de las 37 comunas que componen el Gran Santiago, las 11 del Gran Concepción y ocho del Gran Valparaíso, más tres de las 13 capitales regionales restantes. Dicho de otra forma, los instrumentos de regulación del uso del suelo urbano de 70 de las 345 de las comunas del país, que concentran a casi el 57% de la población, no son de resorte municipal.

La mayor complejidad se observa en el caso de las comunas con zonas urbanas conurbadas (ciudades intermedias) y, especialmente, en áreas metropolitanas, lo que también se traduce a los ámbitos de acción municipal. Aquellos centros con notorios crecimientos que han excedido los límites urbanos, han originado ciertas complejidades en materias de planificación y provisión de servicios públicos (Vial & Jiménez, 2024). Además de todo ello, se suma que las municipalidades no cuentan con estructuras internas específicas que aborden la acción de gobierno en áreas urbanas (ni tampoco rurales o mixtas); y que más allá de sus ímpetus (y, en ocasiones, gestiones realmente exitosas), se desenvuelven en un modelo de administración del país altamente centralizado, lo que tendería a limitar las reales capacidades de acción municipal (Vial & Jiménez, 2024).

Esta realidad plantea dudas sobre la existencia de gobiernos locales verdaderamente autónomos en Chile. En efecto, distintas investigaciones han argumentado que las municipalidades chilenas son consideradas en la práctica como servicios públicos que forman parte del Estado, encargados de la administración local más que del gobierno (Richard, 2013). El rol meramente administrativo y no político del sistema municipal es producto de una acumulación histórica (Etchepare, 1992), que se ha mantenido en el siglo XXI (Vial, 2016a).

En un clima de estancamiento generalizado y donde la vocación subnacional se ha centrado más bien en la escala regional, las últimas dos décadas develan tibios y parciales intentos por fortalecer la descentralización municipal, que han convivido con reformas de consecuencias recentralizadoras. En el primer grupo, destaca la normativa de 2016 (Ley 20.922) que permitió a las municipalidades tomar decisiones propias sobre su estructura municipal, que hasta entonces eran determinadas por ley e igual para todas. Sólo desde entonces, por ejemplo, las municipalidades pueden modificar sus plantas de personal municipal cada ocho años, además de contar con una política de recursos humanos que les permiten promover la profesionalización y el desarrollo del personal municipal.

También se destaca el mayor protagonismo de las municipalidades en cuanto a sus roles para colaborar con la seguridad pública. Más allá que desde mediados de los años noventa las municipalidades con mayores recursos comenzaron a implementar cuerpos de seguridad ciudadana, práctica que se extendió a buena parte de las comunas con altos niveles de urbanización (Munizaga, 2010), este seguía siendo un ámbito poco explorado a escala local.

Ante el aumento delictivo experimentado en Chile (Lagos, 2022), se instaló en la agenda pública la necesidad de que las municipalidades colaboren con la prevención del delito y mejoren la coordinación con las entidades públicas a cargo de la seguridad, principalmente a través de financiamiento y apoyo técnico desde el gobierno central (Uttamchandani, 2020). En esa línea, desde 2016 (Ley 20.965) las municipalidades pueden elaborar e implementar Planes Comunales de Seguridad Pública, además de Consejos Comunales de Seguridad Pública, instancias encargadas de coordinar y desarrollar estrategias de prevención del delito a nivel local.

Pero junto con ello, el ámbito local también ha sido objeto de políticas recentralizadoras. Una particularmente dolorosa fue la de eliminar las atribuciones que tenían las municipalidades en materia de educación pública primaria y secundaria. En la precuela de esta investigación ya se abordó la intencionalidad de desmunicipalizar la educación pública (Vial, 2016a), reforma que se terminó por implementar en 2017. Las limitaciones financieras, técnicas y de gestión que enfrentaban muchas municipalidades, especialmente aquellas insertas en contextos vulnerables, generaron inequidades profundas en la calidad de la educación. Esta fue una de las principales motivaciones para crear los Servicios Locales de Educación Pública (SLEP), entidades desconcentradas en el territorio que dependen del Ministerio de Educación.

2.2. Forma de financiación

La participación de los gobiernos municipales en el presupuesto nacional chileno continúa siendo reducida en comparación con los niveles de gobierno central. En 2023, los ingresos y gastos municipales representaron un 16,6% y un 14,8% del total del Gobierno General, respectivamente, mientras que los Gobiernos Regionales, con escasa capacidad de recaudación propia, concentraron poco más del 4% del gasto público. Aunque estas cifras reflejan los persistentes niveles de centralización fiscal en el país, resulta relevante destacar que, en las últimas tres décadas, ha existido un aumento sostenido de la participación municipal en el presupuesto nacional, tanto en ingresos como en gastos, así como en proporción al PIB (ver gráfico 1).

Gráfico 1. Evolución de los ingresos y gastos municipales como proporción del presupuesto y del PIB

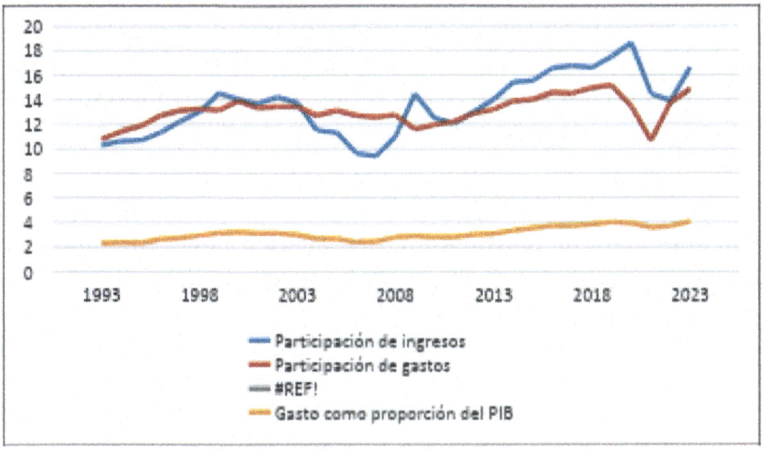

Fuente: Elaboración propia en base a DIPRES.

Los ingresos municipales se clasifican en dos grandes categorías: ingresos propios y transferencias desde el gobierno central. Entre los ingresos propios se encuentran tributos locales, derechos municipales y patentes. A estos se suma el Fondo Común Municipal (FCM), una transferencia de carácter redistributivo, cuya particularidad reside en su origen mixto (aportado por las propias municipalidades y por el Estado central), su lógica horizontal y la ausencia de condiciones específicas para su uso. Debido a esta flexibilidad, la Subsecretaría de Desarrollo Regional y Administrativo (SUBDERE) agrupa al FCM junto a los ingresos propios bajo la categoría de Ingresos Propios Permanentes (IPP).

Según el Sistema Nacional de Información Municipal (SINIM), en 2023 el FCM representó, en promedio, el 62% de los ingresos municipales, aunque su relevancia varía significativamente según la comuna. La estructura del FCM contempla un aporte fiscal anual equivalente a 218.000 UTM, además del 100% del impuesto territorial sobre bienes fiscales. La fórmula de distribución es compleja y busca corregir desigualdades: un 25% se distribuye equitativamente entre todas las municipalidades; un 10% se asigna según la población en situación de pobreza; un 30% en función del número de predios exentos del impuesto territorial; y el 35% restante en relación inversa al monto de ingresos propios permanentes. Este fondo es crucial para muchas comunas: en más del 73% de ellas representa más del 50% de sus ingresos, y en aproximadamente una cuarta parte, más del 80%.

Adicionalmente, los municipios reciben transferencias condicionadas por servicios traspasados, particularmente en salud, según el número de personas inscritas en los establecimientos locales. Existen también transferencias no permanentes, vinculadas a proyectos específicos, cuyos montos dependen tanto de la capacidad técnica de las municipalidades para formular iniciativas como de su relación con autoridades nacionales. Estas provienen principalmente de programas de SUBDERE (como el PMU y PMB), del Fondo Nacional de Desarrollo Regional (FNDR) y otros fondos sectoriales, todos con asignaciones que restringen su uso discrecional, limitando así la autonomía financiera local.

En 2012 se introdujo un mecanismo de endeudamiento local respaldado por el Estado. Este permite a municipalidades con una calificación de riesgo adecuada acceder a préstamos destinados exclusivamente a inversión pública. Los recursos se entregan con un período de gracia de cinco años y deben ser devueltos mediante descuentos en las transferencias futuras. En sus inicios este mecanismo era prometedor, siendo valorado como una potencial vía para fortalecer la capacidad de inversión local bajo parámetros de responsabilidad fiscal. No obstante, ha enfrentado innumerables desafíos en cuanto a implementación, lo que ha sido especialmente restrictivo para municipalidades con menores recursos. Esto ha implicado que, en términos prácticos, el sistema municipal ha sido incapaz de sacar provecho a esta herramienta (Letelier, 2022).

A pesar de la diversificación de fuentes, el financiamiento municipal sigue siendo limitado frente al amplio espectro de funciones que cumplen los municipios. Esta situación ha quedado en evidencia en el marco del proceso de desmunicipalización de la educación pública, el cual ha puesto de manifiesto la insuficiencia estructural de recursos para la mantención de servicios traspasados. Más allá de los ingresos permanentes, una parte significativa de los recursos disponibles para las comunas depende de la capacidad de los alcaldes para gestionar redes políticas y administrativas, lo cual reproduce dinámicas clientelares y desigualdades territoriales. Las municipalidades con mayor solidez institucional y financiera —típicamente las más ricas— tienen una ventaja comparativa para acceder a fondos concursables y ejecutar proyectos complejos.

Por último, el FCM ha sido objeto de diversos cuestionamientos. Por una parte, se han planteado demandas de revisión de su fórmula de distribución, especialmente desde comunas con menores ingresos. Por otra, se ha discutido si su estructura redistributiva podría desincentivar la recaudación propia, en tanto la dependencia del fondo podría reducir los incentivos para fortalecer ingresos locales (Henríquez y Livert, 2020; Bravo, 2014).

2.3. Alcaldes/as y los consejos municipales

En Chile, cada municipalidad se estructura en torno a dos órganos fundamentales: la alcaldía, como ente ejecutivo encabezado por un alcalde o alcaldesa; y el concejo municipal, como órgano normativo, resolutivo y fiscalizador. Este último está compuesto por entre seis y diez concejales, dependiendo de la población comunal, cuya elección se realiza por votación directa. Mientras que la alcaldía tiene como función central dirigir, administrar y supervisar la gestión municipal, el concejo debe velar por la participación ciudadana en el desarrollo de la comuna.

Durante la primera década posterior al retorno de la democracia, los debates sobre la reforma municipal se centraron preferentemente en aspectos electorales. Los partidos políticos se enfocaron en posicionarse estratégicamente a nivel local, dado el creciente peso de las elecciones municipales. Tras diversos ajustes al sistema electoral, se estableció el mecanismo vigente: tanto alcaldes como concejales son electos por sufragio directo y mayoría simple cada cuatro años, mientras que los concejales se eligen mediante el sistema proporcional d' Hondt. Hasta 2020 ambas autoridades se podían reelegir indefinidamente, pero desde entonces pueden tener dos reelecciones consecutivas, totalizando un máximo de 12 años. No obstante, la normativa no impide que, tras un período fuera del cargo, la exautoridad pueda volver a postularse para el mismo puesto.

Según datos del Servicio Electoral (SERVEL), tras la última elección municipal de 2024, sólo el 17% de las alcaldías fueron lideradas por mujeres. Cerca del 41% de los alcaldes resultaron reelectos (143 casos), lo que representa una baja respecto a años anteriores, donde dicha cifra rondaba el 50%. En términos generales se aprecia un aumento significativo de alcaldes y alcaldesas que participaron de los comicios como independientes, incluyendo a aquellos que lo hicieron dentro de esa categoría, pero dentro de un pacto de partidos políticos. Estas 208 alcaldías muestran un salto gravitante respecto a 2012, donde la totalidad de candidaturas independientes (dentro o fuera de pacto) llegaban a 110.

Esta realidad es un reflejo de la alta fragmentación por la que han atravesado los partidos políticos en las últimas décadas. Si en las elecciones municipales de 2012 participaron 15 partidos, en 2024 llegaron a 22. Pero la proliferación de nuevos partidos no está anclada en lógicas territoriales, sino en escisiones partidistas y generación de nuevos referentes con aspiraciones nacionales (Dazárola, 2023; Bunker, 2023).

Si bien los liderazgos locales independientes de los partidos políticos nacionales podrían constituir una alternativa atractiva en el escenario municipal, su consolidación difícilmente podrá prosperar sin la existencia de partidos con fuerte arraigo local o regional. A lo largo de la historia política chilena, la presencia de movimientos políticos locales autónomos ha sido sumamente limitada (Vial, 2016a). Por el contrario, el sistema de partidos ha estado tradicionalmente estructurado en torno a organizaciones centralizadas con base en la capital, constituyendo lo que Garretón (1983) denomina la columna vertebral del sistema político chileno.

La escasa emergencia de proyectos políticos locales o regionales sólidos y sostenidos en el tiempo no puede explicarse únicamente por el diseño actual del sistema de partidos. Más bien, esta carencia remite a causas históricas y culturales profundamente arraigadas en la tradición política chilena, que han permeado tanto a las élites como a las formas de organización de la sociedad civil. A ello se suma un importante obstáculo de carácter normativo: la Ley Orgánica Constitucional de los Partidos Políticos (LOCPP).

La LOCPP, en su versión histórica, estableció como requisito para la constitución de un partido político su inscripción en al menos ocho de las 15 regiones del país, o bien en un mínimo de tres regiones contiguas. Aunque no excluyó expresamente la posibilidad de partidos regionales, esta disposición operó en la práctica como una limitante para su desarrollo. La misma ley contemplaba causales de disolución que afectaban especialmente a las agrupaciones de alcance territorial limitado, entre ellas, el no alcanzar un 5% de los votos válidamente emitidos en las elecciones de diputados en las regiones donde se encontraban constituidas (Biblioteca del Congreso Nacional de Chile, s/f-c). En este marco, el sistema binominal de representación parlamentaria contribuyó a la exclusión sistemática de partidos ajenos a las dos principales coaliciones, llevándolos a su extinción por no cumplir los requisitos de subsistencia.

Con la promulgación de la Ley 20.840 en abril de 2015, que puso fin al sistema binominal, se introdujeron también reformas a la LOCPP que buscaban facilitar la pluralidad política. Entre las principales modificaciones se encontraba la posibilidad de constituir partidos políticos en una sola región y la reducción del umbral de subsistencia al 2,5% de los votos válidamente emitidos en la elección de diputados. Esta apertura normativa, junto con el debilitamiento de las coaliciones nacionales, generó expectativas respecto del surgimiento de fuerzas regionales. En pocos meses, se inscribieron 16 nuevos partidos ante el Servicio Electoral, de los cuales diez presentaban una identidad marcadamente territorial.

Sin embargo, este escenario duró poco. Las dudas en torno a la estabilidad del sistema político y la dificultad de construir mayorías legislativas motivaron nuevas reformas. En abril de 2016, se promulgó la Ley 20.915, que restableció las exigencias originales: los partidos debían constituirse en al menos ocho regiones, tres contiguas o una sola, pero nuevamente con el umbral del 5% de votación para mantenerse vigentes. Como consecuencia, la mayoría de los partidos creados bajo el régimen anterior se vieron abocados a la disolución o a fusionarse en vistas a las elecciones parlamentarias de 2018. En suma, lo que inicialmente se proyectaba como un escenario auspicioso para la emergencia de partidos territoriales con impacto en la política local, terminó siendo una oportunidad truncada.

Pese al marcado centralismo del país, las municipalidades constituyen un espacio donde es posible desarrollar liderazgos locales valorados por la ciudadanía. Algunos estudios de opinión pública han situado a los municipios entre las instituciones más prestigiosas del país. Diversas encuestas demuestran la alta valoración y el nivel de confianza que la ciudadanía tiene sobre sus figuras (CEP 2024, 2019).

En síntesis, las municipalidades chilenas gozan de un reconocimiento institucional relevante, especialmente en comparación con otras instancias del Estado. Esta legitimidad se combina con una heterogeneidad territorial marcada por comunas altamente densas —25 municipios con sobre doscientos mil habitantes— y otras que, pese a su tamaño, poseen gran notoriedad pública por su rol como centros laborales, educativos o comerciales. En este contexto, los gobiernos locales pueden funcionar como plataformas de proyección política hacia instancias nacionales.

Aunque no es un fenómeno sistemático, se ha observado que ciertas alcaldías emblemáticas son plataformas políticas de gran atractivo, tanto para aspirar a posiciones de nivel nacional, como para mantener liderazgos proyectables visibles. Más allá de los múltiples ejemplos en que desde la alcaldía se generan trayectorias hacia la Cámara de Diputados, el Senado y cargos ministeriales, varias figuras llegan incluso a competir por la Presidencia de la República. Para las elecciones de 2021 uno de los pre candidatos presidenciales fue alcalde de la santiaguina comuna de Recoleta, perdiendo contra quien finalmente fue electo. Para las elecciones de 2025, una de las principales candidatas fue hasta fines de 2024 alcaldesa de Providencia, mientras que una de las precandidatas del bloque de centro-izquierda fue alcaldesa de Santiago hasta 2016. En cualquiera de estos dos casos, ambas tienen dilatadas trayectorias políticas, habiendo ejercido ministerios y cargos en el parlamento. Es importante destacar, entonces, que en ocasiones algunas municipalidades no sólo pueden constituirse en un trampolín hacia arenas políticas superiores, sino que también son en sí mismas plataformas políticas atractivas.

2.4. El asociacionismo municipal y las relaciones intergubernamentales

A casi 15 años del reconocimiento jurídico de las asociaciones municipales en el país, se puede concluir que estas han mostrado resultados relevantes especialmente en cooperación técnica y prestación coordinada de servicios públicos, pero sin alcanzar un potencial pleno como herramienta estructural de descentralización y fortalecimiento territorial.

El inicio del asociativismo fue promisorio. Tras el retorno a la democracia, el proceso de descentralización en Chile tuvo como primer gran hito la redemocratización del nivel local, concretada en 1992 con el restablecimiento de la elección directa de autoridades municipales mediante sufragio universal. Un año más tarde, y en un contexto de legitimación democrática emergente, se fundó la Asociación Chilena de Municipalidades (AChM). Su creación respondió a la necesidad de fortalecer las capacidades técnicas y políticas del mundo municipal, promover la cooperación entre municipios y dotar de voz institucional a las autoridades locales frente al gobierno central.

Aunque en sus inicios carecía de un marco jurídico que respaldara formalmente su existencia, la AChM logró posicionarse como un actor clave en los primeros años de la transición (Vial 2016b). Su capacidad de articulación permitió avanzar en reformas legales orientadas a ampliar atribuciones y mejorar la situación financiera municipal (Mardones, 2008). Sin embargo, el protagonismo de la AChM comenzó a declinar a mediados de la década del 2000, debido tanto a un proceso de desgaste interno como a la emergencia de nuevas agendas descentralizadoras impulsadas desde el ámbito regional (Vial, 2016b). A esto se sumó una fractura interna tras un conflicto político por la elección de su directiva, que derivó en la creación de una nueva organización: la Asociación de Municipalidades de Chile (AMUCH). Es reconocible que la AChM fue un actor clave en la década de los noventa. Sigue siendo relevante, aunque no ostenta la notoriedad de fines del siglo XX, a lo que se le debe agregar la existencia de la AMUCH. En la actualidad, y pese a que los niveles de representatividad son disímiles, ambas asociaciones son interlocutores válidos entre el mundo municipal y el nacional.

Mediante la Ley 20.527 de 2011 se modificó la LOCM, entregando respaldo jurídico a la constitución de asociaciones. Con esta nueva normativa, en la actualidad Chile cuenta con 74 asociaciones municipales formalmente constituidas, lo que muestra un avance y consolidación respecto a la precuela de esta publicación, donde sólo habían 36 (Vial, 2016a).

La mayoría de las asociaciones municipales en Chile corresponde a organizaciones de carácter territorial, es decir, aquellas que agrupan comunas en función de su pertenencia a una misma región, provincia o zona geográfica. En términos generales, sus objetivos tienden a ser amplios, y sus principales áreas de acción incluyen: a) la prestación de servicios comunes; b) la ejecución de obras orientadas al desarrollo local; c) el fortalecimiento de instrumentos de gestión municipal; d) la implementación de programas vinculados a medio ambiente, turismo, salud y otras materias propias del ámbito local; e) la capacitación y perfeccionamiento de autoridades y funcionarios municipales, y f) la articulación con instituciones nacionales e internacionales, con el fin de contribuir al perfeccionamiento del régimen municipal.

A la fecha, existen también 26 asociaciones de carácter temático-funcional, cuyo accionar se restringe a ámbitos específicos que justifican su existencia. Entre ellas se cuentan agrupaciones dedicadas al manejo sustentable de residuos, la gestión ambiental, la seguridad ciudadana, la administración de casinos, el desarrollo turístico, la promoción de la participación ciudadana y la provisión de bienes y servicios públicos concretos, así como asociaciones de comunas con puertos o zonas de borde costero.

En cuanto a su financiamiento, la mayoría de las asociaciones dispone de recursos propios, provenientes principalmente de cuotas de incorporación, aportes ordinarios y extraordinarios definidos en sus estatutos. No obstante, estos fondos suelen ser limitados, lo que ha repercutido en una baja visibilidad y en el modesto protagonismo político y técnico de muchas de estas entidades. En respuesta a este diagnóstico, la Subsecretaría de Desarrollo Regional (SUBDERE) ha implementado desde 2007 el Programa de Fortalecimiento de Asociaciones Municipales, a través del cual otorga financiamiento para diagnósticos, planificación estratégica, planes de trabajo y mejoras institucionales. La naturaleza de estas asignaciones evidencia que un número importante de asociaciones aún se encuentra en etapas incipientes de consolidación.

En una investigación de Cravacuore y Arévalo en que entrevistó a 28 secretarios ejecutivos de asociaciones municipales en Chile (2020), se identificó que el 93% considera que el asociativismo ha fortalecido la colaboración municipal, el 96% manifiesta que ha incentivado la colaboración para elaborar proyectos conjuntos para fondos concursables y el 75% sostiene que ha permitido mejoras en la gestión de programas y acciones. En contrapartida, un tercio de las asociaciones no cuentan o cuentan con un solo profesional para el desarrollo de sus funciones (además del secretario ejecutivo), sólo el 11% cuenta con sede propia y el 40% considera que la sustentabilidad presupuestaria es una de las mayores dificultades que enfrentan (Cravacuore y Arévalo, 2020).

En definitiva, el asociativismo en Chile se ha consolidado entre las municipalidades del país como un mecanismo de alianzas para la cooperación técnica y la coordinación para la provisión de bienes y servicios públicos locales. No obstante, siguen teniendo una fuerte dependencia del financiamiento central a través de la SUBDERE, muestran diferencias relevantes en cuanto a niveles de profesionalización y se observa una débil colaboración entre las dos grandes asociaciones nacionales. La fragmentación entre la AChM y AMUCH continúa, limitando una agenda común del mundo municipal.

3. PRINCIPALES POLÍTICAS URBANAS Y DESAFÍOS MUNICIPALES

En la precuela de esta investigación se identificaron dos grandes desafíos que enfrentan las municipalidades en Chile: las estrategias locales que se fueron implementando —con mayor o menor grado de improvisación— ante el creciente proceso de migración que ha experimentado el país; y las complejidades en la gestión territorial que experimentan las grandes ciudades. Ambos desafíos siguen vigentes y vale la pena actualizar el devenir de tales dinámicas en el ámbito local.

A saber, si en 1992 el 0,75% de la población en el país había nacido en el extranjero, en 2023 dicha proporción casi alcanzó el 10%, experimentando un aumento de la población migrante en casi un 47% durante los últimos cinco años (SERMIG & INE, 2025). En términos territoriales, la distribución no ha sido homogénea. Comunas como Santiago Centro, Estación Central, Antofagasta, Independencia, Quilicura, Iquique, Recoleta y Arica concentran una proporción considerable de población migrante, en algunos casos superando el 20% del total de sus habitantes (Espacio Público, 2023).

Por otro lado, la mayor parte de las grandes ciudades de Chile se han configurado a partir de la conurbación de las áreas urbanas de diferentes municipios. Ese es el caso de capitales regionales como Coquimbo – La Serena, Temuco – Padre Las Casas, Chillán – Chillán Viejo o Rancagua – Requínoa – Machalí, por ejemplo, así como también de las grandes áreas metropolitanas: el gran Santiago está compuesto por 37 comunas, Concepción por 11 y Valparaíso por cinco. En otras palabras, estas ciudades, que concentran a cerca del 60% de la población, nacen desde la fragmentación (Napadensky y Orellana, 2019; Orellana-McBride, 2020). Esto tiene una serie de repercusiones en la forma de gestionar tales centros urbanos, que en la actualidad siguen siendo desafiantes para las municipalidades que los conforman.

En efecto, una encuesta de la Asociación de Municipalidades de Chile (AMUCH, 2024) devela que las responsabilidades que deberían abordar las municipalidades corresponden a una serie de aspectos que también tienen expresiones y desafíos en materia de coordinación intermunicipal: seguridad pública con más inspectores municipales y medidas de prevención (con un notorio 39,8% de las preferencias), mejorar la atención de salud y los servicios sociales municipales, promover el desarrollo económico de la comuna, aumentar la inversión en la educación pública municipal, mejorar la infraestructura de los servicios municipales, proteger el medio ambiente y desarrollar espacios.

Si bien el listado de retos y desafíos municipales es tan largo y poco taxativo como las atribuciones compartidas que abordan, una que especialmente ha captado la atención ciudadana en los últimos años es la seguridad, tal como lo demuestra la encuesta ya citada. En los últimos años, la inseguridad en Chile ha experimentado un incremento significativo, tanto en términos objetivos como en la percepción ciudadana, alcanzando cifras históricas en cuanto a la sensación de inseguridad (Fundación Paz Ciudadana, 2024).

3.1. Heterogeneidad de experiencias a escala local ante el fenómeno migratorio

En las últimas dos décadas, varias municipalidades chilenas comenzaron a desarrollar iniciativas orientadas a la atención e integración de la población migrante. Se implementaron oficinas municipales de migración, se promovieron acciones de capacitación intercultural y se articularon redes de apoyo comunitario. Sin embargo, el acelerado incremento del fenómeno migratorio —especialmente desde mediados de la década de 2010— ha tensionado estos esfuerzos. A nivel nacional, según datos oficiales del Servicio Nacional de Migraciones, a diciembre de 2023 residían en Chile 1.918.583 personas extranjeras, lo que equivale aproximadamente al 10% de la población del país (SERMIG & INE, 2025). De ese total, la mayoría corresponde a personas de nacionalidad venezolana, seguidas por población haitiana, peruana y colombiana (Espacio Público, 2023).

Como se ha dicho, la distribución territorial no ha sido homogénea. Eso implica que las comunas con mayor población migrante concentran desafíos adicionales de diversa naturaleza, pues parte importante de la población migrante requiere o recibe apoyos sociales por parte de las municipalidades (Espacio Público, 2023). A esta realidad se suma un fenómeno más reciente: la llegada masiva y muchas veces irregular de personas por pasos fronterizos no habilitados, especialmente en la macrozona norte del país. Esta situación ha generado serios desafíos logísticos, políticos y sociales para las autoridades municipales de comunas fronterizas como Colchane, Huara o Arica, cuyos recursos administrativos y presupuestarios se han visto desbordados. En estos territorios, la experiencia migratoria ha estado marcada tanto por prácticas de acogida solidaria como por manifestaciones abiertas de rechazo y exclusión por parte de autoridades locales y sectores de la comunidad (Colmenares & Abarca, 2022).

Un ejemplo ilustrativo de estas tensiones ocurrió en Colchane durante 2021 y 2022, cuando autoridades locales denunciaron la instalación improvisada de asentamientos migrantes en espacios públicos, la presión sobre los servicios de salud primaria y educación, y la sensación de abandono por parte del gobierno central. Esto derivó en una estrategia ambivalente por parte del municipio, que combinó la entrega de ayuda humanitaria con solicitudes de militarización de la frontera y expulsión inmediata de personas migrantes. Este tipo de respuestas evidencia una tensión persistente entre una lógica de derechos y otra de control y restricción en el abordaje del fenómeno por parte de las municipalidades.

Pese a estos desafíos, diversos gobiernos locales han continuado desarrollando políticas de integración. El informe elaborado por Espacio Público (2023) identificó 78 comunas con alguna política explícita de integración migrante, lo que representa un 22% del total nacional. Sin embargo, también constató que muchas de estas políticas son frágiles, poco institucionalizadas y altamente dependientes de la voluntad política de los alcaldes de turno. La mayoría carece de presupuesto propio, se articula con escaso personal especializado y muestra dificultades para coordinarse con otras áreas del municipio o con actores externos, como ONG o servicios del Estado.

El marco normativo vigente en Chile reconoce escasamente el rol de los municipios en materia migratoria. Aunque la Ley N.° 21.325 sobre Migración y Extranjería menciona la necesidad de articulación entre los distintos niveles del Estado, no establece obligaciones concretas para los gobiernos locales ni mecanismos de financiamiento específicos. Por esta razón, muchas municipalidades han debido actuar de forma reactiva y con escasos recursos. Según Rojas et al. (2020), esta ausencia de institucionalidad ha llevado a que las respuestas municipales se construyan desde la práctica, muchas veces por ensayo y error, acumulando aprendizajes, pero también reproduciendo desigualdades entre comunas con mayores o menores capacidades de gestión.

Otro factor que complejiza la situación es la alta proporción de personas migrantes en situación irregular. De acuerdo con estimaciones de la propia autoridad migratoria, en 2023 unas 336.984 personas —casi el 18% del total de la población extranjera— se encontraban en condición migratoria irregular (SERMIG & INE,

2025). Esto no solo limita sus posibilidades de acceso a derechos, sino que también genera obstáculos para que los municipios puedan incorporar esta demanda en su planificación y provisión de servicios. Las barreras de registro, descoordinaciones institucionales y los temores de la población migrante a ser denunciada, dificultan su vinculación con las oficinas locales.

En 2023, el Alto Comisionado de las Naciones Unidas para los Refugiados (ACNUR) impulsó una serie de encuentros entre municipalidades, gobiernos regionales y el gobierno central, con el objetivo de fortalecer capacidades y generar lineamientos compartidos en torno a la gobernanza migratoria. Estas instancias reflejan la creciente conciencia sobre la centralidad del nivel local en la respuesta al fenómeno, pero también han dejado en evidencia los vacíos de política pública y la necesidad urgente de dotar a los municipios de herramientas adecuadas para enfrentar una realidad que, todo indica, seguirá en expansión (ACNUR, 2023).

La reacción municipal ante el fenómeno migratorio reciente en Chile ha sido heterogénea, marcada por iniciativas valiosas de inclusión, pero también por tensiones importantes que revelan limitaciones estructurales, normativas y financieras. La convivencia entre prácticas de acogida y discursos de exclusión es una constante en distintos territorios del país, y plantea un desafío urgente para el diseño de una gobernanza migratoria más justa, sostenible y descentralizada.

3.2. Fragmentación urbana y el desafío del gobierno de las ciudades

El crecimiento urbano de Chile plantea múltiples desafíos para los gobiernos locales, especialmente cuando este proceso deriva en formas de metropolización que involucran a varias comunas. En estos contextos, las problemáticas que emergen requieren respuestas coordinadas y soluciones construidas colectivamente entre los distintos gobiernos locales involucrados (Fouré y Sepúlveda, 2020).

Uno de los grandes retos urbanos que hoy enfrenta Chile es la constitución de gobiernos de ciudades como tales, lo que se hace más evidente al momento de analizar ciudades de mayor tamaño. La gran mayoría de las ciudades del país son gobernadas por una sola municipalidad, pero existen excepciones significativas en las que una urbe es gobernada por más de una entidad: las conurbaciones y las ciudades metropolitanas, como ya fue anunciado páginas atrás. En todos estos casos, una municipalidad gobierna sólo una parte del conjunto urbano. A medida que aumenta la complejidad y el tamaño de estas ciudades, diversos son los desafíos que enfrentan los gobiernos locales involucrados.

Estas ciudades se encuentran divididas en comunas gobernadas por sus respectivas municipalidades, con sus propias autoridades, programas de gobierno, capacidad de gestión y limitada autonomía. Su fragmentación institucional limita la capacidad de planificación estratégica, dificulta la coordinación efectiva y produce inequidades territoriales dentro de una misma área urbana (Orellana-McBride, 2020).

Las ciudades intermedias y metropolitanas en Chile no cuentan con órganos que ejerzan una función de gobierno de ciudad, aunque desde el 2018 los Gobiernos Regionales que cuentan con ciudades de estas características pueden acceder a algunas atribuciones especiales para abordarlas. Hasta entonces no existía una institucionalidad dotada de facultades vinculantes de planificación y gestión para las ciudades en su conjunto. La elección de gobernadores regionales desde 2021 significó un paso relevante hacia la descentralización política, mientras que con la reciente ley que regula los gobiernos regionales en que existen áreas metropolitanas, se estableció un marco normativo para su funcionamiento. Estos gobiernos regionales cuentan con unidades especializadas y con mecanismos de articulación con los municipios que conforman el área metropolitana, como comités de alcaldes y consejos técnicos. Aunque aún con un rol secundario para las municipalidades, se trata de la primera institucionalidad específica orientada a la gestión integral del fenómeno metropolitano.

Todavía es prematuro hacer una evaluación particular sobre la implementación de tales estrategias metropolitanas de gestión, pues la propia instalación de la primera experiencia de Gobernadores Regionales electos democráticamente en la historia de Chile arrojó desafíos estructurales multidimensionales que han captado la atención de la agenda pública (Castillo, 2024; Estrada, 2024). No obstante, parece una tarea compleja, pues no sólo existen serias brechas intercomunales de poder al interior de las metrópolis chilenas (Orellana, 2009), sino que además eso coexiste con fuerzas centralizadoras, tanto del gobierno central como de los regionales (Daher, 2017).

Un ejemplo ilustrativo es el caso del sistema de transporte urbano de Santiago. Aunque el Ministerio de Transportes y Telecomunicaciones mantiene un rol relevante, su institucionalidad ha sido objeto de renovación para incorporar mayores mecanismos de coordinación intersectorial y con gobiernos subnacionales. Aun así, persisten críticas respecto a la escasa participación de los municipios en decisiones estratégicas. La planificación metropolitana continúa siendo guiada por el nivel central y regional, mientras que las municipalidades son en su mayoría receptoras de decisiones ya adoptadas. Larraín-Videla et al. (2022) evalúan las instituciones políticas y territoriales de áreas metropolitanas que intervienen en la planificación, inversión y gestión del transporte, observando que entre las limitantes está la concentración del poder decisional, la alta dispersión de funciones y la fragmentación del territorio.

Este patrón se repite en otras áreas de política pública. Las municipalidades ejercen funciones relevantes en la ejecución de políticas de salud y educación, pero lo hacen bajo marcos regulatorios y financieros determinados por los ministerios respectivos. En otras materias, como transporte, vivienda o medio ambiente, las decisiones son tomadas directamente por el nivel central o regional, sin mayor injerencia local. Así, se conforman estructuras sectoriales supramunicipales que no constituyen verdaderos gobiernos de ciudad, sino redes de dependencia jerárquica que debilitan la gobernabilidad urbana (Vial, 2017).

Los desafíos persisten. Las nuevas estructuras regionales carecen de herramientas vinculantes sobre los municipios, mientras que las competencias transferidas siguen siendo limitadas. Además, la heterogeneidad de intereses y capacidades entre las comunas que integran una misma área metropolitana dificulta la articulación de estrategias comunes. El riesgo de superposición de funciones y la falta de incentivos para la cooperación intermunicipal continúan afectando la eficacia del gobierno de ciudad.

3.3. Iniciativas locales ante la crisis de seguridad ciudadana

En los últimos años, Chile ha experimentado un preocupante aumento en los índices de criminalidad, particularmente en los delitos violentos. Si en 2005 la tasa de homicidios era de 4 cada 100.000 habitantes, 18 años después alcanzó los 6,3 (Subsecretaría de Prevención del Delito, sf). Se estima que los costos económicos de las actividades delictivas (es decir, los costos de anticipación, de respuesta y de costeo de las consecuencias) en 2022 equivalió al 2,1% del PIB, lo que es un 46% superior a la misma estimación para 2013 (Balmaceda et al., 2024).

Este aumento se ha visto acompañado por una transformación en la naturaleza de los homicidios, con un incremento en la violencia y la participación de organizaciones criminales. En 2023, 775 delitos cada 100.000 habitantes están vinculados al crimen organizado (USS, 2024) y el 36% de las víctimas de homicidio estuvieron vinculadas a delitos asociados al crimen organizado, cifra que se mantiene alta en comparación con años anteriores (Libertad y Desarrollo, 2025). Este fenómeno refleja un cambio en el panorama delictivo del país, donde los homicidios más violentos con uso de armas de fuego y delitos que eran inusuales en Chile, como el sicariato, han ganado protagonismo.

Esto puede impactar en el aumento de delitos no denunciados, fenómeno conocido como la 'cifra oscura del delito'. Se estima que en 2023 existió un subreporte de delitos del 68%, lo que quiere decir que sólo se estaría denunciando el 32% de los crímenes del país (Gamarra et al., 2024a). Estos resultados indicarían cambios en los hábitos públicos de la ciudadanía y en la pérdida de confianza en las autoridades (Gamarra et al., 2024a).

Como en todo orden, los delitos no se distribuyen homogéneamente en el territorio. En efecto, las comunas con mayores niveles de victimización son del sector poniente de la Región Metropolitana, además de algunas en el norte y en el sur del país (Gamarra et al., 2024b). Entre los factores que se asocian a mayores niveles de victimización son condiciones socioeconómicas deficitarias, debilidad en la cohesión comunitaria, problemas de entorno urbano (presencia de sitios eriazos, basurales, infraestructura en mal estado y ausencia de iluminación pública adecuada), percepción de bajo control institucional y altos niveles de conflictividad social (Gamarra et al., 2024b).

La problemática de la seguridad trasciende, por mucho, no sólo a las responsabilidades legales de las municipalidades, sino también a sus capacidades de abordaje. Pero por más que se trate de un problema a nivel país que hoy ha estado lejos de encontrar solución, en el último tiempo se ha revalorizado el rol municipal en cuanto a su capacidad de prevención (Fuentes y Valenzuela, 2024).

Históricamente las municipalidades en Chile han tenido atribuciones muy limitadas en materia de seguridad, limitándose sólo a funciones de prevención y coordinación. Las municipalidades de mayores recursos comenzaron a centrarse en apoyar la supervisión en espacios públicos y aportar logísticamente o con equipamiento a las policías, hasta comenzar a implementar hacia mediados de la década de los noventa, equipos de seguridad ciudadana. Estos son guardias privados, altamente valorados por la ciudadanía, que cuentan con recursos operativos —tales como vehículos, chalecos antibalas y sistemas de comunicación— pero que no tienen facultades policiales (Uttamchandani, 2020). Con el pasar de los años, los equipos de seguridad ciudadana se han ido implementando también en comunas de ingresos medios.

Paulatinamente, y por estricta iniciativa municipal, se han creado áreas o departamentos de seguridad ciudadana en la estructura municipal, se han creado áreas especializadas en defensorías de las víctimas, se ha innovado en videovigilencia, sistemas de alarmas comunitarias e incluso drones de patrullaje (Fuentes y Valenzuela, 2024).

Con la Ley 20.965 de 2016 se oficializaron los Consejos Comunales de Seguridad Pública, aunque, en la práctica, varias municipalidades los venían implementando. Estos consejos obligan a que se reúna el alcalde, Carabineros, la Policía de Investigaciones, la Fiscalía, representantes de la comunidad y otras instituciones locales, para coordinar diagnósticos y planes de seguridad comunal. De esta misma normativa se desprenden los Planes Comunales de Seguridad Pública, que cada municipalidad debe elaborar. Estos planes contienen diagnósticos objetivos, acciones y evaluación. Una vez aprobados, las municipalidades reciben apoyo financiero de la Subsecretaría de Prevención del Delito para su implementación.

En 2022 se implementó el Sistema Nacional de Seguridad Municipal (SNSM), con el objetivo de fortalecer la prevención del delito a nivel local, entregando apoyo técnico y financiero a las municipalidades. Entre otros aspectos, realiza transferencias directas a municipios priorizados para financiar iniciativas contenidas en sus Planes Comunales de Seguridad Pública, como compra de cámaras de vigilancia, adquisición de vehículos para patrullaje preventivo, iluminación de espacios públicos y recuperación de infraestructura urbana (Fuentes y Valenzuela, 2024).

¿Qué tan efectivo ha sido todo esto? Los datos expresados al inicio de este apartado demuestran que la capacidad del Estado en su totalidad ha quedado desbordada. En consecuencia, no es exigible al sistema municipal contar con resultados de otra naturaleza. A pesar de los esfuerzos gubernamentales para fortalecer la seguridad pública, los niveles y complejidad del crimen siguen siendo alarmantes. La percepción de inseguridad persiste entre la población, evidenciando la necesidad de políticas más efectivas y focalizadas para abordar las causas estructurales de la criminalidad en Chile.

En este desafío, pareciera que el rol municipal se ha consolidado al menos en materias de coordinación y prevención. Al momento de esta publicación, se encuentra en discusión parlamentaria un proyecto de ley con el objeto de fortalecer la institucionalidad municipal en materia de seguridad pública y prevención del delito.

4. CONCLUSIONES

Las municipalidades chilenas se han consolidado como instituciones descentralizadas esenciales dentro del diseño institucional del Estado. Su papel es clave en la implementación de políticas públicas y en la provisión de servicios que impactan directamente en la vida cotidiana de las personas. Con una trayectoria que ha fortalecido sus estructuras administrativas y una autonomía política reconocida desde los años noventa —aunque sin capacidad legislativa—, muchas municipalidades se han posicionado como espacios relevantes dentro del sistema político, atrayendo liderazgos con proyección y reconocimiento ciudadano.

Sin embargo, persisten limitaciones significativas que dificultan su desarrollo como verdaderos gobiernos locales. La escasa autonomía funcional y financiera, sumada a un modelo profundamente centralizado, restringe su margen de acción e impide, en muchos casos, que las municipalidades respondan de manera efectiva a las demandas y particularidades de sus territorios. En la práctica, más que gobiernos locales, gran parte de las municipalidades operan como administraciones locales dependientes del aparato central, con escasas capacidades para incidir en la planificación o en la asignación de recursos de forma autónoma.

Esta situación se ve agravada por la profunda desigualdad entre municipios. Un reducido grupo —principalmente perteneciente a parte del Gran Santiago y algunas capitales regionales— concentra capacidades técnicas, recursos humanos calificados e infraestructura suficiente para ejercer un rol más protagónico en sus territorios. En contraste, la gran mayoría enfrenta serias limitaciones institucionales y presupuestarias, lo que refuerza su dependencia de la voluntad política y de los recursos asignados desde niveles superiores del Estado.

Pese a estas asimetrías, todas las municipalidades cumplen una función crítica en la articulación del Estado con los territorios. Son la cara visible de las políticas públicas y el primer nivel de contacto entre la ciudadanía y el aparato estatal. Reconocer su rol estratégico y avanzar hacia un fortalecimiento real de sus competencias y capacidades resulta indispensable para construir un Estado más equitativo, descentralizado y eficaz, capaz de responder a la diversidad de realidades locales que coexisten en el país.

5. REFERENCIAS BIBLIOGRÁFICAS

ACNUR. (2023). *Chile: Gobiernos regionales y municipios se reunieron para abordar desafíos en migración.* https://www.acnur.org/noticias/avisos/chile-gobiernos-regionales-y-municipios-se-reunieron-para-abordar-desafios-en Recuperado el 10 de marzo de 2025.

Ampuero Villagrán, H., (2013). "Algunos antecedentes sobre la función legislativa de la Cámara de Diputados de Chile (1990-2010)". *Revista Enfoques: Ciencia Política y Administración Pública,* XI (19), 37-52.

AMUCH. (2024). *Encuesta ciudadana sobre el interés en las elecciones municipales y de gobierno regional de octubre 2024.* https://amuch.cl/wp-content/uploads/2024/10/03102024-Encuesta-ciudadana.pdf. Recuperado el 10 de marzo de 2025.

Balmaceda, M., Hernández, L. y Alfaro, J. (2024). "El costo económico de la delincuencia: Chile 2013-2022". *Estudios Públicos.* 175 (jul. 2024), 37-80. DOI: https://doi.org/10.38178/07183089/1143240217.

Boisier, S. (2007). *Territorio, Estado y sociedad en Chile. La dialéctica de la descentralización: entre la geografía y la gobernabilidad.* (Memoria para optar al grado de doctor), Universidad Alcalá de Henares, Alcalá de Henares.

Bunker, K. (2023). "La elección de 2017 y el fraccionamiento del sistema de partidos en Chile". *Revista Chilena de Derecho y Ciencia Política.* Vol. 9 Núm. 2. https://doi.org/10.7770/rchdcp-V9N2-art1823.

Castillo, F. (2024, 8 de abril). *Egon Montecinos: "Me hubiese gustado tener un balance positivo del primer período de gobernadores"*. El Mostrador. https://www.elmostrador.cl/noticias/pais/2024/04/08/egon-montecinos-me-hubiese-gustado-tener-un-balance-positivo-del-primer-periodo-de-gobernadores/. Recuperado el 12 de marzo de 2025.

Colmenares, N. & Abarca, K. (2022). "La migración a nivel local en Chile. Desafíos, demandas y políticas en tiempos de pandemia". *Si Somos Americanos,* 22 (1), 164-192. https://dx.doi.org/10.4067/S0719-09482022000100164.

Cravacuore, D. & Arévalo, H. (2020). "Asociativismo intermunicipal de regiones en Chile. Temas emergentes y desafíos". *Administración Pública Y Sociedad (APyS),* 9, 133-152. https://revistas.unc.edu.ar/index.php/APyS/article/view/28951.

CEP. (2024). *Estudio Nacional de Opinión Pública: Encuesta CEP 91 junio-julio 2024.* https://static.cepchile.cl/uploads/cepchile/2024/07/30-141724_7cvw_PPT-CEP-91_ANEXOS.pdf. Recuperado el 12 de marzo de 2025.

CEP. (2019). *Estudio Nacional de Opinión Pública N° 84, diciembre 2019.* https://static.cepchile.cl/uploads/cepchile/2022/09/encuestacep_diciembre2019.pdf. Recuperado el 12 de marzo de 2025.

Daher, A. (2017). "Contradicción anarco-metropolitana: descentralización municipal y centralismo regional en Chile". *Revista Del CLAD Reforma Y Democracia,* 69, 133-158. https://doi.org/10.69733/clad.ryd.n69.a144.

Dazarola, G. (2023). *Fragmentación del sistema de partidos: Medidas de control y experiencia extranjera.* Asesoría técnica parlamentaria. Biblioteca del Congreso Nacional de Chile, enero 2023. https://obtienearchivo.bcn.cl/obtienearchivo?id=repositorio/10221/33975/2/Informe_medidas_control_multipartidismo_def.pdf. Recuperado el 12 de marzo de 2025.

Espacio Público. (2023). *Políticas municipales de integración de migrantes: entre avances, desafíos y caminos posibles.* https://espaciopublico.cl/wp-content/uploads/2023/05/INFORME-POLITICAS-MUNICIPALES-DE-INTEGRACION-DE-MIGRANTES-22-03-1.pdf. Recuperado el 12 de marzo de 2025.

Estrada, M. (2024, 23 de noviembre). *¿Cuál ha sido el aporte de la primera generación de gobernadores?* La Tercera. https://www.latercera.com/la-tercera-sabado/noticia/cual-ha-sido-el-aporte-de-la-primera-generacion-de-gobernadores/MGK6M3W7QRGT7LUY2JPZAKVXSM/. Recuperado el 12 de marzo de 2025.

Etchepare Jensen, J. (1992). "Municipalidades, ¿instancia política o administrativo-local?". *Revista de Ciencia Política,* (29).

Fernández Richard, J. (2013). "La administración del Estado y las municipalidades en Chile". *Revista IUS,* 7 (32), 148-160.

Fouré Carloza, G., & Sepúlveda Hueica, D. (2020). "Áreas metropolitanas en Chile: un problema multiescalar". En: Llop, C.; Cervera, M.; Peremiquel, F. (eds.). *IV Congreso ISUF-H: Metrópolis en recomposición: prospectivas proyectuales en el Siglo XXI: Forma urbis y territorios metropolitanos, Barcelona, 28-30 Septiembre 2020.* Barcelona: DUOT, UPC, http://hdl.handle.net/2117/328328.

Fuentes, C., y Valenzuela, P. (2024). *Municipios y seguridad pública ciudadana: diagnóstico y propuestas.* Friedrich-Ebert-Stiftung: https://library.fes.de/pdf-files/bueros/chile/21357.pdf.

Fundación Paz Ciudadana. (2024). *Índice Paz Ciudadana Resultados año 2024.* https://pazciudadana.cl/wp-content/uploads/2024/10/Indice-Paz-Ciudadana-2024-Informe-conferencia_vF.pdf. Recuperado el 09 de marzo de 2025.

Galilea, S., Letelier, L., & Ross, K. (2011). *Descentralización de servicios escenciales. los casos de Brasil, Chile, Colombia, Costa Rica y México en salud, educación residuos, seguridad y fomento.* Santiago: CEPAL.

Gamarra, C., Rozas, J., Cardeiro, A., & Mascareño, A. (2024a). *El lado oculto del delito. Aproximaciones al subreporte de la delincuencia en Chile.* Centro de Estudios Públicos. https://static.cepchile.cl/uploads/cepchile/2024/11/19-131057_g8xj_pder711_gamarra.pdf. Recuperado el 09 de marzo de 2025.

Gamarra, C., Mascareño, A., Cardeiro, A., & Rozas, J. (2024b). La distribución comunal del delito en Chile: un análisis exploratorio en base a ENUSC 2023. Centro de Estudios Públicos. https://static.cepchile.cl/uploads/cepchile/2024/12/27-144046_iyep_pder718_gamarraetal.pdf. Recuperado el 09 de marzo de 2025.

Garretón, M. A. (1983). *El proceso político chileno.* Santiago de Chile: FLACSO.

Gómez S., J. C., & Jiménez, J. P. (2011). *El financiamiento de los gobiernos subnacionales en América Latina: un análisis de casos.* CEPAL (Serie Macroeconomía del desarrollo), 111.

Henríquez, M., y Livert, F. (2020). "Pereza fiscal municipal: un aporte a la evidencia empírica en Chile". *Sociedad Chilena de Políticas Públicas.* https://www.sociedadpoliticaspublicas.cl/archivos/2020/EqTerritorial_Henriquez_Manuel.pdf.

Lagos Flores, R. (2022). "Seguridad pública: Tendencia delictual histórica y una propuesta de índice global delictivo a nivel comunal en Chile". *Revista de Estudios Políticos y Estratégicos,* 4 (1), 58-91. https://revistas.utem.cl/index.php/EPE/article/view/83.

Larraín-Videla, C., Muñoz, J., & Briones, J. (2022). "Gobernanza de transporte en áreas metropolitanas: revisión crítica y análisis para

Santiago de Chile". *EURE – Revista De Estudios Urbano Regionales*, 48 (145), 1-24. https://dx.doi.org/10.7764/eure.48.145.14.

Letelier, L. (2022). "Endeudamiento de los gobiernos locales. Experiencia internacional y una propuesta para el caso de Chile". En Instituto de Estudios Fiscales (Eds.), *10 años de gestión pública intergubernamental en Iberoamérica: finanzas, instituciones y nuevos retos*. Madrid: Ministerio de Hacienda, Instituto de Estudios Fiscales.

Libertad y Desarrollo. (2025, abril 3). *Cifras de homicidios 2024: un esfuerzo insuficiente*. https://lyd.org/centro-de-prensa/noticias/2025/04/cifras-de-homicidios-2024-un-esfuerzo-insuficiente/. Recuperado el 12 de marzo de 2025.

Mardones, R. (2008). "Descentralización: una definición y una evaluación de la agenda legislativa chilena (1990-2008)". *EURE – Revista de Estudios Urbano Regionales*, XXXIV, N° 102.

Montecinos, E. (2021). "Planificación territorial en Chile: del modelo Top Down a los desafíos de articulación multinivel". *Revista de Ciencias Sociales* (Ve), XXVII (2), 484-500.

Montecinos, E. (2005). "Los estudios de descentralización en América Latina: una revisión sobre el estado actual de la temática". *EURE – Revista de Estudios Urbano Regionales*, XXXI, N° 093.

Munizaga, A. M. (2010). "Aspectos claves acerca del rol de los gobiernos locales en seguridad ciudadana y prevención del delito". *Conceptos*, 15. Paz Ciudadana. https://pazciudadana.cl/biblioteca/documentos/conceptos-no-15-aspectos-claves-acerca-del-rol-de-los-gobiernos-locales-en-seguridad-ciudadana-y-prevencion-del-delito/.

Napadensky, A. y Orellana, A. (2019). "Metropolización y organización funcional de sistemas urbanos intermedios. Gran La Serena, Concepción y Puerto Montt". *Bitácora Urbano Territorial*, 29 (1): 78.

Navarrete, B., & Higueras, V. (2014). "Chile desde la teoría secuencial de la descentralización, 1990-2010. Convergencia". *Revista de Ciencias Sociales*, 21, N° 66, septiembre-diciembre.

Ochoa Sotomayor, G. (2024). *Respuesta al estallido social en Chile: la política local frente a la movilización social* [Tesis doctoral, Universidad Nacional de San Martín]. Escuela de Política y Gobierno, UNSAM. https://ri.unsam.edu.ar/bitstream/123456789/2685/1/TDOC_EPYG_2024_OSG.pdf.

Orellana, A. (2009). "La gobernabilidad metropolitana de Santiago: la dispar relación de poder de los municipios". *EURE – Revista De Estudios Urbano Regionales*, 35 (104). https://doi.org/10.4067/S0250-71612009000100005.

Orellana-McBride, A. G. (2020). "Conformación metropolitana desde la fragmentación. El proceso de conurbación del Gran La Serena". *Urbano*, 23 (41), 58-83. https://doi.org/10.22320/07183607.2020.23.41.04.

Rojas, A., Torreblanca, A., & Valenzuela, C. (2020). *Gobernanza local y migración: experiencias municipales en Chile*. Santiago, Universidad Autónoma de Chile. https://ediciones.uautonoma.cl/index.php/UA/catalog/download/64/129/152?inline=1.

SERMIG, e INE. (2025). *Estimaciones de extranjeros, abril 2025*. https://serviciomigraciones.cl/estudios-migratorios/estimaciones-de-extranjeros/. Recuperado el 06 de marzo de 2025.

SINIM. (2024). *Sistema Nacional de Información Municipal (SINIM)*. https://www.sinim.gov.cl/. Recuperado el 05 de marzo de 2025.

Subsecretaría de Desarrollo Regional y Administrativo. (2010). *Ley Orgánica Constitucional de Municipalidades: texto refundido, coordinado y sistematizado, fijado por el DFL N° 1, de 2006, del Ministerio del Interior*. Santiago: Ministerio del Interior.

Subsecretaría de Prevención del Delito. (s.f.). *Estadísticas delictuales*. Centro de Estudios y Análisis del Delito. https://cead.spd.gov.cl/estadisticas-delictuales/. Recuperado el 12 de marzo de 2025.

Toloza Castillo, M., & Toro Maureira, S. (2017). "Amigos cerca, enemigos más cerca: el gobierno de Sebastián Piñera y las dinámicas legislativas en Chile". *Revista Uruguaya de Ciencia Política*, 26 (1), 131-149. http://www.scielo.edu.uy/scielo.php?script=sci_arttext&pid=S1688-499X2017000100131&lng=es&tlng=es.

USS. (2024). *Indicador Nacional de Crimen Organizado*. https://www.uss.cl/cescro/. Recuperado el 12 de marzo de 2025.

Uttamchandani Mujica, S. (2020). "Rol municipal en la gestión de la seguridad ciudadana en Chile: ¿Qué ha cambiado entre 2014 y 2018?". *Revista Estudios De Políticas Públicas*, 6 (2), 83-98. https://doi.org/10.5354/0719-6296.2020.57156.

Valenzuela, E. (2015). *Descentralización ya*. Santiago: RIL editores.

Vial, C. (2017). "El Gobierno de Santiago de Chile: entre la autonomía local y la omnipotencia del Gobierno Central". En Grin, E., Hernández, J., y Abrucio, F. (Eds.), *El gobierno de las grandes ciudades: gobernanza y descentralización en las metrópolis de América Latina*. Santiago: CLAD, Universidad Autónoma de Chile.

Vial, C. (2016a). "Las municipalidades de Chile". En Vial, M. Camilo, y Ruano, J. M. (Eds.), *Manual de gobiernos locales en Iberoamérica*. Santiago: CLAD, Universidad Autónoma de Chile.

Vial, C. (2016b). "El asociativismo intermunicipal en Chile". En Chacón, A., y Cravacuore, D. (Eds.), *El asociativismo intermunicipal en América Latina.* Santiago: Universidad Tecnológica Metropolitana, Asociación de Municipios de Chile.

Vial, C. (2013). "Political and fiscal and fiscal decentralization in South America: a comparative analysis of Bolivia, Chile, Colombia, Ecuador and Peru". In Cuadrado-Roura, J. R., & Aroca, P. (Eds.), *Regional problems and policies in Latin America.* Berlin: Springer-Verlag.

Vial, C., & Jiménez, J. (2023). "Urban Policies in the Framework of the 2030 Agenda: Balance and Perspectives in Temuco and Padre Las Casas". In: Huete García, M.Á., Rodríguez Miranda, A., Ugalde, V., y Merinero Rodríguez, R. (Eds.), *Urban Policy in the Framework of the 2030 Agenda.* The Urban Book Series. Springer, Cham. https://doi.org/10.1007/978-3-031-38473-8_6.

Villagrán, M. (2015). *Manual de derecho municipal.* Santiago: RIL editores.

Municipios en el Ecuador

CRISTIAN CASTILLO PEÑAHERRERA
Universidad del Azuay, Ecuador

Resumen: Este capítulo analiza la estructura, competencias y desafíos de los gobiernos locales en Ecuador. Se examina su evolución histórica, el marco normativo vigente y la dependencia financiera del gobierno central. Se identifican problemas en la provisión de servicios básicos, planificación territorial y seguridad. Además, se discuten los efectos de la fragmentación política y la baja autonomía fiscal en la gestión municipal. Finalmente, se resalta la necesidad de fortalecer capacidades institucionales y mejorar la coordinación intergubernamental para garantizar una gestión eficiente y equitativa del desarrollo territorial.

Palabras clave: Gobierno y administración, Administración pública, Gobierno municipal, Administración local, Desarrollo local.

Abstract: This chapter analyzes the structure, responsibilities, and challenges of local governments in Ecuador. It examines their historical evolution, the current regulatory framework, and financial dependence on the central government. It identifies problems in providing public services, territorial planning, and security. It also discusses the effects of political fragmentation and low fiscal autonomy on municipal management. Finally, it highlights the need to strengthen institutional capacities and improve intergovernmental coordination to ensure efficient and equitable management of territorial development.

Keywords: Government, public administration, local government, development policy.

1. INTRODUCCIÓN

Los municipios en Ecuador representan piezas clave en la descentralización del poder y la provisión de servicios básicos a la población. Históricamente han sido la esfera de gobierno más cercana a la ciudadanía, pues son responsables de una amplia gama de funciones que van desde la planificación urbana hasta la prestación de servicios públicos de variada complejidad (Castillo y Maldonado; Ruano y Vial; 2016).

Los gobiernos locales existen desde antes de la creación del Ecuador como república. Para cuando se declaró la independencia de España[1], existían en el territorio más de diez ciudades (Ayala Mora, 2008) que aglutinaban a un conjunto importante de territorios menores en las tres regiones naturales del país. Ciudades como Quito, Guayaquil o Cuenca se fundaron hace más de 450 años. Los otros niveles de organización político-administrativa se crearon a partir de la independencia de la Corona, posterior a 1824. La creación de la Gran Colombia instituyó los departamentos de Quito, Guayaquil y Azuay, como gobiernos de carácter regional que, posteriormente, dieron origen al gobierno provincial que conocemos actualmente, y que crecieron a partir de la declaración de Ecuador como república independiente en 1830. La Junta Parroquial Rural fue una forma de organización social de las zonas no urbanas del país hasta que en la Constitución de 1998 se las reconoció como el nivel de gobierno subnacional más cercano al territorio rural.

Al día de hoy, el Ecuador es una república unitaria organizada a través de 23 provincias y un régimen especial (Islas Galápagos). Las provincias se dividen en un total de 222 cantones[2] que son objeto de estudio en este capítulo. Estos cantones se dividen, a su vez, en zonas urbanas o ciudades, y zonas rurales, agrupadas

---

1 Si bien la independencia se declaró en mayo de 1824, esto no involucró la creación del Ecuador. La república se creó en mayo de 1830, con la convocatoria a una Asamblea Constituyente en la ciudad de Riobamba que declaró la separación de la Gran Colombia y la creación de la República del Ecuador (Salvador Lara, 2023).

2 El cantón de más reciente formación ha sido el de Sevilla Don Bosco, en la provincia amazónica de Morona Santiago, en proceso de creación obligatoria en la Asamblea Nacional, como resultado de una consulta popular en el territorio en la que los habitantes de esa parroquia rural del cantón Morona, expresaron su voluntad de convertir el territorio en un nuevo cantón con más del 80% de apoyo popular (CNE, 2023).

en 820 parroquias rurales en todo el país (CONGOPE, AME, CONAGOPARE, 2024). Desde entonces, los municipios han sido la forma de gobierno subnacional más consolidada, con mayor capacidad de influencia en la realidad nacional y con más responsabilidades de política pública que la que pueden tener otros niveles de gobierno, gracias a lo cual aglutinan mucho mayor presupuesto y autoridad para la gestión.

El presente capítulo analiza los gobiernos locales en Ecuador, examinando su tipología, sus formas de financiación, la organización del sistema político, la capacidad de asociación y las formas de relación con otros niveles de gobierno, tanto subnacional como con el gobierno central, y, finalmente, los problemas públicos que deben atender en un contexto de máxima inseguridad, con un conflicto armado interno declarado por el presidente Daniel Noboa (2024), producto del crecimiento de grupos de delincuencia organizada vinculados al narcotráfico que han incrementado sus operaciones en todo el país y diversificado sus formas de delinquir, haciendo que la situación social local priorice la lucha contra la inseguridad, por sobre otras necesidades fundamentales.

2. DESCRIPCIÓN GENERAL DE LOS GOBIERNOS LOCALES EN EL ECUADOR

Los gobiernos locales en el Ecuador desempeñan el rol de nivel de gobierno responsable de la prestación de servicios públicos básicos para generar condiciones mínimas de desarrollo territorial. Este nivel de Estado subnacional se encuentra normado en un extenso marco legal, entre el que sobresale la Constitución de la República del Ecuador (CRE), el Código Orgánico de Organización y Ordenamiento Territorial, Autonomías y Descentralización (COOTAD), el Código Orgánico de Planificación y Finanzas Públicas (COPLAFIP), o el Código Orgánico Administrativo (COA), etc. Todos estos documentos fueron expedidos como resultado de la vigencia de la Constitución de Montecristi de 2008 que dispuso un cambio significativo en la organización político-administrativa del Estado en general.

A continuación, se analizan los tipos de gobiernos locales posibles en Ecuador, las formas de financiación, la elección de alcaldes y concejales, así como las relaciones con otros niveles de gobierno.

2.1. *Tipos de gobiernos locales*

La organización político-administrativa del Estado ecuatoriano en el territorio reconoce la existencia de diferentes niveles de gobiernos autónomos descentralizados —GAD— y regímenes especiales (cuando aplican). El ordenamiento jurídico reconoce la autonomía política, administrativa y financiera de estos gobiernos, así como el modelo de descentralización obligatoria y progresiva de competencias que, siendo ejercidas por el gobierno central, podrían ser transferidas a los gobiernos subnacionales en función de un conjunto de parámetros objetivos y unívocos (COOTAD – Asamblea Nacional, 2010). En esta misma norma se indica también la institucionalidad responsable de la administración en estos niveles, las diferentes fuentes de financiación y la definición de políticas y mecanismos para compensar los desequilibrios en el desarrollo territorial existentes en todo el país, en todas las provincias y en todos los cantones.

La CRE reconoce cuatro niveles de gobierno subnacional. El nivel más cercano a la ciudadanía de las zonas no urbanas es la Junta Parroquial Rural. El conjunto de parroquias urbanas y rurales da lugar al Cantón, gobernado por un municipio con un alcalde o alcaldesa. El conjunto de cantones de un territorio similar conforma la provincia, la cual es gobernada por la prefectura, que tiene un prefecto o prefecta. Un grupo de provincias podría dar lugar a la región, que estaría gobernada por un gobernador regional. En la práctica, este último nivel no existe. Si bien el COOTAD (Asamblea Nacional del Ecuador, 2010) dispuso su creación obligatoria hasta 2019, en la práctica ningún sector político ni ninguna provincia mostró interés en la instalación de este nivel de gobierno subnacional.

Adicionalmente a esta forma de organización del territorio, la ley indica que "por razones de conservación ambiental, étnico culturales o de población, podrán constituirse regímenes especiales de gobierno" (Asamblea Nacional del Ecuador, 2010), entre los que se detallan formas de organización como los distritos metropolitanos (para ciudades de más de un millón de habitantes), circunscripciones territoriales (para pueblos y nacionalidades indígenas, afroecuatorianas o montubias) y el Consejo de Gobierno de la provincia de Galápagos. Estas excepcionalidades sólo se han aplicado en el caso de la ciudad capital que se ha conformado como Distrito Metropolitano desde 1993 (Congreso Nacional), y el Consejo de Gobierno de Galápagos.

El COOTAD establece que todos los niveles de gobierno subnacional son autónomos y descentralizados, con capacidades específicas en función de su cercanía con el territorio y deben ejercer competencias particulares para la resolución de problemas públicos, en función de esta cercanía. Así, encontramos que los GAD Parroquiales Rurales tienen capacidades específicas y exclusivas para la promoción de la organización de los ciudadanos de las comunas, recintos y demás asentamientos rurales con el carácter de organizaciones territoriales de base, junto a la vigilancia de la ejecución de obras y la calidad de los servicios públicos.

Los GAD municipales tienen de manera exclusiva la competencia para ejercer el control sobre el uso y ocupación del suelo en el cantón, prestar los servicios públicos de agua potable, alcantarillado, depuración de aguas residuales, manejo de desechos sólidos, actividades de saneamiento ambiental y aquellos que establezca la ley; crear, modificar, exonerar o suprimir mediante ordenanzas, tasas, tarifas y contribuciones especiales de mejoras; preservar, mantener y difundir el patrimonio arquitectónico, cultural y natural del cantón y construir los espacios públicos para estos fines; elaborar y administrar los catastros inmobiliarios urbanos y rurales; delimitar, regular, autorizar y controlar el uso de las playas de mar, riberas y lechos de ríos, lagos y lagunas, sin perjuicio de las limitaciones que establezca la ley; preservar y garantizar el acceso efectivo de las personas al uso de las playas de mar, riberas de ríos, lagos y lagunas; regular, autorizar y controlar la explotación de materiales áridos y pétreos, que se encuentren en los lechos de los ríos, lagos, playas de mar y canteras, y, por último, gestionar los servicios de prevención, protección, socorro y extinción de incendios.

Los GAD provinciales tienen las competencias exclusivas para la gestión ambiental provincial y determinar las políticas de investigación e innovación del conocimiento, desarrollo y transferencia de tecnologías necesarias para el desarrollo provincial, en el marco de la planificación nacional.

Finalmente, los GAD regionales, inexistentes en la realidad, deberían ser capaces exclusivamente de otorgar personalidad jurídica, registrar y controlar a las organizaciones sociales de carácter regional, junto con fomentar la seguridad alimentaria regional, a la par que ejercen de manera articulada otras competencias que ejercen los otros niveles de gobierno, como la planificación territorial, el control del tránsito y transporte terrestre o la obra pública de vialidad y conectividad.

Se puede colegir rápidamente que los GAD municipales tienen un conjunto mayor de competencias específicas que los otros niveles de gobierno, con lo cual su importancia en términos relativos es mayor en el concierto de la acción del Estado en los territorios. También se puede constatar que existe un conjunto de competencias que no son exclusivas, sino que su ejecución debe ser coordinada y articulada con los otros niveles de gobierno, como son los casos de la planificación territorial que es mutuamente dependiente; la gestión de la vialidad y movilidad en los respectivos territorios, para disminuir la posibilidad de gasto recurrente o innecesario; la gestión del agua en sus diferentes momentos: macrocuencas, microcuencas, captación, provisión de agua potable, aseguramiento de agua para riego, tratamiento y devolución aguas abajo, etc.; el fomento y desarrollo de actividades productivas, y la gestión de la cooperación nacional e internacional.

No existen diferentes tipos de municipios. Generalmente, para fines de categorización, los organismos públicos como el Consejo

Nacional de Competencias (CNC) o la Asociación de Municipalidades del Ecuador (AME) diferencian a los cantones por su tamaño, presupuesto o capacidad institucional. Estas formas de categorización permiten optimizar decisiones sobre las necesidades de cada categoría o sobre la asignación específica de determinadas competencias, pero no generan una tipología legal que diferencie a los diferentes municipios puesto que, en cualquier caso, siempre tendrán las mismas competencias constitucionales y legales. La tabla No. 1 explica el universo de municipios existentes en el Ecuador según su tamaño.

Tabla 1. Caracterización general de municipios

	Población	Cantidad de municipios	Densidad poblacional
Grandes	Más de 2 millones	2 (Quito – Guayaquil)	Quito: 18.846,13 Guayaquil: 1.397,54
Intermedias	Entre 200 y 600 mil	9 (Cuenca, Santo Domingo, Ambato, Portoviejo, Machala, Durán, Manta, Riobamba, Loja)	Cuenca: 9.245,46 Santo Domingo: 494,08 Ambato: 11.113,35 Portoviejo: 286,05 Machala: 1.202,14 Durán: 785,40 Manta: 1.166,34 Riobamba: 4.275,08 Loja: 941,67
Medianas	Entre 50 y 200 mil	46	867,58 (promedio)
Pequeñas	Menos de 50 mil	165	192,94 (promedio)

Elaboración propia a partir de INEC, 2024.

2.2. Forma de financiación

Los municipios en el Ecuador tienen capacidad impositiva para financiar la administración pública. Según el COOTAD

(Asamblea Nacional, 2019 —artículo 171 y siguientes— Recursos financieros de los GAD), pueden generar impuestos, tasas o contribuciones especiales de mejoras generales o específicas. Además, pueden generar otras fuentes propias de ingresos que se deriven de la venta de bienes y servicios, renta de inversiones y multas, venta de activos no financieros y recuperación de inversiones, o hasta la posibilidad de realizar rifas y sorteos. Adicionalmente, tienen el derecho de contar con recursos financieros que provienen de las transferencias del presupuesto general del Estado, otro tipo de transferencias, legados y donaciones, la participación en las rentas de la explotación o industrialización de recursos naturales no renovables, junto a los recursos que podrían provenir de financiamiento interno o externo.

El COOTAD dispone que los gobiernos subnacionales en su conjunto reciban el 21% de los ingresos permanentes y el 10% de los no permanentes que conforman el PGE (Asamblea Nacional, 2019) (artículo 188 y siguientes – Transferencias del Presupuesto General del Estado). El monto total a repartir entre los tres niveles de gobierno se distribuye, según la ley, en un 67% para los municipios, 27% para las prefecturas y el 6% restante para las juntas parroquiales. Esta distribución se basa en el criterio de que los municipios tienen competencias constitucionales mayores y más complejas. El monto total de la transferencia realizada a los GAD municipales fue de USD 3.1 mil millones (Ministerio de Finanzas, 2023).

Tabla 2. Asignación de presupuesto general del Estado para GAD

Nivel de gobierno	2021	2022	2023	2024
Provincial	USD 641 M	USD 851 M	USD 838 M	USD 794 M
Municipal	USD 1.592 M	USD 2.112 M	USD 2081 M	USD 1.970 M
Parroquial	USD 142 M	USD 189 M	USD 186 M	USD 176 M

Elaboración propia a partir de: Ministerio de Finanzas 2021, 2022, 2023, 2024.

Adicionalmente, el gobierno central debe transferir, de manera progresiva un conjunto de nuevas competencias, con los correspondientes recursos financieros que deberían usarse específicamente para esa competencia, si es que fuese gestionada directamente por el gobierno nacional. El ejemplo más claro de este ejercicio de transferencias es el de la gestión del tránsito y transporte terrestre. Para la gestión de esta competencia, las alcaldías recibieron durante 2023 un total de USD 113 millones (Ministerio de Finanzas, 2023), que se distribuyen de acuerdo al modelo del CNC y de la Agencia de Regulación y Control del Tránsito, Transporte Terrestre y Seguridad Vial —ANT— y que reconoce tres grados posibles de delegación en función de las capacidades institucionales de cada municipio (CNC, 2012).

Esta forma de delegar o transferir competencias hacia los gobiernos subnacionales, especialmente a los locales, se ha aplicado también en casos como la gestión del patrimonio cultural o la protección del ambiente, lo que ha derivado en transferencia de recursos financieros, aunque sus montos son muy limitados para estos casos.

La evidencia sugiere que los gobiernos provinciales, locales y parroquiales son altamente dependientes de estas transferencias desde el Gobierno central. En muchos casos, estas transferencias representan hasta el 90% del presupuesto municipal (Mencías, 2017), y cuanto más pequeño sea el municipio, mayor es su dependencia financiera del gobierno central. El ejemplo más notorio de esta realidad es el Taisha, cuyo presupuesto anual depende en un 95% de las transferencias desde el Estado nacional.

Se puede sugerir que los GAD locales no tienen capacidad financiera real, pues dependen en mayor o menor medida, de las transferencias monetarias desde el gobierno central. A esto se suma el hecho de que sus propias capacidades institucionales para la generación de recursos son insuficientes. Esto es visible en todos los municipios, incluso los más grandes del país, como Quito, Guayaquil o Cuenca, los cuales necesitan recursos financieros transferidos desde el gobierno central para completar su presupuesto anual.

2.3. Alcaldes/as y los consejos municipales

Según la Constitución de la República del Ecuador y la Ley Orgánica Electoral y de Organizaciones Políticas (Código de la Democracia), el alcalde y los concejales municipales son elegidos mediante sufragio universal, directo y secreto. La elección de alcalde o alcaldesa se rige por un sistema mayoritario, es decir, en una sola votación será elegido el candidato o la candidata que más votos válidos logre.

Por su parte, la elección de concejales utiliza el método Webster, también denominado método de divisores (Código de la Democracia, Asamblea Nacional del Ecuador, 2009), que promueve una representación más equitativa de todos los grupos políticos y mitigar la sobrerrepresentación de partidos mayoritarios. Este diseño pretende generar impacto en la proporcionalidad y gobernabilidad del sistema electoral ecuatoriano, la búsqueda de equilibrios en la representación de fuerzas políticas en el concejo y la búsqueda de liderazgos ejecutivos en la figura del alcalde (Garzón y Cahuasquí, 2021).

Las elecciones seccionales se realizan cada cuatro años. En ellas se eligen a todas las autoridades de los gobiernos subnacionales. Todas estas autoridades tienen un período de mandato de cuatro años, con posibilidad de una sola reelección, sea esta inmediata o no (COOTAD, Asamblea Nacional del Ecuador, 2015); aspecto del diseño institucional que pretende fomentar la renovación de liderazgos y reducir los riesgos asociados al perpetuamiento en el poder a nivel local (Henríquez et al., 2023).

En el ordenamiento legal no existe una figura equivalente a la moción de censura o cuestión de confianza como las aplicadas en las tradiciones institucionales de otros países. No obstante, los concejos municipales sí tienen facultades para fiscalizar las actividades del alcalde, pudiendo destituirlo con el voto de las dos terceras partes de sus integrantes y sólo en caso de incumplimientos graves o actos de corrupción (COOTAD, Asamblea Nacional del Ecuador, 2010 —de las funciones de los Concejos Cantonales—). En sentido contrario, el alcalde no tiene la facultad legal para disolver el concejo por ninguna causal ni de plantear una figura de *cuestión de confianza*, totalmente inexistente en el ordenamiento jurídico nacional. Esto genera una relación asimétrica entre el Ejecutivo y el Legislativo cantonal, que ha ocasionado problemas de gobernabilidad en varios municipios del país (Moncayo Vives, 2021).

La otra figura legal por la cual un alcalde o los concejales pueden ser destituidos de su cargo es a través de la *revocatoria del mandato*, una figura reconocida en la ley por la cual, la ciudadanía organizada puede convocar a un plebiscito en el que se pregunta si se está de acuerdo o no con revocar el mandato de la autoridad elegida. En caso de ganar el sí, la autoridad queda automáticamente revocada de su cargo. Si el revocado fuere el alcalde, en su lugar asume el concejal que estuviere ejerciendo el cargo de vicealcalde hasta terminar el período de cuatro años; mientras que, si el revocado fuere uno o varios concejales, su reemplazo será su alterno (COOTAD, Asamblea Nacional del Ecuador, 2010 – de los derechos de participación ciudadana).

Este diseño institucional de elección y remoción diferenciado de alcaldes y concejales no ha estado exento de problemas en la práctica política local del Ecuador. La elección del alcalde bajo el sistema de mayoría simple se ha cuestionado por su potencial para generar liderazgos con baja legitimidad en contextos de alta fragmentación política, algo bastante común en los últimos años en todos los niveles de gobierno[3]. En municipios donde compiten múltiples candidatos, es posible que un alcalde sea elegido con una proporción menor del voto total, lo que podría genera problemas de legitimidad de inicio, así como puede dificultar la gobernabilidad y la capacidad política del Ejecutivo local para implementar políticas públicas locales de alta complejidad. La siguiente tabla muestra los resultados obtenidos por los ganadores

---

[3] En la elección presidencial de 2021, se presentaron 16 candidatos a primera vuelta; en la elección anticipada 2023, ocho, y en la elección ordinaria de 2025, otra vez 16 candidatos.

de elecciones de alcalde de las cinco ciudades más importantes del país en las tres últimas elecciones.

Tabla 3. Votación ganadores ciudades más grandes

Ciudad	Elección 2015	Elección 2019	Elección 2023
Quito	58.5%	21.39%	25.18%
Guayaquil	59.5%	52.60%	39.8%
Cuenca	52.4%	28.06%	18.58%
Manta	53.5%	41.68%	61.25%
Ambato	29.4%	44.1%	32.12%
Santo Domingo	44.2%	30.86%	60.69%

Elaboración propia a partir de datos de CNE 2024.

A medida que aumentó el número de participantes en el proceso eleccionario, disminuyó el porcentaje de votos válidos con los que una autoridad accedió al gobierno local. El ejemplo más notorio de esta realidad es el caso de Cuenca, en donde el actual alcalde Cristian Zamora accedió al poder municipal con menos del 20% de los votos válidos. Un análisis similar se realizó a nivel de la región y concluyó que, en escenarios con alta pluralidad electoral, los votos se dispersan de manera que ningún candidato alcanza una mayoría clara, lo que puede traducirse en una "legitimidad delegada" débil para los funcionarios electos (Dosek y Alva, 2023).

Otro punto de discusión ha sido la ausencia de mecanismos que permitiesen una mayor y mejor conexión entre los representantes a los concejos cantonales y las comunidades que los eligen (Unda, 2019). Esta falencia fue corregida con reformas al Código de la Democracia realizadas en 2015, que introdujeron la elección de concejales a través de distritos electorales acotados a un número específico de votantes en un territorio claramente delimitado, específicamente para los municipios de mayor tamaño, y, además, a través de la elección de concejales por los sectores urbanos y concejales por los sectores rurales, para el caso de los municipios de menor tamaño.

El sistema político electoral del Ecuador se caracteriza por el personalismo político y la falta de partidos sólidos. Esto contribuye a que los líderes dependan en gran medida de su capacidad individual para movilizar apoyos significativos a lo largo del tiempo (Echeverría, 2021) (Camino, 2021). Por ejemplo, el exalcalde de Guayaquil, Jaime Nebot, inició su vida política en la acción electoral nacional, al ser dos veces diputado del Congreso Nacional. Cuando intentó, en dos ocasiones, acceder a Carondelet, no tuvo respaldo popular, lo que le obligó a construir un liderazgo local en su ciudad natal. Paradójicamente, sí que pudo usar su posición local como base para consolidar una notoria influencia nacional en la vida política de país (Enríquez, 2020; Paredes et al., 2022), pero nunca volvió a la arena de lo nacional hasta su retiro en 2019. En el otro extremo, se encuentran casos como el de Paúl Carrasco, elegido dos veces como prefecto de Azuay, que intentó, sin ningún éxito, saltar a la esfera de lo nacional, entre otras muchas razones, por la falta de redes nacionales consolidadas con las cuales construir partidos políticos.

Estos dos ejemplos sirven para ilustrar que el flujo más común en el ciclo de vida de un político ecuatoriano es el de políticos con experiencia nacional que buscan cargos locales como una forma de mantenerse relevantes políticamente, debido en parte, a que las estructuras locales ofrecen una base estable para la presencia política, en un contexto notoriamente volátil desde el punto de vista partidista (Ospina, 2023), puesto que, al carecer de vocación ideológica, los partidos y los políticos no operan con lógicas programáticas sino clientelares y oportunistas (Muñoz, 2018).

De esto se puede colegir también que los liderazgos locales suelen permanecer en la esfera de lo local durante el ciclo de vida del líder político. La descentralización del poder ha contribuido a una dinámica donde los líderes locales a menudo carecen de recursos y redes para competir en elecciones nacionales, pues no alcanzan a consolidar alianzas estratégicas político-programáticas lo suficientemente robustas como para hacer viable su participación en la arena de lo nacional (Batallas-Gómez y Córdova, 2017). Por esta razón, los líderes locales optan por mantener su vigencia en la participación electoral para cargos de gobiernos subnacionales, como alcaldes o prefectos, como son los casos de Montgomery Sánchez Reyes, reelegido en cuatro ocasiones como prefecto de El Oro; o su más constante adversario político, Carlos Falquez Batallas, que fue elegido prefecto de la misma provincia y luego alcalde de la capital provincial en tres ocasiones.

2.4. El asociacionismo municipal y las relaciones intergubernamentales

Los GAD pueden formar asociaciones voluntarias para la gestión conjunta de competencias y la prestación de servicios públicos (Asamblea Nacional, 2015 —COOTAD, artículo 285 y siguientes— formas de mancomunamiento), para la optimización de recursos, fomento de la cooperación interinstitucional y fortalecimiento de la autonomía local. Las formas de cooperación intermunicipal más comunes incluyen consorcios, mancomunidades y acuerdos bilaterales. Estas estructuras permiten el trabajo conjunto en áreas como el manejo de residuos sólidos, provisión de agua potable o desarrollo económico local. Por ejemplo, la mancomunidad para la gestión integral de residuos sólidos en la provincia de Imbabura, ha reunido a varios municipios para gestionar residuos sólidos de manera integrada, con resultados altamente significativos.

Los diferentes mecanismos de cooperación suelen usarse más en proyectos de gran escala que demandan recursos financieros y técnicos significativos. Algunas investigaciones han identificado a la prestación de servicios básicos, como saneamiento; o la ejecución de potestades estatales, como el control de tránsito; o el aprovechamiento de sinergias, como las iniciativas de promoción turística; como las principales razones por las que se ha generado este tipo de alianzas. Estas iniciativas no han estado exentas de problemas debido a la falta de claridad en la asignación de roles de cada municipio involucrado o el surgimiento de conflictos derivados de las perspectivas políticas de los actores al momento de la implementación de proyectos conjuntos; problemas que ocasionaron, por ejemplo, que la mancomunidad para el transporte público en la provincia de Manabí haya presentado serias dificultades para su correcto despliegue, debido a diferencias políticas entre los alcaldes participantes (Sabando y Sabando, 2021).

En relación con las formas de asociación entre diferentes niveles de gobierno, se ha podido evidenciar que no existen, como tales, ejercicios de mancomunamiento, aunque sí que es común encontrar procesos específicos de coordinación entre municipios, provincias y el gobierno central. Los casos más comunes son los de financiamiento compartido de proyectos de infraestructura vial que los cantones más pequeños no podrían ejecutar, debido a su escasa capacidad financiera, y que, en cambio, se ejecutan gracias al esfuerzo coordinado con el gobierno provincial o nacional. Las Prefecturas de Azuay o Loja, por ejemplo, destinan anualmente parte de sus fondos de inversión en vialidad a proyectos de mejoramiento vial en zonas de responsabilidad de los municipios, si es que estos aportan con una porción del financiamiento requerido.

3. PRINCIPALES POLÍTICAS URBANAS Y DESAFÍOS MUNICIPALES

Los municipios enfrentan una diversidad de problemas que varían según características específicas como el tamaño poblacional o ubicación geográfica. Varios reportes oficiales posteriores a la pandemia, sugieren que las preocupaciones principales transitaron desde la preocupación por el desarrollo de infraestructuras básicas, hacia cuestiones más complejas como gestión ambiental, inclusión social y digitalización de servicios públicos (SENPLADES, INEC, 2022). A partir de esos años, la seguridad interior pasó a ser un asunto de relevancia estratégica, por sobre los problemas más comunes de municipios de menor tamaño, como han sido el acceso al agua potable y el saneamiento; o la movilidad y el empleo de calidad, en los de mediano a gran tamaño.

Los problemas territoriales varían mucho dependiendo del tamaño del municipio. Los municipios más grandes del país han puesto su atención en el desarrollo de infraestructuras para la movilidad y el transporte público. En estos municipios se han desarrollado los sistemas más grandes de transporte público de los últimos 50 años; el Metro de Quito (USD 2 MM), la aerovía de Guayaquil (USD 150 M) y el tranvía de Cuenca (USD 300 M). Los otros problemas más comunes de estos municipios han sido el uso y aprovechamiento del suelo para resolver los problemas cada vez más notorios de acceso a vivienda y producción. En contraste, los gobiernos locales más pequeños continúan tratando de resolver los problemas de acceso a servicios básicos como agua potable, saneamiento o conectividad. Los casos más notorios son los de Olmedo, Taisha, Paján, Flavio Alfaro y Pichincha, que no alcanzan a un 30% de cobertura de agua potable; o Isidro Ayora, Salitre, Baquerizo Moreno, Santa Cruz y Simón Bolívar, que no llegan ni al 5% de cobertura de saneamiento (INEC, 2022).

La ubicación geográfica también modifica las percepciones sobre lo que es más urgente. Para los municipios de la Amazonia ecuatoriana, problemas como infraestructura vial y de conectividad son más urgentes, por las grandes distancias que existen entre centros poblados y la poca capacidad financiera para construir las carreteras requeridas. Por ejemplo, en la provincia de Zamora Chinchipe se encuentra el cantón Zumba, que no tiene vías de conexión con la capital de la provincia, sino que depende de la conexión a través de Loja, en un trayecto de 235 km, en carreteras de mala calidad que motiva un trayecto de entre seis a ocho horas. La construcción de una carretera que conecte directamente ambos cantones es un improbable por el presupuesto requerido dado que el trazado incluye zonas selváticas y de cordillera que limitan cualquier posibilidad por la escasa capacidad financiera local. Por el contrario, en la región Costa, la preparación territorial para evitar el impacto de desastres naturales, como las inundaciones, ocupa bastante del tiempo y recursos municipales. Casos como el de Chone o Salitre demuestran la necesidad de realizar inversiones en infraestructuras de mitigación de desastres. Estos cantones son susceptibles a inundaciones por su ubicación geográfica, altitud sobre el nivel del mar, a pesar de no estar ubicados en zona de playa sino costa interior, e infraestructura deficitaria que impide la evacuación de grandes volúmenes de agua.

Sin importar la ubicación geográfica, el tamaño o población, el municipalismo ecuatoriano reporta poca capacidad para resolver los problemas que aquejan a sus territorios. Según un estudio del Banco de Desarrollo del Ecuador (2022), los municipios pueden resolver no más del 60% de los problemas relacionados con servicios básicos pues sus capacidades institucionales (gestión técnico-profesional o financiera), son insuficientes. Para cuestiones más complejas, como la gestión de riesgos o la seguridad ciudadana, todas las municipalidades van a necesitar del gobierno central u organizaciones de la cooperación internacional. A esto se suma que el 70% de los municipios dependen en gran medida, de transferencias desde el gobierno central (INEC, 2022), hasta el punto de que existen municipios como Taisha cuyo presupuesto está conformado en un 95% por la asignación desde el Ministerio de Finanzas. De acuerdo con INEC (2023), los problemas más importantes identificados en los municipios ecuatorianos son:

1. Seguridad ciudadana: en los últimos cinco años, la percepción de inseguridad ha aumentado en áreas urbanas. Estudios del Ministerio del Interior (2023) revelan que el 50% de los delitos reportados en municipios grandes están relacionados con robos y violencia interpersonal.

2. Gestión de residuos sólidos: este problema afecta a más del 80% de los municipios. La falta de infraestructura adecuada para la recolección, el tratamiento y la disposición final de residuos genera problemas ambientales y de salud pública (INEC, 2023).

3. Agua potable y saneamiento: aunque ha habido avances significativos, aún persisten brechas, especialmente en áreas rurales. Según el INEC (2024), un 20% de la población

rural no tiene acceso a agua potable y un 15% carece de saneamiento adecuado.

3.1. Seguridad ciudadana

La seguridad ciudadana es un asunto de política pública que ha ganado relevancia en los últimos cinco años debido a factores como el crecimiento del crimen organizado, el incremento de delitos violentos, la violencia en los centros carcelarios y la falta de políticas efectivas de prevención. De acuerdo con el Ministerio del Interior (2023), los delitos más comunes en Ecuador incluyen homicidios, robos a personas, tráfico de drogas y femicidios. En ciudades de gran tamaño como Guayaquil, Durán, Quito o Manta se perciben con mayor notoriedad varios problemas ligados al narcotráfico, sicariato y robo de vehículos. En estas ciudades, los homicidios han experimentado un aumento de más de 25% entre 2021 y 2023 (Ministerio del Interior, 2023). En ciudades intermedias como Portoviejo, Quevedo o Machala, la tasa más alta de incidencia de delitos se relaciona con robos a domicilios, microtráfico y violencia de género. En las ciudades pequeñas, la inseguridad se relaciona principalmente con abigeato y violencia intrafamiliar, aunque ha habido un incremento en actividades vinculadas al micro narcotráfico (Hidalgo et al., 2024).

El narcotráfico ha diversificado sus operaciones en el país hasta consolidar redes de exportación o distribución local de sustancias estupefacientes, así como también de extorsión, secuestro y sicariato. Estudios como el de Villón Torres (2023) revelan que todas las provincias costeras están altamente infiltradas por los grupos de delincuencia organizada, evidentemente, debido a su cercanía con rutas de exportación de drogas. En ciudades costeras como Durán se registraron 147 homicidios por cada cien mil habitantes durante 2023, lo que la convirtió en la ciudad con tasa más alta del mundo en países que no están en estado de guerra (Voss, 2024). Esta realidad es también visible en Manta, con una tasa de 124; Guayaquil, con 84, o Machala, con 78 (CCSPJP, 2024).

La inseguridad es un problema complejo con orígenes multidimensionales y consecuencias muy diversas. El primer impacto es el económico. El cierre de negocios y la disminución de inversiones locales en ciudades con alta criminalidad ha sido notorio en ciudades como General Villamil o en la Parroquia Puerto Bolívar de Machala (Villon Torres, 2023). En el país en general, el indicador de empleo pleno se mantuvo en 36%, mientras que el indicador de empleo informal estuvo por encima del 50% (INEC, 2024). Otros impactos visibles son los de carácter social. Varios estudios han dado cuenta del incremento de la desconfianza ciudadana en las instituciones públicas (Riffo et al., 2019; IPSOS, 2022) o el deterioro del tejido social que ocasiona rupturas entre sectores de un mismo cantón. Otro problema significativo es el de la migración interna, que ocasiona que territorios tiendan a despoblarse, mientras que otros ven incrementado su número de habitantes de forma significativa (Mora, 2024).

Los municipios no estuvieron preparados para un problema de esta naturaleza. De acuerdo con el diseño institucional, la competencia sobre la seguridad interior es exclusiva responsabilidad del Gobierno central. Este nivel de gobierno es el competente para ejecutar los instrumentos de política pública en materia de seguridad. El rol de los gobiernos locales es complementario, de coordinación y articulación sobre instrumentos que no están directamente vinculados con la gestión de la seguridad ciudadana, sino que operan como niveles de apoyo. A pesar de esta realidad institucional, para el común de los habitantes de una ciudad, la seguridad es responsabilidad directa de quien la gobierna.

Los gobiernos locales han adoptado diversas estrategias para enfrentar la inseguridad, aunque con resultados limitados debido a la falta de coordinación con las fuerzas del orden nacionales y la ausencia de enfoques integrales. Entre las políticas implementadas se pueden mencionar: la compra de armamento y equipamiento para entrega a la Policía Nacional acantonada en el territorio, como lo hizo Guayaquil (Hidalgo et al., 2024); la instalación de sistemas de videovigilancia conectadas a centros de monitoreo local, como lo han hecho Quito o Cuenca; mejoramiento de la iluminación pública e iniciativas como "Barrio seguro" y botones de pánico en Machala o Manta. A pesar de todo, su impacto ha sido poco significativo porque son de carácter reactivo, con un foco en lo mediático, y carecen de un enfoque preventivo y social (Villón Torres, 2023). Escobar, et al., (2024) sostienen que estas acciones, aunque necesarias en contextos de alta violencia, son ineficientes si no se integran en un marco preventivo y social. Además, generan efectos adversos como la estigmatización de ciertos sectores de la población, particularmente jóvenes de barrios periféricos.

Otras medidas como la militarización de la seguridad —ampliamente aplicada en Guayaquil y Esmeraldas, a petición de los gobiernos locales — no ha demostrado ser efectiva a largo plazo (Hidalgo et al., 2024). La presencia de fuerzas armadas puede reducir temporalmente los delitos, pero no soluciona factores como la pobreza, la falta de empleo y la exclusión social, que son motores del crimen. Por el contrario, un estudio comparado con Colombia y México muestra que la militarización aumenta los enfrentamientos violentos sin lograr resultados sostenibles.

La inseguridad no puede desvincularse de los indicadores de pobreza y desigualdad. Los municipios con menor desarrollo económico y social tienden a registrar mayores tasas de delitos, debido a la falta de oportunidades y servicios básicos (Carrasco-Jiménez, 2021). Por ejemplo, Esmeraldas y sectores empobrecidos de Guayaquil enfrentan condiciones de marginalidad que facilitan el reclutamiento de jóvenes por parte del crimen organizado. La carencia de educación y empleo es un factor determinante en el aumento de actividades delictivas, especialmente el tráfico de drogas y robos (Parrales y Cedeño, 2025). Desde una perspectiva crítica, la concentración de políticas de seguridad en grandes ciudades ha marginado a ciudades intermedias, donde los recursos son escasos y existen problemas igualmente graves.

3.2. Gestión de residuos sólidos —GRS—

Cada ecuatoriano genera, en promedio, entre 0,58 y 0,9 kilogramos de residuos sólidos por día, dependiendo de la región.

Provincias como Guayas alcanzan un promedio de 1,3 kg/persona/día, mientras que en Azuay la cifra es más baja, con 0,5 kg/persona/día. Esto da un total de más de 14 mil toneladas diarias de desechos que deben ser gestionados por los 222 municipios. El crecimiento poblacional, la urbanización acelerada y el cambio en los hábitos de consumo de las ciudades, ha incrementado significativamente la producción de residuos sólidos urbanos (RSU) en los últimos años. Según datos del INEC (2020), cerca del 61% de los municipios en Ecuador realizan la disposición final en rellenos sanitarios, el 4% en celda emergente y el 35% aún utiliza vertederos a cielo abierto, lo que impacta negativamente en la calidad ambiental y la salud pública.

Este problema público es más complejo por la desigualdad territorial. La literatura sostiene que los indicadores de desempeño en gestión de residuos están directamente ligados a la gobernanza local y la asignación de recursos (Gran Castro y Bernache, 2016). Varios de los municipios de mayor tamaño y capacidad administrativa han logrado implementar modelos sostenibles de GRS, mientras que los municipios pequeños continúan enfrentando rezagos importantes en esta materia, pues son incapaces de implementar proyectos integrales de disposición final y reciclaje, perpetuando un círculo vicioso de deterioro ambiental y exclusión social.

La práctica de depósito en vertederos a cielo abierto es ambientalmente insostenible y peligrosa para la salud pública. Municipios como Esmeraldas y Babahoyo ilustran este problema, donde la disposición final carece de criterios técnicos debido a la falta de inversión y recursos financieros (Banco Mundial, 2020). En contraste, ciudades como Cuenca y Quito operan rellenos sanitarios bajo normativas ambientales y certificaciones de calidad, lo que evidencia una clara correlación entre presupuesto, capacidad institucional y desempeño. A nivel nacional, la fragmentación institucional y la falta de políticas coordinadas limitan la efectividad de estas acciones. Según el Banco Mundial (2018), las respuestas municipales no siempre responden a planes de manejo integrado de residuos, sino que tienden a ser reactivas y aisladas.

La participación de los habitantes en la separación de residuos en origen es una práctica altamente exitosa para mejorar el rendimiento de la GRS. No obstante, en los municipios ecuatorianos, los procesos de educomunicación en este asunto ambiental han sido relegados o derechamente inexistentes, lo que perpetúa hábitos inadecuados de disposición (Chichande y Troya, 2024). En ciudades como Quito, el desarrollo de programas de sensibilización y participación en la clasificación en origen han incrementado la tasa de separación y reciclaje al 8% del total de residuos generados. En contraste, en municipios como Babahoyo, la ausencia de este tipo de campañas educativas mantiene prácticas tradicionales como la quema de basura y el uso indiscriminado de vertederos que se extienden a lo largo de las vías de acceso o salida del cantón. Otra práctica que ha dado resultados ha sido la formalización de asociaciones de recicladores que participan en el proceso productivo y fortalecer la gestión integral de residuos. Esta práctica es muy poco desarrollada en el Ecuador y son muy pocos municipios los que han dado pasos significativos en esta materia, como los programas de apoyo a mujeres recicladoras que se realizan en Cuenca.

Las formas de gestión del servicio de gestión de residuos varían en función de las dinámicas territoriales. Municipios como Quito han modernizado su servicio de recolección y disposición final bajo una sola empresa pública municipal; mientras que Manta o Guayaquil han delegado la gestión a operadores privados, logrando mejoras en eficiencia, pero con un incremento tarifario; o Cuenca, que implementó un modelo híbrido al incorporar recicladores informales en su cadena productiva, tanto en origen como en planta de procesamiento, lo cual ha ayudado a reducir los residuos enviados a rellenos sanitarios y ha contribuido al desarrollo de procesos de economía circular (Cruz Sotelo y Ojeda Benítez, 2013).

En Ecuador se generan aproximadamente 14.394 toneladas diarias de residuos sólidos a nivel nacional. De este total, el 83,4% se recolecta de manera no diferenciada, y el otro 16,6% corresponde a desechos separados y tratados de forma diferenciada; a pesar de que el 37% de los municipios cuentan con procesos de clasificación por tipo de residuo (INEC, 2020). Los municipios que mejor realizan este proceso son Cuenca y Quito, ciudades en las que la tasa de cobertura supera el 95%, con una tasa de clasificación para reciclaje del 15% y el 8%, respectivamente (Cruz Sotelo y Ojeda Benítez, 2013; INEC, 2020). Por el otro lado, los municipios de mediano o pequeño tamaño tienen resultados deficientes como baja cobertura, uso de vertederos a cielo abierto o escala infraestructura y ausencia de programas de educación al ciudadano. Ejemplos de esto son los cantones de Esmeraldas y Babahoyo, que a pesar de ser capitales de provincia no superan el 60% de cobertura de recolección.

3.3. Agua potable y saneamiento

La cobertura nacional de agua potable en todo el país alcanza a un 85,6%, mientras que la cobertura de saneamiento se sitúa en 75,8% (INEC, 2021). Más del 92% de municipios prestan servicios de distribución de agua, aunque con notables diferencias en rendimiento, calidad o sostenibilidad de los sistemas entre los municipios. Si bien existen gobiernos locales, como Guayaquil, con una cobertura superior al 90%, aunque de calidad insuficiente; existen otros como Gualaceo que, aunque tiene una cobertura menor, cercana al 85%, provee de agua de mejor calidad. En efecto, los problemas municipales en relación a la garantía de acceso a este derecho en los diversos municipios del Ecuador no se relacionan sólo con la cobertura. La calidad también es un problema a resolver.

En relación con la cobertura, se debe citar la falta de capacidad de inversión para el desarrollo de la infraestructura para todo el ciclo del agua. De acuerdo con CAF (2021), las necesidades de financiamiento para garantizar que todos los municipios desarrollen todas las obras necesarias para asegurar la cobertura al 100% de los territorios superar los USD 5.000 millones, valor que supera con creces cualquier capacidad institucional, incluso del nivel central (Oyervide, 2012). Otro problema a considerar es el crecimiento desordenado de la mancha urbana en todos los municipios, que genera la imposibilidad de garantizar el acceso a servicios básicos en territorios cuyo suelo no estuvo originalmente planificado para vivienda, pero cuyo uso fue modificado sin control hasta consolidar centros poblados sin ningún servicio básico, como fue el caso de Monte Sinaí, al noroeste de Guayaquil, en donde viven más de 150 mil habitantes sin acceso a agua potable (Mazaira, et al., 2021). Un tercer problema significativo es la ausencia de capacidades técnicas y financieras para realizar una gestión profesional en el nivel del gobierno local; los gobiernos locales tienen serios problemas de tecnología, personal y financiamiento que limitan su capacidad de respuesta para atender problemas complejos. Más del 60% de los municipios operan los servicios de agua potable de manera directa, desde la propia municipalidad (INEC, 2023), pues no tienen capacidad para generar una empresa pública especializada, que pareciera ser la forma más eficiente de prestar este servicio. Esta problemática es mucho más visible en los municipios de la región amazónica, en donde los niveles de cobertura en algunos cantones no superan el 65% del territorio.

Otro problema para resolver es la calidad del agua. Estudios muestran que el 60% de los sistemas de agua, en especial los rurales, no garantizan agua segura debido a la falta de tratamiento y monitoreo (Banco Mundial, 2021). El estándar nacional de calidad de agua es la norma INEN 1.108, que es cumplida en su totalidad por pocos municipios. Según la Agencia de Regulación y Control del Agua (ARCA), sólo las ciudades de Cuenca, Quito, Loja, Ambato, Ibarra y Gualaceo cumplen el estándar nacional. Los demás municipios tienen problemas como la mala calidad de la infraestructura de tratamiento, la calidad de la gestión técnico-profesional del servicio, la ubicación geográfica, el acceso sostenible a fuentes de agua y la cultura ciudadana sobre el uso del recurso. Estos problemas son notorios en municipios como Esmeraldas, en donde la inversión en plantas de tratamiento es casi inexistente; Santa Elena, en donde la purificación del agua es más compleja debido a la alta salinidad de sus fuentes; Machala, que cuenta con un sistema de distribución obsoleto, o Milagro, que tiene graves problemas para resolver los altos niveles de contaminación persistentes en sus fuentes superficiales, que se producen por su ubicación geográfica y vocación productiva (grandes extensiones dedicadas a producción de caña de azúcar).

La evidencia sugiere que los problemas para incrementar la cobertura a niveles internacionales están lejos de ser resueltos. Los municipios no han logrado generar capacidades institucionales para gestionar el conjunto de problemas identificados y, sin embargo, deberán prepararse para enfrentar otras amenazas latentes. Las sequías recurrentes en la Costa y Sierra reducen la disponibilidad del recurso, mientras que fenómenos como El Niño generan presión adicional sobre ecosistemas ya frágiles sobre los que se asienta la garantía de acceso a este bien superior. El Banco Mundial (2020) proyecta que el estrés hídrico afectará el 35% de las cuencas en Ecuador para 2030, mientras enfrenta un 21% de riesgo hídrico, especialmente en regiones áridas[4].

La otra parte de este problema es la cobertura del sistema de saneamiento. Si bien el acceso alcanza el 75,8% a nivel nacional (INEC, 2021), las diferencias entre cantones son bastante significativas. En la Sierra es en donde existe una cobertura bastante más amplia que en el resto del país, siendo los ejemplos más relevantes, Cuenca, Quito, Loja y Ambato, con un índice de cobertura superior al 90%, mientras la gran mayoría de cantones de la Amazonia, incluyendo las capitales provinciales de Lago Agrio, Francisco de Orellana, Puyo y Tena no superan el 50%. A esto se suma que los sistemas de saneamiento no incluyen tratamiento de calidad aguas abajo. Según ONU (2022), solo el 30% de las aguas

---

4 Asunto que ha sido altamente notorio durante 2024, cuando el país ha vivido la peor crisis energética en décadas, con apagones de hasta 14 horas diarias y durante los últimos cuatro meses del año, debido a que más del 60% de su capacidad instalada es de carácter hidroeléctrico, a lo que se suma el nulo mantenimiento del parque termoeléctrico. Estos apagones acarrearon problemas económicos y sociales que han incidido en el aumento de la pobreza, la persistencia de la delincuencia y la disminución de las condiciones de vida de la población.

residuales urbanas reciben tratamiento adecuado en el Ecuador, con las consecuencias que se generan aguas abajo, donde los desechos no tratados contaminan ríos y fuentes hídricas que son usados por otros cantones.

Los resultados de cobertura en las ciudades de la Sierra se explican por los esfuerzos permanentes de los gobiernos locales por mantener los niveles de inversión en el mantenimiento y desarrollo de nueva infraestructura básica, ampliando las redes hacia las zonas de expansión urbana. Estos GAD se caracterizan por haber delegado la gestión a empresas públicas municipales que operan con la autonomía necesaria para gestionar y desarrollar sus propios sistemas. Finalmente, es importante notar que estos municipios han tenido éxito para planificar su desarrollo, con lo que la densidad poblacional permite generar economías de escala significativas, así como realizar y actualizar permanentemente sus estudios de largo plazo para asegurar la provisión de agua potable y la cobertura de servicios de saneamiento.

En el otro extremo, las capitales provinciales amazónicas no han logrado mejores indicadores de cobertura, por la falta de inversión pública, asociada a las condiciones de poco desarrollo económico, la dispersión poblacional que incrementa los costos de construcción de infraestructura necesaria, o la poca capacidad administrativa y técnica para implementar proyectos.

Los problemas más comunes que enfrentan los municipios para asegurar una cobertura de calidad se explican por la infraestructura insuficiente, la escasa o nula capacidad institucional para delegar este servicio a empresas públicas municipales, o la difícil captación de inversiones nacionales e internacionales para la construcción o mantenimiento de estos sistemas. El problema se agrava por el hecho de que no todos los sistemas existentes cierran el ciclo del agua, pues no cuentan con plantas de tratamiento de aguas residuales; apenas el 10% de los municipios cuentan con sistemas funcionales para este fin. (CAF, 2021).

4. CONCLUSIONES

Los gobiernos municipales ecuatorianos constituyen el nivel de gobierno subnacional con mayor autonomía y capacidad, dada la asignación constitucional de 14 competencias exclusivas, entre las que sobresalen la planificación territorial, servicios públicos (agua potable, alcantarillado, residuos sólidos) y la gestión del patrimonio cultural; sin embargo, la relevancia de los municipios no siempre se traduce en una gestión eficiente debido a problemas como falta de financiamiento, insuficiencia técnica e institucional y conflictos intergubernamentales.

Los principales problemas que tienen los GAD se resumen en la dependencia casi total de financiación desde el gobierno central, considerando que sus presupuestos dependen entre un 70 a un 95% de las transferencias desde el Presupuesto General del Estado, la falta de capacidades para la planificación territorial, lo que genera el crecimiento desordenado de la mancha urbana en ciudades tan grandes como Guayaquil, donde la cobertura de agua potable y servicios básicos es deficitaria, o la falta de capacidades institucionales para gestionar las competencias transferidas por el gobierno central.

Los municipios con mejor desempeño, como Cuenca y Quito, han delegado la gestión de servicios básicos a empresas públicas municipales, logrando niveles altos de cobertura y calidad. Otros municipios, como Manta y Guayaquil, han optado por modelos de concesión privada, mejorando la eficiencia, aunque con costos tarifarios más altos. En el caso de otros municipios no tan exitosos, sus respuestas tienden a ser aisladas y reactivas, careciendo de un enfoque integral y sostenido.

La desigualdad en la cobertura de servicios básicos es notoria y altamente influenciada por la capacidad institucional y el tamaño del territorio. Ciudades capitales de provincias de la Sierra tienen desempeños muy superiores a las capitales de provincias de la Amazonia o de la Costa en todos los servicios. En el caso de agua potable y saneamiento, la diferencia es muy significativa. Mientras en la Sierra, la cobertura supera el 85%, en la Amazonia y en la

Costa esta no llega al 50%. En el caso de GRS, los cantones de la Sierra tienen mejores capacidades para prestar este servicio, incluyendo crecientes tasas de reciclaje; mientras que otros municipios, como Esmeraldas y Babahoyo, aún utilizan vertederos a cielo abierto, generando riesgos ambientales y de salud pública.

El problema de la inseguridad ha crecido hasta convertirse en el principal problema de los municipios en el Ecuador desde 2020 en adelante. Este es un problema que requiere soluciones multinivel y en donde el actor principal es el gobierno central, debido al diseño institucional que estableció como privativo de este nivel de gobierno, el asunto de la seguridad interior. Situación que agrava la problemática para las autoridades, pues los habitantes de los territorios no diferencian a quién le corresponde resolver el problema y endilgan, a la alcaldía, esta responsabilidad.

Las principales diferencias entre municipios se pueden explicar por factores como la inversión en algunos como Cuenca y Loja, que mantienen niveles altos de inversión en infraestructura, mientras que Esmeraldas y Santa Elena carecen de recursos financieros adecuados; la gestión institucional a través de organizaciones públicas especializadas como empresas públicas técnicas, mientras que los municipios pequeños suelen operar servicios de manera directa con resultados deficientes, o las condiciones geográficas y demográficas que promueven una dispersión poblacional en la Amazonía o la salinidad de las fuentes de agua en la Costa, que aumentan los costos de cobertura y tratamiento.

5. REFERENCIAS BIBLIOGRÁFICAS

Legislación

Asamblea Nacional del Ecuador. (2008). *Constitución de la República del Ecuador.*

Asamblea Nacional del Ecuador. (2010). *Ley Orgánica de Participación Ciudadana y Control Social.*

Asamblea Nacional del Ecuador. (2008). *Constitución de la República del Ecuador.* Quito: Registro Oficial.

Asamblea Nacional del Ecuador. (2009). *Código de la Democracia: Ley Orgánica Electoral y de Organizaciones Políticas.*

Asamblea Nacional del Ecuador. (2015). *Enmienda constitucional.*

Asamblea Nacional del Ecuador. (2019). *Ley Orgánica de Descentralización y Desarrollo del Poder Ejecutivo.*

Ministerio de Finanzas. (2022). Acuerdo N° 0067 del 29 de septiembre de 2022.

Ministerio de Finanzas. (2023). Acuerdo N° 0062 del 16 de octubre de 2023.

Ministerio de Finanzas. (2024). Acuerdo N° 0029 del 18 de junio de 2024.

Informes oficiales

Agencia de Regulación y Control del Agua (ARCA). (2021). *Informe de gestión de agua potable en Ecuador.* https://bit.ly/3BDKjKE. Recuperado el 1 de diciembre de 2024.

Agencia de Regulación y Control del Agua ARCA. (2023). *Informe de Cobertura Nacional de Saneamiento.* https://bit.ly/4g7miL7. Recuperado el 1 de diciembre de 2024.

AME – Asociación de Municipalidades del Ecuador. (2024). Historia de AME. https://bit.ly/41pp4Xi. Recuperado el 1 de diciembre de 2024.

Banco de Desarrollo del Ecuador (BDE). (2023). *Evaluación de infraestructura de saneamiento.*

Banco de Desarrollo del Ecuador. (2022). *Informe de gestión municipal.*

Banco Mundial. (2018). What a Waste: A Global Review of Solid Waste Management. World Bank Group. https://bit.ly/41CIybu. Recuperado el 20 de noviembre de 2024.

Banco Mundial. (2020). *Diagnóstico del riesgo hídrico en América Latina.* https://bit.ly/4fmwXAu. Recuperado el 1 de diciembre de 2024.

Banco Mundial. (2020). *Diagnóstico del sector agua y saneamiento en América Latina.* https://bit.ly/3DhvwG8. Recuperado el 1 de diciembre de 2024.

CAF. (2021). *Análisis del sector agua potable y saneamiento en Ecuador.* https://scioteca.caf.com/handle/123456789/388. Recuperado el 1 de diciembre de 2024.

Cepal, N. (2021). Desafíos del acceso al agua y saneamiento en la región Andina. https://bit.ly/4iyQd0h. Recuperado el 1 de diciembre de 2024.

CONGOPE – Consorcio de Gobiernos Provinciales del Ecuador (2024) Reporte de provincias. https://bit.ly/4hNKUta. Recuperado el 1 de diciembre de 2024.

CONAGOPARE – Consorcio de Gobiernos Parroquiales Rurales del Ecuador (2024) Nuestra Organización. https://bit.ly/417diPU. Recuperado el 1 de diciembre de 2024.

ETAPA EP. (2022). *Informe anual de gestión del agua potable en Cuenca.* https://bit.ly/4fmxl1U. Recuperado el 1 de diciembre de 2024.

iAgua. (2024). *Ecuador, mercado con potencial en servicios de saneamiento.* https://bit.ly/4iAXNaS. Recuperado el 1 de diciembre de 2024.

Instituto Nacional de Estadística y Censos (INEC). (2020). *Gestión de Residuos Sólidos.* https://bit.ly/4glvzQ0. Recuperado el 20 de noviembre de 2024.

Instituto Nacional de Estadística y Censos (INEC). (2021). *Estadísticas de servicios públicos en Ecuador.* https://bit.ly/3OUXw4S. Recuperado el 20 de noviembre de 2024.

Instituto Nacional de Estadística y Censos (INEC). (2021). *Registro de Gestión de Agua Potable y Alcantarillado.* https://bit.ly/3BtoNsa. Recuperado el 1 de diciembre de 2024.

Instituto Nacional de Estadística y Censos (INEC). (2021). *Censo de Información Ambiental Económica en GAD.* https://bit.ly/4g7mI49. Recuperado el 1 de diciembre de 2024.

Instituto Nacional de Estadística y Censos (INEC). (2021). *Encuesta nacional de calidad de vida.* https://bit.ly/49Isg2O. Recuperado el 20 de noviembre de 2024.

Instituto Nacional de Estadística y Censos (INEC). (2022). *Estadísticas Gobiernos Municipales.* https://bit.ly/4k6A6Yy. Recuperado el 20 de febrero de 2025.

Instituto Nacional de Estadística y Censos (INEC). (2023). *Estadísticas Gobiernos Municipales.* https://bit.ly/4iatneF. Recuperado el 20 de febrero de 2025.

Instituto Nacional de Estadística y Censos (INEC). (2024). *Reporte de Densidad Poblacional por Parroquia.* https://bit.ly/3QsBSWw. Recuperado el 20 de febrero de 2025.

Ministerio del Interior. (2023). *Estadísticas de seguridad ciudadana.* https://bit.ly/3DeHakV. Recuperado el 10 de diciembre de 2024.

Ministerio de Finanzas. (2021) Comunicado oficial USD 2 375 MILLONES PAGADOS A GAD POR MODELO DE EQUIDAD TERRITORIAL DE 2020. https://bit.ly/4hK22jk. Recuperado el 18 de febrero de 2025.

ONU. (2022). *ODS 6: Agua limpia y saneamiento.* https://bit.ly/41B4iEp. Recuperado el 1 de diciembre de 2024.

SENPLADES. (2022). *Plan Nacional de Desarrollo 2021-2025.* https://bit.ly/3DsUSAL. Recuperado el 30 de junio de 2024.

Bibliografía

Batallas-Gómez, H. & Córdova, I. (2017). Descentralización y Autonomía: el actual modelo de descentralización en el Ecuador. Un desafío para los Gobiernos Autónomos Descentralizados (GAD). *Revista de Derecho de la Universidad Andina Simón Bolívar,* VII (21), 142.

Camino, J. F. (2021). "Elecciones Ecuador 2021. ¿Un retorno a la fragmentación e ingobernabilidad?". *Ecuador Debate,* 112, 25-45.

Carrasco-Jiménez, E. (2021). Revisión de estudios transnacionales sobre las tasas del delito de homicidio. *Revista de la Facultad de Derecho,* (50), e2020n50a18.

Castillo, C. y Maldonado, M. F. (2016). "Gobiernos locales en Ecuador". En Ruano J.M. y Vial, C., (eds), *Manual de gobiernos locales en Iberoamérica,* 169-199. CLAD.

Chichande Márquez, C. E. y Troya Zamora, G. A. (2024). Manejo adecuado de los residuos sólidos mediante un programa de educación ambiental en Las Villas de Petroecuador, Barrio Las Colinas, Esmeraldas. *Revista Social Fronteriza, 4* (5), e45460.

Consejo Ciudadano para la Seguridad Pública y la Justicia Penal – CCSPJP. (2024). *Ranking 2023 de las 50 ciudades más violentas del mundo.* Ciudad de México, México. https://bit.ly/4izgaNk Recuperado el 1 de diciembre de 2024.

Cruz Sotelo, S. E. y Ojeda Benítez, S. (2013). "Gestión sostenible de los residuos urbanos". *Revista Internacional de Contaminación Ambiental,* 29 (3), 7-8.

Dosek, T. y Alva, J (2023). "Representación en elecciones municipales en América Latina: partidos políticos nacionales y otras candidaturas a alcaldías". *Revista Europea de Estudios Latinoamericanos y del Caribe,* 116 (1), 45-68.

Echeverría, J. (2021). "Fragmentación, polarización y construcción de política en las elecciones del 2021". *Ecuador Debate,* 112, 11-23.

Enríquez, E. (2020). "El fenómeno Jorge Yunda en la elección a alcalde de Quito (2019) comprendido desde la teoría del populismo". *MARCO (Marketing y Comunicación Política)* 6: 17-32.

Escobar Hernández, B. S., Cuenca Masache, B. G., Calderón Flores, B. P., Mejía Palacios, D. A. & Ortega López, M. F. (2024). Impacto del conflicto armado interno en la cohesión social del Ecuador. Nuevo Rol de Fuerzas Armadas. *LATAM Revista Latinoamericana de Ciencias Sociales y Humanidades, 5* (5), 661-672.

Garzón, K. y Cahuasqui, S. (2021) "Sistema electoral ecuatoriano, ¿concentrador o proporcional?: una aproximación crítica a las reformas del 2019-2020". *Revista Estado y Comunes*, 1 (12), 17-36.

Gran Castro, J. A. y Bernache, G. (2016). "Gestión de residuos sólidos urbanos, capacidades del gobierno municipal y derechos ambientales". *Revista Sociedad y Ambiente*, 1 (9), 73-101.

Henríquez, K., Ruíz, A. y Ospina, P. "Las bases y la institucionalidad: oportunidades y desafíos en la tensión democrática actual para los contextos chilenos y ecuatorianos". En Blanco, J. (ed.). *Derechos en cuestión. Amenazas y desafíos para las democracias*. Clacso.

Hidalgo, F., Unda, M. y Zotaminga, S. (2024). "Violencias e inseguridad en el Ecuador: análisis y alternativas". *Sociología y Política Hoy* (9), 9-16.

IPSOS (2022). *¿En quién confían los ecuatorianos?* https://bit.ly/3EMftRz. Recuperado el 20 de febrero de 2025.

Mazaira, Z. Alonso, I. Vargas, A. y Barreto, W. (2021). "Estudio multidimensional de la pobreza en las familias del sector de Monte Sinaí-Guayaquil". *Revista Espacios*, 42 (10) [en línea].

Mencías, J. (2017). "Dependencia financiera de los GAD municipales y la generación de ingresos propios". Centro de Estudios Fiscales.

Moncayo Vives, G. (2021). "Legitimidad del ejercicio versus la de origen: análisis del primer año de gestión de las últimas tres alcaldías capitalinas". *Estudios de la Gestión: Revista Internacional de Administración*, (10), 163-185.

Mora Muñoz, L. L. (2024). "Relación del fenómeno migratorio y la violencia en Ecuador: afectación al objetivo de desarrollo sostenible ODS 16: relación del fenómeno migratorio y la violencia en Ecuador: afectación al objetivo de desarrollo sostenible ODS 16." *LATAM Revista Latinoamericana de Ciencias Sociales y Humanidades*, 5 (6), 1642-1651.

Muñoz, P. (2018). *Buying Audiences: Clientelism and Electoral Campaigns When Parties Are Weak*. Cambridge: Cambridge University Press.

Ospina, P. (2023). "Una promesa sin porvenir. Elecciones locales y sistema de partidos en el Ecuador, febrero de 2023". *Ecuador Debate*, 118, 9-24.

Oyervide, F. (2012). "La capacidad fiscal de los municipios como gobiernos autónomos descentralizados en Ecuador. Gestión tributaria o pereza fiscal", *Revista Retos*. 2 (3), 95-104. Quito: Editorial Abya Yala.

Paredes, J. P., Tatagiba, L. y Ramírez, F. (2022). "Tiempos turbulentos. Giros políticos y horizontes inciertos en América Latina1", *Polis* 61, [En línea].

Parrales Correa, J. D. & Cedeño Delgado, G. M. (2025). Análisis y motivación del reclutamiento de menores de edad por bandas delictivas en el Ecuador. *Revista Lex*, 8 (28), 220-233.

Ruano J. M. y Vial, C. (eds). *Manual de gobiernos locales en Iberoamérica,* 169-199. CLAD.

Sabando Mendoza, E. y Sabando Garcés, M. (2021). "Mancomunidad para el desarrollo territorial". *Journal Business Science,* 2 (1), 51-64.

Riffo, F., Pérez, D., Salazar Espinoza, C. A. & Acuña Duarte, A. (2019). ¿Qué influye en la confianza en las instituciones? Evidencia empírica para Chile. *Revista Facultad de Ciencias Económicas,* 27 (2), 83-104.

Unda, M. (2019). "Quito en elecciones – El sello social del voto". *Sociología y Política Hoy,* 1, 35-44.

Villón Torres, B. J. (2023). *Caracterización de la criminalidad en las provincias del Ecuador y su incidencia en las variables macroeconómicas empleando Clustering jerarquizado.* Escuela Superior Politécnica del Litoral (ESPOL).

Voss, G. (2024). "La anatomía de la violencia en Durán". *InsightCrime.*

Gobiernos locales en España

JOSÉ MANUEL RUANO DE LA FUENTE
Universidad Complutense de Madrid

Resumen: El capítulo analiza el papel de los gobiernos locales españoles, especialmente los municipios, en su contexto institucional, situados bajo la influencia de un poder central que ha cedido progresivamente competencias en favor de las regiones, pero que sigue siendo un actor protagónico como regulador y financiador de los gobiernos locales, y unas comunidades autónomas que han desplegado su aparato institucional en el territorio y condicionan la capacidad de acción de sus entidades locales. A lo largo del capítulo, se da cuenta de la tipología de los gobiernos locales, de su organización político-institucional, de las características peculiares del sistema político local, de sus fuentes de financiación, de las relaciones que mantienen con otros niveles de gobierno y con la ciudadanía, así como de los principales problemas que los aquejan.

Palabras clave: Tipología local, sistema político local, financiación local, participación ciudadana, problemas urbanos, relaciones intergubernamentales.

Abstract: The chapter analyzes the role of Spanish local governments, especially municipalities, within their institutional context. These governments operate under the influence of a central authority that has progressively transferred powers to the regions, yet remains a key actor as a regulator and financier of local governments. At the same time, the Autonomous Communities have established their own institutional presence throughout the territory, shaping and often limiting the capacity for action of local entities. Throughout the chapter, the typology of local governments is addressed, along with their political-institutional organization, the unique characteristics of the local political system, sources of financing, relationships with other levels of government and with citizens, as well as the main challenges they face.

Keywords: Local typology, local political system, local financing, citizen participation, urban problems, intergovernmental relations.

1. INTRODUCCIÓN

Desde hace muchos años se viene debatiendo en España sobre el papel de los municipios como instituciones representativas de la comunidad local y como entidades prestadoras de servicios. A diferencia de las regiones españolas, que vieron reconocido expresamente en la Constitución de 1978 un ámbito competencial propio, el contenido y alcance de la autonomía local ha ido interpretándose de forma progresiva a la luz de la práctica política de cada coyuntura y de los tratados internacionales firmados por España, como la Carta Europea de la Autonomía Local. La creación de las comunidades autónomas entre los años 1979 y 1983, como instituciones políticas clave con capacidad legislativa en materia local, supuso un freno a las aspiraciones de las ciudades españolas a transformarse en organizaciones de referencia para la prestación de servicios públicos. Por otro lado, la estructura excesivamente fragmentada de la planta municipal española tampoco ayudó a conformar organizaciones fuertes, que terminaron supeditadas política y financieramente al gobierno central y las regiones.

La intensa descentralización de competencias, personal y recursos desde el gobierno central a los gobiernos regionales, nunca tuvo su correlato en un segundo proceso descentralizador desde estos últimos a los municipios. El resultado ha sido la coexistencia de pequeños municipios rurales incapaces de mantener siquiera su frágil estructura administrativa con ciudades dinámicas, innovadoras y con voz propia en el concierto institucional español.

España presenta una densidad media de población (97 habitantes por kilómetro cuadrado) y una tasa de urbanización (81,5%) similares a la de los países europeos de su entorno (INE 2024). Sin embargo, el rasgo diferencial español es la distribución heterogénea de su población en el territorio, con una fuerte concentración en el litoral mediterráneo, las islas, la región de Madrid y algunas provincias del País Vasco y Andalucía, que contrasta con la despoblación del interior del país.

Ese vaciamiento de la España rural se ha visto intensificado por el envejecimiento progresivo de su población hasta el punto de que en 1.109 municipios no vive ningún niño menor de cuatro años, y en 393 la mayoría de sus habitantes tiene más de 65 años (INE 2025a), lo que da una idea del mayor atractivo que ofrecen las ciudades en oportunidades de empleo y acceso a servicios esenciales (Bello, 2023).

Además de la desigual dispersión de la población en el territorio y de la brecha creciente entre la España rural y la urbana, la concentración de la población en las grandes ciudades y el crecimiento continuado de la población, debido en buena medida a la inmigración de población extranjera, ha provocado una expansión progresiva de las áreas metropolitanas que las circundan y, como consecuencia, ha alterado progresivamente la morfología de las ciudades españolas. Así, han pasado de ser espacios compactos y de registrar usos del suelo diversos y cercanos (suelo residencial, comercial y de servicios) a desarrollar procesos de suburbanización caracterizados por el crecimiento acelerado de zonas residenciales en su periferia que han terminado conformando un modelo de ciudad más disperso y de menor densidad, lo cual lleva aparejado un mayor consumo de suelo, fuertes procesos de desintegración social y "guetización" de clase media, una mayor dependencia del transporte privado, mayor contaminación atmosférica, mayores tiempos de desplazamiento a los centros urbanos y un aumento significativo de los costes de la provisión de servicios.

2. TIPOLOGÍA LOCAL

La característica más destacada de la planta municipal española es su extrema fragmentación: España cuenta en la actualidad con 8.132 municipios, de los que el 84% tiene menos de 5.000 habitantes, y el 60% menos de 1.000 (ver tabla 1). Esta realidad representa una estructura rural que apenas ha experimentado cambios desde mediados del siglo XX, caracterizada por una debilidad institucional que se agravó con los procesos migratorios desde el campo a las ciudades españolas en los años sesenta y setenta del siglo pasado. La fragmentación municipal no afecta sin embargo del mismo modo a todas las regiones españolas, sino que es un problema especialmente intenso en la mitad norte del país, que ha situado a los municipios españoles en una posición de subordinación política, financiera e institucional con respecto a los gobiernos del Estado y de las regiones (comunidades autónomas).

Tabla 1. Los municipios españoles según tamaño poblacional

<table>
<tr><th>Población</th><th>Número de municipios</th><th colspan="2">Porcentaje</th></tr>
<tr><td>Hasta 100</td><td>1.372</td><td>16.87</td><td rowspan="3">61.31</td></tr>
<tr><td>101-500</td><td>2.614</td><td>32.14</td></tr>
<tr><td>501-1000</td><td>1.001</td><td>12.30</td></tr>
<tr><td>1,001-2,000</td><td>880</td><td>10.82</td><td rowspan="2">22.52</td></tr>
<tr><td>2,001-5,000</td><td>952</td><td>11.70</td></tr>
<tr><td>5,001-10,000</td><td>549</td><td>6.75</td><td rowspan="3">14.29</td></tr>
<tr><td>10,001-20,000</td><td>347</td><td>4.26</td></tr>
<tr><td>20,001-50,000</td><td>266</td><td>3.27</td></tr>
<tr><td>50,001-100,000</td><td>87</td><td>1.06</td><td rowspan="4">1.78</td></tr>
<tr><td>+ 100,001-500.000</td><td>58</td><td>0.71</td></tr>
<tr><td>>500.000</td><td>6</td><td>0.07</td></tr>
<tr><td>TOTAL</td><td>8.132</td><td></td></tr>
</table>

Fuente: elaboración propia a partir de datos oficiales del Ministerio de Hacienda y Administraciones Públicas, 2025.

Si sumamos a los municipios la existencia de otros gobiernos locales supra e inframunicipales y entidades asociativas locales, la cifra total de administraciones territoriales locales se acerca a las 13.000 (ver tabla 2).

Tabla 2. Los gobiernos locales en España

	Munic.	Prov.	Islas	EATIMES	Mancom.	Comar.	Áreas Metr.	Otras	Total
Andalucía	785	8		36	82			1	912
Aragón	731	3		43	36	33		2	848
Asturias	78			39	15			2	134
Baleares	67		4	1	7				79
Canarias	88	2	7		12			4	113
Cantabria	102			515	23				640
Castilla y León	2248	9		2208	241	1		28	4735
Castilla-La Mancha	919	5		42	121			2	1089
Cataluña	947	4		65	73	42	1		1132
Com. Valenciana	542	3		7	67		2		621
Extremadura	388	2		22	58			4	474
Galicia	313	4		9	39				365
La Rioja	174			4	32			1	211
Madrid	179			2	52				233
Murcia	45				9				54
Navarra	272			344	66			4	686
País Vasco	252	3		340	40	7		2	644
Ceuta y Melilla	2								2
TOTAL	8132	43	11	3677	973	83	3	50	12972

Fuente: elaboración propia a partir de la *Bases de datos general de entidades públicas*, Ministerio de Hacienda, 2025.

Si se atiende a la evolución del número de municipios en España durante el último siglo, puede verse que apenas se ha reducido su número en un 13% (ver gráfico 1) y se ha mantenido estable, con un ligero y progresivo incremento, durante los últimos treinta años. Esta ligera reducción se produjo esencialmente durante los años sesenta y setenta y no obedeció a ningún plan de racionalización diseñado desde el gobierno central, sino que fue el simple resultado del abandono de pequeños pueblos debido a la migración a las ciudades o de la construcción de embalses y otras grandes infraestructuras. Justamente en esos años, en los países del norte de Europa se pusieron en marcha intensas políticas de fusión de municipios para lograr economías de escala y una prestación más eficiente de servicios públicos. Así, países como Bélgica, Reino Unido, Dinamarca o Suecia redujeron, de promedio, el número de sus municipios en un 80% (Ortega 2023), como medio para reforzar la estructura municipal y crear entidades capaces de prestar de forma eficiente los nuevos servicios del Estado de Bienestar.

Gráfico 1. Evolución del número de municipios

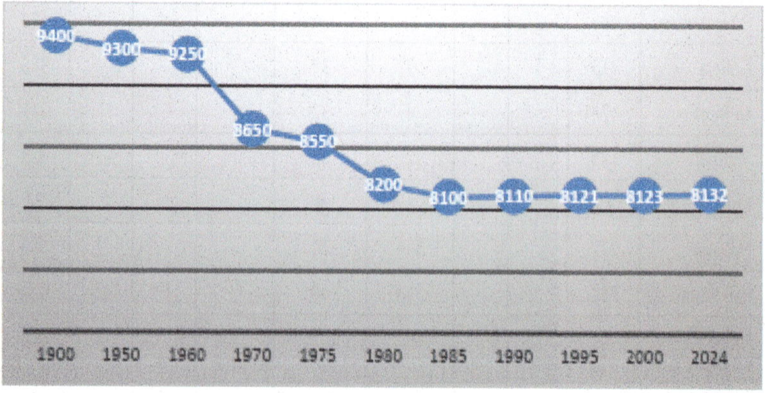

Fuente: elaboración propia a partir de la *Bases de datos general de entidades públicas*, Ministerio de Hacienda, 2025.

De hecho, la fragmentación de la estructura municipal española es un obstáculo para la provisión eficiente de servicios y para la cooperación con otros niveles administrativos para la implementación de programas del gobierno regional o nacional. Por esta razón, estos pequeños municipios son en extremo dependientes financieramente de los niveles superiores de gobierno y su escaso personal se limita a conservar las minúsculas estructuras administrativas, sin apenas prestar servicios directos a los ciudadanos.

Sin embargo, a pesar de que el reducido número de habitantes dificulta la prestación directa de servicios, sí desempeña una función muy importante para la representación de la comunidad local. Esto es, se trata de instituciones muy ineficientes desde el punto de vista de la prestación de servicios, pero muy eficaces como instituciones representativas de la ciudadanía, que se siente fuertemente identificada con ellas.

La fragmentación municipal y el rechazo por parte de ciudadanos y políticos a las políticas de fusión de municipios que tuvieron éxito en el norte de Europa ha llevado a algunas regiones a crear niveles intermedios de gobierno, situados entre los municipios y las provincias: las comarcas, esto es, divisiones administrativas obligatorias para la prestación de servicios supramunicipales y la implementación de servicios regionales[1]. De esta forma, algunas regiones tratan de buscar modelos más eficientes de prestación de servicios, pero al alto coste de marginar a los gobiernos locales ya existentes, como es el caso de las provincias y, especialmente, a los pequeños municipios.

Debe tenerse en cuenta que la creación de nuevos gobiernos locales intermedios (comarcas) no es la única vía posible de reforma territorial. Si bien es cierto que los pequeños municipios no tienen capacidad ni medios para prestar buena parte de los servicios públicos, nada impedía que las regiones delegaran competencias en los municipios de mayor tamaño, que sí cuentan con personal técnico cualificado. Sin embargo, esta solución, que suponía el fortalecimiento de las ciudades medianas y grandes, ha

---

1 Solamente las comunidades autónomas de Cataluña y Aragón han dividido todo su territorio en comarcas. El País Vasco y Castilla y León han creado comarcas sólo en parte de su territorio.

sido rechazada en todos los casos por el temor de las regiones a crear un rival y competidor político e institucional. En cualquier caso, lo cierto es que el doble sistema de relación (con el gobierno central y el gobierno regional) y la ausencia de medidas de fortalecimiento de los municipios han hecho que los municipios ocupen una posición secundaria en el sistema político español, quedando especialmente subordinados a la legislación y financiación de las comunidades autónomas. Además, la incertidumbre sobre el ámbito competencial de los municipios, que favorece la existencia de la cláusula general de competencias, exige instrumentos de coordinación intergubernamental entre los tres niveles de administración territorial.

El sistema local español no está formado solamente por pequeños municipios. Hay 64 municipios que tienen más de 100.000 habitantes, en los que reside más del 40% de la población española y concentran el 75% del empleo (Ministerio de Transportes y Movilidad Sostenible, 2024). Además, hay que tener en cuenta que su peso institucional específico depende del tamaño poblacional de su conurbación. Así, ciudades como Zaragoza, Córdoba, Murcia o Valladolid tienen una gran extensión territorial en las que su desarrollo urbano se produce dentro de los propios límites administrativos. Sin embargo, en el caso de otras ciudades hay que sumar a la población de derecho a toda la población de las diferentes ciudades que conforman su área metropolitana. Es el caso de Barcelona, que cuenta sólo con 1,6 millones de habitantes, pero concentra casi 3,5 millones de habitantes repartidos en 36 municipios que conforman su área metropolitana y el 42% de toda la población de Cataluña. Igualmente, la ciudad de Madrid, con 3,5 millones de habitantes, supera los siete millones si se suma la población de las ciudades que la rodean, formando un área metropolitana que es la tercera concentración urbana de Europa occidental después de Londres y París. Este es el caso también de ciudades como Bilbao, Valencia y Sevilla, con áreas funcionales cercanas a los 1,5 millones de habitantes.

Además de los municipios, las comarcas y las áreas metropolitanas, conviene subrayar el hecho de que las provincias (vieja división territorial del Estado centralista) subsisten como entidades locales de asistencia a los pequeños municipios y como organizaciones prestadoras de servicios de carácter supramunicipal. Análogamente, cumplen la misma función las islas en su propio ámbito territorial, mientras que las "administraciones locales menores" son entes locales que forman parte de un municipio y gestionan, en régimen de descentralización, las materias que afectan exclusivamente a los vecinos de esos pequeños núcleos de población.

De lo visto hasta ahora, puede decirse que la fragmentación municipal es una característica general del sistema español que afecta con distinto grado de intensidad a las diferentes regiones. Sin embargo, otra serie de factores (diversidad social, cultural, territorial, demográfica, económica, etc.) configuran una tipología municipal muy heterogénea que no ha sido tenida en cuenta por la ley básica del Estado en la organización municipal y en el sistema de atribución de competencias. Así, la Ley de bases del régimen local de 1985 estableció un sistema único de competencias obligatorias para todos los municipios con independencia de sus características particulares, con la única excepción de su tamaño poblacional[2]. Este rígido modelo se completa con la subordinación de los gobiernos locales al centro político, que desplegó su administración periférica en todo el territorio, sin permitir que las ciudades de tamaño medio o grande pudieran prestar algunos de los servicios que fueron asumidos por las regiones.

La Constitución española de 1978 reconoció la capacidad de autogobierno de los municipios y, además, la Ley de bases del régimen local incluía una cláusula general de competencias, es decir, la posibilidad de intervenir sin ninguna restricción en cualquier sector si las autoridades municipales lo consideran de

---

2 Hay que esperar a 2003 para que la "Ley de medidas para la modernización del gobierno local" diseñe un sistema de organización diferenciado para las grandes ciudades. Además, las ciudades de Madrid y Barcelona cuentan con un régimen propio.

interés para los ciudadanos. Sin embargo, este reconocimiento formal chocaba con la falta de medios humanos y materiales de la mayoría de los municipios españoles. El resultado de este sistema ofrece una cierta contradicción: por una parte, una mayoría de municipios ni siquiera pueden prestar los servicios mínimos obligatorios que les exige la ley, mientras que los municipios de tamaño mediano y grande se han endeudado para suplir las insuficiencias en la prestación de servicios de los gobiernos territoriales superiores, amparándose en la cláusula general de competencias.

Por otro lado, la creación de las comunidades autónomas desde 1979 ha tenido consecuencias muy importantes para los gobiernos locales. Este nivel de gobierno, situado entre los gobiernos locales y el Estado y que cuenta con capacidad legislativa, es competente en materia de ordenación de su territorio. Así, las competencias y financiación de los gobiernos locales no sólo dependen del gobierno central, sino también de sus respectivos gobiernos regionales, que se han negado sistemáticamente a poner en manos de los municipios competencias que tanto les costó arrancar al gobierno central. En resumen, desde la perspectiva de los gobiernos locales, se ha pasado del viejo centralismo del Estado al centralismo de las comunidades autónomas en un modelo que no se caracteriza por un reparto racional de funciones entre niveles de gobierno, sino que se basa en la conservación del mayor número de competencias posibles porque ello se traduce en mayor poder y peso institucional (Almeida, 2023; Carbonell, 2021). El peso político, el volumen de gasto público del que son responsables, el número de funcionarios que tienen y el tipo de servicios que prestan hacen, de las comunidades autónomas españolas, el actor institucional central (ver tablas 3 y 4).

Tabla 3. Número de empleados públicos por nivel de gobierno (en miles y porcentaje)

Año	Gob. Central	Regiones	Gobs. Locales
1975	1,220 (83)	0	213 (17)
1996	921 (45.0)	620 (30.3)	425 (20.8)
2025	539 (17.75)	1,903 (62.66)	594 (19.59)

Fuente: elaboración propia a partir del Boletín Estadístico del Registro Central de Personal (2025), Ministerio para la Transformación Digital y de la Función Pública.

Tabla 4. Gasto público por nivel de gobierno (en %)

Año	Gob. Central	Regiones	Gobs. Locales	Seguridad social
1980	75	0	10	15.0
2006	22.4	35.8	13.4	28.5
2024	22.7	32.3	11.2	33.8

Fuente: elaboración propia a partir de OCDE (2025), *Government at a Glance*, OECD Publishing, París.

Mientras que las competencias del Estado y de las comunidades autónomas se recogen con detalle en los artículos 148 y 149 de la Constitución, nada se dice de las competencias de las administraciones locales, que quedan en un segundo plano de actualidad política. Hay que esperar a la Ley Reguladora de las Bases del Régimen Local de 1985 para conocer la esfera de interés local en democracia. Como puede verse en la tabla 5, se definen los servicios que todo municipio está obligado a prestar en función de su población.

Tabla 5. Competencias mínimas u obligatorias de los municipios

Todos	Más de 5.000 h.	Más de 20.000 h.	Más de 50.000 h.
Alumbrado público	Parque público	Protección civil	Transporte colectivo urbano de viajeros
Cementerio	Biblioteca pública	Servicios sociales*	Medio ambiente urbano
Recogida de residuos	Tratamiento de residuos	Prevención y extinción de incendios	
Limpieza viaria		Instalaciones deportivas de uso público	
Abastecimiento domiciliario de agua potable			
Alcantarillado			
Acceso a los núcleos de población			
Pavimentación de las vías públicas			

* Evaluación e información de situaciones de necesidad social y la atención inmediata a personas en situación o riesgo de exclusión social.

Fuente: artículo 26 de la Ley Reguladora de las Bases del Régimen Local.

La débil estructura municipal a la que se hizo referencia ha tenido también importantes consecuencias en la naturaleza y la calidad de las competencias efectivamente asumidas por unos u otros municipios. Una primera aproximación al problema nos indica que el 5% de los municipios españoles de más de 20.000 habitantes, en los que vive el 68% de la población del país, gozan de mayor autonomía financiera y mayor flexibilidad en sus estructuras para reducir costes mediante la optimización y reducción del gasto. Sin embargo, el 95% de los municipios españoles, en los que residen 15 millones de personas, no tienen apenas margen de autonomía financiera, en especial si se considera que los servicios que prestan son los básicos y obligatorios. Así, en estos casos, dos de cada tres euros se dedican a mantener una diminuta estructura administrativa, esto es, a actividades sin impacto en la calidad de vida de los ciudadanos, acentuándose, en consecuencia, su dependencia de los niveles superiores de gobierno.

Por su parte, la Ley de racionalización y sostenibilidad del gobierno local (2013) trató de aplicar el principio "una competencia, una administración" en un contexto de crisis económica, restringiendo la autonomía municipal en la prestación de servicios y provocando, como resultado, un cierto movimiento centralizador. Su finalidad declarada era evitar los solapamientos competenciales entre niveles de gobierno que han sido el resultado, durante años, de la aplicación de la cláusula general de competencias. Así, la ley impide la prestación de servicios no obligatorios a aquellos municipios que incumplan los objetivos de déficit público. Durante años estas competencias municipales, denominadas "impropias", trataron de complementar las insuficiencias de los servicios prestados por el gobierno nacional o regional, pero no estaban reguladas ni compensadas financieramente. Una revisión de la eficacia de la ley indica que los objetivos de estabilidad presupuestaria se cumplieron y se incrementaron los controles de las autoridades financieras de ámbito territorial superior (Arenilla 2023), aun cuando los intereses de los actores en juego eran muy diferentes (Arenilla 2024).

Un ejemplo de este proceso recentralizador es la reducción del listado de competencias básicas (es el caso de la responsabilidad sobre los mercados y el control de bebidas y alimentos) o su restricción (la competencia ambiental se limita al medio ambiente urbano y la prestación de servicios sociales se circunscribe a la evaluación e información a personas en riesgo de exclusión social), a la vez que las competencias en materia social, educativa o sanitaria pasan a ser de exclusiva responsabilidad regional. Un ejemplo recentralizador más consiste en otorgar a las provincias el rol de supervisor de los municipios de menos de 20,000 habitantes (el 95% del total) mediante la "coordinación" de los servicios básicos de los municipios que no respeten el "coste efectivo" del servicio marcado por el gobierno nacional. Un problema grave en la determinación de ese "coste efectivo" es que en su cálculo no se tienen en cuenta variables condicionantes (edad de la población, dispersión o tasa de inmigración, por ejemplo) del coste final, lo que sin duda altera sustancialmente el resultado final en función de las características físicas o sociales de cada municipio. Por otro lado, tampoco está claro el significado último de la "coordinación" provincial y en qué medida puede ser atentatoria del principio de autonomía municipal (Carbonell, 2023).

En última instancia, el problema de la doble dependencia de los municipios españoles con respecto al poder nacional y regional reside en que el reconocimiento formal del principio de autonomía local, a diferencia de la autonomía regional, no ha ido acompañado de la protección constitucional que proporciona un listado de competencias municipales exclusivas, por lo que su definición ha quedado al albur de la legislación emanada de los parlamentos nacional y regionales y de la interpretación de su alcance por parte de las sentencias del Tribunal Constitucional.

3. LA FINANCIACIÓN DE LOS MUNICIPIOS

El sistema de financiación municipal está formalmente basado en los principios de suficiencia y de autonomía, lo que se traduce en la capacidad de los municipios para fijar los tipos impositivos de los impuestos hasta unos topes máximos.

Los rasgos generales del sistema son el hecho de que los tributos e ingresos propios representan en torno al 54% de sus recursos totales, lo que nos da idea del grado de dependencia financiera de los municipios españoles con respecto a las administraciones territoriales superiores, que es ligeramente menor a medida que aumenta su tamaño poblacional (Ministerio de Hacienda, 2022).

Desglosados los ingresos tributarios por capítulos, destaca el mayor peso de los impuestos directos. También en este caso, hay una correlación directa entre el tamaño del municipio y el peso de la imposición directa, que asciende al 70% en el caso de las grandes ciudades, mientras que las tasas cobran más importancia cuanto más pequeña es la entidad local. En la cesta de impuestos locales desempeña un papel preponderante el impuesto predial (impuesto sobre los bienes inmuebles), que aporta más de la mitad de los ingresos impositivos, mientras que las tasas para financiar servicios públicos básicos suponen la tercera parte de los ingresos municipales.

La diferencia entre los recursos propios y los recursos totales se cubre mediante transferencias procedentes de la administración del Estado (59%) y de la comunidad autónoma (24%), excluido el recurso a la deuda. Además, debe tenerse en cuenta que los municipios participan en los tributos del Estado desde la entrada en vigor en 2024 de la Ley Reguladora de las Haciendas Locales, que define un modelo de participación dual: por un lado, un modelo de cesión de impuestos estatales aplicable únicamente a los municipios capitales de provincia, de comunidad autónoma o mayores de 75.000 habitantes, y, por otro, un modelo que aplica al resto de los municipios según criterios de población y esfuerzo fiscal según su capacidad tributaria. El impuesto que cede su mayor porción recaudatoria es el impuesto sobre las personas físicas (IRPF), que representa el 51,3% de los rendimientos cedidos, aunque también se participa en el impuesto sobre el valor añadido y los impuestos especiales (tabaco, hidrocarburos y alcohol).

Desde el lado del gasto, resulta llamativo que la mayor parte se dedique a gastos corrientes (81,8%), aunque los municipios de mayor tamaño sufran una rigidez del gasto relativamente menor y dediquen un mayor porcentaje de gasto por habitante (1.388 euros en Madrid y 1.476 euros en los municipios catalanes frente a los 1.282 de media nacional). Con todo, los municipios realizan el mayor gasto en servicios públicos básicos, que comprende el gasto en vivienda, urbanismo, saneamiento, recogida y tratamiento de residuos o limpieza viaria.

Una de las deficiencias del sistema de financiación es su doble dependencia del Estado y de la región, lo que entra en contradicción con el principio de subsidiariedad y la experiencia internacional comparada de los países descentralizados, en los que la financiación de los gobiernos locales depende en mucho mayor grado de la región. Así, cerca del 60% de las transferencias corrientes proceden de la administración central y son fundamentalmente incondicionadas; mientras que las comunidades autónomas suelen aportan transferencias condicionadas de capital que sirven de aplicación de las políticas de inversión de las propias regiones, con lo que los municipios terminan convirtiéndose en entidades ejecutoras de las políticas regionales y, en consecuencia, perdiendo autonomía de gasto.

Otro problema del sistema de financiación es su fuerte dependencia de impuestos basados en la propiedad (singularmente el impuesto predial y el impuesto sobre la propiedad de los vehículos), por la gran visibilidad propia de todos los impuestos directos (y, por lo tanto, impopularidad) y por la falta de adecuación de su capacidad recaudatoria al ciclo económico.

Por último, otro rasgo es la falta de adecuación del sistema de financiación a la diversidad tipológica de los municipios, lo que es una muestra de la preferencia del legislador por la uniformidad en el diseño frente a la atención a las particularidades físicas o sociales de los municipios.

En todo caso, el problema de las haciendas locales es derivado del papel marginal que tradicionalmente han ocupado los municipios en el sistema institucional español: primero porque han sido ellos mismos los que con sus medios o recurriendo a la deuda han suplido las carencias de servicios públicos financiando competencias "impropias", y, en segundo lugar, por la falta de voluntad descentralizadora de las regiones en favor de sus municipios, lo que se ha traducido en una débil participación en el gasto público total (ver tabla 4).

4. LA DEMOCRACIA LOCAL

4.1. Órganos políticos y estructura organizativa

La consideración por parte de la Constitución española de las provincias y de los municipios como administraciones autónomas debe implicar necesariamente el reconocimiento y la garantía de una serie de potestades, en las que se materializa la autonomía: en concreto, la capacidad normativa, la disponibilidad sobre el personal propio, la capacidad de elaboración y aprobación de un presupuesto y la potestad de autoorganización. Sin embargo, hay que hacer hincapié en el hecho de que la autonomía reconocida a las administraciones locales no es completa, sino subordinada a la voluntad política de las administraciones de nivel superior, por lo que la capacidad normativa se limita a la aprobación de normas de rango inferior a la ley.

El artículo 140 de la Constitución establece que es el *ayuntamiento* el órgano de gobierno y administración del municipio, que estará integrado por el *alcalde* y los concejales. Por su parte, la Ley Reguladora de las Bases del Régimen Local completa la organización básica del municipio con los *tenientes de alcalde* (o vicealcaldes) y el *Pleno*, que existirán en todos los ayuntamientos, la *Junta de Gobierno Local* (ejecutivo) y las *comisiones informativas*, en todos los ayuntamientos de municipios con población superior a 5.000 habitantes de derecho. No obstante, hay que tener en cuenta que esta organización básica o necesaria ha sido desarrollada por la legislación de las comunidades autónomas en materia de organización municipal y por los propios reglamentos orgánicos de los municipios.

El alcalde queda configurado, por tanto, como órgano necesario de todo ayuntamiento y se le sitúa en una posición preferente en la arquitectura institucional municipal. Ello es así por tener una triple condición: es representante de la corporación frente al exterior, es un órgano unipersonal con funciones propias en cuanto que titular de la alcaldía, y forma parte y preside los órganos colegiados del ayuntamiento, entre ellos, el Pleno (aunque puede delegar esta potestad). Además, su capacidad de designación de los miembros del gobierno municipal refuerza extraordinariamente su poder de dirección política. En definitiva, el alcalde es un órgano unipersonal necesario, que actúa como representante de toda la comunidad local, forma parte y preside los órganos colegiados del ayuntamiento y conserva amplias facultades ejecutivas.

Además, corresponde al alcalde la ejecución de las decisiones del Pleno. Se asiste, por consiguiente, a una organización de carácter marcadamente presidencialista, basada en una fuerte concentración competencial en favor de la alcaldía, y compensada con la flexibilidad organizativa que proporciona la amplia capacidad de delegación en manos de su titular, lo que refuerza su posición directiva por la posibilidad de recuperar el ejercicio directo de cualquier competencia delegada o de atribuirla a otro colaborador.

El *Pleno del Ayuntamiento* (esto es, el consejo municipal) es la zona de intersección donde se combinan rasgos parlamentarios con funciones administrativas. Los rasgos parlamentarios más destacables del Pleno son la existencia de un estatuto especial de los concejales, similar al de los parlamentarios, aunque más atenuado; los grupos políticos como verdaderos actores de la política municipal de las ciudades; la junta de portavoces a la manera parlamentaria; la generalización de las comisiones informativas, a semejanza de las comisiones parlamentarias de estudio y control de la acción de gobierno, y la introducción de instituciones típicamente parlamentarias como la cuestión de confianza y la moción de censura.

Con todo, la especificidad más llamativa que diferencia al Pleno claramente de un parlamento es que su presidencia recae en el jefe del Ejecutivo municipal. Dicho de otro modo, el principal órgano encargado de la fiscalización de la acción de gobierno está presidido por su máximo responsable, lo que, como puede suponerse, dificulta la imparcialidad de las sesiones.

Merece la pena mencionar, como un rasgo particular del sistema institucional local español, la existencia de órganos de control reclutados por las administraciones territoriales superiores, pero destinados en cada municipio del país, lo que refleja la tradicional desconfianza del legislador nacional sobre de la legalidad de las actuaciones de las entidades locales. Es el caso del secretario y del interventor (secretario-interventor en municipios de menos de 5.000 habitantes), encargados respectivamente del control de legalidad y presupuestario de las decisiones de los órganos municipales.

La progresiva diferenciación entre funciones ejecutivas y de control cobró mayor fuerza merced a la aprobación de la Ley de medidas para la modernización del gobierno local (2003), de aplicación a las ciudades de mayor tamaño poblacional. A partir de la aprobación de esta ley, el Pleno perdió gran parte de sus funciones administrativas y limitó su función al control del gobierno (Junta de Gobierno presidida por el alcalde) y a las decisiones normativas y estratégicas del ayuntamiento. Por su parte, también el alcalde perdió funciones administrativas a favor de la Junta de Gobierno, pero reforzó su papel de dirección política. De este modo, a semejanza de lo que ocurre en el nivel regional o nacional, va consolidándose también en el nivel municipal un Ejecutivo más nítidamente diferenciado del Pleno como órgano de control y de competencias normativas. Así, el alcalde se elige de entre los concejales en función de los resultados electorales, y los miembros de su Ejecutivo (la Junta de Gobierno), los designa libremente el alcalde de entre los concejales que conforman el Pleno.

También es muy frecuente que los municipios de cierto tamaño, junto a la división de las funciones municipales en áreas de gobierno, creen órganos de gestión desconcentrada de base territorial o funcional. A este respecto, la gestión de los asuntos municipales sobre la base de la división del término municipal en distritos (y, en su caso, los distritos en barrios) se realiza a través de las *juntas de distrito* y de su *concejal-presidente*, que forma parte del gobierno municipal por delegación del alcalde. La dependencia directa del concejal presidente con respecto al alcalde, al igual que sucede con los concejales responsables de área, pone en entredicho la consideración de los distritos como verdaderos órganos decisores. Así, en ocasiones los órganos de gobierno de los distritos actuarán bien como meros apéndices territoriales de la organización central del municipio para la ejecución de las decisiones que afecten a ese ámbito territorial, bien como órganos de consulta o de información a los vecinos. Además, desde una perspectiva puramente formal, los distritos están configurados como órganos de participación ciudadana. Sin embargo, también en este terreno el cumplimiento de su función depende de la voluntad política del gobierno municipal.

Junto a la participación vecinal sobre la base de criterios territoriales, en los *consejos sectoriales* la participación es funcional. Frente a las dudas que se mantienen acerca del carácter ejecutivo o asesor de las juntas de distrito, los consejos sectoriales son órganos consultivos en los que participan las fuerzas políticas representadas en el Pleno y asociaciones vecinales, empresariales, de consumidores y usuarios, y cualquier otro grupo de presión o colectivo que se sienta afectado por la materia concreta que trata el consejo. La presidencia suele recaer en el concejal delegado de área, excepto si su ámbito material es coincidente con un distrito, en cuyo caso corresponderá al concejal presidente de ese distrito.

Gráfico 2. Organización básica de un municipio de gran población

Fuente: elaboración propia.

4.2. El sistema electoral

El sistema electoral general aplicable a los cargos electivos municipales es el sistema proporcional D' Hont mediante listas cerradas y bloqueadas, que es el tipo de sistema aplicado en las elecciones legislativas. La aplicación de este sistema al ámbito municipal pretendía favorecer a los partidos de mayor implantación y favorecer la gobernabilidad en un momento, el de la transición política a la democracia, en el que la posición de los partidos políticos era aún débil, otorgando indirectamente gran poder a su cúpula. Menos justificación tiene el mantenimiento en la actualidad de un sistema que alzaprima a los partidos mayoritarios en la esfera local, incluso excluyendo a las candidaturas que obtienen menos de un 5% de los votos válidos emitidos, máxime cuando en las elecciones al parlamento nacional se exige tan sólo el 3%.

Si ese sistema es criticado por parte de la literatura, por impedir de forma general (salvo en los municipios de menos de cien habitantes) la elección directa del alcalde por parte de los electores y encauzar la participación ciudadana a través de las formaciones políticas concurrentes a las elecciones, aún más lo es en el ámbito municipal, donde la relación directa con los candidatos suele ser frecuente y las diferencias entre programas políticos no están alejadas del marco inmediato de decisiones municipales.

También debe ponerse en tela de juicio la consideración como circunscripción electoral del término municipal, lo que coadyuva del mismo modo a la potenciación del partido frente al representante. Si se tiene en cuenta que la acción política nunca es neutra y que la acción de gobierno suele favorecer ciertas zonas del municipio frente a otras, la existencia de una pluralidad de circunscripciones, que podrían coincidir con los distritos o los barrios, podría traducirse en una mayor cohesión territorial de las ciudades, haciendo depender el sentido de la acción del gobierno municipal no sólo del programa del partido, sino de la problemática específica del barrio o del distrito por el que ha sido elegido cada concejal.

El número de concejales que compone el ayuntamiento está determinado de acuerdo con una escala en función del tamaño poblacional del municipio (ver tabla 6), y que oscila, por lo tanto, desde los cinco concejales de los municipios de menor tamaño hasta los 57 de la ciudad de Madrid.

Tabla 6. Número de concejales que corresponden a cada municipio

Población	Concejales
Hasta 250 residentes	5
De 251 a 1.000	7
De 1.001 a 2.000	9
De 2.001 a 5.000	11
De 5.001 a 10.000	13
De 10.001 a 20.000	17
De 20.001 a 50.000	21
De 50.001 a 100.000	25

De 100.001 en adelante, se añade un concejal más por cada 100.000 residentes o fracción, añadiéndose uno más cuando el resultado sea número par.

Fuente: artículo 179 de la Ley Orgánica del Régimen Electoral General.

Celebradas las elecciones y conformado el ayuntamiento, los concejales elegirán como alcalde, por mayoría absoluta, a alguno de los concejales que haya encabezado una lista electoral. Si ninguno obtiene la mayoría absoluta de los votos de los concejales, resultará proclamado alcalde el concejal cuya lista haya obtenido más votos populares.

Este sistema general tiene dos excepciones:

- En el caso de los municipios de entre 100 y 250 habitantes, las listas electorales son abiertas y los electores pueden votar a cuatro candidatos, resultando elegidos concejales los cinco candidatos más votados.

- El sistema de "concejo abierto". Se aplica a los municipios con una población residente inferior a los cien habitantes. En ellos, los vecinos sustituyen al Pleno constituyéndose en Asamblea y eligen directamente al alcalde también por sistema mayoritario.

El sistema mayoritario también se aplica en la elección de los "alcaldes pedáneos" en las administraciones locales menores. Las juntas vecinales de estos gobiernos inframunicipales las constituyen el alcalde pedáneo y dos vocales en los núcleos de población con menos de 250 habitantes, o cuatro en los de población superior. La designación de estos vocales se realiza de conformidad con los resultados de las elecciones municipales[3].

4.3. La moción de censura y la cuestión de confianza

La progresiva equiparación del funcionamiento de los órganos de representación de los entes locales con las instituciones parlamentarias, a pesar de que en el nivel local no rige plenamente el principio de división de poderes como en las esferas estatal y autonómica, está en el origen de la adaptación de dos instituciones típicamente parlamentarias: la moción de censura y la cuestión de confianza.

Durante el período de mandato 1991-1995 se exigió por vez primera la firma de la mayoría absoluta de los miembros de las corporaciones locales para la suscripción de una moción de censura y favorecer la gobernabilidad local. Esto no logró evitar, sin embargo, que se produjeran anomalías derivadas de la particular estructura institucional de las corporaciones locales españolas. En concreto, el hecho de que fuera la misma persona amenazada por la moción la encargada de convocar y presidir la sesión específica

---

[3] En el caso de que el número de vocales supere al tercio del número de concejales que integran el ayuntamiento, el número de vocales será dos. Además, si el municipio se constituye en concejo abierto, no existirán las juntas vecinales, pero en todo caso se elegirá al alcalde pedáneo.

en la que se discutiría y votaría, dio lugar a efectos negativos y perturbadores del funcionamiento esperado de la institución, que se lograron frenar mediante una modificación legislativa, realizada en 1999, mediante la introducción de medidas que evitaban que el alcalde obstaculizase la tramitación y aprobación de la moción[4]. Aun así, la posibilidad de que la mayoría absoluta de los concejales que componen el Pleno pueda derrocar al alcalde se vive con especial pasión, especialmente en las grandes ciudades, en las que la implicación de los partidos políticos nacionales o regionales es máxima y el resultado de la moción puede tener consecuencias indirectas en la política nacional.

Gráfico 3. Evolución del número de mociones de censura exitosas

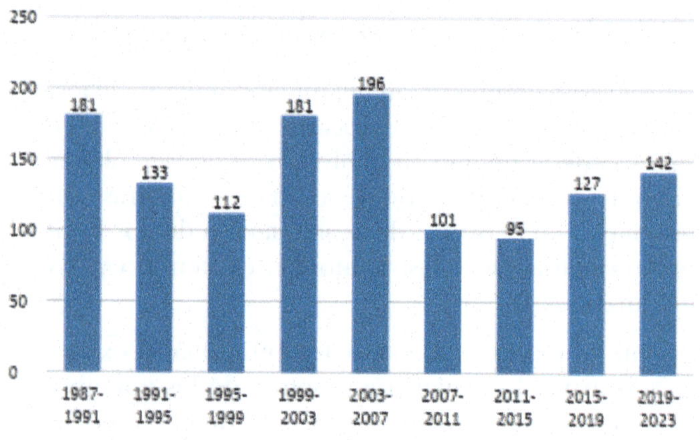

Fuente: Ministerio Hacienda y Administraciones Públicas (1987-2023)

---

4 De modo específico, se prevé la legitimación de las firmas de los suscriptores de la moción por notario o por el secretario de la corporación; la aceptación del candidato alternativo; la convocatoria automática de la sesión plenaria; la presidencia de la sesión por una "mesa de edad" formada por los miembros de mayor y menor edad (excluidos el alcalde y el candidato) y asistida por el secretario; y la previsión de que la dimisión sobrevenida del alcalde no paralizaría la tramitación ni la votación de la moción de censura.

Junto a las modificaciones apuntadas en la regulación de la moción de censura, por vez primera se introdujo en 1999 en el ámbito local otra institución típicamente parlamentaria: la cuestión de confianza. La particularidad de su introducción en la esfera local estriba en que la formulación de la cuestión de confianza se ha de vincular a cuestiones consideradas de máxima importancia para la gobernabilidad de la corporación. Así, no cabe la invocación de la cuestión de confianza en términos genéricos, sino vinculada a la aprobación o la modificación de cualquiera de los asuntos siguientes: los presupuestos anuales, el reglamento orgánico, las ordenanzas fiscales y la aprobación que termine con la tramitación municipal de los instrumentos de planeamiento general de ámbito municipal.

La presentación, por parte del alcalde, de la cuestión de confianza exige que cualquiera de los asuntos precitados se haya debatido en sesión plenaria sin alcanzar la mayoría necesaria para su aprobación. En convocatoria específica del Pleno puede presentarse la cuestión de confianza vinculándola a la aprobación del asunto rechazado y, en caso de no aprobarse el asunto, el alcalde cesa automáticamente, quedando en funciones hasta la elección del nuevo alcalde, que se realizará en sesión plenaria convocada diez días después[5]. No obstante lo dicho, la búsqueda de la

---

5 A partir de ese momento se pondrá en marcha el mecanismo ordinario de elección del alcalde, quedando excluido el alcalde cesante a efectos de la elección.
Se han previsto algunas limitaciones al ejercicio de este derecho: el alcalde no puede plantear más de una cuestión de confianza en cada año ni en el último año de su mandato, ni más de dos durante la duración total del mandato. Esto es así por tratarse de un instrumento que se concibe como extraordinario, de aplicación en situaciones en que peligre la gobernabilidad de la corporación. Tampoco es posible el planteamiento de la cuestión de confianza durante la tramitación de una moción de censura, y viceversa, con la finalidad de no alterar la voluntad implícita en cada una de las instituciones. Por último, la búsqueda de una cierta coherencia política impide que los concejales que voten a favor de un asunto vinculado a la cuestión de confianza cambien a corto

estabilidad gubernamental justifica la previsión de un procedimiento especial cuando la cuestión de confianza se vincula a la aprobación del principal instrumento normativo de la acción de gobierno: el presupuesto. En este caso, la confianza se entenderá otorgada y el presupuesto anual aprobado si en el plazo de un mes desde que se rechazó no se presenta una moción de censura que prospere.

4.4. La dimensión nacional de la política local y el liderazgo local

En sistemas políticos descentralizados, los diferentes subsistemas territoriales se condicionan e influyen mutuamente conformando un sistema político global interrelacionado. La existencia de estos vínculos entre el universo político local y los sistemas políticos nacional y regional se manifiesta, como se ha visto, en las formas de (inter) dependencia en la prestación de servicios públicos que se materializan en la provisión compartida de servicios con intervención de distintos niveles de gobierno y aun de sociedades privadas. Pero, además, esta estrecha vinculación tiene su reflejo en la circulación de las élites políticas a través de los diferentes subsistemas políticos. A este respecto, es relativamente frecuente la presencia, simultánea o en momentos consecutivos, de responsables políticos ocupando puestos de responsabilidad en distintos niveles de gobierno.

La relación entre sistemas se advierte con nitidez cuando el comportamiento electoral en las elecciones locales viene en parte mediatizado por la política nacional. Este fenómeno, denominado "nacionalización de la política local", permite considerar en ocasiones a las elecciones locales como una suerte de elecciones primarias con respecto a las elecciones generales posteriores, en las que el elector pierde de vista la política local y pesan principal-

plazo (establecido en seis meses) el sentido de su voto con respecto al mismo asunto, o firmen una moción de censura contra el alcalde al que poco antes mantuvieron en su puesto.

mente, en el sentido de su voto, los asuntos que forman parte del debate político en el nivel nacional o regional.

Conviene tomar en consideración que una fuerte presencia de este fenómeno tiene importantes consecuencias desde la perspectiva de la prestación de servicios. La incidencia de este fenómeno significa que una parte indeterminada del voto total en las elecciones locales será ajena a la labor de gobierno tal como es percibida por el electorado. En otros términos, una "buena" o "mala" gestión de los asuntos locales no logrará una escisión significativa del voto en la medida en un parte del voto local viene determinado por la política nacional. Un caso extremo de nacionalización de la política local se caracterizaría por la consideración del partido como criterio principal a la hora de depositar el voto, el predominio de la campaña nacional de partido sobre la local y de candidato, el recurso a discursos uniformes sin tener en cuenta las peculiaridades locales, y la reducida escisión del voto entre elecciones locales y nacionales.

La incidencia de este fenómeno es especialmente sentida en el contexto urbano. Desde luego, es en las ciudades donde el peso de los partidos de ámbito nacional es mayor y donde las campañas electorales tienen un contenido político más general. Precisamente la proximidad entre cargos electivos y ciudadanía, que es mayor en los municipios pequeños, propicia el desarrollo de consultas electorales en las que se dilucidan problemas que en esencia afectan a la comunidad local y, como consecuencia, se favorece la presencia de candidaturas independientes y partidos extraparlamentarios. Como puede verse en la tabla 7, el porcentaje de votos de candidaturas propiamente municipales o sin representación en el parlamento nacional ha oscilado aproximadamente entre el 10 y el 15% de los votos entre los años 1979 (fecha de las primeras elecciones democráticas) y 2011. En 2015 se produce un importante repunte que se debe a la irrupción por vez primera de nuevas fuerzas políticas como Podemos y Ciudadanos en los gobiernos locales, que anticipará la entrada en el parlamente de ambos partidos políticos pocos meses después.

Tabla 7. Votos y concejales de candidaturas independientes y extraparlamentarias (en %)

Año de la elección	Votos	Concejales
1979	15.5	24.3
1983	13.1	21.1
1987	13.6	13.7
1991	11.6	11.2
1995	10.3	11.9
1999	13.8	12.8
2003	11.0	12.5
2007	9.9	11.7
2011	11.2	11.1
2015	29.4	19.4
2019	14.6	13.6
2023	20.0	16.0

Fuente: elaboración propia a partir de datos electorales del Ministerio del Interior.

Por otra parte, parece ya claramente establecido que el grado de participación en las elecciones locales tiende a ser inferior al de unas elecciones regionales o generales. Se trata de una pauta común a todos los países descentralizados que viene a expresar el diferente interés que la política local, regional o nacional tiene para el ciudadano. Si se contrasta el nivel de participación en las elecciones locales con el alcanzado en las convocatorias generales, puede apreciarse que el nivel de participación en las elecciones municipales se mantiene por debajo del nivel de participación general logrado en las convocatorias nacionales inmediatas.

Gráfico 4. Participación electoral en elecciones generales y municipales

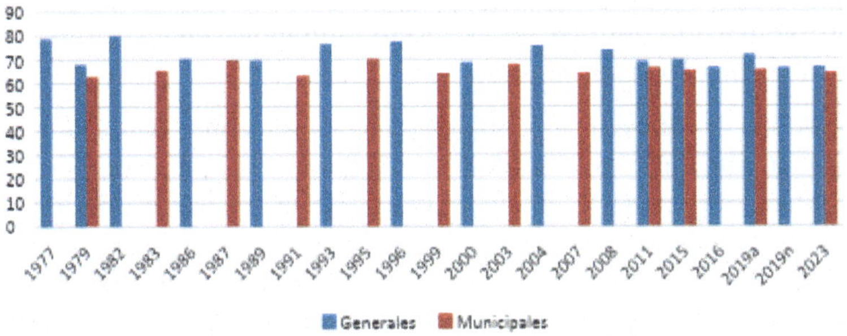

Fuente: elaboración propia a partir de datos electorales del Ministerio del Interior.

Siendo válida como afirmación general que el comportamiento electoral local está determinado parcialmente por la política nacional, ello no quiere decir que, en el ámbito urbano, los alcaldes carezcan de elementos de movilización electoral propios. Existen casos significativos en los que la personalidad del alcalde, que se convierte en referente y líder de la comunidad vecinal, pesa más que cualquier otro criterio de elección. En la tabla 9 se han seleccionado cuatro casos que consiguen resistir a la nacionalización de la política local, logrando votos de la abstención y de electores que votan a otras formaciones políticas diferentes en el mismo ámbito territorial.

Tabla 9. Comparación de resultados del mismo partido entre elecciones en el mismo ámbito territorial (en %)

	Elecciones municipales mayo 2023 (a)	Elecciones generales julio 2023 (b)	Diferencia (a) / (b)
PP Badalona	55.69	16.64	39.05
PSOE Vigo	60.86	37.31	23.55
IU Zamora	37.54	6.92	30.62
BNG Moaña	56.02	16.95	39.07

Fuente: elaboración propia a partir de datos electorales oficiales del Ministerio del Interior.

En los cuatro casos, los alcaldes de esas ciudades logran alcanzar resultados electorales muy superiores a los obtenidos por su propio partido político, en el mismo municipio, en elecciones de distinto nivel territorial celebradas el mismo año.

Al hacer referencia a los cargos electivos locales, llama la atención su alto número. En efecto, se trata de una parte de la clase política numerosa, que, sin embargo, está en correspondencia con la pluralidad de organizaciones locales. Sin llegar a considerar los miembros de los entes locales de carácter asociativo, ni los diputados provinciales, que suman a su cargo la condición de concejales, ni el amplio número de miembros de las juntas vecinales de las administraciones inframunicipales, estamos ante una cifra de 66.943 concejales, que incluyen a los 8.132 alcaldes.

Tomando únicamente como referencia los casi 67.000 concejales, hay que tener en cuenta que este amplio grupo que conforma la clase política local se distribuye sobre el territorio de forma muy desigual, concentrándose en zonas esencialmente rurales y de pequeños municipios. Si se compara la distribución de estos cargos electivos con la distribución de la población, se llegaría a la conclusión de que más del 80% de los políticos locales representan a poco más de la cuarta parte de toda la población española, mientras que apenas el 2% representa a más del 40% de los ciudadanos.

5. EL ASOCIACIONISMO MUNICIPAL Y LAS RELACIONES INTERGUBERNAMENTALES

En lo referido a las relaciones de cooperación vertical y horizontal entre niveles de gobierno, además de las comarcas, los consorcios son otro ejemplo de cooperación vertical en los que pueden participar diferentes niveles de gobierno e incluso empresas comerciales o sin ánimo de lucro. En España hay cerca de mil consorcios en los que participan los gobiernos locales. Su estructura orgánica es extremadamente flexible, basada en un estatuto firmado por las partes que lo componen, y sirven para prestar cualquier tipo de servicio. Una vez más, la participación de las regiones en un consorcio las sitúa en una posición dominante con respecto a los municipios, puesto que la financiación del servicio les permite mantener el control de los servicios municipales. La gran ventaja de la creación de consorcios es la ganancia de economías de escala y su gran flexibilidad organizativa, que depende únicamente de la voluntad de las partes, aunque el precio a pagar sea la confusión de los ciudadanos acerca de la administración responsable de la prestación del servicio.

Sin embargo, la única experiencia que trata de mitigar las disfunciones de la fragmentación municipal española son las mancomunidades, es decir, las asociaciones voluntarias de municipios que tratan de conseguir economías de escala en la prestación de servicios municipales.

La creación de las asociaciones de municipios está prevista en el artículo 10.1 de la Carta Europea de la Autonomía Local y en la legislación básica española, aunque en este último caso no se determina su organización, que depende de lo previsto en la legislación de las comunidades autónomas y, sobre todo, de lo que estipulen los acuerdos de colaboración libremente firmados por cada municipio que integra la mancomunidad.

Actualmente, hay poco menos de un millar de mancomunidades en España, la mayoría de las cuales se crearon en los años ochenta y noventa en un momento en que los municipios españoles empezaron a prestar servicios públicos de forma generalizada.

Gráfico 5. Evolución del número de mancomunidades (1979-2024)

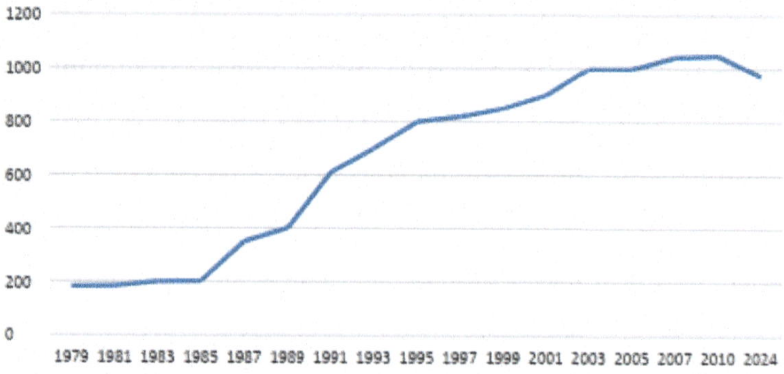

Fuente: elaboración propia a partir de datos oficiales del Ministerio de Hacienda y Administraciones Públicas.

Es importante tener en cuenta que la creación de las mancomunidades no es el fruto de un proceso de planificación centralizada desde el gobierno nacional o regional, sino que depende únicamente de la libre voluntad de los municipios que deciden asociarse para la prestación de un servicio y conseguir que sea menos costoso. Sin embargo, esta autonomía municipal se ha traducido en ciertas características anárquicas del modelo de colaboración municipal en España. Así, existen mancomunidades formadas por tan solo dos municipios, mientras que otras cubren más de 90. Igualmente, en términos de población, la mancomunidad más pequeña apenas abarca dos centenares de vecinos, mientras que la más amplia supera los tres millones de habitantes (Ruano y Rodríguez, 2016).

Esta heterogeneidad del número de municipios que componen una mancomunidad y de la población que abarcan ha sido posible por la facilidad en la creación de estas instituciones, que sólo exige la voluntad de los municipios implicados y la firma de un estatuto que integra en un órgano colegiado a los representantes de los municipios con independencia de la población de cada uno de ellos. Además, el estatuto señala los servicios que va a prestar la mancomunidad, que pueden ser servicios obligatorios, según marca la ley, o voluntarios. A este respecto, la mayoría de los servicios municipales obligatorios que prestan las mancomunidades tienen que ver con la recogida de residuos, el agua potable, el alcantarillado, servicios sociales y bomberos, es decir, servicios para los que se requiere una fuerte inversión en capital o personal técnico especializado, o ambas cosas, precisamente de lo que carecen los pequeños municipios españoles. Pero, además, las mancomunidades pueden intervenir en cualquier otro ámbito que consideran de su interés, por lo que es bastante habitual que intervengan también en la prestación de servicios no obligatorios en materia cultural, de planeación urbana y otros servicios técnicos.

6. INNOVACIÓN SOCIAL Y PROBLEMAS URBANOS

6.1. Las experiencias de participación ciudadana

En los últimos años, la imagen de la administración como espacio alejado del interés concreto de los diferentes grupos sociales, del ámbito de la lucha por el poder y de la pasión del mundo de la política, ha ido cediendo ante la emergencia de un nuevo paradigma: el de la administración cercana a la ciudadanía, sensibilizada ante los problemas que aquejan a todos los sectores sociales. La propia administración presenta un nuevo discurso basado en la transparencia y en las puertas abiertas. Así, a partir de los años noventa del siglo pasado, resurgen con fuerza en el ámbito municipal, distintas expresiones de participación ciudadana que favorecen la apertura de la administración a la ciudadanía (a través de experiencias de gobierno abierto), fomentan el intercambio de información bidireccional entre el ciudadano y la administración, impulsan la celebración de consultas ciudadanas o trasladan la toma de decisiones públicas desde las instituciones públicas a espacios conformados por ciudadanos individuales o representantes de movimientos vecinales o sociales. La coexistencia de formas de democracia representativa con otras más propias de la democracia directa pretende superar los problemas y limitaciones de las formas de representación y se basan en la esperanza de la creación de democracias más maduras, en las que el ciudadano concreto podría tomar decisiones o expresar su opinión casi de forma continua, al margen del filtro institucional y de los partidos políticos.

La razón de que muchas de estas experiencias hayan encontrado terreno abonado en el ámbito municipal tiene su fundamento teórico en la pretendida mayor "proximidad" entre la ciudadanía y las autoridades públicas. El análisis de algunas experiencias de participación muestran, sin embargo, unos resultados más matizados: de un lado, la presunta preferencia por la participación directa en el tratamiento de los asuntos públicos por parte de los ciudadanos dista de ser evidente; de otro, algunas de estas experiencias han sido instrumentalizadas por las autoridades políticas como herramienta de relegitimización o, simplemente, han sido capturadas por los partidos políticos o los principales grupos sociales organizados, y por último, en ocasiones hay una amplia distancia entre las previsiones normativas que regulan y encauzan la participación de los ciudadanos y las posibilidades efectivas reales (Reichborn-Kjennerud, et al., 2021; Reichborn-Kjennerud, Ruano, J.M. y Sorando, 2021), caracterizadas por bajos porcentajes de participación y por la escasa incidencia de los ciudadanos en las decisiones colectivas.

Lo llamativo de estas experiencias fallidas es que nunca ha habido tantos cauces para participar en los asuntos municipales ni tantas previsiones normativas que las amparen. Así, sin ánimo de ser exhaustivos, el artículo 23 de la Constitución española establece el "derecho a participar en los asuntos públicos, directamente o por medio de representantes"; los artículos 69 a 72 de la Ley reguladora de las bases del régimen local (LRBRL) comprenden el capítulo dedicado a la información y participación ciudadanas, y la Ley de medidas para la modernización del gobierno local refuerza la infraestructura participativa en las ciudades, exigiendo la obligatoriedad de la regulación de los procedimientos y mecanismos de participación ciudadana, la utilización obligada de las tecnologías de la información en materia de participación y la necesidad de organización del territorio municipal en distritos como espacio obligado de interrelación entre las autoridades políticas y los ciudadanos.

A pesar de todo ello, cabe dudar de la posición sincera de las autoridades políticas sobre la participación de los ciudadanos en los asuntos municipales. El artículo 71 de la LRBRL exige que las consultas populares tengan por objeto "asuntos de la competencia propia municipal y de carácter local que sean de especial relevancia para los vecinos, con excepción de los relativos a la hacienda local". Fijado el ámbito de la consulta, la ley estatal fija un umbral de suscripción por parte de los vecinos del 20% en municipios de menos de 5,000 habitantes y del 15% en los demás (umbrales que han sido modificados a la baja por algunas comunidades autónomas). Pero más revelador resulta que la celebración de las consultas populares requiera de la previa aprobación de la mayoría absoluta del Pleno y del gobierno central, lo que resulta ciertamente cuestionable al tratarse de consultas impulsadas por los vecinos y sobre cuestiones de interés estrictamente municipal. El resultado de estas prevenciones es que de las 182 consultas impulsadas entre los años 1986 y 2023 que contaban con la aprobación de la mayoría absoluta del Pleno de sus respectivos ayuntamientos, tan sólo 64 terminaron celebrándose, bien porque sus impulsores terminaron desistiendo, bien porque el gobierno central negó su autorización bajo el argumento de que muchas de las cuestiones que se trataban de someter a juicio de los vecinos afectaban, en última instancia, a competencias supramunicipales. Parece claro, sin embargo, que el fundamento de los rechazos del gobierno central no refleja más que una concepción extremadamente restrictiva del ejercicio de la autonomía municipal y de la participación ciudadana en los asuntos públicos.

Gráfico 6. Consultas populares municipales (1986-2023)

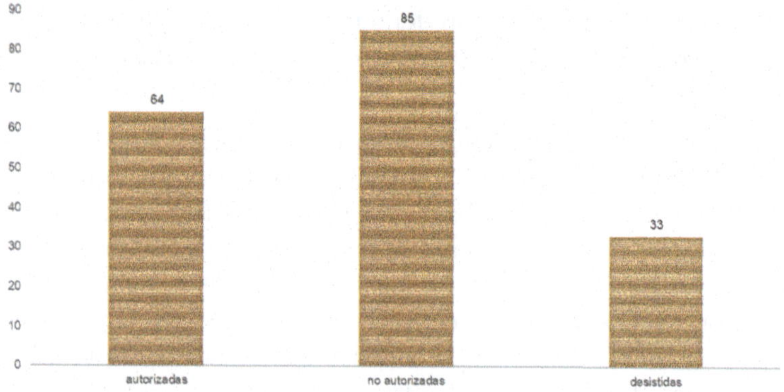

Fuente: elaboración propia a partir de datos del Ministerio de Hacienda y Administraciones Públicas, 2025.

Por otro lado, al analizar los procesos de participación hay que tomar en consideración que el riesgo de captura de los procesos de participación por parte de los ciudadanos con mayores recursos o mejor organizados, grupos de interés o partidos políticos, puede concluir en la quiebra del principio de igualdad y en el control por parte de estos grupos de las decisiones administrativas. En ocasiones, los responsables políticos tratan de poner en marcha procedimientos participativos sólo cuando necesitan justificar las decisiones tomadas, cuando ignorar la opinión del público afectado puede poner en peligro la continuidad de un proyecto o para superar los obstáculos de la propia democracia representativa, transformándose los dispositivos participativos en correas de transmisión del poder local y de instancias de representación paralelas de intereses particulares.

Por último, al riesgo de instrumentalización de la participación, de la colonización partidista o por grupos de presión del espacio y procedimiento participativos, hay que añadir la dificultad de los ciudadanos para comprender la dinámica del proceso de toma de decisiones, máxime en un contexto político caracterizado por la opacidad y complejidad de la gobernanza multinivel.

Pero, además, los procesos participativos no son siempre adecuados para abordar problemáticas que trascienden el ámbito simbólico-territorial del barrio o del distrito por requerir de fórmulas de planificación estratégica de ciudad; encuentran límites insuperables derivados de la escasa legitimidad de los actores involucrados, de la exclusión o bajísima participación de determinados sectores sociales (jóvenes, inmigrantes, etc.), y no son fórmulas aptas para encarar el fenómeno NIMBY (*not in my backyard*), esto es, la toma de decisiones sobre instalaciones o infraestructuras molestas (centros de deshabituación de toxicómanos, cárceles, centros de inserción de prostitutas) que ningún vecino quiere tener cerca de su casa.

6.2. Los desafíos de los municipios

Los avances en geolocalización y la minería de datos han abierto un mundo de posibilidades no sólo para el sector comercial, sino también para las administraciones públicas. El concepto "ciudad inteligente" ha pasado en poco tiempo a formar parte del lenguaje común y está cobrando una importancia creciente en la planificación, gestión y modernización de las infraestructuras urbanas, al tiempo que presentan nuevas posibilidades de relación administración-ciudadanía desconocidas hasta ahora.

Muchas ciudades españolas aprovechan ya las posibilidades de comunicación con el público en general o con sectores específicos (contribuyentes, jóvenes, mujeres, etc.) mediante el uso de las redes sociales o la explotación de canales de comunicación a través de Internet que permiten avanzar en el concepto de gobierno abierto o facilitan la simplificación de trámites administrativos mediante el desarrollo de la administración electrónica (Ruano 2022; Legard, McShane, Ruano, 2023).

El uso masivo de sensores y captadores de información, así como las aplicaciones basadas en las TIC y la inteligencia artificial, ofrecen múltiples posibilidades de mejora de la gestión de los servicios públicos locales y nuevos cauces de coordinación y comunicación con los ciudadanos que permiten, al menos potencialmente, reforzar los instrumentos de transparencia, la implicación directa de los ciudadanos en la búsqueda de soluciones a los problemas que directamente les afectan y, en definitiva, robustecer la confianza en el funcionamiento de las instituciones públicas y, al cabo, en el conjunto del sistema democrático. Sin embargo, este escenario deseable, casi utópico, favorecido por el empleo de los avances tecnológicos a la gobernanza urbana, no puede ocultar el hecho de que los gobiernos de las ciudades apenas cuentan con competencias y recursos limitados para hacer frente a los ingentes problemas que afectan a su ciudad, lo que hace indispensable mantener relaciones de cooperación con otros niveles de gobierno y con los principales actores de la ciudad.

La heterogeneidad de la distribución de población en el territorio ha dado lugar a una configuración espacial en la que contrasta la existencia de ciudades y áreas metropolitanas de gran tamaño y en constante expansión como Madrid, Barcelona, Valencia, Sevilla o Zaragoza, con grandes extensiones de terreno y municipios rurales, o incluso capitales de provincia, que pierden población de forma continuada desde hace décadas, a pesar de la llegada de inmigración extranjera que apenas ha logrado contener el despoblamiento del interior del país (INE 2025b). La consecuencia de esta dualidad es que, actualmente, casi la mitad de los municipios españoles se encuentra en riesgo de despoblación, lo cual tiene consecuencias importantes en el plano social, económico y ambiental para el conjunto del país.

El modelo mediterráneo de ciudad "compacta", que ofrece una mayor eficiencia en el uso del suelo y en la prestación de servicios públicos, junto con mayores posibilidades de integración social y de sostenibilidad ambiental, ha sido sustituida paulatinamente por un modelo de ciudad "extensa" y menor densidad, que es la consecuencia de la expulsión de los jóvenes y de las nuevas familias a la periferia por la carestía del suelo en las grandes ciudades, y la conformación de áreas suburbanas que superan los límites territoriales municipales, mientras exigen una coordinación efectiva de políticas en el ámbito metropolitano.

El mercado no ha sido capaz de resolver el problema de la escasez de vivienda en las ciudades españolas. Este sector no ha sido solamente un motor tradicional de desarrollo económico en España, sino que además ha tenido profundas consecuencias en la cohesión social y territorial de las ciudades por la falta de coordinación de las iniciativas de planeación urbana y los programas de construcción de vivienda. El resultado de esta disociación ha sido la generación de guetos de población marginal mediante la edificación de barrios socialmente homogéneos y carentes de servicios esenciales (educación, salud, transporte) que, en algunas ciudades son focos de exclusión social; y el asentamiento de guetos de clase media-alta en "barrios-islas" monofuncionales e igualmente homogéneos socialmente, localizados en la periferia o en el interior de las ciudades, dando lugar a fenómenos de expulsión del barrio de los vecinos tradicionales que no pueden hacer frente a la carestía de la vivienda y de su entorno ("gentrificación").

El desajuste entre el crecimiento demográfico (en buena medida debido a la fuerte inmigración de población extranjera durante los ciclos de crecimiento económico) y la escasez de vivienda disponible contrasta con el hecho de que una parte importante de la oferta de vivienda residencial se ha transformado en vivienda turística, mientras que otra parte se ha convertido en objeto de inversión especulativa (el 25% de las viviendas españolas no se encuentran habitadas de forma habitual, según el INE 2025b).

Resulta previsible, por tanto, que sin la puesta en marcha de políticas de reequilibrio territorial que hagan atractivo el espacio rural, seguirá concentrándose la población en las grandes ciudades y en su periferia, mientras que los núcleos de población más pequeños y las capitales de provincia enclavadas en áreas rurales seguirán perdiendo población hasta su extinción natural por la falta de nacimientos, el envejecimiento de sus habitantes y su incapacidad para ofrecerse como espacios atractivos con oportunidades de empleo para la población inmigrante.

Esta concentración y desequilibrio poblacionales seguirán intensificando los procesos de turistificación (el número de visitantes alcanzará próximamente los cien millones en un país que cuenta con 48 millones de habitantes), gentrificación y expulsión de las clases medias y bajas a la periferia urbana.

Frente a estos problemas, el "Plan de medidas ante el reto demográfico" impulsado por el gobierno central no ha logrado revertir el problema del despoblamiento de forma significativa (Ministerio para la Transición Ecológica y el Reto Demográfico, 2025), a pesar de sus esfuerzos en diversificar los sectores productivos y mejorar el acceso a los servicios públicos en las zonas rurales.

Ante el problema de la escasez y carestía de la vivienda en las ciudades, algunos gobiernos municipales han puesto en marcha actuaciones tanto desde el lado punitivo como desde el incentivador. Así, algunas ciudades han impulsado iniciativas para prohibir las viviendas de uso turístico en los barrios centrales (Málaga), regular su uso en el caso urbano (Madrid) o simplemente retirar la licencia a las más de 10.000 viviendas de uso turístico en 2028 para aumentar el parque residencial (Barcelona); mientras que otras tratan de incrementar la oferta pública de alquiler social o tratan de movilizar las viviendas vacías mediante incentivos fiscales y garantías contra el impago de los inquilinos. En cualquier caso, este problema ilustra perfectamente la necesidad de coordinar los esfuerzos y actuaciones de distintas administraciones territoriales frente a los principales problemas urbanos.

7. CONCLUSIONES

España cuenta con una planta municipal muy fragmentada que apenas ha experimentado cambios desde mediados del siglo XX. Este factor ha situado tradicionalmente a los municipios españoles en una posición subordinada como institución prestadora de servicios, que se acentuó desde la democratización del país y la creación de las comunidades autónomas como instituciones políticas clave.

A partir de ese momento, los municipios españoles han pasado a ser instituciones doblemente dependientes, política y financieramente: del gobierno central y de la región. Su sistema de financiación se compone de transferencias procedentes de ambos niveles superiores de gobierno y de impuestos propios basados esencialmente en la propiedad, lo que tiene graves inconvenientes desde el punto de vista de su visibilidad y de su falta de adaptación al ciclo económico.

Los municipios han tratado de buscar una mayor eficiencia en la prestación de servicios mediante la creación de asociaciones intermunicipales. Sin embargo, la creación de estas organizaciones, confiada únicamente a la voluntad política de los municipios, revela problemas de funcionamiento y falta de instrumentos de rendición de cuentas.

La forma general de elección del alcalde es indirecta a partir de la elección directa, por parte de los electores, de los concejales que conforman el consejo municipal (Pleno). No obstante, se debate sobre las ventajas e inconvenientes de la introducción de su elección directa. La organización interna de los ayuntamientos se asemeja cada vez más a la propia de las instituciones con capacidad legislativa, de forma tal que los alcaldes concentran las funciones de dirección política, las juntas de gobierno se transforman en ejecutivos y los plenos han experimentado un proceso de "parlamentarización" en su funcionamiento.

Si bien el comportamiento electoral en el nivel local está mediado por la política nacional o regional, los alcaldes disponen de recursos para dar a conocer un discurso propio y para hacer valer su acción de gobierno. Algunos alcaldes de gestión reconocida aprovechan este patrimonio para dar el salto a la política regional o nacional.

El principal reto de los municipios consiste en trascender los estrechos límites de su marco competencial, de sus recursos y de sus límites geográficos, para implicar a todos los niveles de gobierno y a los actores clave de la sociedad civil en la resolución de los problemas de la ciudad.

8. REFERENCIAS BIBLIOGRÁFICAS

Almeida, Marcos (2023). Un posible régimen especial para los pequeños municipios: justificación, naturaleza, contenido y articulación, *Revista de Estudios de la Administración Local y Autonómica*, nº 19, pp. 59-81.

Arenilla, Manuel (2023). Deseos y realidades después de diez años de la reforma local, *Revista Galega de Administración Pública*, nº 66, junio-diciembre, pp. 365-387.

Arenilla, Manuel (2024). Los actores de la reforma local española de 2013, *Revista de Estudios de la Administración Local y Autonómica*, nº 19, pp. 8-28.

Bello, Santiago (2023). La despoblación es España: balance de las políticas públicas implantadas y propuestas de futuro, *Revista de Estudios de la Administración Local y Autonómica*, nº 19, pp. 125-147.

Carbonell, Eloísa (2021). ¿Un estatuto básico para los pequeños municipios? Un comentario de urgencia, *Revista de Estudios de la Administración Local y Autonómica*, nº 15, pp. 58-70.

Carbonell, Eloísa (2023). Las competencias locales diez años después de la LRSAL, *Revista de Estudios de la Administración Local y Autonómica*, nº 21, pp. 218-236.

Instituto Nacional de Estadística (INE) (2024). *Indicadores urbanos*, https://www.ine.es/dyngs/INEbase/es/operacion.htm?c=Estadistica_C&cid=1254736176957&menu=ultiDatos&idp=1254735976608.

Instituto Nacional de Estadística (INE) (2025a). *Índice de envejecimiento*, https://www.ine.es/jaxiT3/Tabla.htm?t=1418.

Instituto Nacional de Estadística (INE) (2025b). *Censos de Población y Viviendas*, https://www.ine.es/jaxi/Tabla.htm?path=/t20/e244/avance/p03/l0/&file=06008.px&L=0.

Legard, Sveinung, McShane, Ian & Ruano, José M. (2023). What explains the degree of e-participation? A comparison of the adoption of digital participation platforms in Oslo, Melbourne and Madrid, *Information Polity*, vol. 28, nº. 3, pp. 359-375, DOI:10.3233/IP-220035.

Ministerio de Hacienda (2022). *Haciendas locales en cifras*, https://www.hacienda.gob.es/en-GB/cdi/paginas/sistemasfinanciaciondeuda/informacioneells/haciendaslocalesencifras.aspx.

Ministerio de Hacienda (2025). *Base de datos general de entidades locales*, https://serviciostelematicosext.hacienda.gob.es/sgcief/BDGEL/aspx/default.aspx.

Ministerio para la Transición Ecológica y el Reto Demográfico (2025). *Plan de Medidas ante el Reto Demográfico*, https://www.miteco.gob.es/es/reto-demografico/temas/medidas-reto-demografico.html.

Ministerio de Política Territorial y Memoria Democrática (2025). *Base de datos de alcaldes y concejales,* https://mpt.gob.es/portal/politica-territorial/local/sistema_de_informacion_local_-SIL-/alcaldes_y_concejales.html.

Ministerio de Transportes y Movilidad Sostenible (2024). *Áreas urbanas en España,* https://publicaciones.transportes.gob.es/areas-urbanas-en-espa%C3%B1a-2024.

Ministerio para la Transformación Digital y de la Función Pública (2025). *Boletín Estadístico del Registro Central de Personal,* https://digital.gob.es/funcion-publica/dgfp/registro-central-personal/boletin.

OCDE (2025). *Government at a Glance,* OECD Publishing, París, https://doi.org/10.1787/0efd0bcd-en.

Ortega, David (2023). Fusión obligatoria de municipios en España: una asignatura pendiente en la gobernanza local, *Revista General de Derecho Administrativo,* nº 62.

Reichborn-Kjennerud, Kristin, McShane, Ian, Middha, Bhavna, Ruano, José M. (2021). Exploring the relationship between trust and participatory processes: Participation in urban development in Oslo, Madrid and Melbourne, *Nordic Journal of Urban Studies,* vol. 1, issue 2, December, pp. 94-112, https://doi.org/10.18261/issn.2703-8866-2021-02-01.

Reichborn-Kjennerud, Kristin, Ruano, José M., Sorando, Daniel (2021). Ways to gain influence for residents in two gentrifying neighbourhoods: a comparison between Tøyen in Oslo and Lavapiés in Madrid, *Papeles de Población,* nº 110, octubre-diciembre, http://dx.doi.org/10.22185/24487147.2021.110.32.

Ruano, José M. y Rodríguez, José Manuel (2016). Local Structure and Municipal Associations in Spain: Facts, Trends and Problems, Sadioglu, U. y Dede, K. (Eds.), Comparative Studies and Regionally-Focused Cases Examining Local Governments. Hershey, PA: IGI Global.

Ruano, José M. et al. (Eds.) (2022). *Citizen Participation in the Information Society. Comparing Participatory Channels in Urban Development,* Palgrave, Cham, https://doi.org/10.1007/978-3-030-99940-7.

Gobiernos locales en México

ANTONIO SÁNCHEZ BERNAL
Universidad de Guadalajara, México

JARUMY ROSAS ARELLANO
Universidad de Guadalajara, México

EDGAR RICARDO RODRÍGUEZ HERNÁNDEZ
Universidad de Guadalajara, México

Resumen: Este capítulo describe las principales características del municipio mexicano en un tenso contexto de recentralización. Inicialmente se presenta de forma general la estructura municipal mexicana en el marco de un sistema federal, como el que existe en este país. Posteriormente se muestra que los gobiernos municipales presentan baja autonomía financiera, lo que reduce la capacidad gubernamental de este orden de gobierno, para continuar con la presentación de distintas experiencias relacionadas con el asociacionismo municipal. El siguiente apartado aborda la estructura de gobierno de los distintos municipios mexicanos. La última parte de este trabajo se concentra en la descripción de la relación entre las ciudades y los gobiernos municipales, presentando algunos de los principales problemas ambientales, sociales y económicos que enfrentan. De esta forma se abordan temas como la insuficiencia de agua, la contaminación atmosférica, los retos de la gestión de los residuos sólidos urbanos, el déficit de vivienda, desigualdad, pobreza y la competitividad. La reflexión final muestra que la gestión de las ciudades mexicanas actualmente no tiene una estructura institucional (gobiernos metropolitanos) que propicie la resolución de los problemas, por lo cual la cooperación intergubernamental se convierte en una condición fundamental para potenciar la capacidad gubernamental en las ciudades.

Palabras clave: Gobiernos municipales, tipos de municipios, ciudades, México.

Abstract: This chapter describes the main features of Mexican municipalities within a tense context of recentralization. It begins with a general overview of the municipal structure in Mexico, situated within the framework of the country' s federal system. It then highlights the limited financial autonomy of municipal governments, which constrains their governing capacity. The chapter continues with a discussion of various experiences related to municipal associations. The next section examines the governance structures across different Mexican municipalities. The final part of the chapter focuses on the relationship between cities and municipal governments, presenting some of the key environmental, social, and economic challenges they face. These include water scarcity, air pollution, urban solid waste management, housing deficits, inequality, poverty, and competitiveness. The concluding reflection argues that the management of Mexican cities currently lacks an institutional structure (such as metropolitan governments) conducive to problem-solving, making intergovernmental cooperation a crucial condition for enhancing governmental capacity in urban areas.

Keywords: Municipal governments, Types of municipalities, Cities, Mexico.

1. INTRODUCCIÓN

México es una "República representativa, democrática, laica y federal" (artículo 40 Constitución Mexicana, Cámara de Diputados, 2024), conformada por 32 entidades federativas comúnmente llamadas estados; los cuales a su vez se dividen territorialmente en municipios libres y soberanos. La Ciudad de México es la capital del país y en este estado residen los poderes Ejecutivo, Legislativo y Judicial de la federación.

Los gobiernos municipales, si bien forman parte de las entidades federativas, formalmente en las bases constitucionales no forman explícitamente parte del sistema federal. Esta situación tiene implicaciones en el funcionamiento del federalismo mexicano. De forma general, México se ha caracterizado a lo largo de su historia por ser un país centralista, a pesar de contar con un sistema federal dual, en el cual cada orden de gobierno tiene atribuciones específicas, excluyentes y donde predominan las atribuciones para el gobierno federal. En la funcionalidad del federalismo, los municipios son parte activa, ya que son los objetivos de las intenciones de descentralización, sin embargo, este orden de gobierno queda excluido de los espacios de toma de decisiones federales como, por ejemplo, de la Convención Nacional Hacendaria, Consejo Nacional de Seguridad y otras instancias de relevancia.

La autonomía de los municipios mexicanos estaba enunciada desde la Constitución Política del año 1917, pero se concretó varias décadas después, específicamente en 1999, cuando se reconoce al municipio como un tercer orden de gobierno (Sánchez, 2016).

2. DESCRIPCIÓN GENERAL DE LOS GOBIERNOS LOCALES EN MÉXICO

2.1. Tipos de gobiernos locales

En México existen tres órdenes de gobierno: federal, estatal y municipal, considerando a los dos últimos como gobiernos locales. La Ciudad de México es una excepción, ya que sus gobiernos locales son denominados alcaldías. Por lo tanto, existen 32 gobiernos estatales, 2.459 gobiernos municipales y 16 alcaldías. Inicialmente se puede reconocer que los gobiernos municipales se distribuyen de forma desigual en el territorio mexicano. Así hay entidades federativas como Baja California Sur, que solo cuenta con cinco municipios, mientras que en el caso opuesto se encuentra Oaxaca, que tiene 570 municipios.

Mapa 1. División municipal y estatal de México

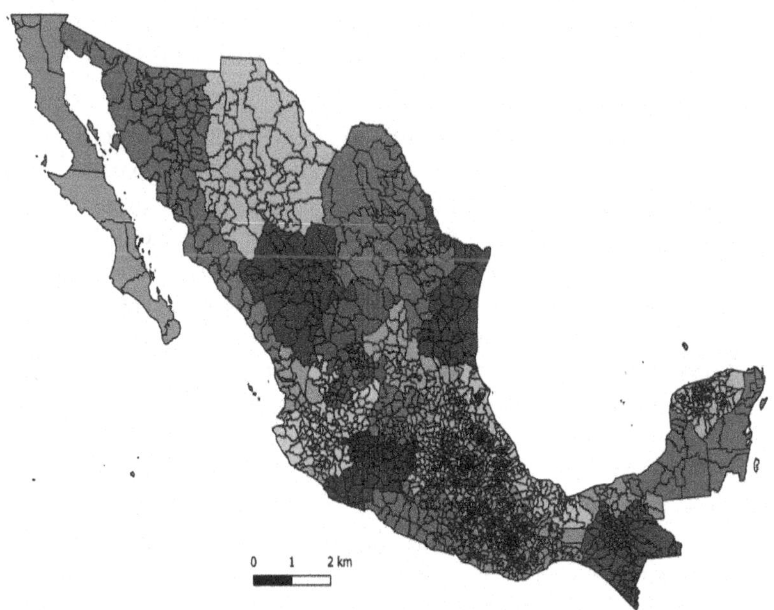

Fuente: Elaboración propia con información de INEGI (2017).

En materia de población, el municipio de Tijuana, en Baja California, fue el más poblado en 2020 con 1.922.523 habitantes, mientras que el municipio de Santa Magdalena Jicotlán, en Oaxaca, sólo contaba con una población de 81 habitantes en el mismo año (INEGI, 2020). En términos de densidad de población, la Ciudad de México tiene el mayor valor con 6.163,3 habitantes por km^2; mientras que, en el caso opuesto, Baja California Sur solo contaba con 10.8 habitantes por km^2 (INEGI, 2024).

Los municipios mexicanos tienen una heterogeneidad en varios aspectos, el más evidente es el tamaño de población. Siguiendo la clasificación definida por Cabrero (2004), encontramos que México tiene actualmente 51 municipios metropolitanos[1] donde habita el 36% de la población; los municipios urbanos medios son 184 y concentran el 30% de la población; los municipios urbanos pequeños ascienden a 934 y están habitados por el 28% de la población, finalmente, la mayoría de los municipios son rurales (son 1.300) y en ellos habita sólo el 6% de la población total del país. Así, bajo esta clasificación, el 94% de la población mexicana vive en un municipio urbano y representan el 47% del total de municipios del país. (INEGI, 2020)

Los gobiernos locales en México poseen la tarea de enfrentar diversos retos sociales, económicos y ambientales a partir de los recursos disponibles. Dado el carácter federal de México, cada orden de gobierno cuenta con atribuciones definidas en cada área de actuación. De forma particular, los gobiernos municipales en México son los responsables de la provisión de los servicios públicos relacionados con: "a) agua potable, drenaje y alcantarillado, tratamiento y disposición de aguas residuales; b) alumbrado público; c) limpia, recolección, traslado, tratamiento y disposición final de residuos; d) mercados y centrales de abasto. e) Panteo-

---

1 Cabrero (2004) clasifica los municipios mayores de 500 mil habitantes como metropolitanos, los urbanos medios son los que están en el rango de 100 mil a 500 mil habitantes, urbanos pequeños de 15 mil a 100 mil personas y, finalmente, los municipios rurales, que tienen menos de 15 mil habitantes.

nes. f) Rastro. g) Calles, parques y jardines y su equipamiento; h) ...policía preventiva municipal y tránsito" (fracción III artículo 115 Constitución Mexicana, Cámara de Diputados, 2024). Adicionalmente, los municipios mexicanos tienen otras atribuciones relacionadas con distintos elementos del desarrollo urbano y la gestión de sus territorios (fracción V artículo 115 Constitución Mexicana, Cámara de Diputados, 2024).

La provisión de los servicios públicos y la gestión del territorio son dos grandes atribuciones constitucionales de los gobiernos municipales, a las que se suman aquellas responsabilidades atribuidas por otra normatividad federal y/o estatal. Es así como los gobiernos municipales cuentan con una amplia agenda en temas relacionados con desarrollo social y medio ambiente, entre otros, cuya participación se propicia a través de convenios y acuerdos de colaboración con los gobiernos estatales y la federación.

Los gobiernos municipales y de las alcaldías cuentan con estructuras organizacionales que reflejan las agendas de este orden de gobierno. De acuerdo con INEGI (2023), el 79% de los municipios en México contaban en 2022 con instituciones que se encargaban de temas relacionados con desarrollo social, mientras que el 73% de los municipios tenían instituciones relacionadas con los servicios públicos y el 61% contaba con áreas responsables de temas de igualdad de género y/o derechos de las mujeres, así como otros temas descritos en la gráfica 1.

Gráfica 1. Porcentaje de municipios de acuerdo con temática de instituciones

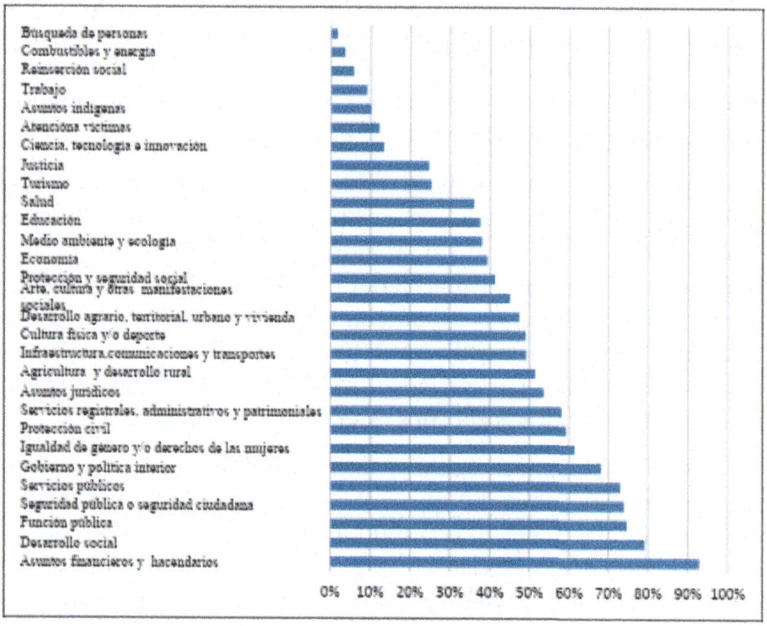

Búsqueda de personas
Combustibles y energía
Reinserción social
Trabajo
Asuntos indígenas
Atención a víctimas
Ciencia, tecnología e innovación
Justicia
Turismo
Salud
Educación
Medio ambiente y ecología
Economía
Protección y seguridad social
Arte, cultura y otras manifestaciones sociales
Desarrollo agrario, territorial, urbano y vivienda
Cultura física y/o deporte
Infraestructura,comunicaciones y transportes
Agricultura y desarrollo rural
Asuntos jurídicos
Servicios registrales, administrativos y patrimoniales
Protección civil
Igualdad de género y/o derechos de las mujeres
Gobierno y política interior
Servicios públicos
Seguridad pública o seguridad ciudadana
Función pública
Desarrollo social
Asuntos financieros y hacendarios

0% 10% 20% 30% 40% 50% 60% 70% 80% 90% 100%

Fuente: Elaboración propia de acuerdo con INEGI (2023).

2.2. *Forma de financiamiento*

Las principales formas de financiamiento de los municipios en México, para sufragar los gastos y cumplir con sus atribuciones establecidas en el artículo 115 constitucional, provienen de los ingresos propios que localmente recaudan como los impuestos (impuesto predial principalmente), las contribuciones de mejora, los aprovechamientos, los derechos y los productos; los recursos que, en el marco del Sistema Nacional de Coordinación Fiscal, les son asignados por concepto de transferencias intergubernamentales, y los que provienen de financiamientos contratados a través de intermediarios financieros o emisiones bursátiles.

Con base en datos publicados por el Instituto Nacional de Estadística y Geografía (INEGI) (2022a; 2022b) se estima que, en términos reales, durante el período comprendido de 2012 a 2022 las transferencias intergubernamentales en promedio representaron el 72% del total de los ingresos municipales. Por otra parte, se calculó que el 22% fueron ingresos propios, mientras que 4% provino de financiamiento. Estas formas de financiación representaron, en promedio, el 98% del total de los ingresos municipales en México.

Gráfica 2. Principales formas de financiamiento que disponen los municipios en México
Millones de pesos constantes (base 2018)

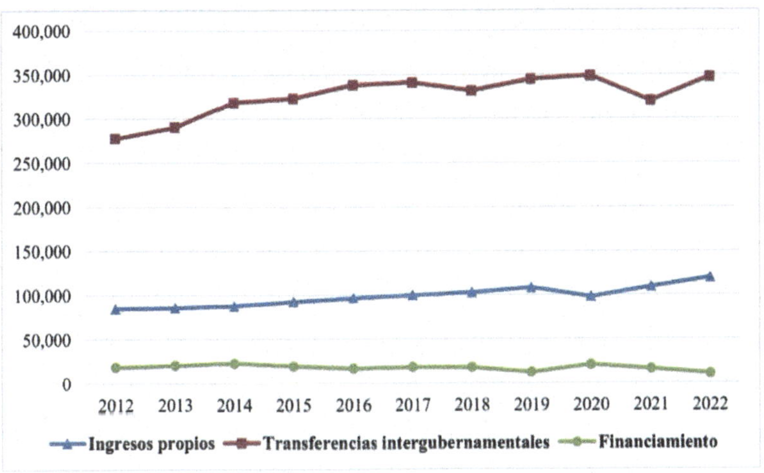

Fuente: Elaboración propia con base en INEGI (2022a; 2022b).

El predial es el principal instrumento en materia de recaudación de los gobiernos municipales en México. Sin embargo, su potencial recaudatorio es limitado, ya que aporta sólo el 8,8% del ingreso municipal (Unda, 2021, p. 50). En 2014, "Chile, Brasil y Uruguay recaudaron 0.59, 0.48 y 0.73% de su PIB en impuestos a la propiedad, mientras que México recaudó el equivalente a 0.2% del PIB" (Unda, 2021, p. 50).

Como se puede observar en la gráfica 2, es claro que la mayor parte de la estructura de los ingresos de los municipios en México se compone de las transferencias intergubernamentales, las cuales se integran de las participaciones (Ramo 28) y las aportaciones (Ramo 33). Las participaciones son recursos no condicionados con carácter resarcitorio que el gobierno central asigna a los gobiernos subnacionales en función de su participación en la actividad económica y esfuerzo tributario (González y Gómez, 2020; CEFP, 2017). En cambio, las aportaciones son recursos condicionados con carácter compensatorio, que son asignados por el gobierno central para que sean utilizados a un fin específico del gasto local (CEFP, 2017).

Como señalan Romo de Vivar, Chauca y Gómez (2010) e Ibarra, Sandoval y Sotres (2001), la excesiva dependencia de las transferencias puede limitar la autonomía de los gobiernos locales y conducir a la irresponsabilidad fiscal. Por tal razón, con el objetivo de analizar la relación entre la autonomía y las transferencias intergubernamentales, se calcularon, con base en datos del INEGI (2022a; 2022b), los indicadores de autonomía financiera[2] y dependencia de transferencias[3] para una muestra de 1.972 municipios que presentan información completa en los años 2012, 2017 y 2022. Considerando la tipología de Cabrero (2004)[4] e información del INEGI (2020), los municipios fueron clasificados por el tamaño de su población: 44 fueron categorizados como "metropolitanos", 160 "urbanos medios", 755 "urbanos pequeños" y 1.013 "rurales".

[2] Se calcula: (ingresos propios / total de ingresos municipales) * 100.

[3] Se calcula: (participaciones + aportaciones / total de ingresos municipales) * 100.

[4] Cabrero (2004) categoriza los municipios mayores de 500 mil habitantes como metropolitanos, los municipios entre 100 mil y 500 mil habitantes como urbanos medios, los que tienen entre 15 mil y 100 mil habitantes son urbanos pequeños, mientras que los municipios rurales son los que tienen menos de 15 mil habitantes.

Los resultados que se muestran en la gráfica 3 sugieren que la relación entre la autonomía financiera y las transferencias intergubernamentales varía según el tamaño de la población, pues se observa que en los años 2012, 2017 y 2022 las transferencias intergubernamentales influyeron en menor medida sobre la autonomía financiera de los municipios "metropolitanos" en comparación con la de los municipios "urbanos medios", siendo los municipios "urbanos pequeños" y "rurales" los que presentaron las condiciones más críticas en sus haciendas públicas, al tener menor grado de autonomía financiera y mayor dependencia de las transferencias.

Gráfica 3. Autonomía financiera y dependencia de transferencias por tipo de municipio

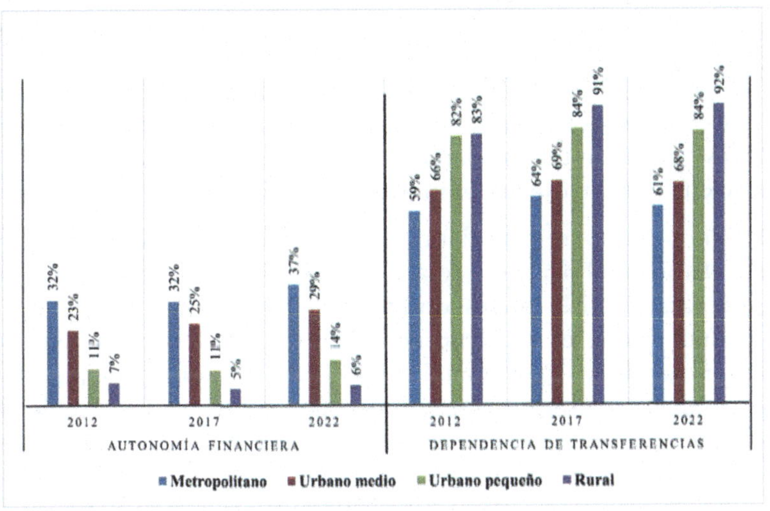

Fuente: Elaboración propia con base en INEGI (2022a, 2022b).

La notable dependencia que tiene la mayoría de los municipios mexicanos por las transferencias es un tema ampliamente debatido entre la comunidad científica, puesto que se ha evidenciado que estas inciden para que existan los fenómenos denominados como "pereza fiscal" y efecto "papel matamoscas" en los municipios (Sour, 2016, 2004; Canavire-Bacarreza y Zúñiga, 2015; Romo de Vivar, Chauca y Gómez, 2010).

Dichos fenómenos no sólo ponen de relieve las implicaciones negativas que derivan del Sistema de Coordinación Fiscal sobre la autonomía financiera, sino también en la autonomía política de los gobiernos municipales. La razón fundamental es que la alta dependencia por las transferencias puede implicar que los recursos sean asignados bajo criterios, filiaciones o intereses políticos (González y Gómez, 2020; Ruíz-Porras y García-Vázquez, 2014; Ibarra, González y Sotres, 2013).

En este contexto, los municipios mexicanos enfrentan importantes adversidades financieras, ya que el acuerdo fiscal vigente favorece la descentralización de gastos y la centralización de los ingresos (De la Calle, 2020), lo que provoca que los gobiernos municipales enfrenten restricciones para recaudar ingresos propios. Según Romo de Vivar, Chauca y Gómez (2010, p. 38) "una descentralización fiscal eficiente requiere que los gobiernos locales puedan autofinanciar sus necesidades de gasto y que exista eficiencia asignativa en los ingresos y en los gastos".

Por lo tanto, se considera que para lograr la eficiencia y equidad fiscal en el país es necesario contar con mecanismos eficaces que garanticen la corresponsabilidad hacendaria intergubernamental, donde el gobierno central distribuya las transferencias garantizando los fines resarcitorios y compensatorios que por origen tienen, y los gobiernos municipales, por su parte, visibilicen dichos recursos como un complemento y no como un sustituto de sus propios esfuerzos fiscales.

2.3. Alcaldes/as y los consejos municipales

En materia política, los ayuntamientos son los órganos que gobiernan a los municipios mexicanos (Fracción I, artículo 115 Constitución Mexicana, Cámara de Diputados, 2024), los cuales están conformados por un presidente/a municipal, regidores/as y un síndico. Por su parte, las alcaldías de la Ciudad de México son gobernadas por un alcalde y un Consejo. Es así como en México existían 2.448 presidentes municipales y 16 alcaldes, de los cuales solo cerca del 23% eran mujeres (INEGI, 2023)[5].

Por otra parte, el número de regidores varía entre los distintos ayuntamientos de los municipios mexicanos. El municipio con el mayor número de regidores en 2022 fue Monterrey (Nuevo León), con 15 regidoras y 13 regidores, seguido de Puebla (Puebla), con 12 regidoras y 11 regidores; mientras que, en el otro extremo, 169 municipios de Veracruz sólo contaban con un regidor/a (INEGI, 2023). Para el caso de los concejales, las 16 alcaldías de la Ciudad de México tenían diez concejales cada una (INEGI, 2023). Los ayuntamientos, así como los alcaldes y los consejos, son votados cada tres años, existiendo la posibilidad de que sus integrantes se reelijan por un período adicional (Inciso b) fracción VI artículo 122 y fracción I del artículo 115 Constitución Mexicana. Cámara de Diputados, 2024).

Por otra parte, existen comunidades que se gobiernan a través de sistemas normativos propios, señalando adicionalmente que, a partir de la reforma de septiembre de 2024, la Constitución Mexicana "reconoce a los pueblos y comunidades indígenas como sujetos de derecho público con personalidad jurídica y patrimonio propio" (artículo 2, Constitución Mexicana, Cámara de Diputados, 2024), considerando adicionalmente que pueden "Decidir, conforme a sus sistemas normativos, y de acuerdo con esta Constitución, sus formas internas de gobierno, de convivencia y de organización social, económica, política y cultural" (Apartado A, fracción I, artículo 2 Constitución Mexicana, Cámara de Diputados, 2024)[6].

---

5 En 2022 no aplicaba la figura de presidente municipal, regidores/as o síndicos para 11 municipios del país (INEGI, 2023), por lo cual no se alcanza la totalidad de los 2,475 municipios.

6 Estos y otros cambios se derivan de la reforma a la constitución realizada en septiembre de 2024 (Gobierno de México, 2024). Para más

Existen municipios que cuentan con comunidades que se gobiernan por sistemas normativos propios bajo distintas denominaciones como "sistemas normativos indígenas" en Oaxaca (IEEPCO, 2022), "sistemas normativos pluriculturales" en Guerrero (EIPCG, 2024) y "autogobierno" en Michoacán (Gobierno de Michoacán, 2024). El número de municipios con este tipo de gobierno alcanza a 417 municipios de Oaxaca que mantienen sistemas normativos indígenas (IEEPCO, 2022), 40 comunidades de 21 municipios de Michoacán que tienen autogobierno (Gobierno de Michoacán, 2024b) y dos municipios con sistemas normativos pluriculturales en Guerrero (IEPCG,2024), por ejemplificar esta situación.

La gran diversidad de los sistemas normativos entre las entidades federativas implica variaciones entre ellos. Es así como Cruz y Santiago (2021) y el TRIFE (2017) definen algunas prácticas comunes de estos sistemas, entre las que se encuentran los sistemas de cargos, el tequio, la cooperación y la asamblea comunitaria, siendo está última importante "pues a través de ella se nombran a las autoridades y se toman decisiones importantes acerca de la organización municipal, uso del territorio y los demás recursos naturales" (TRIFE, 2017, p. 36).

Para el caso de Oaxaca, Carrera y Martínez (2024, pp. 127-128) señalan que "La organización política de la mayoría de los municipios de SIN es muy básica. Existe un presidente municipal, un síndico, regidores, alcalde, tesorero y secretario municipal; y en algunos casos se encuentra alguna otra área, como el registro civil". Las autoras agregan un pie de página para aclarar el nombramiento de alcalde, el cual "es una figura que reconoce la legislación del estado como encargado de la administración de justicia del municipio (juez de paz)" (Carrera y Martínez, 2024, p. 128).

información sobre estos temas se puede consultar a Solís (2023), López y Verdugo (2021), Juan (2024) y Aragón (2015).

2.4. El asociacionismo municipal y las relaciones intergubernamentales

Las reformas de 1983 y 1999 al artículo 115 de la Constitución Mexicana no sólo concedieron mayor autonomía a los ayuntamientos al reconocerlos como un orden de gobierno y otorgarles más facultades y atribuciones exclusivas, sino que además dieron la posibilidad para que pudieran coordinarse y asociarse (Arellano y Rivera, 2011).

La cooperación entre gobiernos locales es nombrada bajo diversas denominaciones, como asociación intermunicipal (Rodríguez-Oreggia y Tuirán, 2006), "cooperación inter-municipal, acuerdos inter locales, consorcios públicos y asociativismo municipal" (Arias, Retamal y Ramos, 2019, p. 576). La asociación intermunicipal, según Rodríguez-Oreggia y Tuirán (2006, p. 394), "es un acuerdo mediante el cual dos o más municipios buscan alcanzar fines comunes, proveer servicios o resolver problemas de manera conjunta".

Participar en este tipo de iniciativas puede favorecer a los municipios, por ejemplo, las asociaciones que tienen como eje central la prestación de servicios públicos permite "a los municipios obtener beneficios en términos de economías de escala, equipamiento, eliminación de esfuerzos duplicados y ahorro en costos" (Rodríguez-Oreggia y Tuirán, 2006, pp. 405-406). El asociacionismo también representa una alternativa para los municipios que, en lo individual, no cuentan con las capacidades institucionales para hacer frente a ciertos problemas y deciden establecer mecanismos de cooperación con otros municipios, a fin de lograr conjuntamente resultados que beneficien por igual a las partes involucradas (Arellano y Rivera, 2011).

Con base en datos del INEGI (2021) se calculó que 49% de los municipios en México, durante el año 2020, estuvieron asociados a alguna institución a fin de desarrollar de mejor forma sus atribuciones. En total se identificaron 5.966 asociaciones interinstitucionales, sin embargo, sólo 352 fueron entre municipios. De estas 352 asociaciones, se destaca que 13% fueron colaboraciones entre municipios en las que se incluyó la participación de instituciones del gobierno federal, órganos constitucionales autónomos federales, gobiernos estatales, organizaciones del sector privado, universidades, organizaciones de la sociedad civil, entre otras.

En cambio, el 87% fueron asociaciones de colaboración exclusivamente entre municipios, en las que se establecieron como principales instrumentos regulatorios: convenios (65%), acuerdos (23%) y contratos (11%) (INEGI, 2021). Las principales funciones que se abordaron en estas asociaciones intermunicipales fueron seguridad, servicios públicos y medio ambiente.

Aunque pueden ser evidentes las ventajas que para un municipio conllevaría asociarse voluntariamente con otros municipios para solucionar una situación no deseada, también existen factores que pueden desincentivar dicha participación. Como parte de los factores que actúan como barreras para que los municipios mexicanos decidan asociarse, Rodríguez-Oreggia y Tuirán (2006) identifican la heterogeneidad de las capacidades institucionales de los municipios, las zonas geográficas en las que se localizan, la afiliación política de los presidentes municipales, los cambios de gobierno y la desconfianza entre las partes que colaboran. Reducir estas barreras, aumenta la probabilidad para que se concreten más asociaciones intermunicipales en el país.

Algunas experiencias de asociaciones intermunicipales que se han desarrollado en México son: el Sistema Intermunicipal de Agua Potable y Alcantarillado (SIAPA), la Asociación de Municipios de México (AMMAC), la Federación Nacional de Municipios Mexicanos (FENAMM), la Asociación de Autoridades Locales de México (AALMAC), la Asociación Nacional de Alcaldes (ANAC) y la Conferencia Nacional de Municipios de México (CONAMM) (Carrera-Hernández, 2016; Quintero, 2006).

En general, estas asociaciones se caracterizan por ofrecer información que contribuya a mejorar la gestión de los ayuntamientos, apoyar a los municipios para que accedan a financiamientos y apoyos económicos que permitan desarrollar proyectos productivos, propiciar el intercambio de experiencias entre ayuntamientos, así como promover la cooperación internacional.

En relación con este último punto, es importante mencionar que la globalización, la democratización y los procesos de apertura económica, si bien han derivado retos y desafíos para la mayoría de los municipios, también han generado oportunidades para que los gobiernos municipales incrementen sus relaciones internacionales con sus similares de otros países (Ruiz, 2009), dando lugar a lo que en la literatura se reconoce como "acuerdos de hermanamiento" (Añorve, Díaz y Prudnikov, 2024), "cooperación internacional descentralizada" o "cooperación internacional para el desarrollo local" (AMEXCID y PNUD, 2017; Ruiz, 2009).

En la Constitución Política de los Estados Unidos Mexicanos se estipula que el Poder Ejecutivo federal tiene la atribución de dirigir la política exterior, pero no existen disposiciones que explícitamente prohíban que los gobiernos subnacionales desarrollen relaciones internacionales (Ruiz, 2009, p. 258). La Ley sobre la Celebración de Tratados es el ordenamiento jurídico mexicano, que regula la celebración de tratados y acuerdos interinstitucionales en el ámbito internacional, siendo precisamente por medio de esta figura que los gobiernos subnacionales, en el marco de sus competencias, tienen la posibilidad de realizar convenios de colaboración en el ámbito internacional (Ruiz, 2009, p. 259).

Con base en el artículo 7 de esta Ley, los gobiernos municipales que pretendan celebrar cualquier acuerdo interinstitucional en el ámbito internacional deben mantener informada a la Secretaría de Relaciones Exteriores sobre esta situación, que deberá formular un dictamen y, en su caso, inscribirlo en el Registro respectivo.

En este contexto, la AMEXCID y PNUD (2017) desarrollaron un mapeo que permite identificar las características de los proyectos y acciones de cooperación internacional que se realizaron en el periodo de 2011 a 2016 en las entidades federativas y municipios. En el estudio se seleccionaron 17 municipios mexicanos, de los cuales, por ejemplo, se identificó que realizaron 16 proyectos y 48 acciones para atender principalmente temas relacionados con los sectores de medio ambiente y desarrollo urbano (AMEXCID y PNUD, 2017). La mayoría de los proyectos reportados se desarrollaron bajo los esquemas de cooperación internacional denominados "Bilateral", "Descentralizado" y "Multilateral" (AMEXCID y PNUD, 2017).

Las asociaciones, proyectos y acciones de cooperación en los que han participado los gobiernos municipales ponen en evidencia su voluntad de mejorar las condiciones de sus respectivas jurisdicciones. Sin embargo, también es fundamental que en el corto y mediano plazo se examinen los resultados que en términos de desarrollo han generado, a fin de que se puedan tomar mejores decisiones que beneficien a la sociedad.

3. PRINCIPALES POLÍTICAS URBANAS Y DESAFÍOS MUNICIPALES

Considerando la categoría de ciudad, México cuenta con 453 ciudades que están habitadas por 87,4 millones de habitantes y representan el 69% de la población total del país (SEDATU, 2024). Entre estas ciudades se identifica que 13 tienen una población mayor a un millón de habitantes y concentran el 53% de la población que vive en ciudades. Por otra parte, se reportan 84 ciudades entre 100.000 y 500.000 habitantes, con el 33% de la población urbana, finalmente, la gran mayoría de ciudades (356) tienen un tamaño entre 15.000 y 100.000 personas, con una participación del 14% de la población urbana (SEDATU, 2024). Las metrópolis y las grandes ciudades se conforman por grupos de municipios con autonomía que requieren coordinarse para que las ciudades tengan gobernabilidad.

México inició, en la década de los setenta del siglo pasado, una expansión urbana acelerada que tuvo su origen en altas tasas de crecimiento de la población y migración del mundo rural al urbano. De acuerdo al Sistema Urbano Nacional, en 1970 tan sólo el 35,1% era población urbana, en tanto que para 1980 el 51,0% de la población era considerada urbana (SEDATU, 2024).

Cuarenta y cuatro años después, la población urbana alcanzó el 69% (SEDATU, 2024). Es decir, la población urbana creció casi lo mismo en una década que en un poco más de cuatro décadas. La expansión urbana mexicana ha sido desigual. A partir del año 2000 han crecido más las ciudades costeras, las fronterizas del norte, las del corredor industrial del centro del país en contraste con las metrópolis y las ciudades pequeñas, las cuales muestran un estancamiento (SEDATU, 2024). Las manchas urbanas han crecido en localidades periféricas rurales más que en localidades urbanas consolidadas, haciendo que la densidad de población se reduzca en municipios centrales. Así, este modelo de crecimiento ha generado ciudades menos densas, pero más extensas, induciendo graves problemas de movilidad que, a su vez, es un factor que pesa sobre la contaminación atmosférica (Zubicaray et al., 2021).

Las ciudades mexicanas son nodos de desarrollo de regiones y representan centros de atracción migratoria, en especial las tres grandes metrópolis: la Ciudad de México, el Área Metropolitana de Guadalajara y la de Monterrey. Sin embargo, las ciudades también enfrentan problemas complejos, principalmente la depreciación ambiental, la desigualdad y marginación, así como las deficiencias de infraestructuras de producción y sociales.

3.1. Problemas ambientales de las ciudades mexicanas

La depreciación ambiental de las ciudades se manifiesta en la insuficiencia de agua para los habitantes de las ciudades, la contaminación del aire y los efectos negativos de la gestión de residuos sólidos.

La demanda de agua per cápita de habitantes de altos ingresos en las ciudades mexicanas es de hasta 300 litros por día, mayor que la recomendada por la Organización Meteorológica Mundial, que sugiere 100 litros diarios para satisfacer las necesidades básicas, mientras que en los estratos de ingresos bajos hay escasa disponibilidad del recurso (Magaña, Abrego y Baldemar, 2024). La mayoría de las ciudades mexicanas tienen déficit de agua porque diversos factores, entre ellos el cambio climático, han generado un estrés hídrico en la mayoría del territorio nacional. En 2021 las regiones norte, centro y noreste del país concentraban el 82% del PIB y el 77% de la población, pero sólo disponen del 32% del agua renovable del país, en comparación con el sur y sureste, que tienen el 18% del PIB, 23% de la población y disponen del 68% del agua renovable (Sánchez y Alarcón, 2024). En el país, la población que dispone de agua potable a diario alcanza sólo el 58%, en tanto en el medio urbano asciende a un 64%, datos que muestran la gravedad de la insuficiencia de agua potable para la población (SEMARNAT, 2024).

La respuesta del gobierno mexicano ante el grave problema del agua es la instrumentación de un programa nacional que busca atender diversos frentes. Uno fundamental es la consolidación de nueva infraestructura hidráulica y el mantenimiento de la existente, recuperación de cuencas hidrológicas y una estrategia de consolidar un esquema eficiente para los organismos municipales, que son los que gestionan el agua potable en los municipios (SEMARNAT, 2024).

Por otra parte, la mala calidad del aire es un problema que enfrentan las ciudades mexicanas. La expansión urbana sin adecuada planeación, priorizando el automóvil privado sobre el transporte público, ha generado que la movilidad en las ciudades sea deficiente y, por lo tanto, la calidad del aire se ve afectada sustancialmente. La mala calidad del aire es un factor que favorece la aparición de enfermedades cardiovasculares y respiratorias, además de los daños al medio ambiente. La contaminación atmosférica en las ciudades mexicanas no está bien dimensionada debido a que no se ha construido un Sistema de Monitoreo de Calidad del Aire (SMCA) que dé cobertura a todas las ciudades y el que existe es deficiente. Páramo (2019) reportó las insuficiencias del SMCA, que sólo cubre a cien ciudades y zonas metropolitanas, en estas ciudades muy pocas cumplieron con las normas ambientales, específicamente solo dos ciudades no rebasaron los límites de ozono y los PM2.5 se rebasaron en todas las ciudades monitoreadas. El autor señala que en México los problemas de contaminación del aire no están limitados a las grandes metrópolis, sino que la mala calidad del aire está presente en las ciudades medianas y pequeñas. Más allá de estudios por parte de las autoridades, no existe un plan serio para atender la contaminación atmosférica en las ciudades del país.

Los residuos sólidos son una externalidad negativa de gran dimensión en las ciudades mexicanas. La generación per cápita en el país es de 0.94 Kg por día, generando 128.000 toneladas en 24 horas. El principal problema de gestionar estos residuos es la disposición final de los mismos (Olivo, Ortiz, Perea y Rodríguez, 2024). Los autores mencionados anteriormente señalan que 747 municipios de los más de 2.400 no cuentan con un sitio de disposición final en su territorio. Se estima que el costo de tener sitios adecuados que puedan procesar los volúmenes generados de residuos y que cumplan las normas ambientales asciende al 0,1% del PIB, mientras que los costos por degradación ambiental ascienden a 0,4%. La Constitución Mexicana otorga muy claramente la responsabilidad del manejo de los residuos sólidos urbanos a los gobiernos municipales que, a pesar de la descentralización, no han construido las capacidades gubernamentales para atender de manera eficiente la oferta de servicios públicos básicos, entre los que se encuentra la gestión de residuos sólidos. Así, la mayoría de las grandes ciudades son la aglomeración de varios municipios que tienen, cada uno, su gestión de residuos sin coordinación intermunicipal y con falta de cooperación con los gobiernos estatales y federal. En síntesis, aunque se ha avanzado en la regulación de los residuos sólidos urbanos, su gestión es un proceso atomizado, descoordinado y sin capacidad gubernamental ni financiera para atender el problema ambiental y social que genera.

Las ciudades mexicanas enfrentan retos ambientales muy complejos. Aquí se han resaltado tres: la insuficiencia de agua potable para garantizar un derecho humano, la contaminación atmosférica y las externalidades negativas producto de la existencia y mala gestión de un gran volumen de residuos sólidos urbanos.

3.2. Desigualdad y pobreza en ciudades mexicanas

La desigualdad socioeconómica y la pobreza son problemas endémicos en nuestro país y las ciudades mexicanas no están exentas de ellos. Un estudio muy sólido sobre la pobreza en las 57 metrópolis mexicanas en el año 2000, que concentraban el 57% de la población total del país, elaborado por Damian (2010) utilizando el Método de Medición Integrada de la Pobreza (MMIP), estimó el indicador para 57 ciudades, el cual fue del 71,5%, lo que representa que la mitad de la población pobre del país habita en estas ciudades. También el estudio menciona que las zonas metropolitanas grandes (mayores de 500 mil habitantes) arrojaron un indicador de MMIP del 70,5% y las zonas metropolitanas medianas (de 100.000 a 500.000 habitantes) alcanzaron el 76,1%. En síntesis, la autora señala que en las metrópolis grandes que concentran el 83% de la población metropolitana, la pobreza es menor, pero muy significativa.

La desigualdad como problema de las ciudades mexicanas, se visualiza en el estudio que realizaron Zubicaray, Brito, Ramírez, García y Macías (2021) que estima un Índice de Desigualdad Urbana (IDU) que relaciona la distancia social y espacial entre un grupo de satisfactores y la población en las 74 zonas metropolitanas que existían el año 2018. Los resultados muestran una crítica desigualdad en el acceso a los satisfactores urbanos entre los estratos altos y bajos de ingreso en todas las ciudades estudiadas, aunque no en la misma magnitud. En promedio, los grupos de más bajos ingresos carecen de acceso a empleos formales, escuelas públicas de educación básica y consultorios públicos de salud, lo que precariza a la población de los niveles de más bajos ingresos. También se encontró que los grupos con menos acceso a satisfactores urbanos se concentran en la periferia.

El combate a la pobreza en México ha obtenido buenos resultados en los últimos años. Esquivel (2024) reporta que la pobreza multidimensional se redujo en el período 2018 a 2022, pasando del 41,9% a 36,3%, lo que implica que salieron de la pobreza 5,1 millones de mexicanos. El autor también encontró que la pobreza total y la extrema se redujeron, aunque en mayor proporción se redujo la pobreza total que la extrema, mostrando una efectividad de la política social que no se había observado en décadas. De acuerdo al autor, las variables que explican estos resultados son tres: 1) un programa de transferencias monetarias a la población en pobreza y vulnerable, 2) incrementos en el salario mínimo que impulsó el ingreso de los grupos de deciles más bajos de ingreso y 3) inversión pública de grandes dimensiones en el sureste del país (Tren Maya, aeropuertos, etc).

La intervención de los gobiernos municipales en el combate a la pobreza es marginal. A pesar de que hay buenos resultados en pobreza en la actualidad, es posible que se llegue a un umbral donde no sea posible sacar de la pobreza a los habitantes. Campos, Delgado y Medina (2020) realizaron un estudio a escala municipal para identificar los avances de la política social contra la pobreza. Encontraron que las personas recibían la misma cantidad de recursos independientemente del nivel de pobreza del municipio, mientras que en los municipios con más altos índices de pobreza la cobertura era menor. Si bien desde 2018 las transferencias directas son universales y ayudan a no abrir brechas de ingresos mayores, el combate a la pobreza aún produce desigualdad entre quienes viven en municipios más pobres con respecto a los municipios menos pobres. El acceso a la educación básica, salud, sistema de cuidados y otros servicios básicos que requieren de cercanía podrían ser dotados con una mayor participación por los gobiernos que conforman las ciudades.

3.3. Vivienda

En el año 2000, México tenía un enorme déficit de vivienda, por lo que el gobierno federal inició una política de construcción y financiamiento sin precedentes, ya que entre el año 2006 y 2012, por ejemplo, se lograron construir un total de 6,6 millones de vivienda (Correa, 2014). El impulso a la vivienda se acompañó de una liberación del suelo y de una fuerte participación de capital privado tratando de impulsar la eficiencia en la producción de la vivienda. Sin embargo, el resultado no es tan positivo debido a que los desarrolladores inmobiliarios tomaron el control de la producción de vivienda y se enfocaron en los grupos de población con alto poder adquisitivo. Por su parte, la organización gubernamental encargada de producir vivienda facilitó el acceso a población con ingresos medios y altos.

La vivienda actualmente en México no es un problema cuantitativo, es decir, no existe una falta tan grande como hace dos décadas. SEDATU (2022) estimó que hay un déficit de 591.200 viviendas, en cambio reporta un déficit cualitativo de vivienda de 15,16 millones de viviendas, lo que representa el 41% del total de viviendas. El déficit cualitativo expresa la precariedad de los materiales, de espacios y de servicios con que cuenta la vivienda. Además, las ciudades mexicanas están presentando vivienda inhabitada, familias ampliadas que viven en una sola vivienda y falta de acceso de este derecho para los jóvenes (SEDATU, 2022).

La producción masiva de vivienda en las ciudades mexicanas en las últimas tres décadas, encabezadas por el gobierno federal y los desarrolladores inmobiliarios, se realizó sin considerar a los gobiernos municipales, que son los responsables de dotar los servicios básicos del entorno. Así, los municipios actualmente enfrentan grandes presiones financieras y de capacidad gubernamental para ofrecer los servicios públicos y controlar el uso del suelo. La falta de coordinación de las autoridades federales y estatales con el municipio, y la falta de regulación de los desarrolladores inmobiliarios, coloca a los gobiernos municipales en una posición delicada para cumplir con la organización de su territorio y garantizar una mejor calidad de vida a sus habitantes (Ziccardi y González, 2019).

3.4. Ciudades competitivas de México

La apertura de la economía mexicana iniciada a finales de los setenta del siglo pasado y la integración económica con América del Norte, que comenzó en enero de 1994, otorgó un papel fundamental a las ciudades como nodos de desarrollo donde se expandió el sector manufacturero y de servicios. La expansión de estos sectores fue tan relevante que actualmente el país dejó de ser exportador de materias primas y es una potencia exportadora manufacturera, en donde su principal mercado internacional es la economía de Estados Unidos. Las ventajas que ofrecía un bloque económico tan grande atrajeron inversión extranjera directa que requería espacios geográficos donde instalar plantas industriales y nodos de servicios ligados al mercado internacional. Así, la competitividad de las ciudades empezó a ser una preocupación, primero, de los gobiernos municipales de las ciudades más grandes, después del gobierno estatal y, al final, hacia el año 2017, el gobierno federal visualizó la competitividad de las ciudades como una estrategia de desarrollo económico.

La competitividad de las ciudades para el año 2007 fue medida por Cabrero, Orihuela y Ziccardi (2009), quienes encontraron que entre las diez ciudades con mayor puntaje de competitividad estaban las dos metrópolis más grandes: Ciudad de México y Monterrey, mientras que Guadalajara, que es la tercera ciudad de mayor población, estaba en el lugar undécimo. Las diez ciudades más competitivas se localizan en el norte y centro del país.

El año 2003 se fundó el Instituto Mexicano para la Competitividad (IMCO), que comenzó a estimar índices de competitividad urbana. Su reporte de 2024 no muestra cambios significativos: las tres grandes metrópolis mexicanas se ubican en el segundo, tercer y cuarto lugar, rodeadas de ciudades del norte y centro del país (IMCO, 2024). Es decir, la dinámica de la competitividad, más que responder a políticas de promoción económica impulsadas por los gobiernos municipales, responde a condiciones de ventajas territoriales de ciudades predominantes desde hace décadas en el sistema de ciudades del país. Garza (2010) mostró que, si bien 20 ciudades mexicanas se ubicaban entre las 500 más competitivas del mundo en el período 2002-2009, dichos nodos de crecimiento no detuvieron que la competitividad global del país se desplomara en el mismo lapso, pasando del lugar 42 al 60.

3.5. Inseguridad en ciudades mexicanas

La Encuesta Nacional de Seguridad Urbana (2024), que reporta información para 90 ciudades mexicanas, señaló que, en promedio, el 60% de los habitantes mayores de 18 años se sienten inseguros en su ciudad (INEGI, 2024). Los primeros resultados de esta encuesta en 2014 reportaron una percepción de inseguridad del 67,9% (INEGI, 2014). Para los responsables de la seguridad del país, este es un indicador de avances en el tema. Sin embargo, muestra, desde nuestro punto de vista, un preocupante estancamiento de la estrategia de seguridad pública en el país.

La violencia desatada el año 2000 al declarar el gobierno federal la guerra al narcotráfico ha evolucionado y se ha centrado en una estrategia centralizada, militarizada y enfocada en la captura de líderes del crimen organizado. Los gobiernos municipales han sido excluidos de la estrategia, a pesar de que Rangel (2023) muestra que la inseguridad se ha centrado en 166 municipios, con poblaciones de entre 20.000 y 50.000 habitantes y que están próximas a vías de transporte que dan acceso a puertos. El autor señala que los funcionarios municipales son vulnerables a los grupos delictivos. Muestra de ello es que de 2006 a 2023 se reportaron 220 alcaldes y funcionarios municipales asesinados, de los cuáles 65 ocurrieron estos últimos seis años (Rangel, 2023). En síntesis, el gobierno municipal se señaló como el eslabón más débil de la cadena de seguridad, se excluyó de la estrategia de combate a la violencia y en las ciudades se enfrenta violencia diversa, mientras que sólo en las grandes metrópolis se cuenta con cuerpos policiacos capacitados y con fuerza para contener los actos delictivos de alto impacto.

3.6. El gobierno de las ciudades mexicanas

Las 453 ciudades mexicanas se asientan en 740 municipios (SEDATU, 2024). Esto implica que son muy pocas las ciudades en las que sólo un gobierno municipal tiene bajo su cargo la gestión de la ciudad. La gobernabilidad de las ciudades mexicanas está ligada a la capacidad y disposición de cooperación entre gobiernos municipales que pueden tener visiones distintas, pertenecer a partidos políticos con visiones ideológicas que no coinciden y con capacidades gubernamentales y financieras asimétricas. Además de la cooperación intermunicipal, se requiere de la coordinación con los gobiernos estatales y el federal, ya que la gestión de la ciudad y de sus diferentes problemas (degradación ambiental, desigualdad y pobreza e inseguridad) pasan por atribuciones particulares de un orden de gobierno y por otras que concurren entre los tres órdenes de gobierno. Así la gestión de las ciudades es un proceso lento y complejo, con resultados no tan esperanzadores y que representan un reto para definir, en el futuro, cómo se deben gobernar las ciudades y, en especial las metrópolis.

El espacio urbano, hasta la década de los años ochenta del siglo pasado, era gestionado por el gobierno federal y estatal con ninguna atribución legal a los gobiernos municipales. Con la reforma del artículo 115 constitucional en 1983, que otorga atribución sobre el ordenamiento del territorio y la planeación urbana, la gestión de las ciudades se descentraliza. Así, en 1993 se actualizó la Ley de Asentamientos Humanos del país y se reconoció la existencia de metrópolis y la necesidad de colaboración para gestionarlas. En el año 2004, la autoridad federal en materia de urbanismo comenzó los trabajos para definir las metrópolis y ciudades. En 2016, una nueva actualización a la Ley de Asentamientos Urbanos, Ordenación del Territorio y Desarrollo Urbano obliga a la cooperación de los gobiernos y genera una estructura básica de gestión, impulsando un fondo de financiamiento metropolitano que funcionó durante unos años, pero que en el año 2019 ya no recibió presupuesto (Díaz, 2018).

Los esfuerzos y logros metropolitanos que se reportan en Ciudad de México, Monterrey y Guadalajara, donde hay comisiones metropolitanas, recursos para proyectos e institutos de planeación que diseñan instrumentos para gestionar las metrópolis, están ligados a temas específicos como la dotación de agua, el manejo de residuos, el control de la contaminación atmosférica o la planeación. Sin duda, la forma de gobernar las ciudades y metrópolis es una asignatura urgente y pendiente en el país.

4. CONCLUSIONES

Las reformas al artículo 115 constitucional de 1983 y 1999 generaron buenas expectativas de que los gobiernos municipales en México, al dotarlos de mayor autonomía, cumplirían de forma eficiente con sus atribuciones y tendrían mayor poder de decisión para implementar políticas públicas locales que beneficiarían a la sociedad. Sin embargo, a más de dos décadas de la última reforma, la realidad es distinta e incluso podría señalarse que recientemente los gobiernos municipales enfrentan escenarios adversos.

A pesar de que en los últimos años los gobiernos municipales ampliaron su agenda institucional para enfrentar diversos retos en temas relacionados con el desarrollo social, los servicios públicos, la igualdad de género y/o derechos de las mujeres, así como otros temas de interés público, estas iniciativas afrontan un escenario adverso y poco alentador, que podría limitar su desarrollo con el paso del tiempo debido a la alta dependencia municipal de las transferencias intergubernamentales. La razón fundamental es que la dependencia por estos recursos limita la autonomía y las capacidades financieras de los municipios, sean metropolitanos, urbanos o rurales, a efecto de utilizar ingresos propios para financiar acciones locales que contribuyan a solucionar problemas que, de manera particular, enfrentan sus jurisdicciones.

Considerando las categorías de las metrópolis y las grandes ciudades, como son la Ciudad de México, el Área Metropolitana de Guadalajara y la de Monterrey, se considera que, debido a que estas concentran un mayor número de habitantes y tienden a expandirse sin adecuada planeación, afrontan las mayores presiones financieras para ofrecer servicios públicos y solucionar problemas complejos, principalmente para enfrentar la depreciación ambiental que se manifiesta en la insuficiencia de agua, la contaminación del aire y en los efectos negativos de la gestión de residuos sólidos; la desigualdad, pobreza e inseguridad, así como las deficiencias de infraestructuras de producción y sociales que afectan a la competitividad económica y al acceso a la vivienda.

Las metrópolis y las grandes ciudades se conforman por grupos de municipios con autonomía, por lo cual, se considera que la capacidad gubernamental es otro factor determinante para implementar acciones que ayuden a mitigar estos problemas, pues la gobernabilidad de estas demarcaciones está ligada a la disposición de cooperación intergubernamental, donde los gobiernos tienen visiones ideológicas e intereses divergentes. Como respuesta ante estos escenarios, diferentes municipios han decidido asociarse voluntariamente para tratar de solucionar alguna situación no deseada. Sin embargo, hay poca evidencia sobre los resultados que en términos de desarrollo han generado, pues, por ejemplo, aún sigue habiendo importantes cuadros de degradación ambiental, desigualdad, pobreza e inseguridad. Esta situación muestra que no sólo es importante la cooperación intermunicipal, sino también se requiere de la coordinación con los gobiernos federal y estatales, ya que la gestión de la ciudad y varios de sus problemas concurren entre los tres órdenes de gobierno. Así, la gestión de las ciudades representa un reto para definir, en el futuro, cómo se deben gobernar las ciudades y, en especial, las metrópolis.

5. REFERENCIAS BIBLIOGRÁFICAS

Agencia Mexicana de Cooperación Internacional para el Desarrollo (AMEXCID) y Programa de las Naciones Unidas para el Desarrollo (PNUD) (2017). *Mapeo de Proyectos y Acciones de Cooperación Internacional de Gobiernos Subnacionales en México.* México: Programa de Cooperación AMEXCID-PNUD.

Añorve Añorve, D., Díaz Pérez, F. y Prudnikov Romeiko, V. (2024). Visibilidad, funcionalidad, racionalidad e institucionalidad en los hermanamientos de Oaxaca y Guanajuato. *Secuencia,* Nº 119, 1-31. https://doi.org/10.18234/secuencia.v0i119.2218.

Aragón, O. (2015). Sistemas normativos y procuración de justicia. En Sánchez, Del Val, J., Avilés, A., Sánchez, C. y Zolla, C. (Coords.). *Estado del desarrollo económico y social de los pueblos indígenas de Michoacán.* Programa

Universitario México Nación Multicultura-UNAM/ Secretaría de Asuntos Indígenas del Gobierno del Estado de Michoacán. Disponible en: https://www.nacionmulticultural.unam.mx/edespimich/wp-content/uploads/2016/01/Cap10.pdf.

Arellano Ríos, A. y Rivera Pahua, Y. (2011). Asociacionismo municipal y medio ambiente. La junta intermunicipal del río Ayuquila, Jalisco. *Espacios Públicos, 14* (31), 32-56.

Arias Yurisch, K., Retamal Soto, K. y Ramos Fuenzalida, C. (2019). Cooperación intermunicipal en América Latina: estado del arte y desafíos futuros de la investigación. *Revista de Administração Pública, 53* (3), 575-591.

Cabrero Mendoza, E. (2004). Capacidades institucionales en gobiernos subnacionales de México. ¿Un obstáculo a la descentralización fiscal? *Gestión y Política Pública, XIII* (3), 753-784.

Cabrero Mendoza, E., Orihuela Jurado, I. y Ziccardi Contigiani, A. (2009). Competitividad urbana en México: una propuesta de medición. *Revista Eure, XXXV* (106), 79-99.

Cámara de Diputados (2024). *Constitución Política de los Estados Unidos Mexicanos.* Disponible en: https://www.diputados.gob.mx/LeyesBiblio/pdf/CPEUM.pdf.

Campos, R., Delgado, V. y Medina, E. (2020). Política social y combate a la pobreza en México: análisis de la Cartilla Social. *Gestión y Política Pública, 29* (2), 355-386.

Canavire-Bacarreza, G. y Zúñiga Espinoza, N. G. (2015). Transferencias e impuesto predial en México. *Economía UNAM, 12* (35), 69-99.

Carrera, A. P. y Martínez, M. G. (2024). Los cambios en las políticas públicas de los gobiernos municipales de sistemas normativos internos de Oaxaca, 1995-2020. En Meza, O. y Moya E. (coords.) *Procesos de políticas públicas en gobiernos subnacionales.* Tirant lo Blanch 115-150.

Carrera-Hernández, A. P. (2016). El asociativismo intermunicipal en México. En Cravacuore, D. y Chacón, A. (Eds.). *El asociativismo intermunicipal en América Latina* (pp. 204-232), Santiago de Chile: AMUCH.

Centro de Estudios de las Finanzas Públicas (CEFP) (2017). *Criterios que se utilizan para la asignación presupuestal a entidades federativas y municipios en la Ley de Coordinación Fiscal.* México: Cámara de Diputados, LXIII Legislatura. Disponible en: https://www.cefp.gob.mx/publicaciones/documento/2017/eecefp0042017.pdf.

Correa López, G. (2014). Construcción y acceso a la vivienda en México, 2000-2012. *Intersticios Sociales,* N° 7, 1-31.

Cruz Meléndez, C. A. y Santiago Martínez, L. D. (2021). Los sistemas normativos indígenas en tiempos del gobierno abierto. Perspectiva municipal en Oaxaca. *Encrucijada. Revista Electrónica del Centro de Estudios en Administración Pública.* N° 37, 94-112. http://dx.doi.org/10.22201/fcpys.20071949e.2021.37.77124.

Damian, A. (2010). La pobreza en México y sus principales ciudades. En Garza, G. y Schteingart, M. (Coords.). *Desarrollo urbano y regional. Los grandes problemas de México* (pp. 213-258). Ed. COLMEX.

De la Calle, L. (2020). Por el bienestar de todos, primero el predial. *Revista de Economía Mexicana,* N° 5, 129-160.

Díaz, A. (2018) Gobernanza metropolitana en México: instituciones e instrumentos. *Revista del CLAD Reforma y Democracia.* N° 71, pp. 121-154.

Esquivel, E. (2024). Avances en el combate a la pobreza en México, 2018-2022. *Revista de Economía Mexicana.* Ed. UNAM, 39-63.

Garza, G. (2010). Competitividad de las metrópolis mexicanas en el ámbito nacional, latinoamericano y mundial. *Estudios Demográficos y Urbanos, 25* (3), 513-588.

Gobierno de México (2024). Decreto por el que se reforman, adicionan y derogan diversas disposiciones del artículo 2° de la Constitución Política de los Estados Unidos Mexicanos, en materia de Pueblos y Comunidades Indígenas y Afromexicanos. *Diario Oficial de la Federación.* 30 de septiembre de 2024. Disponible en: https://www.dof.gob.mx/nota_detalle.php?codigo=5739986&fecha=30/09/2024#gsc.tab=0.

Gobierno de Michoacán (2024). *¿Qué es autogobierno?* Disponible en: https://autogobierno.michoacan.gob.mx/conoce-autogobierno-y-presupuesto-directo/que-es-autogobierno/ consultado el 14 de diciembre de 2024.

Gobierno de Michoacán (2024b). *Comunidades indígenas con autogobierno y presupuesto directo por municipio.* Disponible en: https://autogobierno.michoacan.gob.mx/wp-content/uploads/2024/10/Municipio.pdf consultado el 14 de diciembre de 2024.

González Ramírez, P. I. y Gómez Galarza, E. (2020). Federalismo fiscal y las asignaciones de transferencias en San Luis Potosí, México. *Revista Mexicana de Economía y Finanzas Nueva Época, 15* (3), 395-413. https://doi.org/10.21919/remef.v15i3.465.

Ibarra Salazar, J., Sandoval Musi, A. y Sotres Cervantes, L. (2001). Participaciones federales y dependencia de los gobiernos municipales en México, 1975-1995. *Investigación económica, LXI* (237), 25-62.

Ibarra Salazar, J., González, H. y Sotres Cervantes, L. (2013). Aspectos políticos de la dependencia financiera en los municipios mexicanos. *Revista Mexicana de Ciencias Políticas y Sociales, LVIII* (217), 139-170.

Instituto Electoral y de Participación Ciudadana del estado de Guerrero (IEPCG) (2024). *Sistemas normativos pluriculturales.* Disponible en:

https://www.iepcgro.mx/principal/sitio/sistemas_normativos_internos consultado el 14 de diciembre de 2024.

Instituto Estatal Electoral y Participación Ciudadana de Oaxaca (IEEPCO) (2022). *Catalogo de municipios sujetos al régimen de Sistemas Normativos Indígenas del estado de Oaxaca 2022.* Disponible en: https://www.ieepco.org.mx/cat-info/dictamenes-sni2022 consultado el 14 de diciembre de 2024.

Instituto Mexicano de Competitividad (IMCO) (2024). *Índice de competitividad urbana 2024.* Disponible en: https://imco.org.mx/indice-de-competitividad-urbana-2024/.

Instituto Nacional de Estadística y Geografía (INEGI) (2017). *Marco geoestadístico.* Disponible en: https://www.inegi.org.mx/temas/ mg/#Descargas.

Instituto Nacional de Estadística y Geografía (INEGI) (2020). *Censo de población y vivienda 2020. Tabulados.* Disponible en: https://www.inegi.org.mx/programas/ccpv/2020/#tabulados.

Instituto Nacional de Estadística y Geografía (INEGI) (2020). *Censo de Población y Vivienda 2020.* Disponible en: https://www.inegi.org.mx/programas/ccpv/2020/.

Instituto Nacional de Estadística y Geografía (INEGI) (2021). *Censo Nacional de Gobiernos Municipales y Demarcaciones Territoriales de la Ciudad de México 2021.* Disponible en: https://www.inegi.org.mx/programas/cngmd/2021/#datos_abiertos.

Instituto Nacional de Estadística y Geografía (INEGI) (2022a). *Finanzas Públicas Estatales y Municipales 2012 a 2022.* Disponible en: https://www.inegi.org.mx/programas/finanzas/#Tabulados.

Instituto Nacional de Estadística y Geografía (INEGI) (2022b). *Índice Nacional de Precios al Consumidor, clasificación objeto del gasto 2012 a 2022.* Disponible en: https://www.inegi.org.mx/temas/inpc/.

Instituto Nacional de Estadística y Geografía (INEGI) (2023). Censo Nacional de Gobiernos Municipales y Demarcaciones Territoriales de la Ciudad de México 2023. Disponible en: https://www.inegi.org.mx/programas/cngmd/2023/

Instituto Nacional de Estadística y Geografía (INEGI) (2024). *Encuesta nacional de seguridad pública urbana.* Disponible en: https://www.inegi.org.mx/programas/ensu/.

Instituto Nacional de Estadística y Geografía (INEGI) (2024). *Encuesta Nacional de Seguridad Pública Urbana.* Disponible en https://www.inegi.org.mx/programas/ensu/#tabulados.

Juan Martínez, V. L. (2024). *La reforma indígena en México: avances, pendientes y retos. Fundación para el debido proceso.* Disponible en: https://dplf.org/la-reforma-indigena-en-mexico-avances-pendientes-y-retos/.

López, J. y Verdugo, M. (2021). Sistemas normativos internos de los pueblos indígenas en México. En Ramos, P. y García, L. (Coords.), *Estado de derecho, democracia y formas de gobierno* (pp. 167-177). Salamanca: Ediciones Universidad de Salamanca.

Magaña, V., Ábrego Góngora, C, J. y Baldemar Méndez, A. (2024). El clima cambiante y los consumos domésticos de agua en ciudades de México. *Investigaciones Geográficas,* N° 114, 1-18. https://doi.org/10.14350/rig.60850.

Olivo, J., Ortiz, A., Perea, M. y Rodríguez, P. (2024). La evolución de las regulaciones de los residuos sólidos urbanos en México: un abordaje interdisciplinario y de derecho comparado. *Actualidad Jurídica Ambiental,* N° 145, 1-41.

Páramo, J. (2019). *Estado de la Calidad del Aire en México.* Instituto Nacional de Ecología y Cambio Climático.

Quintero López, R. (2006). *Asociativismo municipal en América Latina. Gobiernos locales y sociedad civil.* Ecuador: FLACMA/GTZ/DIFD/Ediciones Abya-Yala.

Rangel, A. (2023). México es tan seguro como su país más violento. *Nexos.* 11 julio 2023. Disponible en: https://seguridad.nexos.com.mx/mexico-es-tan-seguro-como-su-municipio-mas-violento/.

Rodríguez-Oreggia, E. y Tuirán Gutiérrez, R. (2006). La cooperación intermunicipal en México. Barreras e incentivos en la probabilidad de cooperar. *Gestión y Política Pública, XV* (2), 393-409.

Romo de Vivar Mercadillo, M. R., Chauca, Malásquez, P. M. y Gómez Monge, R. (2010). Las transferencias condicionadas y el efecto de pereza fiscal: el caso del gobierno municipal de Morelia, Michoacán, México. *INCEPTUM, V* (9), 37-67.

Ruiz Alaníz, L. (2009). Las relaciones internacionales de los municipios. *Convergencia. Revista de Ciencias Sociales,* N° 49, 253-275.

Ruiz-Porras, A. y García-Vázquez, N. (2014). El federalismo fiscal y las transferencias planeadas hacia los municipios mexicanos: criterios económicos y políticos. *Espiral, XX* (59), 69-85.

Sánchez Bernal, A. (2016) *Dinámicas del gobierno municipal en el límite de la recentralización.* Ed. Red de Investigadores en Gobiernos Locales Mexicanos, AC.

Sánchez Bernal, A. y Alarcón, M.A. (2024). Prospectiva de la economía en Adrián Acosta (Coord.), *Jalisco a Futuro 2050. Jalisco Mañana.* Guadalajara: Editorial Universidad de Guadalajara, pp. 393-422.

Secretaria de Desarrollo Agrario, Territorial y Urbano (SEDATU) (2024). *Sistema Urbano Nacional 2020.* Ed. SEDATU. Disponible: https://www.gob.mx/conapo/documentos/sistema-urbano-nacional-2020.

Secretaria de Desarrollo Agrario, Territorial y Urbano (SEDATU) (2022). *Déficit cualitativo de vivienda en México.* CONAVI, SEDATU.

Secretaria del Medio Ambiente y Recursos Naturales (SEMARNAT) (2024). *Programa Nacional Hídrico 2020-2024.* SEMARNAT.

Solís, J. (2023). Autodeterminación indígena, autonomía política y federalismo en México. Pensar desde Chiapas los nuevos retos de los gobiernos indígenas locales. *Antrópica. Revista de Ciencias Sociales y Humanidades, 9* (18), 41-66.

Sour Vargas, L. (2004). El sistema de transferencias federales en México ¿Premio o castigo para el esfuerzo fiscal de los gobiernos locales urbanos? *Gestión y Política Pública, XIII* (3), 733-751.

Sour Vargas, L. (2016). Una revisión del "efecto flypaper" mexicano (1999-2012). *Revista Mexicana de Análisis Político y Administración Pública, 5* (2), 9-28.

Tribunal Electoral del Poder Judicial de la Federación (TRIFE) (2017). *Protocolo para defensoras y defensores de los derechos político-electorales de los pueblos y comunidades indígenas.* Ciudad de México: México. Disponible en: https://archivos.juridicas.unam.mx/www/bjv/libros/10/4716/14.pdf.

Unda Gutiérrez, M. (2021). Una hacienda local pobre: ¿qué explica la recaudación predial en México? *Estudios Demográficos y Urbanos, 36* (1), 49-88. http://dx.doi.org/10.24201/edu.v36i1.1871.

Ziccardi, A. y González, A. (2019). Introducción en *Habitabilidad y política de vivienda en México.* UNAM, 11-20.

Zubicaray, G., Brito, M., Ramírez Reyes, L., García, N., y Macías, J. (2021). *Las ciudades mexicanas: tendencias de expansión y sus impactos.* Coalition for Urban transitions: London, UK, y Washington, DC.

Los gobiernos municipales en Paraguay

MARÍA BELÉN SERVÍN

Centro de Análisis y Difusión de la Economía Paraguaya (CADEP)

Resumen: La organización territorial y normativa de los municipios en Paraguay como país unitario se inicia a fines del siglo XIX, pero no es sino a fines del siglo XX e inicios del presente siglo cuando se estructuran leyes orgánicas que establecen las funciones y atribuciones específicas de los municipios. El concepto de descentralización territorial es introducido por la Constitución de 1992 que permite la clasificación de gobiernos locales y las nuevas normativas de autonomía de estos gobiernos. Sin embargo, el proceso de descentralización ha sido lento y con resultados escasos. En este capítulo, se analizarán las principales características del sistema municipal paraguayo.

Palabras clave: Gobierno municipal, descentralización, financiamiento, asociacionismo, políticas urbanas.

Abstract: The territorial and regulatory organization of municipalities in Paraguay, as a unitary country, started at the end of the 19th century. However, it was not until the end of the 20th century that organic laws have been enacted to establish specific functions and attributions of the municipalities. The concept of territorial decentralization was introduced by the 1992 Constitution, which allowed for the classification of local governments and new autonomy regulations for these governments. However, decentralization has been slow and with few achievements. This chapter will analyze the main characteristics of the Paraguayan municipal system.

Keywords: Municipal Government, Decentralization, Financing, Associations, Urban Policies.

1. INTRODUCCIÓN

En términos político-administrativos, el Paraguay cuenta con 17 departamentos, más Asunción, la capital. En el país existe un total de 262 distritos municipales dentro de los departamentos, más el distrito capital. De acuerdo con el Instituto Nacional de Estadística – INE, el Paraguay cuenta con un total de 6.109.903 habitantes y una superficie de 406.752 km².

Desde su independencia (1811), el Paraguay ha sido un Estado unitario y fuertemente centralizado. Con la Constitución Nacional del año 1992, se introduce de manera explícita la descentralización política-administrativa y con ello una nueva forma de gobernar el país, aunque manteniendo su condición unitaria. Recién en el año 2010, con la nueva Ley Orgánica Municipal (Ley N°3.966) se establece que los gobiernos municipales tienen la autonomía política, administrativa y normativa, así como la autarquía en materia de recaudación de ingresos y ejecución de gastos.

El proceso de descentralización ha sido muy lento y se implementó en un país con fuertes asimetrías en sus territorios, que aún se mantienen, en términos de población y superficie, acceso a los servicios básicos, disponibilidad de infraestructuras y comunicación, etc. Asimismo, ese proceso se ha producido en presencia de iniciativas o acciones aisladas de reformas y modernización del Estado.

Los gobiernos municipales cuentan con una relativa autonomía administrativa, pero con una limitada capacidad en materia financiera, con una fuerte presencia del gobierno central. En ese sentido, las transferencias gubernamentales han adquirido más relevancia dentro de los ingresos municipales. Asimismo, las municipalidades tienen limitada capacidad normativa, desde el momento que no pueden dictar normas con rango de Ley.

Por lo tanto, los desequilibrios existentes a nivel territorial en el país y las limitadas capacidades en términos administrativos, normativos y financieros han debilitado el papel de los gobiernos municipales como órganos descentralizados. Sin embargo, no cabe duda, que estos órganos son fundamentales en la planificación e implementación de políticas y acciones a nivel local para el desarrollo de sus respectivos territorios.

Este capítulo se estructura de la siguiente manera. En primer lugar, se realiza una breve descripción de las características de los gobiernos municipales respecto de los tipos de gobiernos locales, características de sus autoridades (intendentes y juntas municipales), formas de financiamiento y el asociativismo municipal. En segundo lugar, se presenta el análisis acerca de los problemas de orden urbano que enfrentan dos municipios en el país, el distrito de Ciudad del Este y el distrito de Encarnación, también la forma en que esos gobiernos municipales abordan y responden con soluciones a dichos problemas. Finalmente, se exponen las principales conclusiones del trabajo.

2. DESCRIPCIÓN GENERAL DE LOS GOBIERNOS LOCALES EN PARAGUAY

El Paraguay se ha caracterizado por ser un Estado unitario y fuertemente centralizado (Nickson, 2016; Flecha, 2004; Nickson, 1993; Causarano y Verón, 1991).

El nivel de Gobierno Municipal data del siglo XIX. En 1871, se promulgó la primera Ley "Orgánica de Elecciones de la Ciudad de Asunción", a través de la cual se creó la Municipalidad de la Capital (Art. 23 Ley del 15-VI-1871). En el año 1882, se promulgó la segunda Ley Orgánica Municipal, que creaba también municipios del interior del país. Sin embargo, en esta ley todavía no se estipulaba el cargo de intendente. Este cargo se crea en 1891, en este caso de la municipalidad de Asunción. En los años 1909, 1927, 1954 y 1987, se sancionaron y se promulgaron sucesivas Leyes Orgánicas Municipales, a través de las cuales se establecieron las municipalidades en todo el país, con modificaciones y ampliaciones en cuanto a su organización y autonomía, así como en cuanto a sus atribuciones y deberes (Pettit, 2011).

El proceso de descentralización en el Paraguay ha sido lento, coincidente con el inicio de la era democrática del país, tras la caída del gobierno autoritario (1954-1989) de Alfredo Stroessner. Así en el año 1991, se realizó por primera vez la elección democrática de los intendentes en todos los municipios del país, dando lugar a la aparición de múltiples partidos políticos/movimientos independientes al frente de los gobiernos locales. Con anterioridad la totalidad de los municipios estaban bajo el control del oficialista Partido Colorado (Arditi, 1992).

Con la Constitución Nacional de 1992 se introduce de manera explícita la descentralización política y administrativa del país, siendo una nueva forma de gobernar el territorio, aunque manteniéndose la condición unitaria del Estado. Se establecían tres tipos o niveles de gobierno: el Gobierno Nacional, el Gobierno Departamental y el Gobierno Municipal. En ese marco, los gobiernos subnacionales gozan de autonomía política, administrativa y normativa, así como de autarquía en términos de la recaudación e inversión de sus recursos (Artículo 156, Constitución Nacional de 1992).

En la década de los años noventa del siglo pasado y primera década del presente siglo, se pueden hacer referencias a algunas iniciativas de reformas del Estado en materia de descentralización, como ser: la reforma del Código Electoral de 1990, que sustentó el marco legal para la elección de autoridades subnacionales (Brian, 1998); la creación del Consejo Nacional para la Descentralización del Estado —CONADE— (1997) y la Secretaria Nacional de Reformas del Estado (1999), que quedaron suspendidas (Nickson, 2016); el Anteproyecto de Ley de Descentralización con media sanción de la Cámara de Diputados y que fuera rechazado en 2009, y la creación de la Unidad Técnica de Descentralización (2009), dependiente del Ministerio de Economía y Finanzas, encargada de la gestión de transferencias de recursos financieros a los gobiernos departamentales y municipales (González, 2015).

Por otro lado, la implementación de los cambios en materia de descentralización política-administrativa del Estado introducidas en la Carta Magna ha sido lenta, materializándose a finales de la década del 2000, con la promulgación de la nueva Ley Orgánica Municipal, que sustituyó a la de 1987 (Ley N° 3.966 de 2010) (González, 2015). En esta nueva carta orgánica municipal se establece que los Gobiernos Municipales tienen la autonomía política, administrativa y normativa, así como la autarquía en materia de recaudación de ingresos y ejecución de gastos. En el año 2012, se diseñó el Plan Marco de Desarrollo y Ordenamiento Territorial

(PMDyOT), aunque no se tradujo en un marco legal ni en instrumentos específicos que permitieran su ejecución (Sili, Vargas y otros, 2021).

Como se puede observar, a lo largo del proceso de descentralización no ha habido esfuerzos de sistematización para llevar adelante estrategias de descentralización en el país, tampoco una política nacional para el desarrollo del municipalismo en el Paraguay (Monte Domeq, 2015).

2.1. Tipos de gobiernos locales

A nivel de Gobierno Departamental, se cuenta con las gobernaciones que integran los 17 departamentos del país. Por debajo del nivel departamental, se encuentran los municipios. La Ley N° 3.966 del 2010, que establece una nueva carta orgánica municipal, tiene entre sus principales reformas a las relativas a la autonomía municipal, los deberes y atribuciones de los intendentes y de las juntas municipales y la regulación del presupuesto municipal.

En el Paraguay, el nivel municipal está constituido por 263 municipios, encontrándose 245 localizados en la Región Oriental y tan sólo 18 en la Región Occidental del país. Estos municipios, a excepción de Asunción, son agrupados por tamaño según los montos de sus presupuestos, como sigue: *Primer Grupo:* más del 50% del total de los montos presupuestarios promedio anual correspondientes a las municipalidades de las capitales de los departamentos; *Segundo Grupo:* menos del 50% y hasta el 12% del promedio anual indicado en el punto anterior; *Tercer Grupo:* inferiores al 12% y hasta el 3% del mismo promedio, y, el *Cuarto Grupo:* inferiores al mínimo establecido en el punto anterior (Art. 8, Ley 3.966/2010).

Existen disparidades importantes en el sistema municipal paraguayo. En términos del tamaño de la población, el sistema municipal cuenta con un grupo de grandes municipalidades, mayoritariamente localizadas en la capital y sus alrededores (el área metropolitana de Asunción o Gran Asunción) y tres capitales departamentales (Ciudad del Este, Encarnación y Pedro Juan Caballero) en el interior del país, que gobiernan una parte importante de la población del país (47% del total). Dieciocho municipalidades del país concentran el 17% de la población, en tanto que, la gran mayoría de las municipalidades (222) gobiernan pequeñas poblaciones del país (por debajo de 1% de la población, cada una). Estas características geográficas hacen que sea compleja la administración territorial del país (Sili y Rodríguez, 2017).

Figura 1. Mapa de los municipios del Paraguay

Fuente: Instituto Nacional de Estadística, 2024.

De acuerdo con la Constitución Nacional de 1992, en su Artículo 168, los municipios: 1) elaboran sus presupuestos de ingresos y gastos; 2) reciben transferencias del gobierno central; 3) regulan las tasas retributivas de servicios efectivamente prestados; 4) elaboran ordenanzas, reglamentos y resoluciones; 5) acceden al crédito privado y público, nacional e internacional, y 6) reglamentan y fiscalizan el tránsito y el transporte público, entre otros.

También en la Ley Orgánica Municipal se establece que las municipalidades podrán asumir funciones de otros organismos o entidades del Gobierno Central. Ciertas leyes nacionales permiten descentralizar funciones y servicios en materia, por ejemplo, de salud, cuidado medioambiental y educación. Aunque en ocasiones, ya se ha producido una superposición de funciones entre las municipalidades y otros organismos del Gobierno Central y/o Departamental, por falta de claridad establecida en la legislación o por falta de voluntad de las autoridades[1].

Las municipalidades tienen capacidad normativa de dictar y ejecutar ordenanzas, reglamentos y resoluciones cuya fuerza obligatoria se aplica dentro de los límites del distrito. Por otro lado, el Poder Ejecutivo podrá intervenir los gobiernos municipales, previo otorgamiento del acuerdo por parte de la Cámara de Diputados, a solicitud de las juntas municipales o departamentales u otras instancias (Ley N°317/94).

2.2. Intendentes y las juntas municipales

El Gobierno Municipal es ejercido por la Intendencia Municipal (intendente) y la Junta Municipal (Art. 20, Ley 3996/2010).

---

1 Ejemplos de estas funciones son: 1) la Ley 3307/2006 que descentraliza el sistema nacional de salud (MSPBS, Consejo de Gobernadores del Paraguay, OPACI, CIRD, 2010), 2) la ley 1561/00 que crea el Sistema Nacional del ambiente, y 3) construcción de centros educativos y otros servicios prestados al Ministerio de Educación (Nickson, 2016).

Las juntas municipales deben estar integradas en número diferente de miembros de acuerdo al Grupo de Municipalidades a la cual pertenece (Art. 24 de la Ley 3.966/2010).

Tanto la Intendencia Municipal (intendente) como los miembros de la Junta Municipal (concejales), son elegidos por un mandato de cinco años. El intendente es elegido directamente mediante el principio de mayoría relativa, mientras que los concejales, hasta las elecciones municipales de 2015, por el sistema D' Hondt de representación proporcional mediante listas cerradas. En el año 2019, se produjo una reforma del Código Electoral (Ley N° 6.318), a través de la cual se introdujo el sistema de listas desbloqueadas y de representación proporcional para cargos pluripersonales. En las últimas elecciones municipales de 2021, se puso a prueba el nuevo sistema. El intendente puede ser reelecto una sola vez en el período inmediato, mientras que los miembros de la Junta Municipal pueden ser reelectos de manera indefinida.

En las cuatro elecciones municipales realizadas entre 2001 y 2021, el promedio de participación electoral ha estado por debajo del 60%, con algunas diferencias por departamentos. Estos resultados de participación electoral son similares a los obtenidos en las elecciones generales del país.

Las candidaturas electas en los comicios municipales son mayoritariamente de los dos partidos politicos tradicionales: ANR-Partido Colorado y Partido Liberal Radical Auténtico (PLRA), que poseen el 62% y 30% de promedio, respectivamente, para el período 2001-2021. Entre los partidos tradicionales, se destaca el predominio creciente de la ANR – Partido Colorado, que en el año 2001 gobernaba 145 de 220 distritos y 161 de 261 distritos en el 2021.

Gráfico 1. Resultados de las elecciones municipales en el período 2001-2021

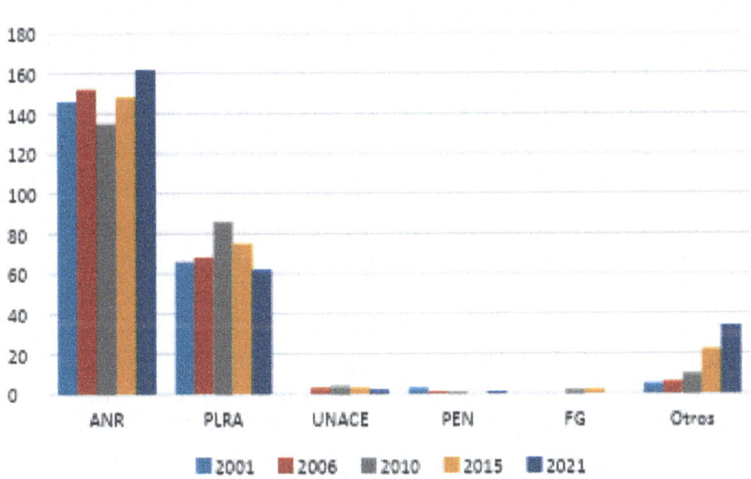

Fuente: Elaboración propia con datos del Tribunal Superior de Justicia electoral (TSJE).

Observación: UNACE: Unión Nacional de Ciudadanos Éticos; PEN: Partido Encuentro Nacional, FG: Frente Guasú.

No obstante, en dos de las capitales departamentales más importantes del país (Ciudad del Este y Encarnación) salieron victoriosos partidos o movimientos de oposición en la última elección municipal. En el caso de Ciudad del Este, desde 2019, obtuvo el triunfo el *Movimiento Conciencia Democrática del Este*, finalizando así la hegemonía del Partido Colorado desde la fundación de esa ciudad. En el caso de Encarnación, en el 2015 se ha producido un hito en la historia política de ese municipio, con el triunfo de la *Alianza Encarnación al Frente* (incluyendo al PLRA en esa alianza), produciéndose así una ruptura de la hegemonía de más de 75 años de gobierno de la ANR-Partido Colorado.

Por otro lado, en la capital del país, la mayoría de votantes han demostrado ser los independientes y de los partidos de la oposición al Partido Colorado. En el año 1991, un movimiento ciudadano denominado *Asunción Para Todos* derrotó en las elecciones para intendente tanto al Partido Colorado como al PLRA. En 1996, una coalición de independientes y del PLRA dio la victoria a la oposición. En varias elecciones siguientes, la victoria ha sido del Partido Colorado por cuanto que la oposición se presentaba con candidatos separados, hasta el año 2015 cuando la oposición unida (PLRA, independientes y terceros partidos) vuelve a ganar la intendencia de Asunción.

Otro aspecto relevante para destacar es la participación de candidatos a intendencias municipales por género. Entre los años 2001 y 2021, tan solo el 10% de las candidaturas pertenecían a mujeres. Similar situación se da al estudiar la cantidad de intendencias a cargo de mujeres y hombres, siendo 8% y 92% en promedio anual, respectivamente. Si bien el Código Electoral paraguayo (Art. 32, inciso r), establece la participación de la mujer a cargos electivos en un porcentaje no inferior al 20%, el país cuenta con una baja participación de candidatas mujeres a nivel de las intendencias municipales.

2.3. Formas de financiamiento

Los ingresos de los Gobiernos Municipales mostraron un ritmo de crecimiento relativamente bajo, en torno al 5% promedio anual entre los años 2015 y 2023. La participación de los ingresos municipales sobre los ingresos del Gobierno Central y sobre el PIB es baja, del 4,6% y 1% en promedio anual, respectivamente. Sin embargo, al comparar el crecimiento de los ingresos de los Gobiernos Municipales respecto al de los del Gobierno Central (Gráfico 2), se observa que a partir de 2021 ha habido un mayor esfuerzo por parte de los primeros por obtener mayores recursos financieros.

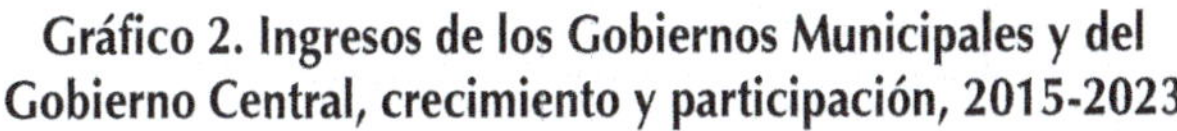

Gráfico 2. Ingresos de los Gobiernos Municipales y del Gobierno Central, crecimiento y participación, 2015-2023

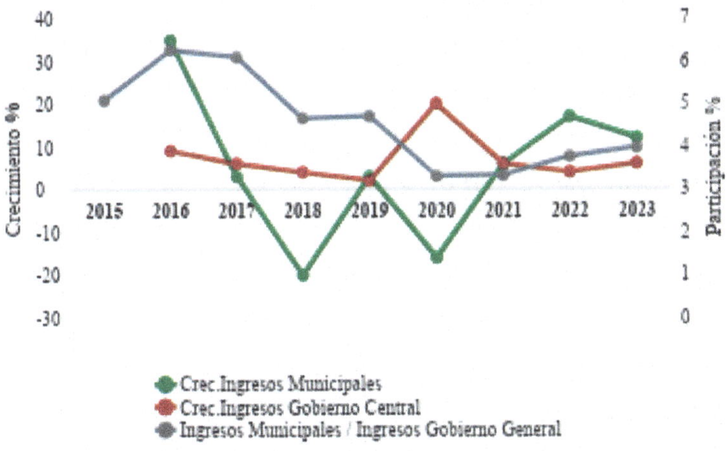

Fuente: elaboración propia con datos de los Informes Financieros del Ministerio de Economía y Finanzas (MEF), 2015-2023.

En cuanto a la composición de los ingresos municipales, los tributarios presentaron el mayor peso para el período analizado: 33% promedio anual entre 2015 y 2023. Le siguen en orden de importancia las transferencias de capital (27% promedio anual).

Tabla 1. Ingresos municipales: ingresos corrientes, ingresos de capital y recursos de financiamiento, 2015-2023

Subgrupo	Tipo de ingresos	Participación %	Crecimiento %
100	**Ingresos corrientes**	**57**	**3**
110	Ingresos tributarios	33	4,1
130	Ingresos no tributarios	7	-2,4
140	Venta de bienes y servicios	4	6,3
150	Transferencias corrientes	11	12,4

Subgrupo	Tipo de ingresos	Participación %	Crecimiento %
160	Rentas de la propiedad	2	2,1
170	Ingresos de operación	0	206,2
180	Donaciones	0	1,1
190	Otros recursos corrientes	1	2,1
200	**Ingresos de capital**	**28**	**15,9**
210	Venta de activos	1	18
220	Transferencias de capital	27	16,4
230	Donaciones de capital	0	33,5
290	Otros recursos de capital	0	172,9
300	**Recursos de financiamiento**	**15**	**2,3**
310	Endeudamiento interno	3	16,3
320	Endeudamiento externo	0	
330	Recuperación de préstamos	0	57,1
340	Saldo inicial caja	12	3,2
Total de ingresos		**100**	**5,1**

Fuente: elaboración propia con datos de los Informes Financieros del MEF, 2015-2023.

La principal fuente de ingresos tributarios de las municipalidades es el Impuesto Inmobiliario (Ley 125/91). Este impuesto corresponde al 1% del valor fiscal del inmueble. Cada municipalidad, a excepción de Asunción, puede quedarse con el 70% de lo recaudado del Impuesto Inmobiliario. Mientras que el 15% se destina a los Gobiernos Departamentales y el otro 15% restante se distribuye a las municipalidades de menores recursos. Al municipio de Asunción le corresponde el 85% de lo recaudado por este tributo.

Entre 2015 y 2023, el impuesto inmobiliario representó, en promedio anual, el 39% del total de los ingresos tributarios y tan sólo el 0,2% del PIB. Este porcentaje es relativamente bajo en comparación con los algunos países de la región de Latinoamericana (Argentina 2,9% sobre el PIB, Uruguay 2,0%, Colombia 1,8%, Brasil 1,5%[2]). Esto se debe a varios motivos. En primer lugar, los valores fiscales de los inmuebles constituyen una proporción baja respecto de los precios de mercado (Nickson, 2016). En segundo lugar, los valores fiscales de los inmuebles no pueden incrementarse más que la inflación.

En tercer lugar, los ajustes de los valores fiscales no tomaban en cuenta las variaciones de los precios de mercado, dependiendo del departamento o región en el que se ubicaba el inmueble. En cuarto lugar, se estima que el origen de la mayor parte de la recaudación del impuesto inmobiliario proviene de las áreas urbanas. En el 2015 se introdujo la Ley 5.513, por la cual se modifica la base imponible sobre la que se aplica el impuesto inmobiliario, con lo que se intentaría acercar el valor fiscal de los inmuebles a los del valor del mercado.

A lo largo del período analizado, se observa un mayor incremento de las transferencias corrientes y de capital realizadas por el Gobierno Central hacia las municipalidades, en comparación a los ingresos propios generados por los municipios. Entre los años 2015 y 2023, los ingresos propios se incrementaron en un 2,9% promedio anual, mientras que en el caso de las transferencias corrientes y de capital, en forma conjunta, se incrementaron en promedio en 13,3% (Monte Domecq, 2016).

Los principales tipos de transferencias realizadas por intermedio del MEF son: las regalías[3] y el Fondo Nacional de Inversión

---

2 CEPALSTAT. Comisión Económica para América Latina y el Caribe —CEPAL—, 25/02/2024. Disponible en: https://statistics.cepal.org/portal/cepalstat/dashboard.html?indicator_id=4624&lang=es. Promedio 2015-2022.

3 Son recursos financieros transferidos a los gobiernos departamentales y municipales establecidos en la Ley N° 3.984/2012 "Que establece la distribución y depósito de parte de los denominados royalties y compensaciones en razón del territorio inundado". Son los ingresos ordinarios de

Pública y Desarrollo —FONACIDE—[4]. Ambos fondos provienen de la venta de energía eléctrica, no utilizada por Paraguay, por parte de las entidades binacionales de las hidroeléctricas Itaipú y Yacyretá a los países vecinos de Brasil y Argentina. Las regalías y FONACIDE representaron, en conjunto, el 87% promedio anual del total de las transferencias recibidas por las municipalidades.

En el 2024, con la creación del Proyecto Hambre Cero, el 80% de lo que se conocía como el FONACIDE se destina a financiar el Fondo Nacional de Alimentación Escolar (FONAE) y el 20% restante se transfiere a los municipios para destinar a financiar infraestructura escolar (Ley 7.264/2024). Aquí es importante destacar que, para el 2040 se estima que el Paraguay estaría consumiendo toda la energía producida por ambas hidroeléctricas y que le corresponden, dejando de recibir el Estado paraguayo, por lo tanto, los fondos provenientes por cesión de energía a Brasil y a la Argentina. Las municipalidades se verán afectadas a futuro, ya que este tipo de transferencia es un componente estratégico en la ejecución de sus ingresos.

2.4. El asociacionismo municipal y las relaciones intergubernamentales

Existen diferentes modalidades de cooperación entre las municipalidades con el propósito de fortalecerse e impulsar el desarrollo de sus ámbitos de responsabilidad: los convenios intermunicipales bilaterales y multilaterales, las asociaciones depar-

---

las entidades binacionales Itaipú y Yacyretá por la facturación y cobro de suministro de la energía eléctrica.

[4] Son recursos financieros transferidos a los gobiernos departamentales y municipales establecidos conforme a la Ley N° 4.758/2012 "Que crea el Fondo Nacional de Inversión Pública y Desarrollo". Es la Compensación por cesión de energía correspondiente al total de los ingresos específicos de la Itaipú por la facturación y cobro a las empresas que reciben la energía cedida por el Paraguay al Brasil, en concepto de compensación equivalente en dólares de los Estados Unidos de América.

tamentales, las redes temáticas municipales, las asociaciones de municipios con alcance local o nacional, entre otros.

Una asociación de alcance nacional es la Organización Paraguaya de Cooperación Intermunicipal – OPACI (en funcionamiento desde 1964), que por la Ley Orgánica Municipal N° 1.294 de 1987, se establecía como un organismo oficial que representa e integra a todas las municipalidades del país. Sin embargo, la obligación de asociación de todos los municipios dejó de ser tal a partir de la Constitución de 1992, convirtiéndose la OPACI en una sociedad sin fines de lucro. Actualmente, no todas las municipalidades forman parte de la OPACI.

Esta asociación ha presentado un carácter dinámico en sus funciones por varias décadas en términos de capacitación, asistencia técnica, promoción de cooperación intermunicipal, etc.[5] Sin embargo, desde el inicio del período democrático (1989) en el país, el accionar de la OPACI ha sido más limitado y con menor incidencia (Nickson, 2016). El lento proceso de descentralización del Estado, las limitaciones presupuestarias propias y de la cooperación internacional, son algunas de las causas de la poca relevancia actual de esta institución (Ramírez, 2024).

A nivel nacional, existen también otros tipos de asociaciones de municipalidades. Por citar algunas, en Paraguay se encuentran las Asociaciones de Municipalidades por Departamentos (Concepción, Cordillera, Caazapá, Itapúa, Misiones, Alto Paraná, Central y Canindeyú), la Asociación de Juntas Municipales del Paraguay – AJUMPA (1992), la Red de Mujeres Munícipes del Paraguay – RMMP (1993) y la Asociación de Municipalidades del Área Metropolitana de Asunción —AMUAMA— (2022).

Una experiencia exitosa de asociación intermunicipal es la denominada Mancomunidad de municipalidades de Cordillera – MMC, fundada en el año 2018 como asociación sin fines de lucro. Está integrada por las Municipalidades de Nueva Colombia,

---

[5] https://www.opaci.org.py/web/.

Altos, Atyrá, Tobati y la Municipalidad de Emboscada. La MMC se organizó para prestar servicios múltiples municipales, como: 1) el arreglo y mantenimiento de caminos vecinales rurales, 2) la gestión integral de los residuos sólidos urbanos, 3) la gestión del agua potable y 4) el desarrollo y fortalecimiento turístico[6].

Entre las principales dificultades de esta iniciativa se pueden mencionar, en primer lugar, la resistencia de los municipios de no trabajar de manera asociativa. En segundo lugar, la limitación legal de los municipios de transferir recursos entre ellos, como tampoco a la mancomunidad. En tercer lugar, la inexistencia de un marco legal que regule el funcionamiento de las mancomunidades: de hecho, en el Estado paraguayo no existe este nivel de descentralización[7]. Desde la MMC se ha confeccionado un proyecto de Ley (2023) presentado a la Cámara de Diputados, con el objeto de regular el funcionamiento de las mancomunidades, todavía no tratado en esa Cámara[8].

3. LOS DESAFÍOS EN LAS POLÍTICAS URBANAS

Los desafíos urbanos son numerosos y están asociados a problemas de contaminación, tráfico, inseguridad, segregación espacial, falta de cohesión social o territorial, implementación de los ODS, agenda de género, inmigración, gestión de residuos, gestión del agua, etc.

En un estudio realizado por Sili, Vargas y otros (2021), se hace referencia a un análisis de los problemas de infraestructuras, equipamientos y de carácter territorial existentes en los distritos municipales del Paraguay. Según estos autores, los problemas, en

---

6 https://mancomunidadcordillerita.org.py/sobre-nosotros/.

7 Entrevista a Monte Domecq, 2024.

8 https://silpy.congreso.gov.py/web/expedientes?ambito=57&criterio=mancomunidad&modalidad=1.

términos de infraestructuras y equipamientos de los distritos, varían según sea la cantidad de habitantes de esos territorios, y las complejidades que traen aparejadas. Ahora bien, en términos de los principales problemas de carácter territorial, el estudio hace referencia a la falta de ordenamiento y titulación de tierras productivas, la degradación ambiental por presencia de basureros y vertederos a cielo abierto y el crecimiento descontrolado de la planta urbana y de loteos formales e informales.

Por otro lado, según este estudio, se evidencian limitaciones por parte de los municipios para llevar adelante las actividades de planificación y de ordenamiento territorial. El 31% de los municipios del país no ha llevado a cabo ninguna actividad de planificación, mientras que el 26% ha realizado sólo una actividad (por lo general un bosquejo de la planificación o diagnóstico básico). Todo esto se da, principalmente, como consecuencia de la falta de apoyo del Gobierno Central y Departamentales en promover políticas de ordenamiento territorial y en la falta de recursos económicos (Sili y otros, 2021).

A los efectos del análisis, en esta sección se presentan dos estudios de casos: municipios de Ciudad del Este y de Encarnación. Se propone identificar cuáles son los principales problemas urbanos que afectan a esos territorios, cómo las administraciones actuales de esos municipios han abordado estos problemas y qué tipo de respuestas o soluciones han gestionado.

Ciudad del Este es la capital departamental de Alto Paraná y está ubicada al extremo este de la Región Oriental del Paraguay, frontera con Brasil. En las cercanías de la ciudad se encuentra la Hidroeléctrica Binacional de Itaipú. En este distrito, la actividad más dinámica es el comercio de reexportación o comercio fronterizo[9] con el Brasil. Ciudad del Este concentra el mayor número

---

9 El comercio de reexportación consiste en importar bienes de fuera del Mercosur con aranceles excepcionales (bajos) y revenderlos a los países vecinos como el Brasil, principalmente, que siguen manteniendo aranceles altos y de protección. Los bienes son generalmente de consumo

de empresas maquiladoras del país que exportan principalmente al Brasil. Por otro lado, el distrito sirve de paso para la exportación de los principales rubros agrícolas (soja, maíz y trigo) al país vecino (Servín y Masi, 2018). Ciudad del Este es la cabecera del principal y más utilizado puente fronterizo con el Brasil (sobre el río Paraná), para actividades de exportación, de reexportación y de importación de bienes del Brasil. Ciudad del Este y su área metropolitana incluye a los distritos de Hernandarias, Minga Guazú y Presidente Franco, con una población total de cerca de medio millón de habitantes, constituyéndose en la segunda aglomeración urbana más importante de Paraguay respecto a la población[10].

Por su parte, el distrito de Encarnación está ubicado al sur de la Región Oriental del país, siendo la capital departamental de Itapúa. Colinda con la ciudad de Posadas (Argentina) y está conectada a través de un puente carretero y ferroviario, sobre otro brazo del río Paraná. Encarnación se ha transformado a lo largo del tiempo, basando su economía principalmente en la actividad comercial y turística. Este distrito es considerado como un importante polo comercial fronterizo (con fuerte influencia argentina), así como en un punto de atracción turística por las principales ruinas de las misiones jesuitas. Al mismo tiempo, es una de las ciudades universitarias del país. Al distrito de Encarnación ingresan una parte importante de la población de los distritos vecinos de Cambyretá, Fram, Capitán Miranda, San Juan del Paraná y Carmen del Paraná, conformando lo que sería el área metropolitana de Encarnación. Esta zona metropolitana se constituye en la tercera mayor aglomeración urbana del país, en cuanto a población se refiere.

Ambos distritos están gobernados por movimientos no pertenecientes a los partidos políticos tradicionales (ANR y PLRA) y

---

suntuario (informática, electrónicos, perfumes, calzados deportivos, etc.).

10 Asunción y sus alrededores, denominado Gran Asunción, es la aglomeración más poblada del país.

con un compromiso mayor en cuanto a iniciativas y mejoras de las ciudades y sus entornos metropolitanos. Finalmente, Ciudad del Este y Encarnación son dos distritos cuyos pesos urbanos y sus actividades económicas, fuera de la capital del país, están completamente relacionados por su ubicación geográfica y por las relaciones comerciales con los dos grandes vecinos del Paraguay.

Para llevar adelante los estudios de casos, entre los meses de julio y agosto de 2024 se realizaron entrevistas semiestructuradas a responsables y funcionarios de las direcciones de Planificación de las municipalidades de Ciudad del Este y Encarnación. Las entrevistas tuvieron como objetivos: 1) identificar y priorizar hasta tres problemas y/o desafíos que enfrentaban las municipalidades en la actualidad en sus áreas urbanas, 2) qué tipo de respuestas se han canalizado desde los Gobiernos Municipales a esos problemas, y 3) qué tipo de políticas, estrategias o acciones han sido implementadas. En total fueron realizadas tres entrevistas. A continuación, se presenta sobre la base de la información otorgada por los informantes claves, el análisis acerca de los desafíos que existen en esos territorios en términos de políticas urbanas.

3.1. El caso de la municipalidad de Ciudad del Este

Según la Ley Orgánica Municipal N° 3.966 de 2010, en su artículo 224, se establece que los municipios establecerán su sistema de planificación que deberá contar como mínimo dos instrumentos: el Plan de Desarrollo Sustentable (PDS) y el Plan de Ordenamiento Urbano y Territorial (POUT). En la municipalidad de Ciudad del Este han diseñado un Plan de Desarrollo Sostenible Municipal (PDSM), que aún se encuentra a en proceso de aprobación por la Junta Municipal, previsto para finales del año 2024. Este plan fue diseñado a través de un proceso participativo intersectorial del municipio, con intervención de referentes del territorio: la academia, las organizaciones sociales, las asociaciones empresariales, las empresas y el sector público. Para tal efecto, se contó con una asesoría técnica, mediante el Programa de Cooperación de la Unión Europea de Apoyo al Desarrollo Sostenible en Paraguay.

Según los entrevistados, los principales problemas a los que se enfrentan los habitantes del distrito de Ciudad del Este son: en primer lugar, la falta de seguridad en la zona céntrica comercial de la ciudad; en segundo lugar, la movilidad urbana, y en tercer lugar, el acceso al agua potable.

3.1.1. Falta de seguridad

Existe una percepción casi única entre los diferentes actores/ sectores económicos y sociales del distrito de Ciudad del Este que la falta de seguridad a la que se enfrentan los comerciantes, trabajadores y visitantes ubicados principalmente dentro del microcentro, es uno de los principales problemas por los que atraviesa el distrito. Específicamente, se trata de hechos de estafas en comercios, asaltos o robos en los cuales son víctimas los consumidores, ya sean estos compradores nacionales o extranjeros (turistas). Es importante destacar que Ciudad del Este está caracterizada por ser la ciudad epicentro del comercio fronterizo vinculado con los países limítrofes (Argentina y Brasil).

La Municipalidad de Ciudad del Este ha firmado un convenio con la Secretaría de Defensa del Consumidor y el Usuario – SEDECO (2020) para adherirse oficialmente al Sistema Nacional Integrado de Protección al Consumidor, convirtiéndose así en la autoridad de aplicación a nivel local. Desde la Dirección de Defensa del Consumidor de la Municipalidad, se acompaña a los consumidores a los efectos de restituirles sus derechos que les fueron hurtados y luego se comunica a las instancias administrativas correspondientes para la aplicación de las medidas o sanciones correspondientes. En esta oficina se ha venido trabajando en la implementación de un sistema de alerta e intervenciones para garantizar las compras a los consumidores y contrarrestar los reiterados casos de estafas en perjuicio de los compradores, especialmente extranjeros.

El Gobierno Municipal también se encuentra en un proceso de implementación de un proyecto de innovación tecnológica para sostener un centro de monitoreo digital, con cámaras de alta resolución para prevenir o identificar posibles actos delictivos en la zona comercial de Ciudad del Este. En ese proyecto, se ha estado trabajando de manera coordinada con la Policía Nacional.

Otro de los principales problemas vinculado a la falta de seguridad en la zona céntrica de Ciudad de Este es el trabajo informal por parte de los guías de compras/turistas, entre los cuales permean los delincuentes. Al respecto, desde la Dirección de Turismo de la Municipalidad de Ciudad del Este, en forma conjunta con la Secretaría Nacional de Turismo —SENATUR—, se han capacitado y profesionalizado a algunos de ellos y a otros nuevos guías de compras/turismo, los cuales se encuentran totalmente identificados, a fin de formalizar el servicio que prestan.

Por otro lado, en el año 2021, el Ministerio del Interior ha presentado a las autoridades subnacionales, a las organizaciones de la sociedad civil organizadas y al sector empresarial del Distrito de Ciudad del Este, un plan de conformación de un Consejo de Seguridad para la ciudad, así como lo ha venido haciendo en otros territorios del país. Este objetivo se inscribe en el marco de la Estrategia Nacional de Seguridad Ciudadana, respecto a los contenidos relacionados al área de desarrollo social y como parte de la operativización en territorio de la Política de Seguridad Ciudadana. A través de este tipo de consejo, se busca fomentar la participación de los diferentes actores del territorio en la comprensión de las causas y efectos de la inseguridad, generar capacidades para dar respuestas de manera conjunta y coordinada dentro del triángulo de la seguridad (Gobierno Municipal, Policía Nacional, Sociedad Civil).

Este plan fue aceptado por la comuna y quedó conformado el Consejo de Seguridad Ciudadana y Desarrollo Distrital de Ciudad del Este, integrado por el intendente, autoridades municipales, representantes de diferentes instituciones públicas a nivel nacional y subnacional, las comisiones vecinales y referentes del sector empresarial y la sociedad civil organizada. El consejo es un espacio de colaboración que tiene como finalidad elaborar y articular planes para la prevención del delito y la violencia.

3.1.2. Movilidad urbana

El segundo desafío que enfrente el distrito de Ciudad del Este es la falta de movilidad urbana e interurbana. La mayoría de las personas que ingresan a Ciudad del Este no viven en ella, sino en los distritos de los alrededores, por lo que se carece de un sistema de transporte público integrado adecuado, convirtiéndose esto en uno de los problemas de interconexión interurbana. Desde la municipalidad, se ha venido tratando con el Ministerio de Urbanismo y Hábitat la posibilidad, mediante una propuesta, de establecer un área metropolitana de Ciudad del Este, que incluya a los distritos de Presidente Franco, Hernandarias y Minga Guasú. Esto facilitaría la planificación y coordinación de servicios en forma conjunta, incluida la movilidad interurbana.

En Ciudad del Este, al igual que en el resto de los municipios del país, el servicio de transporte público urbano e interurbano es de baja calidad. Desde el año 2021, el Gobierno Municipal ha venido trabajando en la implementación de un proyecto que busca mejorar el servicio de transporte público urbano, mediante la adquisición de una flota de 20 buses eléctricos. Con la incorporación gradual de estos buses eléctricos, se buscó mejorar no sólo la calidad del servicio de transporte, sino también la calidad del aire del distrito, reducir la dependencia de la utilización de combustibles y aprovechar la producción de energía hidroeléctrica del país. Si bien a nivel de Gobierno Nacional se cuenta con el Plan Maestro de Movilidad Eléctrica para el Transporte Público y Logístico (actualmente está regido por Ley N° 6925/2022), se puede observar que no existe una clara vinculación entre esta iniciativa del Gobierno Municipal con dicho plan.

El Gobierno Municipal también ha trabajado en la implementación de un proyecto de construcción de ciclovías o bicisendas, con el propósito no sólo de mejorar la movilidad urbana y agilizar el tránsito en puntos estratégicos del distrito, sino también fomentar el uso, por parte de la población, de un medio alternativo de transporte sostenible y saludable. Con la participación del sector privado y a partir de la conformación de un equipo multidisciplinario, se ha trabajado en aspectos relacionados con los tramos que serán seleccionados para la habilitación de la ciclovía, la conectividad con puntos estratégicos, entre otros aspectos. Por otro lado, y con el propósito de mejorar la pavimentación de las calles de Ciudad del Este, la municipalidad ha invertido en la construcción e instalación de su propia planta asfáltica para el desarrollo, mejora y conclusión de obras viales que facilitaran el desplazamiento y la descongestión del tránsito.

3.1.3. Acceso a agua potable

La falta de agua potable en varios barrios del distrito de Ciudad del Este es un problema grave que afecta a esta ciudad, sobre todo en épocas de verano y de sequías. Al respecto, desde la municipalidad y en el marco del plan municipal de provisión de agua potable a las diferentes comunidades de Ciudad del Este, se ha venido trabajando en el establecimiento de centros de distribución en las zonas más afectadas a través de la instalación de pozos artesianos comunitarios. Con ello, se posibilita que centenas de familias esteñas puedan acceder de forma directa al agua potable.

Sin embargo, todavía falta realizar un trabajo arduo en la planificación de un sistema de distribución de agua, sobre todo de agua de calidad. No se cuenta con un sistema de tratamiento de agua y saneamiento para Ciudad del Este. Actualmente se está trabajando en la obtención de informaciones más precisas sobre las necesidades de la población urbana en términos de acceso a agua, a fin de buscar posibles articulaciones con otras entidades del Gobierno Nacional para el desarrollo de un proyecto de más largo plazo y de mayor envergadura, como lo es un Centro de Tratamiento de Agua para Ciudad del Este que incluya las poblaciones aledañas de los distritos de Presidente Franco, Hernandarias y Minga Guasú.

Se puede observar que, para algunas problemáticas existentes, la municipalidad de Ciudad del Este viene implementando políticas, iniciativas o proyectos y acciones que se enmarcan o vinculan a políticas o estrategias nacionales/subnacionales. Mientras que, en otros casos, la municipalidad actúa de manera aislada. El desafío es lograr una mejor coordinación entre los diferentes niveles del Gobierno Nacional, Departamental y Municipal para alcanzar, con mayor eficiencia, mejores resultados en sus gestiones a favor de sus territorios.

3.2. El caso de la Municipalidad de Encarnación

El Gobierno Municipal de Encarnación cuenta con un plan denominado Plan Encarnación Más. Este consiste en un programa de acción basado en 12 estrategias, para transformar la realidad urbana y social de la ciudad. El Plan Encarnación Más incluye, a su vez, dos planes que son fundamentales para el desarrollo de Encarnación: 1) el Plan de Desarrollo Sustentable (PDS) y 2) el Plan de Ordenamiento Urbano y Territorial (POUT), que están vinculados entre sí. Al PDS responden los planes operativos y de inversión de la Municipalidad de Encarnación, mientras que el POUT considera la visión, objetivos y estrategias del PDS a fin de orientar las inversiones tanto públicas como privadas dentro de los límites del territorio (Municipalidad de Encarnación, 2016).

Entre los años 2014 y 2016, el PDS y el POUT han sido elaborados y liderados por una empresa internacional a través de un proceso participativo con actores locales de la ciudad de Encarnación (empresas, universidades, organizaciones sociales, entre otros). Estos planes han sido aceptados y aprobados en el año 2021 según Ordenanza Municipal N° 321[11].

[11] Con excepción de los puntos que fueron objeto de análisis que se detallan en la Resolución N° 659 del año 2017.

Según el entrevistado, el principal desafío enfrentado po la Ciudad de Encarnación es la interconexión de la ciudad, en términos de conectividad y de infraestructura vial.

En términos de conectividad, el transporte público de la Ciudad de Encarnación se caracteriza por: 1) la disponibilidad de unidades en mal estado, 2) la falta de cumplimiento de los itinerarios establecidos por parte de los transportistas y 3) las largas esperas en las paradas por parte de los usuarios del transporte público. Actualmente, el sistema de transporte público se encuentra en una etapa de control y monitoreo por parte del Gobierno Municipal.

En el marco del Plan Encarnación Más, el Gobierno Municipal ha venido trabajando en el desarrollo de una red de transporte público eficiente e inclusivo. En ese sentido, se tiene previsto adquirir una flota de buses para mejorar el servicio de transporte público mediante el aumento de la frecuencia y cobertura de los mismos, fomentando la inclusividad. Asimismo, se busca avanzar en la adquisición gradual de transporte público no contaminante, es decir, de buses eléctricos como medio alternativo de transporte sostenible. Adicional a ello, se espera que a futuro los usuarios puedan disponer en sus dispositivos digitales los itinerarios.

A la Ciudad de Encarnación ingresan una parte importante de la población de los distritos vecinos (Cambyretá, Fram, Capitán Miranda, San Juan del Paraná y Carmen del Paraná) para realizar diferentes tipos de actividades, ya sean estas agrícolas, industriales, comerciales, de servicios, culturales y/o educativas. Considerando esta situación, en el año 2023, los intendentes de Encarnación y los distritos vecinos mencionados, han firmado en el año 2023 un acuerdo para la conformación de una Asociación de Municipios del Área Metropolitana de Encarnación. Esto tiene lugar en el marco del proyecto *Asociaciones Metropolitanas*, impulsado desde el Ministerio de Urbanismo, Vivienda y Hábitat (MUVH), en las áreas metropolitanas del país. La Asociación de Municipios del Área Metropolitana de Encarnación es responsable de brindar soluciones a desafíos que son compartidos entre estas ciudades, entre los que se encuentran las relacionadas a la movilidad interurbana.

En la Asociación, mediante la constitución de la mesa metropolitana para la regulación del transporte público, se ha avanzado en el proyecto relacionado a un nuevo sistema integrado de transporte público para el área metropolitana.

El Gobierno Municipal también tiene previsto ampliar la red de bicisendas de la ciudad de Encarnación, como otra forma de dinamizar la movilidad de las personas, buscando disminuir el uso de vehículos y potenciar el uso de bicicletas como medio de transporte alternativo al motorizado.

En términos de infraestructura vial, las mejoras de la red de transporte público y de la red de bicisendas también irán acompañados de una mejora en la infraestructura vial del distrito de Encarnación. Se prevé la racionalización de la red existente en el municipio, que consistirá en la clasificación de las redes viales existentes y en la definición de intervenciones para sus mejoras. Se prevé la pavimentación de aproximadamente 120 cuadras, de las cuales el 90% será destinado para aquellos tramos en donde circula el transporte público, el resto para la repavimentación del casco céntrico de la ciudad.

En el caso de Encarnación, se puede observar que el Gobierno Municipal lleva adelante sus proyectos y acciones en el marco de políticas y planes que incluyen la identificación de los problemas, desafíos y soluciones para su implementación a nivel local. Indiscutiblemente estas políticas y planes de alcance local guardan una relación con las políticas existentes a nivel nacional. Sin embargo, la vinculación entre las instituciones del Gobierno Central y la municipalidad, en el proceso de implementación de sus proyectos y/o acciones, se limita más bien a la coordinación más formal o participación de ambas instancias en reuniones para comunicar o intercambiar informaciones y pareceres de lo que cada instancia estará haciendo o pudiera hacer y que beneficie al municipio.

4. CONCLUSIONES

1. La organización territorial y normativa de los municipios en Paraguay, como país unitario, se inicia a fines del siglo XIX, pero no es sino a fines del siglo XX y comienzos del presente siglo cuando se estructuran leyes orgánicas que establecen las funciones y atribuciones específicas de los municipios. El concepto de descentralización territorial es introducido por la Constitución de 1992 que permite la clasificación de gobiernos locales y las nuevas normativas de autonomía de estos gobiernos. Sin embargo, el proceso de descentralización ha sido lenta, no ha habido esfuerzos de sistematización para llevar adelante estrategias de descentralización en el país y ha existido poca coordinación entre las diferencias de instancias de gobierno en el país.

2. Existen 263 municipios en el país, de los cuales el 93% se encuentra en la región oriental, que comprende el 40% del territorio nacional. Fuera de Asunción, más del 50% de los presupuestos municipales manejan los distritos de las capitales departamentales. Los municipios tienen autonomía presupuestaria y de regulaciones de las tasas cobradas por servicios. También reciben transferencias del gobierno central. El Poder Ejecutivo puede intervenir los gobiernos municipales previa autorización de la Cámara de Diputados.

3. Los intendentes son electos cada cinco años, lo mismo que la Juntas Municipales. Los intendentes no pueden ser reelectos aunque sí los miembros de las Juntas, en forma indefinida. Desde el 2001 hasta el 2021, los dos partidos tradicionales del Paraguay (ANR y PLRA) han ganado el 92% de los gobiernos municipales. La ANR (partido oficialista) retiene el control del 62% de los municipios. En Asunción, la capital, la mayoría de los votantes pertenecen a la oposición, pero no han podido retener la intendencia por varios períodos, al presentarse con candidatos separados. En las otras dos ciudades más importantes del país

(Ciudad del Este y Encarnación), movimientos locales han logrado, desde 2015, terminar con la histórica hegemonía de la ANR en los gobiernos municipales. El promedio de participación electoral en las municipales es del 60% y la participación de mujeres como candidatas es sólo del 10%.

4. El crecimiento de los ingresos ha resultado bajo en el período estudiado. El 33% de los ingresos municipales provienen de los ingresos tributarios y el 27% de transferencias del Gobierno Central. El crecimiento de estos últimos ha sido mayor que los ingresos tributarios. En un 87%, las transferencias a los gobiernos municipales provienen de dos fuentes que resultan de la venta de energía eléctrica del Paraguay a la Argentina y Brasil a través de hidroeléctricas binacionales. Estos montos han sido en parte recortados este año, para destinarlos a un programa nacional de alimentación escolar. Por otro lado, la disponibilidad de estas transferencias irá disminuyendo a medida que el Paraguay consuma toda la parte que le corresponda de energía de las hidroeléctricas mencionadas en un plazo estimado de 15 años.

5. El asociacionismo intermunicipal se muestra débil en Paraguay. La OPACI, creada por el Gobierno Central, ha sido la institución histórica más importante para este cometido, pero actualmente bastante limitada en su accionar. Se han creado varias otras entidades de asociaciones de municipios entre departamentos, de juntas municipales, de municipios del área metropolitana de Asunción y de mujeres munícipes, pero con poca trascendencia. Una de las últimas iniciativas ha sido la Mancomunidad de Municipios del Departamento de Cordillera, una nueva figura institucional que espera respaldo legislativo.

6. Las políticas urbanas y de ordenamiento territorial han estado ausentes en casi todos los municipios. Esta realidad, en parte obedece a la falta de recursos económicos de los municipios, pero también en parte a la falta de apoyo del

Gobierno Central, que no ha avanzado en términos de planificación territorial. Las dos ciudades más importantes del país luego de la capital han trabajado recientemente en planes e iniciativas orientadas a estrategias de ordenamientos urbanos y territoriales. Estos dos distritos, Ciudad del Este y Encarnación, están ubicados en departamentos que constituyen los principales polos de desarrollo agroindustrial y de comercio fronterizo del país.

7. Ciudad del Este. Este municipio elaboró un Plan de Desarrollo Sostenible Municipal, con el apoyo de la cooperación europea. En este plan, los principales representantes de estamentos de la ciudad identificaron tres desafíos: seguridad ciudadana, movilidad urbana y acceso al agua potable.

8. En relación a la seguridad ciudadana, el municipio comenzó a trabajar conjuntamente con varias instituciones del Gobierno Central para hacer frente a los robos a nacionales y extranjeros que hacen compras en el microcentro de la ciudad y a las estafas e intentos de estafas a los cuales están sometidos los mismos. Para ello se viene trabajando con la Secretaría de la Defensa del Consumidor, con la Policía Nacional a través del Ministerio del Interior y con la Secretaría Nacional de Turismo, en diversas actividades que hacen al control de la delincuencia.

9. Con respecto a la movilidad urbana, se está trabajando con el Ministerio de Urbanismo y Vivienda para diseñar un sistema de transporte público que abarque a todos los distritos de la zona metropolitana. En segundo lugar, se han comprado buses eléctricos que vayan reemplazando a los buses tradicionales, colaborando con el cuidado del medio ambiente. Esto último está complementado por un proyecto de construcción de ciclovías, de manera a ayudar también al descongestionamiento del tránsito.

10. Para el mayor acceso al agua potable, por parte de varios distritos y barrios del municipio, se está trabajando en la

ampliación de los centros de distribución de agua potable a partir de la instalación de pozos artesianos. Sin embargo, la ciudad carece de un sistema de tratamiento de agua y saneamiento, por lo que el municipio se ha propuesto elaborar un proyecto de tratamiento y cobertura de agua potable, posiblemente con entidades del gobierno central, que abarque también a distritos de la zona metropolitana.

11. Encarnación. El municipio de este distrito ha elaborado y aprobado el Plan Encarnación Más, con la ayuda de una agencia internacional, que a su vez incluye el Plan de Desarrollo Sustentable (PDS) y el Plan de Ordenamiento Territorial (POUT). El PDS está orientado a los planes operativos y de inversión de la municipalidad, mientras que el POUT orienta las inversiones públicas y privadas dentro de los límites del territorio. Los dos desafíos principales para este territorio son la conectividad urbana y la infraestructura vial.

12. En relación a la conectividad urbana, se trabaja en mejorar sustancialmente el transporte público, de baja calidad, tanto de Encarnación como de los distritos que forman parte del área metropolitana. Se pretende desarrollar una red de transporte eficiente e inclusivo mediante el aumento de la frecuencia de buses y una ampliación de la cobertura, como también avanzar en dispositivos digitales de los itinerarios y en la adquisición gradual de buses eléctricos. Este proyecto se trabaja dentro de la Asociación de Municipios del Área Metropolitana de Encarnación, con la ayuda del Ministerio de Urbanismo y Vivienda.

13. Se proyectan mejoras en la infraestructura vial a partir de la racionalización de la red vial existente mediante la clasificación de las mismas, el diseño de intervenciones para sus mejoras, la total repavimentación de las vías más utilizadas por el transporte público y del casco céntrico de la ciudad.

5. REFERENCIAS BIBLIOGRÁFICAS

Arditi, B. (1992). "Elecciones municipales y democratización en el Paraguay". Nueva Sociedad N°117, enero-febrero 1992, pp. 48-57.

Brian, T. (1998). "Paraguay como un Estado Unitario Descentralizado: ¿qué significa esto?". Documento de Trabajo N° 97. Base Investigaciones Sociales. Asunción.

Causarano M. y Verón C. (1991). "La descentralización desde el Estado centralizado. Consideraciones sobre el caso paraguayo". Documento de Trabajo N°33. Base Investigaciones Sociales. Asunción.

Centro de Información y Recursos para el Desarrollo (CIRD), Ministerio de Salud Pública y Bienestar Social – MSPBS, Consejo de Gobernadores del Paraguay, Organización Paraguaya de Cooperación Intermunicipal (OPACI), 2011. "Consejo Local de Salud. Aspectos institucionales y organizativos". Serie Manual N°2. Asunción.

Constitución Nacional del Paraguay, (1992). Recuperado de: https://www.bacn.gov.py/leyes-paraguayas/9580/constitucion-nacional-.

Flecha, V. (2004). Autonomía municipal y descentralización. Ponencia presentada en el "Congreso Latinoamericano de Parlamentarios Municipales" Ciudad de Pilar. República Argentina.

González, I. (2015). Una mirada de los análisis recientes a nivel regional y nacional. Investigación para el Desarrollo – id. Asunción.

Ley N° 3966/2010 Orgánica Municipal. Anexos Lista de legislación complementaria y Breviario de jurisprudencia seleccionada. Editora Intercontinental. Colección: Legislación Paraguaya. Edición 2023.

Monte Domecq, R. (2024). Entrevista.

Monte Domeq, R. (2016). "Finanzas municipales. Los casos de Caacupé y Emboscada". CADEP. Asunción.

Monte Domeq, R. (2015). "¿Llegará la primavera de transparencia a las municipalidades? En Revista Acción Popular N° 359, octubre-2015. Asunción. Centro de Estudios Paraguayos Antonio Guasch, Cepag. Recuperado de: https://www.portalguarani.com/44_jose_maria_blanch_sj/28871_accion_n_359__revista_de_reflexion_y_dialogo_de_los_jesuitas_del_paraguay.html.

Nikson, A. (1993). "Democratización y descentralización en Paraguay". Documento de Trabajo N° 52. Base – IS. Asunción.

Nickson, A. (2016). *El Gobierno Local en Paraguay: un análisis comparativo a través de diez elementos.* Investigación para el Desarrollo id. Asociación de Juntas Municipales – AJUMPA. Asunción.

Municipalidad de Encarnación (2016). Plan de Desarrollo Sustentable. Plan Encarnación Más. Recuperado de: https://encarnacion.gov.py/plan-estrategico-municipal/.

Municipalidad de Encarnación (2016). Plan de Ordenamiento Urbano y Territorial. Plan Encarnación Más. Recuperado de: https://encarnacion.gov.py/plan-estrategico-municipal/.

Pettit, H. (2011). Ley Nº 3966/2010 Orgánica Municipal. Concordada. Anotada. Con Jurisprudencia. La Ley Paraguaya Thomson Reuters. República Argentina.

Ramírez, Héctor (2024). Entrevista realizada por medio escrito.

Sili, M., Vargas, S., Rodríguez, J. C., Spiess, G, y Hernández, G. (2021). *Problemáticas, evidencias y propuestas para un nuevo modelo de ordenamiento territorial ambientalmente sustentable (OTAS) en Paraguay*. Investigación para el Desarrollo – id. Asunción.

Sili, M. y Rodríguez, J.C. (2017). *Acción territorial. La experiencia reciente de los municipios en Paraguay*. Secretaría Técnica de Planificación del Desarrollo Económico y Social, Investigación para el Desarrollo. Asunción.

Gobiernos locales en el Perú: evolución, estructura y desafíos en un modelo descentralizado

DANIEL CASAL
Universidad Rey Juan Carlos, España

Resumen: Este capítulo analiza la evolución, estructura y desafíos del modelo peruano de gobierno local. Para ello destaca la influencia de las tradiciones incaica, castellana y republicana en la configuración actual. Describe la organización territorial en municipalidades provinciales y distritales, y menciona la asimetría en la distribución de estas entidades. Adicionalmente se abordan las competencias y la financiación de los municipios, así como la importancia del asociacionismo y las relaciones intergubernamentales. Finalmente, se identifican desafíos clave como la gestión de residuos, el transporte público y la mejora del acceso a servicios básicos.

Palabras Clave: gobierno local, Perú, descentralización, municipalidad.

Abstract: This chapter analyzes the evolution, structure, and challenges of the Peruvian local government model. It highlights the influence of Incan, Castilian, and republican traditions in shaping its current configuration. The chapter describes the territorial organization into provincial and district municipalities and mentions the asymmetry in the distribution of these entities. Additionally, it addresses the competencies and financing of municipalities, as well as the importance of associations and intergovernmental relations. Finally, key challenges such as waste management, public transportation, and improving access to basic services are identified.

Keywords: Local Government, Peru, Decentralization, Municipality.

1. INTRODUCCIÓN

La historia política del Perú tiene en el pasado 28 de julio de 2021 una fecha de gran relevancia. Ese día pasará a la historia vinculado a la celebración del bicentenario de la República y la consecución de la plena soberanía frente a España. Aunque la emancipación del país es de las más tardías de América Latina, lo cierto es que el Perú tuvo un movimiento de independencia muy anterior, en 1780 una rebelión dirigida por Túpac Amaru II puso en jaque al virreinato colonial y terminó de forma violenta poco más de un año después con la derrota y ejecución de su líder, así como de su proyecto de construcción de un Estado moderno capaz de integrar a criollos, europeos, indígenas e incluso a la Iglesia católica (Walker, 2015:377). Cuatro décadas después de la derrota del movimiento liberador, el general José de San Martín presidía el solemne acto de lectura de la Declaración de Independencia en la Plaza de Armas de Lima (Roel Pineda, 1982:229).

Sin embargo, esa misma fecha, Perú también conmemoraba el período democrático más prolongado de su joven historia, ya que con la toma de posesión de Alejandro Toledo, el 28 de julio de 2001, como presidente constitucional, se culminaba un proceso de transición a la democracia que ponía punto final a un período autoritario liderado por Alberto Fujimori, tras el autogolpe de Estado de 1992 (Deza, 2004:144) y se iniciaban dos décadas de continuidad constitucional y estabilidad democrática nunca conocidas hasta entonces.

Entre estas tres fechas, la configuración del Perú como Estado moderno se ha caracterizado por la inestabilidad como consecuencia de las dificultades de las instituciones para encauzar un complejo cruce de clivajes sociales, étnico-culturales y económicos en los que también, la cuestión territorial, ha tenido una presencia importante puesto que buena parte del debate ha estado tensionada entre las pulsiones centralistas de las élites político-económicas limeñas, que entendían que la mejor forma de construir estabilidad institucional y paz social se basaba en un control racional del territorio por parte de estructuras dependientes de la capital, frente a movimientos sociales de todo tipo, que tenían en la reivindicación de un mayor autogobierno local y regional la demanda, bien de conservar situaciones de *statu quo*, bien de impulsar procesos de desarrollo frente a situaciones de desigualdad.

En la actualidad, el Perú cuenta con un total de 1.874 gobiernos locales, distribuidos en 196 municipalidades provinciales y 1.678 municipalidades distritales. Este entramado subnacional refleja la complejidad territorial del país, caracterizado por una geografía accidentada y una diversidad cultural significativa.

Figura 1. Distribución regional de municipalidades (provinciales y distritales)

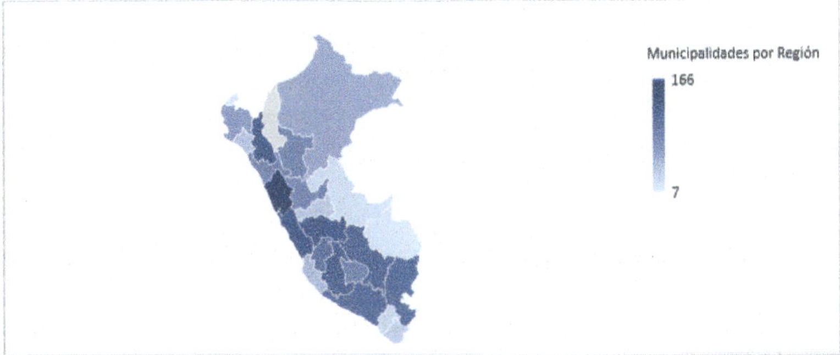

Fuente: Elaboración propia a partir de Instituto Nacional de Estadística del Perú (2021).

La Figura 1, que corresponde la planta municipal a partir de la división regional del país, muestra una considerable asimetría entre las siete entidades locales de las que dispone la Región del Callao frente a las 166 de Ancash. De media cada región cuenta con 71,1 gobiernos locales, de los cuales 64,03 corresponden a municipalidades distritales y 7,5 a entidades provinciales. Junto al Callao, las regiones con un menor número de municipios son Madre de Dios (11), Tumbes (13) y Ucayali (15). Por su parte, además de Ancash, se superan los 120 gobiernos locales en Lima Metropolitana (128), Cajamarca (127) y Junín (123).

Figura 2. Tamaño poblacional de los gobiernos locales

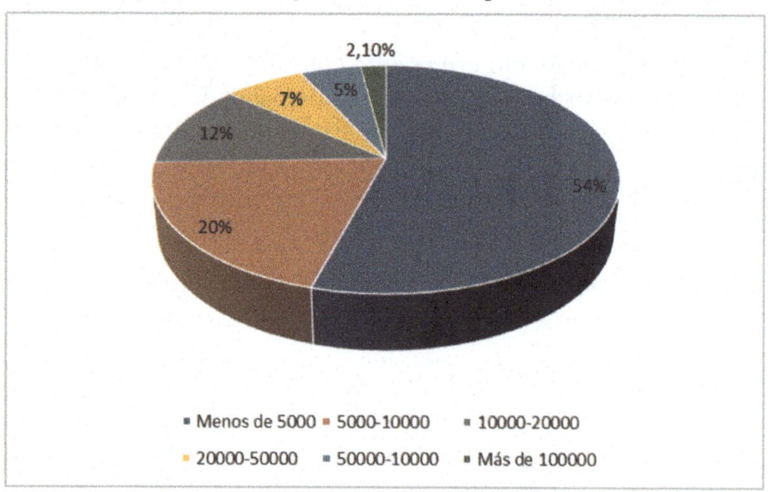

Fuente: Elaboración propia a partir de INEI (Censo 2017).

Esta asimetría se observa también tomando como parámetro analítico el tamaño poblacional de las entidades locales peruanas. La figura 2 muestra que aproximadamente el 75% de las municipalidades cuentan con una población inferior a los 10.000 habitantes, frente al poco más del 2,1% que supera los 100.000.

En este contexto, analizar los gobiernos locales peruanos desde una perspectiva politológica constituye un reto de gran relevancia para cualquier investigador, toda vez que la ciencia política del país ha centrado buena parte de su producción científica en el debate en torno a la consolidación democrática, la lucha contra la corrupción y la crisis del sistema de partidos orillando el estudio sobre la triada institucionalidad-gestión pública-territorio, ámbito en el que el diseño institucional de los gobiernos subnacionales constituye un elemento clave, hasta el punto de que en ese vacio la comprensión del municipalismo ha sido ocupada por parte de sectores de la sociedad civil y disciplinas académicas como la antropología o la sociología, que tienden a considerar estos espacios como esferas que pertenecen a la sociedad, prestando un menor interés a que constituyen estructuras que forman parte del Estado.

2. EL GOBIERNO LOCAL PERUANO. DESCRIPCIÓN GENERAL

El artículo 43 de la Constitución Política del Perú de 1993 (CPP) define el sistema institucional como un Estado de Derecho de naturaleza democrática, social, independiente y soberano, que adopta como modelo de organización territorial el principio de estructura unitaria, representativa y descentralizada. La opción por esta distribución territorial del poder se asienta según el artículo 188 CPP en la convicción de que la descentralización es un instrumento que contribuye al desarrollo integral de la nación.

La norma fundamental organiza el país en tres tipos de entidades (artículo 189 CPP): las regiones (artículo 190 CPP), cuya configuración nace del ejercicio que se otorga a los habitantes de varios departamentos de constituir un gobierno propio dotado de autonomía para la gestión de sus respectivos intereses; los departamentos (artículo 190 CPP), que constituyen la entidades político-administrativas en las que se desconcentra la organización del Estado y, finalmente, los gobiernos locales (artículos 191 y 194 CPP), que se dividen en municipalidades provinciales y municipalidades distritales.

Tabla 1. Diseño de la estructura político-administrativa peruana

Entidad	Fundamento Jurídico	Características
Región	Artículos 189-193 CPP	- Principio dispositivo: las regiones nacen sobre la voluntad de la población que integra los departamentos de constituir sus propios órganos de autogobierno. - Autonomía para la gestión de sus propios intereses. - Número de Gobiernos Regionales: 26.

Entidad	Fundamento Jurídico	Características
Departamentos	Artículo 189 CPP	- Es una entidad territorial en la que se divide la estructura central del Estado para la prestación de servicios y la vertebración territorial. - Número de Departamentos: 26.
Municipalidades	Artículos 193-198 CPP	- Se configuran dos tipos: provinciales y distritales. - Se reconoce autonomía político-administrativa y capacidad de autoorganización. - Número de municipalidades provinciales: 196. - Número de municipalidades distritales: 1.678.

Fuente: Elaboración propia a partir del Instituto Nacional de Estadística (INEI).

Esta distribución territorial del poder tiene en las entidades municipales el nivel básico de organización político-administrativa del país. Según Salas Zegarra (2013:179), la configuración del gobierno local tiene tres antecedentes que explican su diseño actual: incaico, castellano y republicano.

La influencia incaica se vincula con la organización del territorio del Imperio en comunidades locales (ayllus) que agrupaban un rango de 500-1000 familias bajo la dirección de un jefe que tenía una doble naturaleza, como responsable del ayllu y enlace con el Tahuantinsuyo[1] (Salas Zegarra, 2013:180). Por su parte la ocupación española del territorio también tendrá su influencia en el modelo de planta municipal. En este sentido es necesario destacar que España como Estado moderno aún no se había configurado, sino que en su lugar existía una Unión Real de varias coronas (Clemente Pérez, 2019:84), siendo la conquista de América una empresa esencialmente castellana (Cuervo Álvarez, 2016:105) que se reflejó, como acertadamente señalan Martínez (2003:511) y Bernal Gómez (2015:184), en la exportación de su ordenamiento jurídico, así como de su modelo de organización territorial, que al igual que el modelo incaico, tenía en la ocupación y control del territorio por parte de autoridades locales su principal seña de identidad a través de entidades municipales (cabildos y concejos).

La influencia republicana tiene su punto de partida en el Estatuto Provisional de 1821 que, promulgado por el general San Martín en su condición de Protector del Perú, actuó como norma básica del nuevo Estado tras la proclamación de su independencia y que en su sección sexta optó por continuar con el modelo de municipalidades heredado del período colonial, responsables de cuestiones como la educación o la salubridad pública, pero bajo la presidencia del responsable político del departamento que las agrupase, definiendo de este modo un sistema de tutela por parte del poder central, que se combinaba con la elección representativa de los miembros de su concejo. Posteriormente los diferentes textos constitucionales que ha conocido la convulsa y pendular vida política del país influyeron en la configuración actual del modelo de gobierno local.

Tabla 2. Configuración constitucional del gobierno local en la historia constitucional del Perú (1821-1980)

Constitución	Signo político	Configuración del Gobierno Local
1823	Liberal	- El artículo 138 proclama la existencia de municipalidades. - El desarrollo del texto por el Gobierno de Bolívar a través de la Ley proclamó el carácter electivo y representativo del gobierno municipal y de los alcaldes.
1826	Conservador	El artículo 23.1 establece que la designación de los alcaldes y concejales recae en el prefecto titular de cada Departamento a partir de una lista propuesta por el censo electoral.

Constitución	Signo político	Configuración del Gobierno Local
1828	Liberal	– El artículo 40 determina que la existencia de una municipalidad se vincula al factor poblacional y toma como referencia la existencia de un Colegio Parroquial. – Se recupera el carácter representativo con el establecimiento de elecciones municipales para la elección de los gobiernos locales.
1834	Liberal	– El artículo 134 crea la estructura representativa en las municipalidades de naturaleza provincial correspondientes a capitales de departamentos y provincias que deberían contar con una Junta Vecinal. Se excluyen de este esquema las municipalidades correspondientes a los distritos. – El desarrollo legislativo, por la Ley Orgánica de Municipalidades de 1834, mantuvo la designación gubernamental por el prefecto de los alcaldes y los jueces de paz y la Ley de Elecciones Municipales de 1834 blindó el carácter censitario del sufragio electoral.
1839	Conservadora	El Título XV de la Constitución suprime las municipalidades y crea intendencias dependientes del gobierno central con funciones ejecutivas y de policía interior.
1856	Liberal	– Reestablece las municipalidades provinciales y crea municipalidades en los distritos de más de 1.000 habitantes (artículos 114 y 115). – Se definen concejos municipales de naturaleza representativa para los municipios de más de 1.000 habitantes y un colegio de tres agentes designados por la municipalidad superior a la que corresponda el distrito cuando no alcanzare esta población (Ley Orgánica de Municipalidades de 1856). – Se mantiene la designación gubernamental de los subprefectos (como jefes de gobiernos provinciales) y gobernadores (en los distritos).
1860	Moderada (pacto entre liberales y conservadores)	El artículo 118 suprime el carácter representativo y electo de las municipalidades y define un modelo de gobierno local otorgado mediante leyes específicas con la finalidad de cercenar el carácter democrático de los mismos.

Constitución	Signo político	Configuración del Gobierno Local
1867	Liberal	Se reestablece el carácter representativo de las municipalidades provinciales y distritales que se expande a todos los núcleos de población con independencia del número de habitantes y se enuncia el principio de elección directa del personal ejecutivo de las entidades locales (artículo 115).
1920	Progresista	- Tras la derogación de la Constitución de 1867 y la reposición de la de 1860, los artículos 141 y 142 determinan la garantía institucional para las municipalidades provinciales y distritales, así como su carácter representativo sujeto a desarrollo legislativo. - La Ley de Municipalidades de 1932 no desarrolla la composición de las Juntas Vecinales y las sustituye por unas Juntas de Notables designadas por el gobierno central.
1933	Moderada	- Los artículos 203 a 206 enuncian que el país cuenta con municipalidades provinciales y distritales que deben contar con un Concejo de elección representativa. - No obstante el artículo 193 en los puntos 7 y 8 determina la tutela departamental sobre actos administrativos y presupuestarios de los gobiernos locales.
1979	Progresista	Los artículos 252 a 258 reconocen: - La autonomía local para la gestión de los respectivos intereses municipales. - El carácter representativo de los órganos de gobierno de las municipalidades provinciales y distritales, cuyos alcaldes y regidores son elegidos a través del sufragio universal. - La asignación a las municipalidades provinciales de competencias de coordinación en materia educativa, cultural y de infraestructuras básicas, así como un título residual (de competencias que no pertenezcan a los distritos).

Fuente: Elaboración propia.

Como se puede observar en la Tabla 2, la historia republicana del país nace con una visión limitada de la función de la estructura municipal en la configuración del Estado, que rompe con los patrones de organización incaicos y castellanos, que tenían en el control del territorio, a través de autoridades locales, un eje clave. Este período histórico se traduce en una sucesión de diseños caóticos que se caracterizan por que el modelo municipal peruano tiene como seña de identidad una constante limitación de la autonomía local durante largos lapsos (1823-1839 y 1855-1979) mediante la presencia del gobierno central en la designación de cargos ejecutivos, la falta de representatividad en la conformación de los órganos plenarios de las municipalidades e incluso la tutela administrativa y presupuestaria, que se combina con opciones radicales como la supresión de los gobiernos locales (1839-1855) y que solamente apostará por un modelo de representatividad y autonomía municipal a partir de la Transición a la democracia, que culmina en 1979 con la aprobación de la primera norma fundamental que reconoce el carácter representativo de los alcaldes y concejales, así como un esquema competencial básico para las municipalidades provinciales y distritales del país.

2.1. Tipos de gobiernos locales

La Constitución Política del Perú fue promulgada en 1993 tras su debate y aprobación por parte del Congreso Constituyente Democrático. El principal antecedente del sistema político peruano actual lo constituye el autogolpe de Estado realizado por el presidente Alberto Fujimori el 5 de abril de 1992, bajo el pretexto de las dificultades económicas, así como la situación de conflicto armado interno y que fue formalizado mediante el despliegue de las Fuerzas Armadas y la Policía Nacional.

El instrumento institucional inicial del régimen fujimorista fue el Decreto 25.418, una norma de naturaleza habilitante que disolvía el Poder Legislativo, donde el presidente no contaba con mayoría para implementar sus reformas, destituía a la cúpula del Poder Judicial, la fiscalía y de la Contraloría General de la República, así como a los miembros del Tribunal Constitucional como paso previo a su reorganización. Ante las críticas internacionales, el propio Fujimori asumió, en la XXII Asamblea General de la Organización de Estados Americanos, el compromiso de convocar unas elecciones de naturaleza constituyente para el restablecimiento del ordenamiento constitucional en el país, convocatoria que realizó el 22 de noviembre de 1992 y que dieron como resultado un Congreso de mayoría gubernamental que elaboró una norma fundamental fuertemente ideologizada en parámetros socioeconómicos neoliberales (Kreslaja y Ochoa, 2012:31) y autoritarios (García Belaunde, 2014:217) y que, una vez tuvo lugar el colapso y posterior transición política hacia la democracia, fue meramente reformada para suprimir la reelección presidencial, introducir la regionalización, reorganizar el poder electoral y para suprimir la firma del presidente Fujimori del texto constitucional.

El modelo actual de organización territorial del Estado nace de la reforma constitucional realizada en el año 2002 por la Ley 27-680, cuyo Capítulo XIV reformula los artículos 188-197 de la CPP. Como se ha explicado en la Tabla 1, el artículo 189 CPP constituye tres tipos de entidades: regiones, departamentos y municipalidades, pudiendo ser estas provinciales o distritales. Con carácter genérico el artículo 192 CPP encomienda a las municipalidades autonomía administrativa para la gestión de sus respectivos intereses y les otorga como títulos competenciales básicos: el derecho a aprobar su propio presupuesto, la administración de sus bienes y sus rentas, la potestad de creación de figuras tributarias (impuestos, tasas y contribuciones especiales), la organización y reglamentación de los servicios públicos municipales, el planeamiento urbano, la participación en la prestación de servicios por parte del Estado de acuerdo a las leyes y aquellas otras que les sean asignadas por prescripción legislativa.

Por tanto, un primer elemento que llama la atención de la configuración constitucional de los gobiernos locales peruanos es que a pesar de que establece una distinción entre provincias y distritos, ni la norma fundamental define qué se entiende por cada tipo de municipalidad, ni asigna ningún tipo de competencia específica a unas respecto de las otras, cosa que, por ejemplo, sí hacía la Constitución Política de 1979, que en su artículo 255 otorgaba un conjunto de capacidades propias a las provincias respecto de los distritos.

El desarrollo legislativo de las prescripciones constitucionales sobre las municipalidades se encuentra en la Ley Orgánica 27.972 de Municipalidades (LOM) que, promulgada en 2003, amplía y concreta la tipología. El análisis de esta norma muestra que se puede hablar de dos tipos de gobiernos locales en el Perú: en primer lugar estarían las entidades de régimen común que son los distritos y las provincias, y en segundo término habría un conjunto de entidades dotadas de un régimen específico por determinadas singularidades, que serían los municipios de frontera y la Región Metropolitana de Lima (artículo 2 LOM).

Tabla 3. Tipos de gobiernos locales LOM

Tipo	Entidades
Régimen Común	Distritos: unidad básica del gobierno local (localidades). Provincias: constituidas por la agrupación de localidades.
Régimen Especial	Municipalidades de Frontera: son los distritos o las provincias que limiten territorialmente con otro país. Región Metropolitana de Lima: comprende el territorio que alberga la capital de la República.
Otros	Centros Poblados: entidades locales de ámbito inferior al distrito que se pueden crear por Ordenanza Municipal Provincial.

Fuente: Elaboración propia.

La demarcación municipal de las entidades de régimen común tiene naturaleza otorgada, ya que debe ser aprobada por el Congreso de la República a propuesta del Poder Ejecutivo (artículo III LOM), que con carácter general equipara a los distritos con las localidades y a las provincias con la aglomeración de varios distritos, uno de los cuales, denominado capital o cercado, actúa como sede de las instituciones municipales.

Además la LOM hace referencia a otras dos especialidades. Por un lado, es necesario hacer mención a los municipios de frontera que, según el artículo 136 LOM, incluye a todas las municipalidades provinciales y distritales que limiten territorialmente con otro país, de otro alude a la condición de especial singularidad de la capital, el modelo institucional peruano incorpora en el artículo 198 CPP la prohibición de que la ciudad de Lima se incorpore a cualquier región, en paralelo el artículo 151 LOM, excluye a su área metropolitana del régimen municipal general y define un sistema institucional propio, así como unas capacidades competenciales específicas.

Este modelo se complementa con la posibilidad que otorga el preámbulo de la LOM en su artículo III a las provincias de constituir municipalidades de centros poblados, que tienen carácter infradistrital y que se pueden crear con la aprobación de una ordenanza por parte del órgano representativo provincial.

2.1.1. Las municipalidades distritales

El esquema de planta local peruano tiene en las municipalidades distritales su estructura básica de organización territorial, ya que tiende a equiparar distrito con localidad. El artículo III, situado dentro del preámbulo de la LOM, señala que su creación tiene naturaleza otorgada, ya que es el Congreso de la República quien, a través de una disposición legislativa, elaborada a iniciativa del Poder Ejecutivo, aprueba su nacimiento.

Figura 3. Distribución regional de las municipalidades distritales

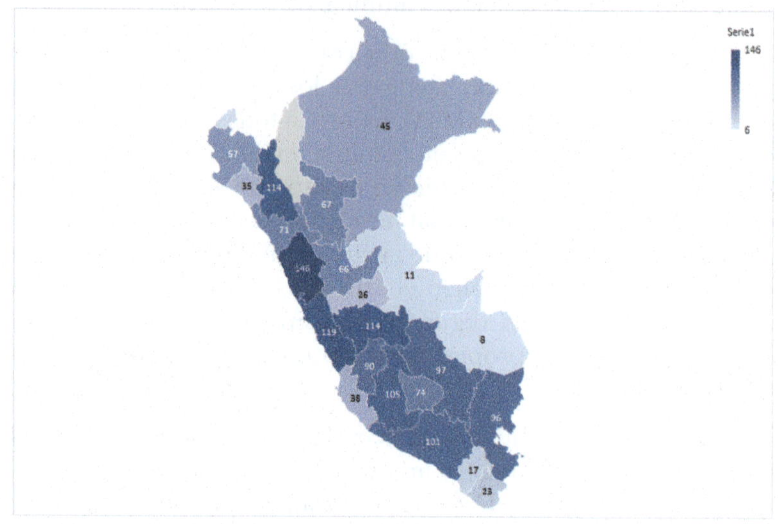

Fuente: Elaboración propia a partir de INEI.

Según el INEI, hay actualmente 1.655 municipalidades distritales. Las regiones de Ancash (146), Lima Metropolitana (119), Ancash y Junín (114) son las que cuentan con un número mayor de este tipo de gobiernos locales, frente a los seis del Callao y los ocho de la región amazónica de Madre de Dios.

2.1.2. Las municipalidades provinciales

El gobierno local peruano tiene en las provincias, la estructura territorialmente superior a la planta básica que configuran las municipalidades distritales. Al igual que los distritos, la creación de las provincias tiene naturaleza otorgada y, según el artículo III LOM, su nacimiento tiene naturaleza otorgada, ya que es el Congreso de la República el que, a propuesta del Gobierno Central, determina su creación.

Por tanto, ni la normativa local, ni la Constitución Política de 1993, ni ninguna otra norma determina qué es una provincia y qué elemento tiene diferenciador respecto de los distritos. En este punto es necesario señalar que, como señala Remy (2005:117), el distrito tiende a equipararse con las localidades, mientras que las provincias comprenden la agrupación de varios núcleos de población limítrofes, siendo esencialmente órganos de naturaleza comarcal, cuando las localidades se encuentran dispersas en áreas rurales, y metropolitana cuando se proyecta sobre fenómenos de aglomeración de núcleos urbanos en torno a una ciudad de tamaño medio o grande.

Figura 4. Municipalidades provinciales (por región)

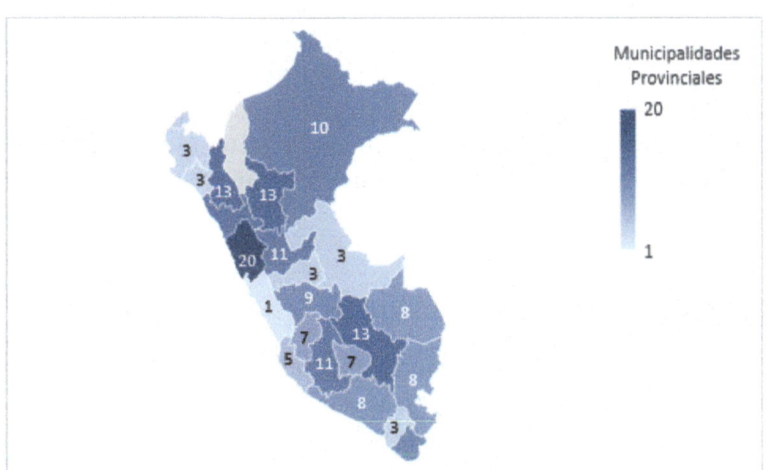

Fuente: Elaboración propia a partir de INEI.

En la Figura 4 se puede observar que la distribución de provincias en las diferentes regiones del país es bastante desigual. Ancash (20), Cusco, San Martín y Cajamarca (13) son los territorios que cuentan con un mayor número de gobiernos provinciales. Llama la atención que la capital, Lima, que concentra al 29,7% de la población según el INEI (2023), es un territorio uniprovincial.

2.1.3. El régimen especial de la municipalidad metropolitana de Lima

La posición institucional de Lima como capital del país viene determinada por dos preceptos constitucionales de gran relevancia. En primer lugar está el artículo 49 de la CPP, que señala que la República del Perú tiene en Lima su capital y en la ciudad de Cusco su capital histórica. A pesar de esta aparente doble capitalidad, el modelo de organización territorial del Estado tiene en Lima la sede efectiva del conjunto de las instituciones, quedando el reconocimiento de la capitalidad histórica cusqueña como un símbolo al pasado incaico del país.

Esta posición asimétrica de las dos ciudades capitales se observa nuevamente en el artículo 198 de la CPP, que determina que la ciudad de Lima tiene prohibida su integración en cualquiera de las regiones peruanas, con la finalidad de evitar que un territorio pudiese verse beneficiado de contar entre sus localidades con la capital.

2.1.4. Marco competencial

La LOM define un esquema competencial complejo que reconoce diferentes capacidades de acuerdo con la naturaleza provincial o distrital de las municipalidades, al tiempo que reconoce un régimen especial para la Municipalidad Metropolitana de Lima.

Como punto de partida es necesario destacar que el conjunto de municipalidades del país goza de personalidad jurídica propia, así como de autonomía política, económica y administrativa para la gestión de sus intereses propios (artículo 2 LOM). Por su parte, la Municipalidad Metropolitana de Lima dispone de capacidades adicionales que se suman a las del resto de provincias del país.

Tabla 4. Esquema competencial de las municipalidades y las provincias

Gobierno Local	Capacidades
Provincia	1. Planificación y coordinación provincial: – Gestión de planes de acondicionamiento territorial y desarrollo urbano. – Regulación del transporte urbano e interurbano. – Gestión de infraestructuras supradistritales. – Coordinación de políticas ambientales y de gestión de residuos sólidos. 2. Supervisión de las ordenanzas fiscales de las municipalidades distritales que conforman su territorio (artículo 78 LOM).
Distritos	Prestación de servicios públicos directos en sus territorios: – Servicios básicos de limpieza, agua potable y saneamiento. – Gestión de mercados y comercio local. – Seguridad de proximidad (serenazgos). – Infraestructuras básicas (colegios, equipamientos sociales y urbanos, vías y obras intradistritales).
Lima	Competencias adicionales en materia de: – Planificación integral del desarrollo urbano. – Coordinación con el gobierno central para políticas nacionales ejecutadas en la región. – Supervisión de distritos sin la necesidad de ratificación de ordenanzas tributarias.

Fuente: Elaboración propia.

La Tabla 4 muestra las principales capacidades competenciales de las que gozan las diferentes entidades locales peruanas. De este modo, los distritos se encargan de la prestación de servicios directos sobre sus respectivos territorios asumiendo la limpieza, el agua potable o el saneamiento, adicionalmente disponen de competencia en materia económica y de desarrollo local a través de la gestión de los mercados y el comercio local, prestan servicios de seguridad de proximidad a través del serenazgo y gestionan los principales equipamientos básicos de naturaleza educativa, social y urbana que se encuentran en su espacio territorial.

Por su parte, las provincias asumen competencias específicas en materia de planificación territorial supradistrital (artículo 73 LOM) y supervisan las ordenanzas fiscales de los municipios distritales que la conforman.

La Municipalidad Metropolitana de Lima asume competencias distritales de forma directa para el cercado de Lima (distrito central), dispone de las mismas capacidades que las provincias para el resto de distritos que la integran y adicionalmente los artículos 153-157 LOM le otorgan capacidades en materia de coordinación del desarrollo urbano, lo que se traduce en una mayor capacidad directa de control sobre sus distritos, que trasciende las ordenanzas fiscales, así como la coordinación con el gobierno central para la implementación de las políticas nacionales que tengan impacto urbano sobre el territorio de la capital peruana.

2.2. Forma de financiación

2.2.1. Municipio y gasto público

Los gobiernos locales constituyen el nivel administrativo que menor gasto público realiza dentro de los diferentes niveles del Estado. Durante los últimos 15 años, aproximadamente, dos terceras partes del gasto proceden de actuaciones del gobierno central, frente al 15-20% en el que oscila la inversión pública de los gobiernos regionales y al 12-16% de las municipalidades.

En este sentido es relevante señalar que desde 2008 la capacidad de gasto de los gobiernos locales tiende a caracterizarse por ser decreciente, durante los años 2008-2010, período de gran importancia para la economía nacional porque el país alcanzó un crecimiento del PIB superior al 10%, la inversión local disminuyó aproximadamente en cuatro puntos, frente al notable incremento que experimentó el gasto público del gobierno central, bajo la presidencia de Alán García (Partido Aprista Peruano —APRA—) que llega a superar el 70%. Esta tendencia se revierte en los años posteriores bajo los mandatos de Ollanta Humala (Partido Nacionalista Peruano —PNP—), Pedro Pablo Kuzcynski[2] (Peruanos por el Kambio —PPK—) y Pedro Castillo[3] (Perú Libre), llega en 2023 a situarse en el 14,4%, lejos todavía del 16% del año 2008.

Figura 5. Distribución del gasto público 2008-2023 (por niveles de gobierno)

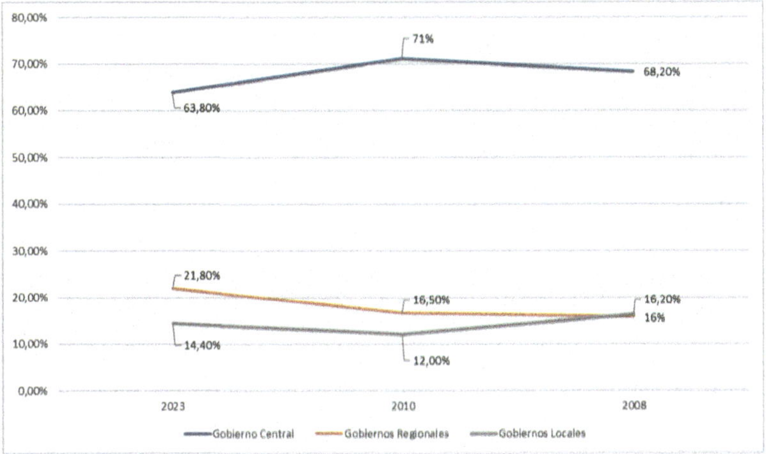

Fuente: Elaboración propia a partir de INEI (2023).

2.2.2. Marco financiero

La LOM define un esquema basado en la existencia de tres fuentes de ingreso, el reconocimiento de capacidad impositiva así como un modelo fiscal específico para la ciudad de Lima.

Tabla 5. Fuentes de ingreso

Fuentes de ingreso	Características
Recursos propios	- Tributos. - Tasas. - Contribuciones. - Canon y regalías.

Transferencias del Gobierno Central	Fondo de Compensación Municipal (FONCOMUN).
Fuentes adicionales	Aportaciones para la prestación de servicios públicos locales.

Fuente: Elaboración propia.

La primera de las fuentes de ingreso se compone de los recursos propios que se componen de los tributos municipales, las tasas y las contribuciones creadas por las ordenanzas fiscales aprobadas por las municipalidades distritales con la supervisión de los gobiernos provinciales. Adicionalmente se contempla como vía de ingreso el cobro del canon o de las regalías, que son figuras de recaudación que nacen de la explotación de recursos naturales dentro del ámbito de cada localidad (artículos 74 y 196 LOM).

En este sentido es necesario señalar que las municipalidades tienen competencias limitadas en la creación de tributos: sólo pueden establecer tasas y contribuciones, pero no modificar o crear impuestos que no estén previstos en la ley (artículos 74 y 79 LOM).

En segundo lugar, el gobierno central dispone de un instrumento, el FONCOMUN, que el artículo 196 LOM define como un fondo de compensación que se elabora a partir de criterios poblacionales, así como de necesidades específicas de los diferentes gobiernos locales.

Finalmente, el artículo 196 LOM también tiene contemplada la posibilidad de financiación adicional a partir de donaciones, legados y utilidades de empresas municipales creadas para apoyar la gestión de servicios locales.

Por su parte, la Municipalidad Metropolitana de Lima dispone de un modelo fiscal especial, definido en los artículos 3 y 153 LOM, que le permite acceder a recursos específicos con la finalidad de asumir las competencias adicionales que se le otorgan por su condición de capital y centro político-administrativo.

Este modelo se caracteriza porque existe capacidad de creación de tributos sin necesidad de ratificación por otras autoridades, a diferencia de las municipalidades distritales, que deben contar con la ratificación de la municipalidad provincial para la creación de tributos en su jurisdicción. Además pueden modificar de forma autónoma tanto los arbitrios y las contribuciones (pagos por servicios específicos como limpieza, seguridad y mantenimiento de espacios públicos) como las tasas exigidas por el acceso a determinados servicios o equipamientos públicos.

2.3. Alcaldes y consejos municipales

Los artículos 4-8 de la LOM determinan un modelo de estructura institucional básico y común para los gobiernos distritales y provinciales. De este modo se puede hablar de un esquema caracterizado por tres niveles político-administrativos: alcaldía, concejo, órganos de coordinación y administración municipal.

2.3.1. La organización político-administrativa de las municipalidades distritales

Las municipalidades distritales constituyen el nivel más básico de gobierno local dentro de la estructura político-administrativa del país. Estas entidades están organizadas en torno a los distritos, que representan las unidades territoriales menores en las que se divide cada provincia.

Su existencia responde a la necesidad de gestionar y administrar las particularidades de cada distrito, considerando su diversidad geográfica, social y económica. Como parte de la descentralización estatal, las municipalidades distritales juegan un rol fundamental al acercar los servicios públicos a la población y actuar como el primer nivel de interacción entre el Estado y los ciudadanos en sus respectivos territorios.

a) La alcaldía distrital

Uno de los elementos que más interés despierta en el estudio de los sistemas políticos locales radica en el intento de asimilarlos a los parámetros clásicos de agrupación existentes en la ciencia política y el derecho público que diferencia entre modelos de corte parlamentario frente a sistemas de tipo presidencialistas, en base a una mayor o menor rigidez en la organización de los diferentes poderes (Alcántara Sáez, 1995:104). Sin embargo, como acertadamente indican Baena del Alcázar (2000:136), Morell Ocaña (1992:344) o Parejo Alfonso (1986:29), es complicado hacer este ejercicio en los gobiernos locales, dado que no existe una separación de poderes clásica en el ámbito municipal.

En este aspecto, la doctrina clásica tiende a reafirmar el carácter presidencial de un gobierno local tomando como parámetro analítico el tipo de elección del alcalde y que tiende a considerar que la elección directa es sinónimo de mayor fortaleza institucional (Ridao y García, 2015:184; Sweeting, 2009; Benoit, 2004:366; Navarro y Criado, 2011:24; García, 2011:211). Sin embargo Casal, Gutiérrez Villalta y Calatrava (2024:158) plantean un modelo de medición de indicadores denominado Índice de Presidencialización de los Gobiernos Locales (IPGOB), que permite medir las capacidades del alcalde en el sistema político local de referencia mediante un empleo combinado de criterios vinculados al sistema de elección, así como a su posición en el proceso de toma de decisiones local y que se va a emplear para las entidades distritales peruanas.

Tabla 6. Indicadores de construcción del IPGOB en el sistema local peruano

Dimensión	Variable	Medición	Resultado
Sistema de Elección Directa	Exigencia de mayoría simple o reforzada	Simple: 0 Reforzada: 1	Se gana la elección por mayoría simple, la segunda vuelta se da solo para casos de empate: 0
	Vueltas electorales	Una vuelta: 0 Dos vueltas: 1	Una sola vuelta: 0
	Vinculación partido-candidato	No: 0 Sí: 1	Los candidatos van respaldados por partidos o coaliciones: 1
	Coincidencia de la votación del alcalde con las elecciones al órgano representativo (pleno o concejo)	No: 0 Si: 1	Coincide la votación: 1
	Tipo de voto	Preferencial: 0 Único: 1	Único: 1
Proceso de Toma de Decisiones	Presidencia del alcalde de la cámara municipal	No: 0 Sí: 1	El alcalde preside el pleno: 1
	Voto de calidad en caso de empate	No: 0 Sí: 1	Dispone de capacidad de desempate: 1
	Concentración (por defecto) de competencias ejecutivas	No: 0 Sí: 1	Sí: 1
	Capacidad de designar a no electos como miembros del gobierno municipal	No: 0 Sí: 1	Sí: 1
	Capacidad de la cámara municipal de censurar al alcalde	Sí: 0 No: 1	No: 1
	Capacidad del alcalde de dictar normas	No: 0 Sí: 1	Sí: 1

Dimensión	Variable	Medición	Resultado
Proceso de Toma de Decisiones (cont.)	Potestad de someter a los vecinos una consulta directa	No: 0 Sí: 1	Sí: 1
	Potestad de designar a los presidentes de las entidades desconcentradas	No: 0 Sí: 1	Sí: 1
	Existencia de grupos políticos municipales	Sí: 0 No: 1	Sí: 1
	Existencia de regímenes administrativos específicos	No: 0 Sí: 1	Sí: 1
	Reconocimiento constitucional de la autonomía local	No: 0 Sí: 1	Sí: 0
Cumplimiento de Presidencialización IPGOB			**80%**

Fuente: Elaboración propia.

El estudio de estos indicadores en torno a los alcaldes distritales del Perú muestra un IPGOB de 0,8 en donde se cumplen 12 indicadores respecto de los 15 propuestos, lo cual muestra que tiene un fuerte sesgo presidencialista. Es interesante destacar que en lo referente al procedimiento electoral el sistema político local tiene una tendencia de presidencialización moderada puesto que el sistema es de elección directa, para un mandato de cuatro años sin posibilidad de reelección inmediata, y existe una vinculación entre candidato con partidos políticos (que evidencia el control sobre la estructura partidaria) sumado a un tipo de voto único y, sobre todo, agregado a una coincidencia de calendarios electorales (que diluye la votación de los integrantes de la cámara municipal). Es cierto que el modelo de elección definido en la Ley Orgánica de Elecciones 26.859 (LOE) no plantea aspectos clave que, como la doble vuelta o la exigencia de una mayoría reforzada, tiende a reforzar la posición del ganador.

Frente a esta tendencia moderada al presidencialismo del sistema político municipal, es imprescindible señalar que esta inercia se ve reforzada cuando se observa el proceso de toma de decisiones a nivel local, ya que los alcaldes de los distritos disponen de todas las capacidades de control de la agenda política local y que van desde la presidencia de la cámara municipal, hasta la convocatoria de referéndums o consultas directas para cuestiones competenciales propias de interés local (amparada en la LOM), pasando por la capacidad de designar a personas no electas como miembros de los departamentos del gobierno local.

Por tanto, se puede hablar de un modelo fuertemente presidencializado, donde la afirmación que realiza el artículo 6 de la LOM respecto de que el alcalde distrital es el órgano ejecutivo municipal, se observa tanto en el método de elección del mismo, como sobre todo en sus capacidades como presidente de la cámara municipal, dotado de la capacidad de dirimir situaciones de bloqueo, jefe de la administración del distrito y blindado por el reconocimiento de autonomía local, que impide que el gobierno local pueda ser suprimido por otros niveles de gobierno una vez ha sido creado a partir de una ley del Congreso de la República.

b) El concejo municipal

Constituye la cámara municipal de la municipalidad distrital. Según el artículo 6 de la LOM, se integra por la totalidad de los concejales electos (determinados de acuerdo al número de regidores que establezca el Jurado Nacional de Elecciones para cada proceso electoral de acuerdo a la población), así como por el alcalde distrital, que tiene una naturaleza dual como jefe de gobierno y, al mismo tiempo, como presidente del órgano de representación municipal y de resolver las situaciones de empate que se pudieran dar en el mismo.

Las competencias de los concejos municipales se regulan en el artículo 9 de la LOM y se proyectan en tres ámbitos: normativo, presupuestario y fiscalizador. En materia normativa disponen de capacidad de iniciativa para la elaboración de ordenanzas municipales, adicionalmente es el órgano municipal responsable de la aprobación de los presupuestos generales, que expresan de forma cifrada y contable el conjunto de políticas públicas y actuaciones que se van a realizar por parte de la municipalidad y, finalmente, tienen una cierta asimilación con el parlamento, toda vez que sus integrantes tienen la capacidad de controlar e impulsar la acción de gobierno a través de requerimientos de información, acceso a la documentación administrativa y solicitud de adopción de acuerdos de naturaleza política. El concejo municipal puede funcionar en pleno, así como en las comisiones que el propio concejo determine y que suelen estar alineadas con los diferentes departamentos o áreas que integran el gobierno local.

La elección del concejo, como ya se ha señalado, es coincidente con la del alcalde y tiene un mandato idéntico de cuatro años, en las elecciones municipales de 2022 el número de ediles oscilaba entre los 5-15 escaños, en función de la población del distrito, cuya designación se realizaba a través del voto universal, directo y secreto a listas completas y bloqueadas.

El artículo 10 de la LOE define un mecanismo de elección que pretende equilibrar proporcionalidad con gobernabilidad. La proporcionalidad se logra mediante el empleo de un sistema de asignación de escaños basado en el empleo del método d' Hondt que permite traducir correctamente los votos en representación a partir de la selección de los cocientes más elevados, que surgen de la división entre el número total de votos de la candidatura por todos los puestos a seleccionar y que opera plenamente cuando hay, por lo menos, cinco escaños en liza (Casal, 2019:297). Por su parte y para evitar situaciones de bloqueo, la LOE contempla una medida correctora a la pretendida proporcionalidad del sistema, dado que determina que la lista ganadora obtendrá de forma automática la mitad más uno de los miembros del concejo municipal. De este modo, teniendo en cuenta que la elección es coincidente en el tiempo con la del alcalde, se puede observar que si se da un efecto arrastre del voto del alcalde, hacia el voto de los concejales, el sistema tiende a garantizar al jefe del gobierno municipal una mayoría absoluta de asientos en el pleno del concejo.

c) *Sistema de partidos en los distritos*

Las sucesivas elecciones municipales han configurado un sistema municipal de partidos caracterizados por la fragmentación y por la falta de territorialización de los partidos políticos de ámbito estatal, que tienden a no presentarse en las elecciones municipales o a recurrir a plataformas de ámbito local. De este modo, desde 2022 el 58,02% de los alcaldes distritales pertenecen a este último tipo de formaciones políticas.

Figura 6. Alcaldías de los partidos nacionales (2022)

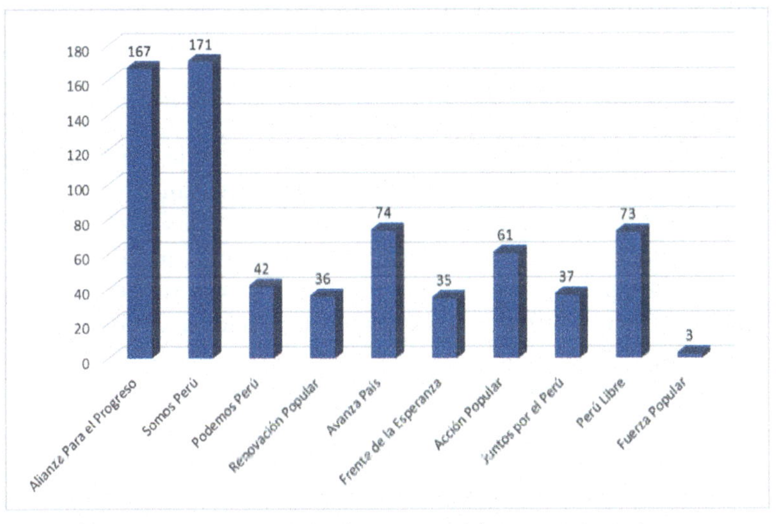

Fuente: Elaboración propia a partir de la Oficina Nacional de Procesos Electorales (2022)

La figura 6 muestra que los dos principales partidos nacionales, que cuentan con implantación distrital, son Somos Perú y Alianza para el Progreso, de tendencia conservadora, al mismo tiempo llama la atención que el partido que ha vencido en la primera vuelta de las dos últimas elecciones municipales, Fuerza Popular (fujimorismo), cuenta solamente con tres alcaldías o que el partido de gobierno, Perú Libre tiene 73 gobiernos distritales.

d) El Consejo de Coordinación Distrital

El diseño político-administrativo de las municipalidades distritales, basado en el binomio alcaldía-concejo, se completa con la existencia del consejo de coordinación, definido en el artículo 7 de la LOM. Se trata de un organismo cuya finalidad radica en promover la participación ciudadana en la acción de gobierno local.

Su composición difiere en cada distrito, pero se puede afirmar que, con carácter general, se trata de un órgano de naturaleza hibrida en donde se combina la presencia de autoridades municipales y miembros del equipo de gobierno con la presencia de representantes de las organizaciones sociales y entidades de todo tipo que tienen presencia en el territorio.

El artículo 104 LOM define sus funciones que esencialmente consisten en la coordinación de las actuaciones entre las autoridades municipales y la ciudadanía, el impulso de la participación ciudadana en la formulación de planes e instrumentos estratégicos de desarrollo local, la elevación de medidas que mejoren la calidad de vida a los diferentes órganos de la administración municipal y la fiscalización, por parte de la sociedad civil, de la gestión pública en general, así como de la ejecución de obras en particular.

2.3.2. La organización político-administrativa de las municipalidades provinciales

El diseño básico establecido en los artículos 4-8 de la LOM es de aplicación simultánea a los gobiernos de las provincias y los distritos en lo referente a los órganos básicos de gobierno: alcaldía y concejo municipal, que tienen las mismas prerrogativas y capacidades en ambos tipos de entidades locales.

Por tanto, se puede afirmar que el sesgo presidencial de los alcaldes distritales, determinado a través del empleo del IPGOB a los distritos es idéntico y, en esa misma línea, que la naturaleza fiscalizadora de la que dispone el concejo municipal distrital se aplica de igual forma a las provincias.

La principal diferencia entre ambos tipos de municipalidades radica en que los gobiernos provinciales, a través de su concejo municipal, pueden aprobar ordenanzas que den lugar a la creación de un tipo de entidad local infradistrital denominada centros poblados.

a) El sistema de partidos a nivel provincial

Otro elemento común entre las municipalidades distritales y provinciales radica en que los sucesivos comicios celebrados han tenido como principal efecto el dominio de los movimientos independientes y regionales de los gobiernos de las provincias así como la posición relativamente irrelevante de los principales partidos políticos de ámbito nacional.

Tabla 7. Fuerza de los partidos políticos (comparativa distrital-provincial)

Tipo de entidad	Partidos nacionales	Movimientos regionales e independientes
Distritos	41,98%	58,02%
Provincias	37,80%	62,20%

Fuente: Elaboración propia a través de ONPE (2022).

Como muestra la tabla 5, los partidos políticos regionales o de las plataformas independientes controlan casi dos tercios del conjunto de las alcaldías provinciales del país, porcentaje similar al de dominio de los gobiernos distritales. Por su parte, los partidos de ámbito nacional solamente cuentan con poco más del 35% de los gobiernos de las municipalidades provinciales.

Figura 7. Alcaldías de los partidos de ámbito nacional (comparativa distritos-provincias)

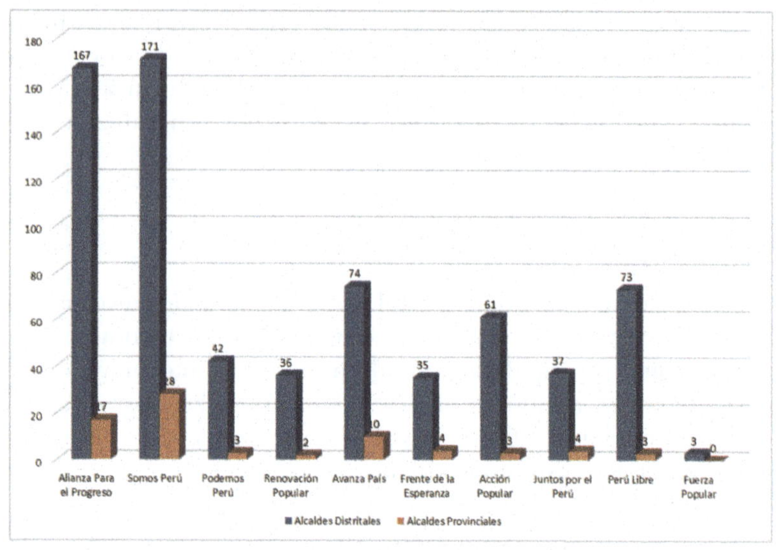

Fuente: Elaboración propia a partir de ONPE (2022).

También en el ámbito provincial se observa que los partidos con más alcaldías son Somos Perú (28) y Alianza para el Progreso (17), dos partidos muy irrelevantes en la política nacional. En sentido contrario se vuelve a observar que el partido ganador de las dos últimas elecciones legislativas y de la primera vuelta de las presidenciales, Fuerza Popular, es irrelevante en la política provincial, ya que no tiene ningún gobierno, mientras que el partido vencedor de la segunda vuelta de las presidenciales, Perú Libre, solamente dispone de tres alcaldes en las diferentes provincias del país.

b) Otros órganos. La junta de Delegados Vecinales

El esquema básico de organización político-administrativa que la LOM configura para los gobiernos locales también se proyecta en la existencia de un consejo de coordinación provincial con idénticas características y competencias que los distritales. Sin embargo, el artículo 7 de la LOM configura en una junta de delegados vecinales de obligada existencia en las municipalidades provinciales.

El artículo 106 LOM configura esta junta de delegados vecinales como un órgano representativo de los intereses de las diferentes comunidades (barrios, áreas rurales o centros urbanos) que existen en cada provincia. Su composición concreta varía dependiendo de la normativa específica que crea cada provincia.

En todo caso, disponen de seis competencias básicas: representar los intereses y preocupaciones de la comunidad ante las autoridades municipales y otras instancias pertinentes; promover la participación ciudadana en la gestión y el desarrollo local; coordinar acciones con otras organizaciones y entidades para abordar problemas y necesidades de la comunidad; contribuir a la planificación y ejecución de proyectos de mejoramiento del entorno urbano y la calidad de vida en la zona; canalizar y gestionar las demandas y los reclamos de los vecinos ante las autoridades municipales y otros organismos competentes, así como informar a la comunidad sobre temas relevantes y decisiones tomadas en relación con el desarrollo y la gestión del territorio.

2.3.3. El régimen especial de la municipalidad metropolitana de Lima

En desarrollo de las prescripciones constitucionales, la LOM, señala en sus artículos 2 y 3 que la municipalidad metropolitana de Lima cuenta con un régimen administrativo específico que se desarrolla en su Título XIII. Esencialmente el esquema institucional se basa en el binomio alcaldía-concejo.

a) La alcaldía metropolitana de Lima

El artículo 158 LOM define al alcalde metropolitano como el órgano ejecutivo de la municipalidad metropolitana. Es elegido para un periodo de cuatro años, sin posibilidad de reelección inmediata, mediante el mismo sistema de elección que se ha señalado para los alcaldes distritales y provinciales.

Asume una condición dual ya que es jefe del gobierno local y, simultáneamente, presidente de la cámara municipal (Concejo Metropolitano de Lima), contando con unas funciones de dirección política análogas a los alcaldes provinciales y distritales, lo cual constata que su posición tiene un fuerte sesgo presidencialista que cumple con el 80% de los indicadores planteados en el IPGOB y que se han empleado para medir las capacidades de los primeros ediles de las municipalidades de los distritos, así como de las provincias.

Figura 8. Años en la alcaldía metropolitana de Lima (por partidos políticos)

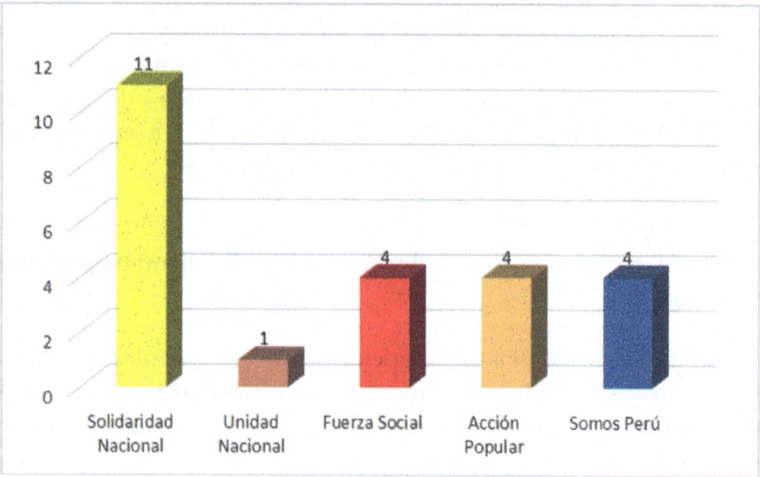

Fuente: Elaboración propia.

Desde la aprobación de la CPP en 1993, la vida política de la ciudad presenta dos aspectos de gran relevancia que se pueden observar en la figura 8. En primer lugar, es necesario destacar que, a diferencia de lo que sucede en la mayoría de distritos y provincias del país, en Lima la alcaldía ha sido ocupada de forma ininterrumpida por partidos de ámbito nacional. En segundo término se puede observar que la política municipal ha estado dominada por opciones de corte conservador, ya que, con la excepción del mandato de cuatro años de Fuerza Social, bajo el liderazgo de Susana Villarán, el resto del período temporal de vigencia de la CPP los alcaldes han pertenecido a diferentes formaciones políticas de centro-derecha, destacando los 11 años de gobierno de Solidaridad Nacional, liderada por Luis Castañeda Lossio.

b) El Concejo Metropolitano de Lima

Constituye la cámara municipal de la ciudad y es el principal órgano representativo. Sus funciones son sustancialmente las mismas que se han detallado para los concejos distritales y provinciales, es decir tiene capacidades normativas, presupuestarias y fiscalizadoras en los términos que le atribuye el artículo 157 de la LOM y funciona en pleno y por comisiones especiales.

La principal especialidad de este órgano respecto de sus equivalentes en el conjunto de gobiernos locales peruanos reside en el número de sus integrantes, que se sitúa en 38 ediles junto al alcalde metropolitano. Los concejales son elegidos a través de listas completas, cerradas y bloqueadas para un mandato de cuatro años, constituyendo la municipalidad metropolitana una única circunscripción, y mediante el empleo del método d' Hondt para la asignación de escaños. Al igual que en el resto de municipalidades, esta proporcionalidad se ve corregida por la asignación automática a la lista más votada de la mitad más uno de los miembros del órgano plenario.

c) Órganos específicos de la municipalidad metropolitana de Lima

Los artículos 162-164 de la LOM definen un modelo institucional y administrativo para Lima que, partiendo del modelo básico previsto para las municipalidades provinciales, incorpora algunas especificidades propias para la capital.

Tabla 8. Resumen de las especificidades administrativas de la municipalidad metropolitana de Lima

Órgano	Fundamento normativo	Naturaleza
Asamblea Metropolitana	Artículo 162 LOM	Consultiva
Junta de Planeamiento	Artículo 163 LOM	Asesoramiento urbanístico
Junta de Cooperación Metropolitana	Artículo 164 LOM	Participación ciudadana

Fuente: Elaboración propia.

El primer elemento que hay que destacar es la existencia de una instancia de cooperación interterritorial, denominado Asamblea Metropolitana. Se trata de un órgano asimilado al que disponen las regiones, pero que opera en el ámbito de la municipalidad de Lima. Según el artículo 162 LOM es presidido por el alcalde metropolitano y forman parte de ella los alcaldes de los distritos, así como por representantes de la sociedad civil. Tiene naturaleza consultiva y extiende sus competencias a la ejecución de los diferentes planes y políticas públicas de la municipalidad.

En segundo término es necesario hacer mención a la existencia de la Junta de Planeamiento. Es un órgano presidido por el alcalde metropolitano y del que forman parte tanto los alcaldes de los distritos como los responsables administrativos de las políticas de planeamiento urbano (artículo 163 LOM). Finalmente, la Junta de Cooperación Metropolitana es el órgano de participación ciudadana, el artículo 164 LOM, señala que es presidida por el alcalde de Lima y se conforma por miembros de organizaciones vecinales, así como por instituciones de cooperación internacional al desarrollo. Se trata por tanto, de una instancia que proyecta sus funciones hacia la participación ciudadana, así como hacia el desarrollo social de la ciudad.

2.4. Asociacionismo municipal y relaciones intergubernamentales

2.4.1. El asociacionismo municipal en Perú

Los procesos de asociacionismo municipal tienen sus raíces en la búsqueda por fortalecer la autonomía y las capacidades de las provincias y de los distritos a través de la configuración de órganos que actúen como espacios de representación colectiva frente a las instituciones nacionales. Este movimiento surge de forma paralela al proceso de democratización de las municipalidades iniciado a partir de la transición a la democracia y a la aprobación de la Constitución de 1979, que consagra el carácter representativo de los gobiernos locales.

La primera entidad intermunicipal fue la Asociación de Municipalidades del Perú (AMPE), fundada en 1982 y con la vocación de representar al conjunto de gobiernos locales existentes en el territorio nacional y de institucionalizarse como un actor que dialogue con el gobierno central. La AMPE dispone de una estructura de gobierno caracterizada por una Asamblea General, que reúne a los alcaldes de las municipalidades asociadas, y un Consejo Directivo, liderado por una Presidencia, que actúa como principal órgano ejecutivo de la entidad.

Desde 2004 el movimiento intermunicipalista peruano se diversificó con la creación de la Red de Municipalidades Rurales y Urbanas del Perú (REMURPE), creada con la vocación de mejorar la representación de las municipalidades encuadradas en el medio rural. Su estructura organizativa incluye una Asamblea Nacional, en la que participan los representantes de todas las municipalidades asociadas, y un Comité Ejecutivo Nacional, que implementa los planes y acuerdos bajo la dirección de su Presidencia.

Este proceso de especialización del asociacionismo municipal se intensifica en 2008 con la creación de la Asociación de Municipalidades de la Amazonía del Perú (AMAZONASPERU) como una organización que representa a las municipalidades ubicadas en la región amazónica, con el objetivo de proteger los recursos naturales, mejorar la calidad de vida de sus comunidades y promover el desarrollo sostenible en una de las zonas más biodiversas y vulnerables del país.

También en 2010, cuando se funda la Asociación de Municipalidades de Centros Poblados (AMUCEP) con el objetivo de representar específicamente a los centros poblados, que muchas veces no cuentan con los mismos recursos ni representación política que las municipalidades distritales o provinciales. Esta asociación busca fortalecer las capacidades de los centros poblados, promover su autonomía y garantizar la distribución equitativa de recursos. Tiene un modelo de gestión basado en una Asamblea General, donde se reúnen los alcaldes de los centros poblados asociados, y un Consejo Directivo, que se encarga de desarrollar y supervisar las políticas internas. Además, cuenta con una Oficina de Coordinación Técnica, que organiza capacitaciones, eventos de intercambio de experiencias y gestiona proyectos de desarrollo local.

Este fenómeno de asociacionismo municipal ha ido acompañado de una apuesta por la mancomunación de municipios a partir de la aprobación de la Ley 29.029 de 2007 de la Mancomunidad Municipal (LMM), que permite la configuración de alianzas específicas entre gobiernos locales con la finalidad de abordar problemas conurbanos o desarrollar proyectos conjuntos de desarrollo local. Su creación es voluntaria y la LMM determina que de constituirse deberán contar con un Consejo Directivo conformado por los alcaldes de los municipios participantes, así como una Secretaría Técnica para coordinar las actividades y proyectos desarrollados.

Figura 9. Distribución regional de las mancomunidades

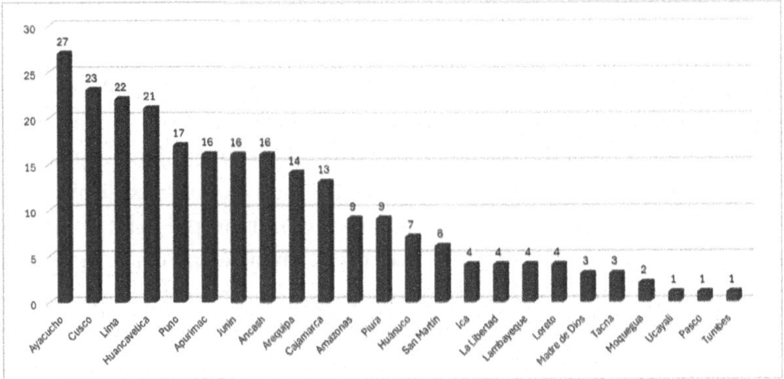

Fuente: Elaboración propia a partir de la Secretaría de la Descentralización.

Actualmente existen 207 mancomunidades inscritas ante la Secretaría de la Descentralización que integran a 981 entidades locales (880 distritos y 101 provincias). Como se puede apreciar en la Figura 9, las regiones de Ayacucho, Cusco, Lima y Huancavelica son las que cuentan con un mayor número de agrupaciones de municipios en su territorio, mientras que en Ucayali, Tumbes y Pasco, solamente existe una.

2.4.2. Las relaciones intergubernamentales

Adicionalmente a los procesos de asociacionismo municipal, es necesario hacer referencia a los mecanismos institucionales que articulan las relaciones entre los diferentes niveles de gobierno.

A nivel ejecutivo, inicialmente se impulsó como foro el Consejo Nacional de la Descentralización (CND), creado en el Perú mediante la Ley 27.783, Ley de Bases de la Descentralización, promulgada en 2002. Su propósito principal era liderar y coordinar el proceso de descentralización del país, promoviendo la transferencia de competencias, recursos y funciones desde el nivel nacional hacia los gobiernos regionales y locales. Este organismo funcionó como un espacio de articulación entre los diferentes niveles de gobierno.

Sin embargo, el CND fue disuelto en 2007 mediante el Decreto Legislativo 997, que modificó la estructura del proceso de descentralización. Sus funciones y competencias fueron transferidas a la Secretaría de Descentralización. Este organismo, adscrito al Viceministerio de Gobernanza Territorial de la Presidencia del Consejo de Ministros, tiene como objetivo principal liderar la articulación intergubernamental entre los niveles nacional, regional y local, garantizando un enfoque multisectorial que permita alinear las prioridades sectoriales y territoriales en agendas de desarrollo. Entre sus funciones destacan la identificación y promoción de políticas y proyectos prioritarios en el territorio, la articulación de intervenciones entre el Poder Ejecutivo y los gobiernos subnacionales, y la asistencia técnica para fortalecer la gestión pública en el ámbito regional y local.

3. PRINCIPALES POLÍTICAS URBANAS Y DESAFÍOS MUNICIPALES

Las municipalidades peruanas enfrentan desafíos significativos debido a la urbanización acelerada y la falta de recursos adecuados. Entre las principales políticas urbanas destacan: el transporte público y la movilidad sostenible, la gestión de residuos sólidos urbanos, y la mejora del acceso a servicios básicos.

3.1. Transporte público y movilidad sostenible

El transporte público y la movilidad sostenible son temas clave para las municipalidades peruanas, especialmente frente al crecimiento acelerado de las ciudades y la falta de planificación en este sector. En urbes como Lima o Arequipa, la congestión vehicular, el uso excesivo de vehículos privados y el caos del transporte informal han generado problemas como contaminación ambiental, pérdida de tiempo productivo y una notable disminución en la calidad de vida. Para enfrentar estos retos, las municipalidades han puesto en marcha proyectos como la ampliación del Metropolitano, nuevas líneas del Metro de Lima y la construcción de corredores exclusivos para buses, con el objetivo de hacer más eficiente el transporte público y ofrecer alternativas accesibles y sostenibles.

Además, se han impulsado iniciativas para fomentar la movilidad activa, como la construcción de ciclovías o la peatonalización de áreas céntricas en diversas ciudades. Ejemplos destacados son Lima y Cusco, donde se ha promovido el uso de bicicletas mediante infraestructura como carriles exclusivos. Estas medidas buscan reducir la dependencia del automóvil privado, disminuir las emisiones contaminantes y fomentar estilos de vida más saludables. Sin embargo, el mantenimiento y la seguridad de estas infraestructuras siguen siendo un desafío, sobre todo en zonas donde el transporte informal tiene un peso significativo. Otro aspecto importante es la modernización de la flota de transporte público. Muchas municipalidades han iniciado programas para renovar buses y combis, priorizando vehículos menos contaminantes. En ciudades como Arequipa y Trujillo, se están promoviendo políticas locales para incorporar tecnologías más limpias.

A pesar de estos avances, la informalidad del transporte, amparada por el artículo 60 de la CPP y celosamente protegida por el Instituto Nacional de Defensa de la Competencia y de la Protección de la Propiedad Intelectual (INDECOPI), sigue siendo un gran obstáculo: taxis colectivos y mototaxis, en su mayoría sin regulación, dominan gran parte del mercado en áreas periurbanas y ciudades pequeñas, complicando los esfuerzos por ordenar el sistema.

Para abordar la informalidad, las municipalidades están trabajando en estrategias como la entrega de licencias, la definición de rutas específicas y campañas de sensibilización. Sin embargo, estos procesos suelen ser lentos y enfrentan resistencia de los transportistas informales, quienes argumentan que las regulaciones afectan sus ingresos. Además, la falta de un sistema integrado de transporte agrava la situación, ya que en muchas ciudades no existe una coordinación adecuada entre los distintos medios de transporte, lo que genera tiempos de espera prolongados y poca conectividad.

Finalmente, garantizar la sostenibilidad de estas políticas requiere financiamiento y planificación a largo plazo. Las municipalidades dependen en gran medida del gobierno central y de organismos internacionales para costear proyectos de gran envergadura. Sin embargo, es crucial adoptar una visión integral que no sólo contemple la construcción de infraestructura, sino también la educación vial y un cambio cultural hacia formas de transporte más sostenibles. Estas acciones deben complementarse con estrategias urbanísticas, como la promoción de ciudades compactas y accesibles, para reducir los desplazamientos largos y fomentar un desarrollo más equitativo y sostenible.

3.2. La gestión de residuos sólidos urbanos

La gestión de residuos sólidos se ha convertido en una de las principales prioridades para las municipalidades, especialmente debido al rápido crecimiento urbano y los problemas asociados con la disposición final y el reciclaje. En muchas ciudades peruanas, la proliferación de vertederos clandestinos y las bajas tasas de reciclaje representan desafíos significativos para garantizar una gestión sostenible de los residuos. Para abordar esta problemática, las municipalidades están implementando programas de segregación en origen y recogida diferenciada de residuos, con el objetivo de mejorar la reutilización de materiales reciclables y reducir la cantidad de desechos que terminan en los rellenos sanitarios. Ejemplos como Cusco y Arequipa destacan por sus campañas de educación ciudadana, diseñadas para sensibilizar a la población sobre la importancia del reciclaje y fomentar prácticas responsables en el manejo de residuos.

En paralelo, las municipalidades están avanzando en la construcción y gestión de rellenos sanitarios que cumplan con los estándares ambientales. Estas infraestructuras permiten una disposición final más segura y controlada, minimizando el impacto ambiental y los riesgos para la salud pública. En este esfuerzo, el Ministerio del Ambiente (MINAM) colabora con las municipalidades, proporcionando apoyo técnico y financiero para la implementación de rellenos sanitarios modernos. Sin embargo, este progreso no es uniforme en todo el país, ya que muchas localidades rurales carecen de los recursos necesarios para desarrollar infraestructuras adecuadas, lo que perpetúa prácticas de gestión de residuos inadecuadas en estas zonas.

A pesar de los avances, la falta de presupuesto municipal sigue siendo un obstáculo recurrente para la implementación de políticas efectivas en la gestión de residuos sólidos. Muchas municipalidades dependen de financiamiento externo para desarrollar proyectos de envergadura, lo que limita su capacidad para mantener y ampliar las iniciativas existentes. En este contexto, resulta fundamental reforzar las estrategias de educación ambiental y fomentar la participación activa de la ciudadanía, combinándolas con un enfoque integral que considere tanto las necesidades urbanas como rurales. Sólo mediante una gestión más equitativa y sostenible será posible superar los desafíos actuales y garantizar un entorno más saludable para las generaciones futuras.

3.3. Mejora del acceso a servicios básicos

Garantizar el acceso equitativo a servicios básicos como agua potable, saneamiento, electricidad y vivienda es uno de los mayores retos que enfrentan las municipalidades. La urbanización descontrolada ha dado lugar a la expansión de asentamientos informales, donde las familias viven sin acceso adecuado a estas infraestructuras esenciales. Para abordar esta problemática, las municipalidades, en coordinación con el gobierno central, han impulsado programas de regularización de tierras y planes urbanos que incluyen la provisión progresiva de servicios básicos. Iniciativas como el programa Agua Segura han permitido extender el acceso al agua potable a comunidades periurbanas, aunque los recursos financieros y técnicos limitados dificultan la ampliación de estos proyectos a todas las áreas necesitadas.

En el ámbito de la vivienda, el programa Techo Propio ofrece subsidios a familias de bajos ingresos para facilitar su acceso a viviendas formales. Sin embargo, este programa aún enfrenta una brecha significativa entre la demanda de viviendas y la capacidad de respuesta del Estado. Las municipalidades desempeñan un papel clave en la implementación de estas políticas, pero muchas de las soluciones requeridas, como el desarrollo de grandes infraestructuras urbanas, superan sus competencias y capacidades. Por ello, resulta imprescindible fortalecer la coordinación entre las municipalidades, los gobiernos regionales y el gobierno central, así como garantizar un enfoque integral que incorpore la participación de diversos actores.

El financiamiento constituye otro desafío central para las municipalidades, que dependen en gran medida de las transferencias del gobierno central debido a la insuficiencia de sus ingresos propios. Para superar estas limitaciones, se han promovido asociaciones público-privadas en proyectos de transporte, infraestructura y servicios, además de fomentar la cooperación internacional con organismos como el Banco Mundial y el Banco Interamericano de Desarrollo (BID). Estas alianzas han permitido financiar iniciativas de urbanismo sostenible en varias ciudades del país. No obstante, la burocracia y la corrupción continúan siendo barreras significativas que deben ser superadas para garantizar la implementación eficiente y transparente de estas políticas públicas.

4. CONCLUSIONES

El estudio del gobierno local peruano que se ha realizado en este capítulo permite identificar cinco consideraciones clave para entender su surgimiento, evolución y retos de futuro. En primer lugar, es necesario destacar que la configuración del modelo municipal nace de la combinación de influencias de tres tradiciones: la organización incaica basada en los ayllus, el modelo castellano importado durante la Colonia, y las adaptaciones republicanas posteriores a la independencia. Esta herencia mixta ha generado un sistema que valora las estructuras locales representativas, pero que a menudo refleja tensiones entre centralismo y autonomía, una constante a lo largo de la historia política peruana.

Aunque la Constitución de 1993 consagra el principio de descentralización como un mecanismo para fomentar el desarrollo integral, las municipalidades han enfrentado limitaciones en su capacidad de autoorganización y gestión, especialmente debido al control normativo y financiero ejercido por el Gobierno Central.

En segundo lugar, el diseño institucional de los gobiernos locales distingue entre municipalidades provinciales, distritales y regímenes especiales, como las municipalidades de frontera o la Región Metropolitana de Lima. Sin embargo, persisten desafíos significativos relacionados con la asignación de competencias específicas, lo que provoca superposiciones funcionales y dificultades en la coordinación entre niveles de gobierno. A pesar de la representación directa a través del voto popular, las capacidades de gestión de los gobiernos locales están condicionadas por la escasez de recursos, ya que el gasto público sigue concentrándose mayoritariamente en el gobierno central. Adicionalmente, la fragmentación del sistema político local, con una fuerte presencia de movimientos regionales e independientes, subraya la desconexión entre las dinámicas políticas locales y nacionales.

Por último, las iniciativas de cooperación intermunicipal, como las mancomunidades y asociaciones de municipalidades, representan un esfuerzo para superar las barreras administrativas y territoriales. Estas entidades han permitido la ejecución de proyectos conjuntos y una mayor visibilidad de las necesidades locales en los ámbitos provinciales y nacionales.

Sin embargo, su implementación sigue siendo desigual, mientras que su efectividad depende en gran medida de la voluntad política y los recursos disponibles en cada región. En conjunto, el panorama del gobierno local peruano refleja un modelo en transición, con avances en representación democrática, pero también con desafíos estructurales y financieros que requieren atención para fortalecer el papel de las municipalidades como actores clave en el desarrollo del país.

5. REFERENCIAS BIBLIOGRÁFICAS

Alcántara Sáez, M. (1995). *Gobernabilidad, crisis y cambio.* Fondo de Cultura Económica.

Baena del Alcázar, M. (2000). *Curso de ciencia de la administración.* Tecnos.

Bernal Gómez, B. (2015). "El Derecho indiano, concepto, clasificación y categorías". *Ciencia Jurídica* 7, 183-192.

Benoit, K. (2004). "Models of electoral system change". *Electoral Studies,* 23 (3), 63-389.

Casal, D., Gutiérrez Villalta, J. y Calatrava, A. (2024). "La posición institucional del alcalde en el proceso político municipal. Las dimensiones de la presidencialización de los gobiernos locales europeos". *Cuadernos de Derecho Local* 64, 252-280.

Casal, D. (2019). "Estado, política y sociedad" en Perelló Oliver, S., *Manual de estructura social contemporánea.* Tirant lo Blanc.

Clemente Pérez, H. (2019). "Una historia de Aragón en la historia: del reino y corona a la Monarquía Hispánica (siglos XI-XVI)". *Baética* 39, 75-92.

Secretaría de la Descentralización. (2021). *Reporte 1. Mancomunidades Municipales.* Presidencia del Consejo de Ministros.

Cuervo Álvarez, B. (2016). "La conquista y colonización española de América". *Historia Digital,* 28, 103-144.

Deza, E. (2004). "El proceso de transición democrática en el Perú y el liderazgo de Alejandro Toledo". *Revista Enfoques* 2, 143-156.

García Belaunde, D. (2014). "La Constitución peruana de 1993. Sobreviviendo pese a todo pronóstico". *Anuario Iberoamericano de Justicia Constitucional,* 18, 211-229.

García, M. J. (2011). "La elección directa del alcalde en el régimen local: justificación, alcance y repercusiones". *Revista Española de Derecho Constitucional,* 31 (91), 205-258.

Kreslaja, B. y Ochoa, C. (2012). *El régimen económico de la Constitución de 1993.* Fondo Editorial de la Pontificia Universidad Católica del Perú.

Martínez, J. G. (2003). "Historia del Derecho en la América Hispana". *Anuario de la Facultad de Derecho*, 21, 503-517.

Morell Ocaña, L. (1992). "El régimen local en la estructura del Estado autonómico". *Documentación Administrativa* 232-233: 323-402.

Navarro, C. y Criado, J. I. (2011). "Estudiar las democracias locales desde la perspectiva de los concejales. Democracia y actores políticos en los ayuntamientos españoles", *Cuadernos de Derecho Local*, 27, 20-35.

Parejo Alfonso, L. (1986). "La autonomía local". *Revista de Estudios de la Administración Local y Autonómica*, 229, 9-64.

Remy, M. I. (2005). *Los gobiernos locales en el Perú: entre el entusiasmo democrático y el deterioro de la representación política*. Instituto de Estudios Peruanos.

Ridao, J. y García, A. (2015). "La elección directa del alcalde por los vecinos. Criterios para un régimen presidencialista en los gobiernos municipales". *Revista de Estudios de la Administración Local y Autonómica*, 3, 77-93.

Roel Pineda, V. (1982). *Historia del Perú. Perú Republicano*. Mejía Baca.

Salas Zegarra, A. A. (2013). "El municipio en el Perú". *Athina*, 10, 178-186.

Sweeting, D. (2009). "The institutions of `strong' local political leadership in Spain". *Environment and Planning C: Government and Policy*, 27, 698-712.

Walker, C. F. (2015). *La rebelión de Tupac Amaru*. Instituto de Estudios Peruanos.

Gobiernos locales en Portugal

FILIPE TELES
Universidad de Aveiro, Portugal

Resumen: Este capítulo analiza la organización del gobierno local en Portugal, destacando municipios y *freguesias* como pilares de la gobernanza. Examina la evolución del sistema administrativo, los retos de la urbanización, la sostenibilidad territorial y la provisión de servicios públicos en un contexto de desigualdades y restricciones financieras. Aborda las complejidades de la gobernanza multinivel y los límites del proceso de descentralización, marcados por la dependencia financiera y ambigüedades competenciales. La cooperación intermunicipal surge como vía para ganar escala y eficiencia. Se concluye que son necesarias reformas que fortalezcan la autonomía, clarifiquen competencias y promuevan una gobernanza más integrada y flexible.

Palabras clave: Portugal; gobiernos locales; autonomía; descentralización; gobernación multinivel.

Abstract: This chapter analyzes the organization of local government in Portugal, highlighting municipalities and civil parishes as key pillars of governance. It examines the evolution of the administrative system, challenges related to urbanization, territorial sustainability, and the provision of public services in a context marked by inequalities and financial constraints. The chapter addresses the complexities of multilevel governance and the limits of the decentralization process, characterized by financial dependency and unclear distribution of competences. Intermunicipal cooperation emerges as a strategy to achieve scale and efficiency. The chapter concludes by calling for reforms to strengthen autonomy, clarify competences, and promote more integrated, flexible governance.

Keywords: Portugal; local governments; autonomy; decentralization; multilevel governance.

1. INTRODUCCIÓN

La gobernanza local en Portugal cumple un papel esencial en la organización del Estado, siendo los municipios una de las estructuras fundamentales para la gestión y el desarrollo del territorio. La división política y administrativa del país, definida por la Constitución de la República Portuguesa (CRP), otorga a los municipios una posición intermedia entre el poder central y los ciudadanos, promoviendo la descentralización y la democracia participativa (CRP, Art. 235).

De acuerdo con el marco legal de la ley fundamental del país, Portugal es un Estado unitario y descentralizado. De conformidad con los artículos 235 y 236, la administración autónoma, como parte de la organización democrático-administrativa del Estado, se traduce en la existencia de autoridades locales: municipios, *freguesias* (unidades territoriales submunicipales) y regiones administrativas. Estas jurisdicciones son personas jurídicas públicas de circunscripción territorial, dotadas de órganos representativos y elegidos democráticamente, que trabajan por la consecución de los intereses de sus poblaciones, de conformidad con los principios de autonomía, subsidiariedad y descentralización democrática, sin perjuicio del ejercicio de la autoridad fiscalizadora por parte del gobierno central.

Dentro de esta estructura, las municipalidades (*municipios*) desempeñan un papel central, consolidándose como las unidades básicas del poder local, especialmente en el contexto de la descentralización progresiva adoptada en las últimas décadas.

Al nivel nacional el Gobierno central ejerce competencias fundamentales relacionadas con la legislación, la política exterior, la defensa y la redistribución de recursos. Además, supervisa la aplicación de las políticas nacionales en todos los niveles, garantizando la unidad y cohesión del país. Al nivel regional, aunque Portugal continental no está dividido en regiones administrativas, las regiones autónomas de Madeira y Azores representan una excepción dentro de esta estructura. Estas cuentan con estatutos propios y competencias legislativas y ejecutivas que les permiten gestionar ámbitos como la educación, la salud, el transporte y el desarrollo económico local. Su autonomía responde a la necesidad de atender las especificidades culturales, económicas y geográficas de los territorios insulares. A nivel local se encuentran los municipios y las jurisdicciones en que todos se dividen: las *freguesias*. Los municipios son la unidad administrativa más relevante, encargados de gestionar los intereses locales mediante órganos propios: la Asamblea Municipal, como órgano de fiscalización, y la Cámara Municipal, como órgano ejecutivo.

Las municipalidades son, así, un elemento fundamental en el sistema institucional portugués debido a su capacidad para gestionar asuntos locales de forma autónoma y cercana a la población. Esto se refleja en varios aspectos clave. Con autonomía administrativa y financiera, los municipios tienen la capacidad de definir y ejecutar políticas propias en ámbitos como el urbanismo y los servicios básicos (agua, saneamiento, recogida de residuos). También administran sus recursos financieros mediante impuestos locales, tasas y transferencias del Estado. Al ser el primer nivel de contacto entre el gobierno y la población, las municipalidades facilitan la participación ciudadana y garantizan que las decisiones políticas reflejen las necesidades y prioridades locales (Denters, 2017). Por su capacidad de prestación de servicios esenciales, las competencias de los municipios abarcan desde la gestión de infraestructuras locales (carreteras, transporte público) hasta la promoción del desarrollo económico y social, pasando por la gestión ambiental y la acción social. Además, son responsables de la planificación y el ordenamiento del territorio. Así, los municipios tienen un papel determinante en la elaboración de planes urbanísticos y en la promoción de un desarrollo sostenible que equilibre el crecimiento económico con la preservación ambiental.

Los municipios son responsables de una amplia gama de competencias. Su eficacia varía en función de factores como el tamaño de la población, los recursos financieros disponibles y el contexto regional (Teles, 2021). Los municipios urbanos con más recursos, como Lisboa y Oporto, concentran una mayor capacidad administrativa y financiera, mientras que los municipios rurales enfrentan desafíos relacionados con la desertificación y la escasez de recursos.

En las últimas décadas, se han promovido iniciativas de descentralización como un mecanismo para fortalecer la autonomía local y mejorar la prestación de servicios públicos. Sin embargo, la dependencia financiera del Estado central y las asimetrías territoriales siguen siendo desafíos importantes (Teles, 2021).

Las municipalidades no sólo son relevantes por su papel administrativo, sino también por su contribución a la democracia y la cohesión social. Su importancia, sin embargo, está condicionada por varios factores. En primer lugar, el tamaño y los recursos del municipio. En las grandes ciudades eso les permite ser más efectivas en la implementación de políticas y proyectos complejos. También tienen más capacidad para atraer inversión y fomentar la innovación. Por el contrario, los municipios rurales o menos poblados suelen enfrentar limitaciones económicas y demográficas, lo que dificulta la prestación de servicios y el desarrollo local. Sin embargo, desempeñan un papel esencial en el mantenimiento de la cohesión territorial.

Segundo, la localización geográfica. Efectivamente, los municipios en zonas periurbanas o rurales suelen enfrentarse a retos específicos, como el envejecimiento de la población y la falta de infraestructuras adecuadas. Sin embargo, también tienen la oportunidad de liderar estrategias de desarrollo, como, por ejemplo, las basadas en el turismo rural, la agricultura sostenible y la valorización del entorno natural.

En tercer lugar, la relación con otros niveles de gobierno. La eficacia de las municipalidades depende en gran medida de su capacidad para coordinarse con el Gobierno central, así como de su relación con las *freguesias*. Una buena articulación intergubernamental y multinivel puede facilitar la transferencia de recursos y la coordinación de políticas públicas, fortaleciendo su acción. Por último, la capacidad técnica y administrativa. Evidentemente, la capacidad de los municipios para diseñar y ejecutar políticas también está influida por la cualificación de sus cuadros técnicos y la eficiencia de sus procesos administrativos. En este sentido, las condiciones socioeconómicas y demográficas tienen una influencia muy significativa en los resultados de la acción de los gobiernos locales y en su capacidad de prestación de servicios públicos, con diferentes condiciones para promover la capacitación de sus recursos humanos y la modernización tecnológica para mejorar su desempeño.

2. DESCRIPCIÓN GENERAL DE LOS GOBIERNOS LOCALES EN PORTUGAL

2.1. Tipos de gobiernos locales

El sector público portugués garantiza su misión de producir, proporcionar y asignar bienes y servicios a los ciudadanos. Para ello está estructurado en varios subsectores con diferentes marcos legales e institucionales, incluyendo las autoridades locales.

El principio de autonomía del gobierno local está consagrado en el artículo 6 de la Constitución de la República Portuguesa, señalando las coordenadas en las que se materializa en materia de organización del poder político y bajo el epígrafe "Poder local". Así, "la organización democrática del Estado incluye la existencia de entidades locales" (artículo 235), que se definen como "las personas jurídicas territoriales dotadas de órganos de representación, que tengan por objeto perseguir los intereses de las poblaciones respectivas" (artículo 236), mientras que "las autoridades locales son las *freguesias*, municipios y regiones administrativas". Cabe señalar que estas últimas no se llegaron a crear después de que fueran rechazadas en el referéndum de 1998, por lo que el debate sobre la regionalización sigue postergado en Portugal.

La actuación de las entidades locales resulta, según el marco de atribuciones y competencias (lo más reciente es la Ley n.º 75/2013, de 12 de septiembre), junto con principios que garanticen su autonomía jurídica e institucional, en la consecución de sus objetivos y en la gestión de sus recursos.

Una particularidad en el contexto europeo del sistema de gobierno local en Portugal es su estructura compuesta por dos niveles: municipios y *freguesias*. Los municipios, con un total de 308, son responsables por la gestión de un territorio más amplio y desempeñan funciones administrativas, sociales y económicas. Por otro lado, las 3.091 *freguesias* son unidades más pequeñas, centradas en la gestión de proximidad (Tavares y Teles, 2018). Además de estos niveles, existen estructuras supramunicipales, como las dos áreas metropolitanas de Lisboa y Oporto, y 21 comunidades intermunicipales (CIM), que reúnen a los municipios para promover la planificación regional y la cooperación estratégica. Estas entidades tienen un papel importante en la gestión del transporte, de proyectos estratégicos y de los fondos europeos (Silva et al., 2018).

Cada uno de estos niveles desempeña un papel específico dentro del sistema de administración pública, con competencias y responsabilidades definidas que contribuyen al desarrollo y la gobernanza del territorio.

Figura 1. Gobernación subnacional y tipos de gobiernos locales en Portugal (al final de 2024)

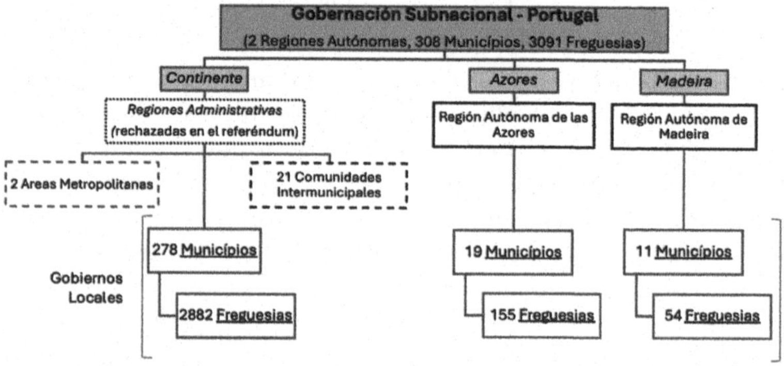

2.1.1. Municipios

Los municipios son la unidad básica de gobierno local en Portugal, definidos como entidades esenciales en la administración y el desarrollo de las comunidades. Representan un nivel de gobierno cercano a los ciudadanos y tienen competencias en diversos ámbitos clave. Los 308 municipios (278 en el continente, 19 en la Región Autónoma de las Azores y 11 en la Región Autónoma de Madeira) tienen —constitucional y legalmente— el mismo tratamiento, con las mismas competencias y atribuciones, independiente de su localización en zonas predominantemente rurales o urbanas. El título de *ciudad* tampoco cambia ese marco legal. En efecto, hay una significativa proliferación de áreas territoriales identificadas como ciudades, resultando en situaciones —una vez más diferenciadas en el contexto europeo— de municipios con dos ciudades, municipios totalmente rurales o —lo más normal en Portugal— municipios con territorio urbano y territorio rural.

Naturalmente, los municipios más urbanos suelen tener un mayor grado de desarrollo económico y poblacional, mientras que los rurales enfrentan desafíos ligados a la despoblación y la accesibilidad. El tipo de municipio no cambia cualquier competencia o atribución legal, ya que todos los municipios portugueses tienen el mismo carácter legal, pero las características sociodemográficas influyen significativamente en su capacidad para cumplir estas funciones.

Estos gobiernos locales tienen competencias propias, delegadas y compartidas con el gobierno central. Estas incluyen: la planificación territorial y el urbanismo, con la regulación del uso del suelo, elaboración de planes urbanísticos y gestión del patrimonio público; las infraestructuras y los servicios básicos, con la provisión de agua, el saneamiento, recogida y gestión de residuos sólidos, iluminación pública y redes viarias locales; la educación, con la construcción, el mantenimiento y la gestión de instalaciones educativas, en coordinación con el Estado; la cultura y el ocio, con el desarrollo de actividades culturales, deportivas y recreativas, así como gestión de bibliotecas, teatros y polideportivos; la acción social e implementación de programas sociales para apoyar a grupos vulnerables, y el desarrollo económico, turismo y proyectos de desarrollo local.

A través de los órganos representativos electivos, los municipios han adquirido a lo largo del tiempo, con la transición democrática en 1974, una significativa trayectoria política y económica, demostrando ser de suma importancia en el contexto de las políticas públicas. En la actualidad, los municipios tienen atribuciones en los siguientes ámbitos (artículo 23 del Anexo I de la Ley n.º 75/2013, de 12 de septiembre): Equipamiento rural y urbano; Energía; Transportes y comunicaciones; Educación; Patrimonio, cultura y ciencia; Ocio y deporte; Salud; Acción social; Vivienda; Protección civil; Medio ambiente y saneamiento básico; Protección del consumidor; Promoción del desarrollo; Planeamiento del territorio y urbanismo; Policía municipal, y Cooperación exterior.

La definición de estas atribuciones se basa en la implementación de un conjunto de principios, entre los que destaca el principio de subsidiariedad, con el ejercicio de funciones de interés local por parte del nivel de gobierno más cercano a la población que, por supuesto, conoce problemas y necesidades, lo que justifica la creciente transferencia de atribuciones y competencias de la Administración Central a los municipios.

Cada municipio cuenta con tres órganos de gobierno: Cámara Municipal, el órgano ejecutivo liderado por un presidente del municipio y compuesto por concejales; la Asamblea Municipal, órgano deliberativo formado por representantes elegidos directamente y por presidentes de las juntas de *freguesia*, y el presidente del Municipio, figura política clave que lidera la Cámara Municipal.

Los órganos —Cámara Municipal y Asamblea— son elegidos por listas de partidos políticos o (desde 2001) por listas independientes. El primer candidato de la lista con más votos asume el cargo de presidente, con un mandato de cuatro años y un límite de tres. Este límite se introdujo en 2013 y tuvo un impacto significativo en la renovación de las élites políticas locales, pero también produjo efectos a largo plazo aún por determinar en las opciones políticas de los responsables (Fonseca, 2020), en los ciclos político-económicos locales (Veiga y Veiga, 2007) y en el comportamiento electoral (Veiga et al., 2017). La presidencia puede delegar responsabilidades en áreas específicas de gobierno a otros miembros del Ejecutivo municipal, lo que suele incluir a representantes de los partidos de la oposición, aumentando así el carácter inclusivo —y distintivo— de la gobernanza a nivel local.

La Cámara es el órgano de decisión y ejecución de las políticas públicas y entre otras funciones, prepara y ejecuta las opciones de plan y el presupuesto y se encarga de preparar y presentar a la Asamblea Municipal la memoria de actividades y los documentos de rendición de cuentas. La Cámara incluye presidente y *Vereadores (as)* (concejales), cuyo número total (impar) varía de acuerdo con el número de votantes en el respectivo municipio (desde cinco a 11 miembros elegidos), 13 en Oporto y 17 en Lisboa.

De forma similar a lo que ocurre en la Administración Central, en la Administración Local, bajo la responsabilidad de la Cámara, convive un sector administrativo con otros subsectores, como los servicios municipales y el sector empresarial local. Este último está compuesto esencialmente por empresas públicas municipales e intermunicipales que son sociedades mercantiles de derecho privado, pero de utilidad pública.

La Asamblea Municipal, más que un verdadero órgano deliberativo, es la sede de fiscalización y discusión política de la actividad del municipio. Se reúne en sesiones ordinarias cinco veces al año y en sesiones extraordinarias. Entre otras, corresponde a la Asamblea Municipal supervisar la actividad de la Cámara Municipal, aprobar las opciones de plan y la propuesta de presupuesto, así como evaluar el informe de actividades y los documentos de rendición de cuentas que reflejan el comportamiento financiero del municipio.

2.1.2. Freguesias

Las *freguesias* son la subdivisión administrativa de los municipios y constituyen el nivel más cercano a las comunidades locales. Su evolución histórica en el siglo XIX hasta esta forma de parroquia civil (Tavares y Teles, 2018) resulta en la autoridad local más pequeña que, a través de los cuerpos representativos elegidos, pretende representar los intereses propios de la población residente en una subdivisión del municipio.

La reorganización administrativa territorial, desarrollada mediante la Ley 22/2012, resultó en un proceso de extinción o fusión que permitió la creación de uniones de *freguesias*, por lo que desaparecieron 1.068 de las 4.159 existentes hasta entonces. El país tiene ahora 3.091 *freguesias* o uniones de las *freguesias*, de las cuales 2.882 están en la península, 155 en Azores y 54 en Madeira.

El artículo 236 de la Constitución portuguesa reconoce a las *freguesias* como gobiernos locales de pleno derecho (*autarquías*). Su organización y atribuciones están definidas en la misma Ley Nº 75/2013, de 12 de septiembre. Tienen líderes elegidos democráticamente, incluyendo tanto un cuerpo ejecutivo como un cuerpo deliberativo. La ley define la Asamblea (*Assembleia de Freguesia*) como el cuerpo deliberativo elegido por sufragio universal en proporción al número de votantes. Este se reúne en sesiones ordinarias cuatro veces al año y en sesiones extraordinarias en las situaciones previstas por la ley. Entre otros asuntos, se encarga del seguimiento de la actividad de la Junta, aprueba las opciones del plan y el proyecto presupuestario y evalúa el informe de actividades y los documentos de rendición de cuentas.

La Junta de *Freguesia* (el órgano ejecutivo) está compuesta por un presidente y un número reducido de miembros, con funciones de secretariado y de tesorería durante el mandato. A diferencia de los municipios, no hay elecciones separadas para la Junta y la Asamblea. De hecho, el órgano ejecutivo resulta de las mayorías generadas por la elección a la Asamblea. Las elecciones se celebran el mismo día de las elecciones al ejecutivo municipal y a la Asamblea Municipal. Dada la simultaneidad de los actos electorales, no es sorprendente que los resultados políticos sean similares.

Desde el punto de vista político, económico y administrativo, la *freguesia* no es equivalente al municipio. Por su propia naturaleza y tamaño, están diseñadas para realizar tareas en estrecha proximidad e interacción con sus ciudadanos (Teles et al., 2021). En la mayoría de los casos, cubren un área territorial pequeña y conservan un papel importante como "gobiernos vecinales". Las áreas funcionales en las que pueden ejercer sus actividades son varias, pero la realidad es que los recursos humanos, financieros y técnicos son demasiado limitados para permitir la implementación de todas. Reconociendo estas limitaciones, la misma ley define un conjunto más específico de tareas o atribuciones, que deben realizar obligatoriamente: la gestión de parques infantiles y pequeñas instalaciones deportivas, la conservación de las fuentes públicas, los caminos, la gestión y el mantenimiento de sus propiedades, la gestión de los cementerios, el mantenimiento y la limpieza de baños públicos; limpieza de escuelas de primer grado, registro y licencia de perros y gatos, y diversas declaraciones y certificados solicitados por los ciudadanos. En la práctica, tienden a proporcionar estos servicios específicos en lugar de participar ampliamente en la prestación de servicios a lo largo de las amplias áreas funcionales mencionadas por la Ley.

Además, la Cámara Municipal tiene la autoridad de aprobar la delegación de tareas a través de acuerdos contractuales entre el municipio y la *freguesia*. Este es el único elemento diferenciador entre gobiernos locales, que es el resultado de las relaciones entre los municipios y sus *freguesias*. Como resultado de la decisión política de la Cámara, la *freguesia* es muy dependiente de las condiciones socioeconómicas del municipio, de la capacidad demostrada por las Juntas y —lógicamente— de los equilibrios y negociaciones políticas, muchas veces en el seno de las estructuras locales los partidos políticos.

2.2. Forma de financiación

La financiación de los gobiernos locales en Portugal está garantizada por la existencia de ingresos propios, transferencias del presupuesto del Estado y fondos europeos. Los ingresos propios incluyen los impuestos sobre la propiedad, la transferencia de derechos de propiedad y sobre la actividad económica de las empresas en el municipio. Sin embargo, muchos municipios, especialmente los rurales, dependen esencialmente de las transferencias estatales, que representan hasta el 60% de su presupuesto (Teles, 2021).

Esta dependencia financiera condiciona la autonomía política de los municipios, generando debates sobre la efectividad del modelo de financiación. La reforma del régimen financiero de las entidades locales (Ley n.º 73/2013) introdujo criterios más justos en la distribución de las transferencias, pero persisten las desigualdades, en particular entre los municipios urbanos y rurales.

Aun así, el movimiento hacia la descentralización y la autonomía del gobierno local portugués parece avanzar lentamente, en comparación con la realidad europea. Los datos reportados muestran una ejecución del gasto público a nivel municipal por debajo de la media europea. La composición del gasto público sigue esta tendencia, con Portugal registrando valores considerablemente reducidos en los ámbitos de la educación y la salud. Asimismo, los ingresos municipales también contrastan con la media europea. Una realidad paradójica se presenta con las cifras de inversión municipal como porcentaje del total nacional, que, en Portugal, asciende al 48,1%, es decir, ocho puntos porcentuales por encima de la media europea. No se trata, sin embargo, de cifras que reflejen la independencia financiera de este nivel de gobierno, sino de una ejecución condicionada a la existencia de transferencias de capital provenientes de fondos comunitarios (de Sousa et al., 2015; Teles, 2021). La vulnerabilidad financiera (es decir, la dependencia de las transferencias corrientes y de capital) sigue siendo una realidad en el conjunto del país, con asimetrías territoriales que van desde un mínimo del 5,8% hasta un máximo municipal de 96,8%, con un promedio nacional del 52,7%. Este hecho contrasta con el principio constitucional de autonomía del gobierno local y con los demás principios de la actividad financiera local.

En cuanto a la estructura del gasto (ejecutado) por capítulos, el gasto corriente se sitúa en torno al 70% y el componente de capital, al 30% de los presupuestos municipales. Por su parte, los gastos de inversión (es decir, la adquisición de bienes de capital) tienen el mayor valor relativo (21%). En el capítulo de gastos corrientes, los gastos de personal alcanzan el 31% del total. Le siguen el gasto en adquisición de bienes y servicios (25%), las transferencias (10%) y los subsidios (2%). En comparación con los datos de hace una década, se observa un aumento de la importancia relativa de unos seis puntos porcentuales del gasto corriente, mientras que el gasto de capital se reduce en la proporción.

También los ingresos de la *freguesia* provienen de varias fuentes. De acuerdo con el artículo 24 de la Ley 73/2013, tienen ingresos propios, el 1% del impuesto sobre bienes inmuebles recogido sobre edificios urbanos, las tasas cobradas por los servicios prestados, mercados callejeros y ferias, cementerios, multas y sanciones establecidas por la ley, ingresos derivados del alquiler de propiedades y los ingresos procedentes de contratos de concesión.

Otra fuente importante de ingresos son las transferencias nacionales y las subvenciones facultativas por parte del Ejecutivo municipal y aprobadas por la Asamblea. Estas tienen un importante componente discrecional por parte de los gobiernos municipales, ya que no se basan en una fórmula fija.

2.3. Presidentes de Cámara y los órganos municipales

La Cámara es un órgano de sufragio directo y universal, según un sistema de representación proporcional, en la que resulta elegido presidente/a el cabeza de la lista más votada (de partidos políticos, coligaciones partidarias o listas independientes). Los partidos políticos dominan el proceso electoral, con una reducida presencia de movimientos independientes (6% de presidencias de Cámara en las elecciones de 2021).

Si bien el mandato de las entidades locales es de cuatro años, la presidencia de Cámara está limitada a tres mandatos, sin perjuicio de su disolución. La dimensión temporal del ejercicio del poder político es un aspecto central en el legado democrático local de nuestro país, si atendemos a los posibles efectos negativos de tipo político, institucional o social de una duración excesiva del ejercicio del poder.

Si, además de los argumentos políticos, estimamos los impactos institucionales causados por la longevidad excesiva del ejercicio del poder, que van desde la expansión e intensificación de redes de interés y clientelares, hasta el clientelismo en las relaciones entre representantes electos y votantes, las consecuencias incluyen los reconocidos fenómenos de desconfianza de los electores en las instituciones políticas y, en última instancia, en el modelo de democracia representativa (Tavares et al., 2018).

La realidad local portuguesa ofrecía, hasta la introducción de la limitación de mandatos de la presidencia de Cámara en las elecciones de 2013, un contexto de liderazgo local en el que, en promedio, la presidencia permanecía en el poder durante un período de ocho años y cuatro meses, lo que se traduce en aproximadamente 2,3 mandatos electorales. También es importante destacar que el 35,76% de los presidentes completaron más de dos ciclos electorales, con 63 casos en los que alcaldes permanecieron en el poder durante más de cinco mandatos electorales y, también, los que se mantuvieron en sus cargos durante todo el período democrático portugués.

Es en este contexto de crítica a la tendencia a la perpetuación en el gobierno local en Portugal, a menudo llamada monopolio político, que, en 2005, se aprobó la ley que limita la renovación de los mandatos sucesivos de los presidentes de los órganos ejecutivos municipales y parroquiales —Ley nº 46/2005, de 29 de agosto— de aplicación obligatoria, universal, territorial y transitoria. Es decir, que esta innovación institucional en el sistema político local portugués impide que los cargos electivos locales vuelvan a postularse en la misma circunscripción inmediatamente después (léase territorial y transitoria) de la renovación sucesiva de tres ciclos electorales. Se permitió un período de transición, lo que abrió la posibilidad de candidatura de los titulares en las elecciones de 2009. Así, esta regla produjo sus efectos, por primera vez, en las elecciones municipales de 2013 e impidió la reelección por el mismo municipio a más de 160 presidentes.

También es importante destacar algunos aspectos distintivos de la gobernanza local portuguesa. En primer lugar, la importancia de los partidos políticos, en la medida en que, desde la introducción de la posibilidad de presentar candidaturas en listas independientes, sólo hemos visto alrededor del 7% de los municipios con presidencias independientes en las elecciones posteriores a la introducción de esta medida (en 2001). Además, es importante subrayar el hecho de que, en muchos de los casos observados, estas candidaturas independientes surgen de facciones de partidos políticos. En segundo lugar, el papel que juega la presidencia es especialmente relevante, en la medida en que, además de concentrar un importantísimo conjunto de competencias, dando lugar a un ejercicio de liderazgo muy centrado en esta figura, no existe la posibilidad de iniciar un procedimiento de destitución (*impeachment*) del presidente de la cámara.

También es importante mencionar que, además de la limitación de mandatos, no hay un debate público sobre la representación local y el sistema electoral en Portugal, lo que confirma la estabilidad institucional desde la transición a la democracia.

2.4. *El asociacionismo municipal y las relaciones intergubernamentales*

Existen diferentes acuerdos y prácticas de cooperación en Portugal. En la actualidad hay dos Áreas Metropolitanas y 21 Comunidades Intermunicipales, todas ellas de carácter obligatorio, y más de 50 Asociaciones Intermunicipales voluntarias. Todo ello sin tener en cuenta a las diversas empresas intermunicipales dependientes de ellas. Así, la corporativización como estrategia también se utiliza en Portugal. Pero la estrategia de participación del sector privado se limita a la prestación de servicios y no se extiende a la coordinación y planificación de las políticas locales, ya que estas competencias siguen siendo responsabilidad de las autoridades electas.

La estrategia seguida en el marco de estos diversos acuerdos de cooperación, su nivel de institucionalización y de integración está enteramente en manos de los municipios y sus representantes. El funcionamiento conjunto de la prestación de servicios públicos requiere de un ajuste mutuo de las políticas locales y da lugar a un enfoque coordinado de las cuestiones que va más allá de las fronteras municipales. Corresponde a los municipios establecer organismos de cooperación y decidir sobre su alcance y recursos administrativos, de conformidad con el marco jurídico vigente. Pero esta cooperación a menudo es sólo la consecuencia de obligaciones legales. Las actuales Comunidades Intermunicipales son un buen ejemplo de entidades de cooperación 'forzada' en las que el nivel de participación, integración de servicios y de competencias compartidas varía significativamente en todo el país.

La coexistencia de estas diferentes estrategias podría revelar una cultura política nacional que no permite reformas radicales del sistema administrativo, principalmente como resultado de sus fronteras municipales estables y del sentido histórico de pertenencia de las comunidades. En este marco, la cooperación intermunicipal busca combinar dos de los valores profundamente arraigados en la cultura de gobernanza portuguesa: la identidad local y la centralizada gobernanza racional. Por lo tanto, se han diseñado formas jurídicas para facilitar la transferencia de responsabilidades a un órgano conjunto y se han creado incentivos financieros para inducir a los gobiernos locales a cooperar. Su objetivo es establecer mecanismos de prestación de servicios públicos que satisfagan las crecientes demandas de las comunidades locales al menor costo posible, fortaleciendo su capacidad para hacer frente a un entorno cada vez más complejo y, al mismo tiempo, dejando intacto el ámbito político del gobierno local.

La financiación procedente de la Unión Europea fue la principal fuerza subyacente que indujo las asociaciones de gobernanza local y la cooperación interinstitucional (Teles y Swianiewicz, 2018). Paralelamente, la reducción de los fondos nacionales, particularmente en un contexto de profunda crisis económica y financiera, impulsó a los gobiernos locales a desarrollar esfuerzos adicionales para lograr consensos. Además del discurso sobre los incentivos financieros, muchos actores locales sugieren que abordar las dificultades en los procesos de toma de decisiones que surgen de la falta de tradiciones de cooperación intermunicipal requiere no sólo la intensificación de las prácticas de liderazgo, sino también un aumento en los esfuerzos relacionados con la difusión de información. Ambas funciones se atribuyeron en gran medida a las nuevas entidades intermunicipales. Además, el avance de las decisiones debe lograrse a través de procesos complejos de consulta y negociación entre los actores municipales. Si las estrategias y ambiciones se apartaran de las perspectivas de algunos municipios, éstos podrían utilizar su poder de veto, bloqueando la toma de decisiones y, por lo tanto, creando situaciones de estancamiento o bloqueo, lo que sugiere que los gobiernos locales no pierden su autonomía en el proceso.

A pesar de que las comunidades intermunicipales aseguraron la articulación de una variedad de intereses y temas, la toma de decisiones conjunta es muy difícil. El funcionamiento de las redes tiende a ser visto como una amenaza para la posición de los órganos de representación, como los consejos municipales. Los políticos son titulares de mandatos, están condicionados por sus promesas electorales y tienen que prever el coste político de sus decisiones. Temen ser sobrepasados por la burocracia y la complejidad de los acuerdos intermunicipales. Por lo tanto, los cargos electivos locales tienen un incentivo para evitar la prestación excesiva de servicios y la coordinación de políticas a nivel supramunicipal, excepto en los casos en que esto pueda garantizar mejores resultados e inversiones para su propio *municipio*.

Resolver los dilemas relacionados con el carácter innovador de la asociación interinstitucional significa que para firmar un acuerdo de colaboración se debe invertir una gran cantidad de tiempo y esfuerzo en el establecimiento de una cultura y reglas de interacción, así como en la creación de confianza entre los actores. Esto es particularmente relevante dada la dificultad de las autoridades locales portuguesas para compartir el liderazgo y su naturaleza centrada en el alcalde.

3. PRINCIPALES POLÍTICAS URBANAS Y DESAFÍOS MUNICIPALES

Las referencias internacionales a los gobiernos locales en Portugal sugieren que el modelo de gobernanza subnacional del país es aparentemente sencillo de entender, dados sus niveles formales de gobierno (nacional y local) (Magone, 2011). Sin embargo, un análisis detallado revela una realidad más compleja. La transformación de la gobernanza local en Portugal a través de la transferencia de competencias a las autoridades locales, así como la consolidación de su autonomía, ha ejercido una presión significativa sobre su capacidad institucional: ha requerido nuevos enfoques de los recursos técnicos, financieros y humanos, así como el intercambio de conocimientos e información, junto con la mejora de los mecanismos de coordinación interinstitucional y multinivel.

Al mismo tiempo, los programas de desarrollo regional y la implementación de estrategias de competitividad e innovación requirieron una rápida adaptación y nuevas agendas políticas por parte de los *municipios.* Estos planes de desarrollo territorial integrado, casi siempre dentro del ámbito de las asociaciones intermunicipales, pusieron de manifiesto la necesidad de una escala regional consolidada de gobernanza (Silva et al., 2016).

La ausencia de estas estructuras no permite que las estrategias supramunicipales sean coherentes ni se implementen de manera eficiente y sostenible. Por lo tanto, un marco institucional de apoyo y gobernanza no puede basarse únicamente en el compromiso político local y la capacidad de coordinación técnica de la administración central (Heinelt y Kubler, 2005), a los que los *municipios* no han podido responder de manera uniforme en todo el país (Tavares et al., 2018). Además, a menudo surgen desafíos asociados a nuevas formas de participación y cooperación entre actores públicos y no públicos, lo que reconfigura los procesos tradicionales de rendición de cuentas y representación. Ante este exigente escenario de políticas públicas y gobernanza, es necesario asegurar que los instrumentos de toma de decisiones, seguimiento y evaluación vigentes tengan la escala adecuada, además de adaptar y rediseñar las políticas a esta realidad. Esto sólo es posible con una arquitectura de gobernanza subnacional clara y bien definida (Teles, 2021).

Las últimas décadas han sido testigos de varios ajustes en la gobernanza subnacional portuguesa. Además del mencionado cambio en el mapa de unidades submunicipales, se fortalecieron los incentivos para la cooperación intermunicipal y el desarrollo de capacidades institucionales en los niveles intermedios de la administración pública a través de la descentralización administrativa y la asignación de responsabilidades de planificación y coordinación a nuevos organismos públicos subnacionales. El creciente número de competencias de las Comisiones de Coordinación y de Desarrollo Regional, que también actúan como autoridades de gestión de los Fondos Europeos de Desarrollo Regional, son un claro ejemplo de estos esfuerzos.

En un país tan centralizado como Portugal (Teles, 2014, 2020), que carece de una legitimidad elegida a un nivel intermedio entre el Gobierno Central y el *municipio*, las políticas urbanas se han entendido como un subproducto de los incentivos nacionales, las políticas generales y las regulaciones obligatorias. La urgencia de adaptar la arquitectura de los acuerdos de gobernanza subnacionales en Portugal (de Sousa 2015; Teles 2021) no es nueva, pero la imagen de un país centralizado que se enfrenta a la complejidad, la ambigüedad y la incertidumbre presenta desafíos claros. Los desafíos de la gobernanza urbana ponen de relieve estos problemas de escala y capacidad.

A pesar de que la autonomía de las autoridades locales permite cierto grado de discrecionalidad política (Ladner et al., 2019), su acción requiere un consenso negociado a lo largo del tiempo entre los actores de la gobernanza. Por lo tanto, la ejecución eficiente de las políticas urbanas es una consecuencia de la capacidad de gobernanza multinivel, que requiere de la capacidad de los actores políticos para reunir los instrumentos pertinentes y negociar políticas entre los niveles de gobierno para adoptar medidas colectivas. Evidentemente, estos procesos de construcción de alianzas están ligados a su legitimidad percibida y la coherencia de esos acuerdos depende en gran medida de su estabilidad y del compromiso adquirido por los diferentes actores.

En última instancia, los desafíos y las políticas relacionados con la forma en que se deben gobernar las áreas urbanas están inherentemente vinculados a los procesos en curso de gobernanza multinivel, y plantean preguntas relacionadas con la eficiencia y la estabilidad que siguen sin respuesta. Tanto su fragilidad a lo largo del tiempo como el claro cambio en la estructura de los desafíos sociales y económicos que deben abordarse, así como de los incentivos institucionales y financieros establecidos, crean inestabilidades significativas dentro de los acuerdos multinivel. Como consecuencia de este contexto, el primer reto de las políticas urbanas en Portugal es precisamente el hecho de que es poco probable que persistan en el tiempo y, en la mayoría de los casos, pueden dar lugar a una disminución de la capacidad de gobernanza entre ciclos electorales.

El segundo desafío se deriva del cambio en los actores involucrados en la gobernanza multinivel, particularmente teniendo en cuenta los dos procesos relacionados que acompañaron a las políticas urbanas durante las últimas décadas en Portugal: la consolidación de la democracia y la descentralización. Ambos han llevado a una evolución en las estructuras formales de administración pública a nivel nacional, regional y local, junto con un desarrollo de las competencias y la autonomía. Las políticas urbanas requieren de una respuesta adecuada que exige el diseño de ordenamientos territoriales efectivos, con instrumentos de política y ámbitos de acción claros y estables. En consecuencia, el objetivo de maximizar la eficiencia de las políticas urbanas no encontró una respuesta adecuada por parte de estos actores locales, ya que los gobiernos locales estaban bajo presión para hacer frente a otras demandas de capacidad de gobernanza y estaban recibiendo incentivos para fortalecer sus competencias y autonomía.

Los desafíos de la gobernanza urbana también ponen de relieve los problemas de escala y capacidad de las autoridades locales. De hecho, todas las diferencias y desequilibrios entre *municipios*, con claras asimetrías en la capacidad de sus estructuras administrativas, los acuerdos de gobernanza con otros actores locales y la capacidad institucional amplifican estos problemas. En política urbana, las autoridades locales son más que simples proveedores de servicios y requieren de un diseño adecuado de acuerdos territoriales efectivos, lo que conduce a presiones obvias sobre la articulación de las políticas multinivel y las relaciones de poder. La formulación de políticas necesita de una amplia gama de mecanismos. El contexto multinivel subraya la necesidad de aplicar un enfoque adecuado a la reestructuración de los servicios, los programas de modernización y las reformas de la administración pública (Bouckaert anf Kuhlmann, 2016). No hay evidencia que confirme que todas estas reformas tuvieran en cuenta la necesidad de abordar la agenda de política urbana en Portugal.

La inestabilidad, la escasa capacidad de gobernanza, las estructuras desequilibradas y las políticas concurrentes son las principales características del panorama más amplio que se acaba de presentar. Señala claramente los obstáculos en las políticas urbanas en Portugal y puede explicar la mayoría de los problemas y ejemplos de incertidumbre política que se presentan en este capítulo. Esto ha dado lugar a situaciones no resueltas relacionadas con la diferenciación e integración de los actores políticos adecuados en la implementación de las políticas urbanas.

Resulta obvio que un argumento a favor de un enfoque multinivel de las políticas urbanas está profundamente relacionado con una gobernación multinivel estable, capaz y eficiente. Sin embargo, estos son precisamente los desafíos encontrados en Portugal durante las últimas décadas, donde las autoridades subnacionales están inmersas en contextos impredecibles, diversos y volátiles en materia de gobernanza.

3.1. Evidencias de ineficiencia

Tres características principales de la arquitectura de la gobernanza subnacional portuguesa evidencian claramente los desafíos mencionados: el mapa ambiguo de la administración pública regional, la fragilidad del nivel intermunicipal y el nivel regional no consolidado.

En el primer caso, la persistente complejidad de los órganos desconcentrados de la administración pública (a pesar de las recientes reformas destinadas a su concentración) produce superposiciones redundantes y territorios jurisdiccionales poco claros. Son una fuente de ineficiencias y se traducen en extraños casos de desalineación territorial. Algunas agencias son coherentes con la escala existente de las Comisiones Regionales de Coordinación y Desarrollo, que sigue los mapas NUTS2. Otras están alineadas con los territorios actuales de las Asociaciones Intermunicipales, de acuerdo con la NUTS3, pero no todas. Incluso hay casos particulares de administración regional con responsabilidades sobre distintas regiones o subregiones. Para agregar a este especial cuadro, incluso se podría hablar de un conjunto de estructuras subnacionales de administración pública que todavía se organizan siguiendo a los distritos extintos (hace más de una década). El intrincado y costoso emparejamiento y negociación entre las autoridades locales, las agencias públicas y, especialmente, los ciudadanos se suman a la complejidad antes mencionada de la gobernanza multinivel.

El segundo caso es el simple resultado de la fragilidad de los acuerdos de cooperación intermunicipal. A pesar de la importancia de esta escala en las políticas urbanas, dada la naturaleza policéntrica de la mayor parte del paisaje urbano portugués, la cooperación intermunicipal sigue estando institucionalmente subdesarrollada y es políticamente controvertida (Teles, 2016). Portugal trató de fortalecer estos mecanismos mediante la creación de Comunidades Intermunicipales y Áreas Metropolitanas, a las que se les han asignado tareas para abordar cuestiones de política que van más allá de las fronteras de los *municipios* individuales. Las reglas de los recientes marcos de financiación europeos son muy claras al valorar la cooperación municipal como condición para acceder a los fondos. Sin embargo, su papel sigue siendo limitado, ya que sólo una fracción del gasto local se asigna a sus actividades y tienen una capacidad muy limitada para recaudar sus propios ingresos, desempeñando un papel marginal en el sector público, por lo que la intensidad de la cooperación entre los *municipios* miembros varía significativamente (Camões et al., 2020). Estos se gobiernan a través de un consejo de alcaldes, lo que acentúa los problemas de rendición de cuentas relacionados con el hecho de que todas las estructuras de gobernanza entre el gobierno local y el gobierno central en Portugal son elegidas o nombradas indirectamente por el gobierno.

La tercera y última evidencia también se relaciona con las escalas apropiadas de gobernanza en un acuerdo multinivel y resulta del hecho de que el modelo actual de dos niveles no está diseñado para abordar de manera eficiente los problemas a nivel regional (Teles, 2021). Las Comisiones Regionales de Coordinación y Desarrollo existentes, como organismos públicos de administración central desconcentrada, carecen de la legitimidad que podrían tener las estructuras elegidas democráticamente. Su marco institucional y sus competencias actuales convierten las cuestiones de política regional en responsabilidades del gobierno central. A pesar de la reciente elección en 2020, por primera vez, de parte del órgano ejecutivo de las Comisiones Regionales de Coordinación y Desarrollo con el voto de los presidentes de *municipios* de cada región, esto no ha cambiado significativamente el carácter de nombramiento político previo. Y, en última instancia, no refleja un sistema subnacional que permita abordar la coordinación de las políticas regionales desde un enfoque de subsidiariedad (Heinelt y Bertrana, 2011).

Así, en el contexto portugués, la formulación y la dirección de políticas basadas en el territorio en general y políticas urbanas en particular implica una buena gobernanza y la articulación de los *municipios* con las *freguesias*, las estructuras intermunicipales, la administración regional desconcentrada y otras agencias públicas. Por lo tanto, el diseño de acuerdos territoriales apropiados depende de la lógica de funcionamiento de los instrumentos de colaboración política.

4. CONCLUSIONES

Portugal tiene una sólida estructura de gobernanza local, pero se enfrenta a importantes desafíos. La dependencia financiera, las desigualdades regionales y la capacidad de adaptación al cambio global son temas centrales. Sin embargo, la cooperación intermunicipal, la descentralización y el uso de fondos europeos ofrecen vías prometedoras para fortalecer la autonomía local y garantizar servicios públicos de calidad.

Los desafíos de la gobernanza contemporánea portuguesa a nivel local se evidencian al considerar los problemas de escala. En este caso están presentes algunas de las dimensiones mencionadas en este capítulo: la necesidad de ejercer control sobre una compleja red de agencias, la fragmentación organizacional y la multiterritorialización de las estructuras de gobernanza. Este cuadro de la complejidad de la gobernación local explica por qué es necesaria una reforma del sistema.

Las diversas estrategias para hacer frente a estos desafíos, seguidas en toda Europa (Swianiewicz, 2010), tuvieron diferentes respuestas en Portugal. La reforma territorial que implicó la fusión de los *municipios* en unidades administrativas más grandes de gobierno local no se materializó en el caso portugués y ha encontrado una fuerte resistencia. A pesar del pequeño tamaño de una parte de los *municipios* portugueses, los esfuerzos para promover la fusión sólo tuvieron lugar durante el siglo XIX. De hecho, aunque el rescate financiero del FMI y la UE sugería la fusión de municipios, finalmente no se llevaron a cabo.

La segunda estrategia, la cooperación intermunicipal, puede ser el resultado del hecho de que los mecanismos de gobernanza existentes no han sido capaces de hacer frente a los desafíos y las interdependencias de escala. La capacidad de gobernanza, la coordinación de las redes de políticas, la gobernanza multinivel y la rendición de cuentas son los aspectos más destacados relacionados con la arquitectura de la gobernanza subnacional portuguesa que requieren un lugar en una futura agenda de reformas.

Una estrategia de descentralización debe abordar estas cuestiones en sus diferentes escalas (local, subregional y regional), reconociendo la importancia de establecer una clara atribución de competencias y del papel de la gobernanza multinivel como factor indispensable para la eficacia de las políticas locales. El hecho de centrarse únicamente en el nivel local o en la formulación de políticas nacionales es claramente insuficiente cuando están en juego los costes de información y coordinación. Este enfoque integrado de la descentralización es uno de los requisitos fundamentales para el éxito del gobierno local en Portugal. Además, el reconocimiento de las asimetrías territoriales, exige la necesidad de contar con herramientas institucionales para abordar los desafíos y para implementar políticas que satisfagan mejor las necesidades locales.

5. REFERENCIAS BIBLIOGRÁFICAS

Bouckaert, Geert and Sabine Kuhlmann. (eds.). (2016). *Local Public Sector Reforms in Times of Crisis: National Trajectories and International Comparisons.* Basingstoke: Palgrave.

Camões, Pedro, António F. Tavares and Filipe Teles. (2020). "Assessing the intensity of cooperation: a study of joint delegation of municipal functions to inter-municipal associations". *Local Government Studies.* DOI: 10.1080/03003930.2020.1857245.

Denters, Bas. (2017) "Participation and democratic accountability: making difference for citizens". In *The Future of Local Government in Europe: Lessons from Research and Practice in 31 Countries,* edited by Christian Schwab, Geert Bouckaert, and Sabine Kuhlmann. Berlin: Nomos/Edition Sigma.

Fonseca, Mariana Lopes. (2020). "Lame ducks and local fiscal policy: quasi-experimental evidence from Portugal". *The Economic Journal* 130 (626): pp. 511-533.

Heinelt, Hubert and Daniel Kübler (eds.). (2005). *Metropolitan Governance. Capacity, Democracy and the Dynamics of Place.* London/New York: Routledge.

Heinelt, Hubert and Xavier Bertrana (eds.). (2011). *The second tier of local government in Europe.* London: Routledge.

Ladner, Andreas, Nicolas Keuffer, Harald Baldersheim, Nikos Hlepas, Pawel Swianiewicz, Kristof Steyvers, and Carmen Navarro. (2019). *Patterns of Local Autonomy in Europe.* London: Palgrave Macmillan.

Magone, José M. (2011). "Portugal: Local Democracy in a Small Centralized Republic". In *The Oxford Handbook of Local and Regional Democracy in Europe,* edited by J. Loughlin, F. Hendriks and A. Lidström, pp. 384-409. Oxford: Oxford University Press.

Silva, Patricia, Filipe Teles and Artur Rosa Pires. (2016). "Paving the (hard) way for regional partnerships: evidences from Portugal". *Regional and Federal Studies* 26 (4): pp. 449-474.

Silva, Patricia, Filipe Teles and Joana Ferreira. (2018). "Inter-municipal cooperation: the quest for governance capacity?". *International Review of Administrative Sciences.* Vol. 84 (4): pp. 619-638.

Swianiewicz, Pawel. (2010). "If Territorial Fragmentation is a Problem, is Amalgamation a Solution? An East European Perspective". *Local Government Studies,* 36 (2): pp. 183-203.

de Sousa, Luis, Nuno Cruz, António F. Tavares and Susana Jorge. (eds.). (2015). *A reforma do poder local em debate.* Lisboa: ICS.

Tavares, António and Filipe Teles. (2018). "Deeply rooted but still striving for a role: the Portuguese Freguesias under reform". In *Sub-municipal Governance in Europe: In search of expressive and responsive communities?* Edited by Nikos Hlepas, Norbert Kersting, Sabine Kuhlman, Pawel Swianiewicz and Filipe Teles. Basingstoke: Palgrave.

Tavares, António F., Luis de Sousa, Ana Macedo, Daniel Fernandes, Filipe Teles, Luis Mota, Nuno Cruz and Sara Moreno Pires. (2018). *A Qualidade da Governação Local em Portugal.* Lisboa: Fundação Francisco Manuel dos Santos.

Teles, Filipe. (2014). "Local Government and the Bailout: reform singularities in Portugal". *European Urban and Regional Studies,* 23 (3): pp. 455-467.

Teles, Filipe. (2016). *Local governance and Inter-municipal Cooperation.* Basingstoke: Palgrave.

Teles, Filipe and Pawel Swianiewicz (eds.). (2018). *Inter-municipal Cooperation in Europe: Institutions and Governance.* Basingstoke: Palgrave.

Teles, Filipe. (2020). "Public Administration in Portugal", in *European Perspectives for Public Administration: the Way Forward,* edited by Geert Bouckaert and Werner Jann. pp 439-454. Leuven: Leuven University Press.

Teles, Filipe, Adam Gendzwil, Cristina Stanus and Hubert Heinelt. (eds.). (2021). *Close Ties in European Local Governance - Linking Local State and Society.* Basingstoke: Palgrave.

Teles, Filipe. (2021). *Descentralização e Poder Local em Portugal* [Decentralization and Local Authorities in Portugal]. Lisboa: Fundação Francisco Manuel dos Santos.

Veiga, Linda Gonçalves and Francisco José Veiga. (2007). "Political business cycles at the municipal level". *Public Choice* 131 (1-2): pp. 45-64.

Veiga, Francisco José, Linda Gonçalves Veiga, Bruno Fernandes and João Martins. (2017). *Introdução ao Estudo da Limitação de Mandatos: O Impacto nas Finanças Locais e na Participação Eleitoral.* Lisboa: Fundação Francisco Manuel dos Santos.

La descentralización municipal en Uruguay: avances y desafíos de un proceso gradual

MARTÍN FREIGEDO
Universidad de la República, Uruguay

JOSÉ RAÚL RODRÍGUEZ PINHO
Universidad de la República, Uruguay

Resumen: Uruguay es el país que más tardíamente incorporó a su estructura institucional los gobiernos municipales. El objetivo de este capítulo es analizar la evolución del proceso de municipalización, destacando la importancia que han ido asumiendo los nuevos gobiernos locales en el entramado institucional del país. Estos nuevos gobiernos locales presentan como particularidad que son actores con una fuerte legitimidad política por ser electos de forma directa por los ciudadanos a nivel local, pero a la vez presentan marcadas debilidades en los demás componentes clásicos de la descentralización, los aspectos administrativos y fiscales.

Palabras clave: Uruguay; Descentralización política; Gobiernos Locales; Municipios; Reforma del Estado.

Abstract: The objective of this chapter is to analyze the evolution of the municipalization process in Uruguay, highlighting the importance that the new local governments have been assuming in the country' s institutional framework. These new local governments are unique in that they are actors with strong political legitimacy because they are directly elected by the citizens at the local level, but at the same time they present marked weaknesses in the other classic components of decentralization, the administrative and fiscal aspects.

Key words: Uruguay; Political decentralization; Local governments; Municipalities; State reform; State decentralization.

1. INTRODUCCIÓN

La llegada del Frente Amplio (FA) al gobierno nacional en el 2005 generó un impulso importante en materia de descentralización en Uruguay. La reforma más importante en este sentido fue la creación de los Gobiernos Municipales como nuevo nivel de gobierno a partir de la aprobación, en el año 2009, de la Ley de Descentralización Política y Participación Ciudadana (18.567), sustituida en 2014 por la Ley de Descentralización y Participación Ciudadana (en adelante LDyPC) (19.272), vigente hasta el momento[1].

Magri (2015) señala en sus conclusiones que el proceso de municipalización estaba consolidando su legitimidad como órgano gubernativo y sus capacidades para gobernar. El objetivo de este capítulo es analizar la evolución del proceso de municipalización, destacando la importancia que han ido asumiendo los nuevos gobiernos locales en el entramado institucional del país, con foco en los diversos problemas y desafíos que aún enfrentan.

Uruguay es un país unitario y centralizado. En este marco, el gobierno nacional tiene una fuerte incidencia en la definición de las políticas públicas en la gran mayoría de las áreas más relevantes, tanto sociales como productivas (Arocena, 2008; Eaton, 2004; Oszlak y Serafinoff, 2011). Su sistema político se distingue por contar con una democracia estable de la mano de un sistema de partidos fuertemente nacionalizado e institucionalizado que, en ese marco, no tiene presencia de partidos políticos locales (Buquet et al., 1998; Buquet y Piñeiro, 2014; Mainwaring y Scully, 1995).

Desde el punto de vista jurídico, el territorio uruguayo está dividido en 19 departamentos. Cada uno de ellos cuenta con un Gobierno Departamental (segundo nivel de gobierno), que está integrado por un ejecutivo departamental (intendente) y un ór-

---

[1] La nueva ley subsanó en parte el problema de la falta de definición sobre la materia municipal con respecto a la materia departamental.

gano legislativo (Junta Departamental, integrada por 31 ediles departamentales).

El nivel nacional y el departamental fueron los dos niveles de gobierno hasta la creación de los municipios en 2009, tercer nivel de gobierno. En un proceso evolutivo, en 2025 el país cuenta con 136 municipios[2], que están integrados por un Consejo Municipal, con un alcalde y cuatro concejales. Todos ellos electos directamente por la ciudadanía.

Estos nuevos gobiernos locales presentan como particularidad que son actores con una fuerte legitimidad política por ser electos de forma directa por los ciudadanos a nivel local, pero a la vez presentan marcadas debilidades en los demás componentes clásicos de la descentralización: los aspectos administrativos y fiscales. En este sentido, como se mencionará a lo largo del capítulo, la dependencia y la escasa autonomía son factores recurrentes en la gestión de las políticas públicas a nivel local.

El capítulo se estructura de la siguiente forma. En primer lugar, se describen algunas características generales de los gobiernos municipales, asociadas a los tipos de gobiernos locales, su integración y las características de los alcaldes, así como a sus formas de financiamiento y sus lógicas de asociación intermunicipal. El segundo apartado está dedicado a plantear algunos retos fundamentales que deben enfrentar los gobiernos subnacionales en el país, destacando tres asuntos: el ordenamiento territorial, la gestión del agua y la gestión de residuos. Por último, se plantean una serie de conclusiones donde se resaltan el carácter evolutivo del proceso descentralizador, junto a las debilidades que presen-

---

[2] Este proceso evolutivo se debe a la forma en que se estableció la creación de los municipios, que se asocian a características poblacionales y a la voluntad política de los actores. En el 2010, había 89 municipios, que aumentaron a 112 en 2015 y a 125 en 2020. En 2025 se incorporan 11 nuevos municipios, por lo que en total son 136 gobiernos locales. Más adelante en el texto se profundiza sobre las formas institucionales establecidas para crear gobiernos locales.

tan los gobiernos locales en un país centralista y unitario como Uruguay.

2. DESCRIPCIÓN GENERAL DE LOS GOBIERNOS LOCALES EN URUGUAY

Cómo se mencionó anteriormente, Uruguay se ha caracterizado por ser un Estado centralista y unitario. Las reformas tendientes a fortalecer las autonomías locales han sido escasas, por eso la creación de un nuevo nivel de gobierno constituye un hito institucional relevante. En efecto, la creación de los nuevos gobiernos locales ha modificado las estructuras de gobierno y el relacionamiento intergubernamental en el país.

Esta reforma nace en el marco de un proceso de negociación entre los diferentes partidos políticos, donde el FA, desde el gobierno nacional, tuvo un papel protagónico en el impulso de la iniciativa, que luego contó también con el apoyo legislativo de sectores de la oposición. Esto hizo que la propuesta tuviera una base de apoyo político importante, no sólo dentro de la izquierda sino también entre las facciones de los partidos hacia la derecha del espectro político-ideológico. En este sentido, cabe destacar el apoyo de buena parte del Partido Nacional (PN), que es el partido históricamente más relevante desde el punto de vista electoral a nivel subnacional en el país.

El diseño de la LDyPC estuvo en el ámbito de la presidencia y de la Oficina de Planteamiento y Presupuesto (OPP) en particular, pero contó con la participación de representantes locales (intendentes y ediles) y parlamentarios (sobre todo diputados del interior del país). Desde el año 2008, año en que entró en la discusión parlamentaria, hasta su aprobación en 2009, el proyecto sufrió varias modificaciones y recogió diversas observaciones de los partidos políticos, así como de actores departamentales y nacionales.

La ley tuvo resistencias tanto de la oposición como dentro del partido de gobierno. Fueron la férrea posición del presidente Vázquez y la fuerte disciplina partidista del FA que permitieron que la norma se aprobara. Por tratarse de una norma que modificaba el sistema electoral, fueron necesarias mayorías especiales para aprobarla, que finalmente se obtuvieron con el apoyo del sector Alianza Nacional del Partido Nacional, sobre todo por la presión de algunas figuras del interior del país que, si bien mostraban ciertos reparos ante la normativa, de todas formas consideraban que era un paso importante hacia la autonomía local.

Por tanto, el largo proceso que significó su aprobación muestra que la discusión sobre la descentralización, pero fundamentalmente sobre cómo se debe enfocar un proceso descentralizador, encuentra entre los actores políticos uruguayos diversas posiciones y opiniones, sobre todo referidas a la profundidad, los posibles problemas de superposición de competencias y el momento político para impulsar la reforma (Ruiz Díaz, 2018).

Siguiendo la clásica categorización de los tipos de descentralización entre política, fiscal y administrativa (Falletti, 2010), el resultado de la LDyPC presenta un marcado componente de descentralización política. La normativa es muy clara en relación a la creación de nuevas autoridades a nivel local y a la forma de elección de estas autoridades. Sin embargo, en los componentes asociados a la descentralización administrativa y fiscal los municipios tienen restricciones importantes, dado que su autonomía es muy limitada. Por su parte, la normativa es ambigua en relación a la distribución de atribuciones entre los diferentes niveles de gobierno, lo que lleva a una dependencia muy fuerte de los otros niveles. En las próximas secciones del capítulo se busca dar cuenta de estos problemas y desafíos asociados al rol y las competencias de los gobiernos locales en Uruguay.

2.1. Tipos de gobiernos locales

Como primera consecuencia fundamental, la ley implicó la creación a partir de mayo de 2010 de 89 municipios con autoridades electas por voto de la ciudadanía. Estos municipios incluyeron obligatoriamente la creación de municipios en localidades de más de 5.000 habitantes (Disposición Transitoria Art. 24), que constituyeron el tercer nivel de gobierno (Art. 1). Quedaron excluidas como obligatorias las capitales departamentales, aunque a iniciativa de los intendentes respectivos, se crearon municipios en las capitales departamentales de Montevideo, Canelones y Maldonado.

Esta realidad generó un escenario particular, dado que derivó en un territorio no municipalizado en su totalidad. Ello arroja diversas inconsistencias. En primer lugar, en el plano de la gestión de los servicios municipales, donde los Gobiernos Departamentales quedan encargados de cubrir las áreas no municipalizadas. En segundo lugar, se produce una inequidad en términos democráticos, puesto que los ciudadanos que habitan en las zonas no municipalizadas se ven impedidos de elegir a sus autoridades locales (Chasquetti et al., 2018).

Por otro lado, se presta especial atención a que cada municipio no sólo deba tener un número determinado de población, sino que también constituya en sí mismo una unidad territorial "con personalidad social y cultural, con intereses comunes que justifiquen la existencia de estructuras políticas representativas y que faciliten la participación ciudadana". Incluso se prevén mecanismos para que aquellas localidades que no cumplan con el requisito de población puedan constituirse en municipio, ya sea por iniciativa popular (del 15% de los inscriptos para votar en esa localidad) o del intendente con aprobación de la Junta Departamental (Arts. 1 y 16).

Esta forma de creación de los municipios marca las diferencias territoriales, en la actualidad, existen 136 municipios en Uruguay distribuidos en los 19 departamentos del país. Solamente tres departamentos tienen el 100% del territorio municipalizado (Montevideo, Canelones y Maldonado)[3]. El resto ofrece diversos grados

---

3 Se trata de los tres departamentos de mayor población y aporte al PIB nacional (Centurión, 2016). Asimismo, presentan altos índices de desarrollo regional en términos comparativos. Sobre este aspecto véase Rodríguez Miranda et al. (2024).

de municipalización y en todos los casos excluyen a las capitales departamentales. Esto se debe fundamentalmente a la voluntad política de los intendentes, donde se observa que algunos han avanzado de forma significativa mientras que otros se han mostrado más reticentes.

Estas diferencias se pueden asociar a dos factores: por un lado existe un aspecto vinculado a las ideas y al convencimiento de los beneficios del proceso; por otro, la existencia de diversas estrategias para construir poder en el territorio por parte de los intendentes (Chasquetti et al., 2018).

Si se considera el total del país, Uruguay cuenta con el 73% de su población y el 41% de su territorio municipalizados (ver figura 1). La mitad de los municipios tienen menos de 5.000 habitantes y tan sólo ocho municipios superan los 100.000, precisamente los municipios de la capital del país. Por su parte, otros 12 municipios tienen entre 20.000 y 100.000 habitantes.

Figura 1

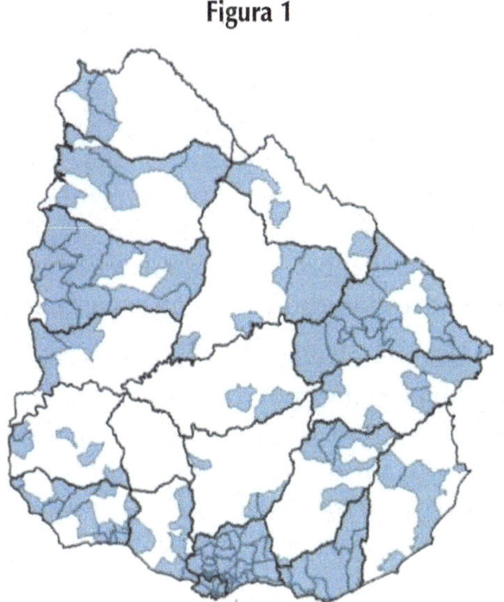

Municipios por departamentos (en celeste). Las áreas no municipalizadas se representan en blanco.

Fuente: Oficina de Planeamiento y Presupuesto, 2025.

2.2. *Alcaldes/as y los concejos municipales*[4]

En relación a la integración del Gobierno Municipal, las autoridades municipales serán cinco y se elegirán simultáneamente a las elecciones departamentales. Resultará alcalde el primer titular de la lista más votada del lema más votado en la localidad. Los cuatro restantes serán concejales honorarios y dichos cargos serán distribuidos en proporción a la cantidad de votos de cada partido en la localidad. Esta integración es uniforme a todos los municipios, no importando el número de electores ni la población de la localidad, algo que no es común en la región, donde en muchos casos la diferencia en el número de integrantes de los gobiernos varía según la cantidad de población.

Esta realidad marca que, si bien se trata de un gobierno colegiado, se produce una marcada asimetría entre el alcalde y los concejales, sobre todo porque el primero es el único cargo rentado que le habilita la posibilidad de dedicarse con mayor exclusividad al trabajo político.

Un asunto relevante es que, como se mencionó, las elecciones municipales se realizan en simultáneo con las elecciones departamentales (segundo nivel). Desde 1996 las elecciones departamentales se separaron de las elecciones nacionales, lo que ha jerarquizado a los gobiernos del segundo nivel. Sin embargo, a la hora de crear la nueva institucionalidad local, se definió que las elecciones municipales se lleven a cabo en simultáneo con el segundo nivel. Las mismas se desarrollan cada cinco año, en el mes de mayo.

A su vez, el sistema electoral de las elecciones subnacionales en Uruguay establece que, por un lado, el voto es con boletas diferentes para cada nivel (departamental y municipal), pero se deben introducir en un mismo y único sobre. Por otro, no está habilitado el llamado "voto cruzado". Esto implica que un elector,

---

4 La información presentada en este apartado analiza el período 2010-2020. Los datos de las elecciones 2025 se encuentran en proceso de validación al momento de la presente publicación.

cuando decide votar a los dos niveles, puede solamente votar al mismo partido, tanto al nivel departamental como municipal.

Esto ha determinado que las elecciones municipales sean consideradas de segundo orden (Magri y Freigedo, 2010), ya que, siguiendo a la teoría, las elecciones están condicionadas a los intereses de las elecciones del nivel superior. Pese a esas reglas del sistema electoral, hay indicios que marcan que los municipios han ido adquiriendo cada vez más relevancia en la vida política a nivel local.

Uno de estos indicios está marcado por la evolución en la cantidad de candidatos a alcaldes. El gráfico 1 muestra que el número de candidatos ha crecido de forma exponencial, representado a partir de la cantidad de boletas de votación que se ponen a consideración para la elección de las autoridades locales. El crecimiento en esta poca cantidad de contiendas electorales da cuenta de la relevancia que ha adquirido ese espacio de poder entre los actores políticos locales.

Gráfico 1. Evolución de la oferta electoral municipal 2010-2020 (en cantidad de boletas de votación por municipio)

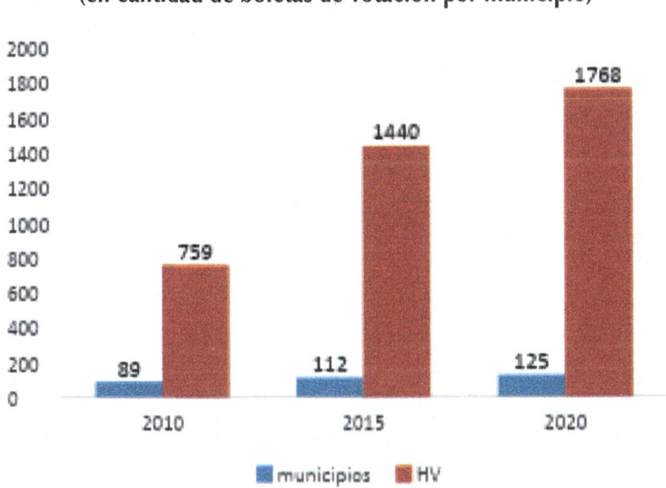

Fuente: Elaboración propia con base a datos de UMAD-FCS-UDELAR y Corte Electoral.

El segundo aspecto para señalar es la variabilidad del nivel de abstención electoral entre los municipios en función del tamaño de las circunscripciones. En efecto, se observa una mayor participación electoral en los municipios más pequeños, siendo los de mayor población, en particular los de la capital Montevideo, los de menor participación. Esto indica en cierta forma una mayor apropiación de la escala local de gobierno por parte de la ciudadanía en los municipios. En el opuesto se encuentra la alta abstención en los municipios de mayor tamaño, lo que implica desafíos en términos de legitimidad en caso de no lograr revertir esta tendencia en el futuro (ver tabla 1).

Tabla 1. Porcentajes de votos válidos en elecciones municipales por departamento (en % sobre el total de habilitados)

Departamento	2010	2015	2020
Montevideo	30	23	34
Artigas	73	75	72
Canelones	56	51	55
Cerro Largo	76	77	76
Colonia	67	68	67
Durazno	72	75	77
Flores	84	76	82
Florida	74	76	78
Lavalleja	75	78	78
Maldonado	55	59	56
Paysandú	65	69	70
Río Negro	66	70	67
Rivera	77	78	78
Rocha	67	71	70
Salto	67	73	75

Departamento	2010	2015	2020
San José	62	64	65
Soriano	72	69	67
Tacuarembó	80	77	75
Treinta y Tres	76	82	79
Total país	**43**	**40**	**47**

Fuente: Elaboración propia en base a datos de OTU.

Otro elemento relevante es el aumento de la concentración del poder político observado en lo que va del proceso de municipalización (Rodríguez, 2022). En particular, si se atiende tanto a la fragmentación partidista de los concejos municipales como a la congruencia político-partidaria existente entre el nivel departamental y el nivel municipal, se aprecia un aumento de la concentración política, aspecto que se profundizó en el ciclo electoral 2019-2020 como consecuencia del triunfo del PN a nivel nacional y de su avance electoral también en la escena subnacional (ver tabla 2).

Tabla 2. Evolución de indicadores de concentración político-partidaria (2010, 2015, 2020, en % de municipios)

Indicadores	2010	2015	2020
Congruencia partidaria	66	71	86
Concejos monocordes	3	5	24
Concejos mayoritarios	79	93	96

Fuente: Elaboración propia en base a datos de OTU.

Por último, un desafío del proceso de descentralización con vistas a favorecer una mayor representación y participación en la escala municipal es el déficit de representación observado en relación a la participación de la mujer en los ámbitos de gobierno.

Tanto a escala de los/as alcaldes/as como de los/as concejales, la participación de la mujer es minoritaria y si bien se ha incrementado levemente a nivel de concejales, no ha sucedido igual con respecto al cargo de alcalde (ver tabla 4). Esta tendencia muestra que el cargo de mayor relevancia a nivel local (alcalde) es ocupado cada vez más por hombres que por mujeres, mientras que los lugares de menor relevancia por su carácter honorario son ocupados cada vez más por mujeres, marcando las diferencias de género en el ámbito local.

Tabla 3. Evolución de la proporción de mujeres electas en autoridades municipales (2010, 2015 y 2020, en %)

Indicadores	2010	2015	2020
Autoridades mujeres*	19,3	22,9	30,7
Alcaldesas	23,6	17,0	17,6

* Se refiere a la proporción de mujeres electas como miembros de los Concejos Municipales, tanto alcaldesas como concejales.

Fuente. Elaboración propia en base a OTU.

2.3. *Forma de financiación*

Los municipios uruguayos tienen una característica particular en términos comparativos y es que no tienen atribución para fijar y recaudar impuestos. Esto hace que los municipios no tengan autonomía fiscal, ya que sus fuentes de financiamiento provienen de los niveles nacional y departamental de gobierno.

La LDyPC establece tres fuentes principales de ingresos para los municipios: a) los ingresos por transferencias, que son administrados por el gobierno central en el marco del Fondo de Incentivo para la Gestión de los Municipios (FIGM), b) los ingresos que le son asignados por el gobierno departamental, c) otras fuentes como donaciones u otros ingresos extrapresupuestales (Art. 19). Los dos primeros deben incluirse en los programas presupuestales de los municipios y forman parte de los recursos que los concejos municipales pueden ordenar (con el voto incluido del alcalde) para hacer frente a los distintos objetos del gasto, tanto de inversiones como de funcionamiento corriente.

Los gastos correspondientes a sueldos de los funcionarios, aunque estén asignados funcionalmente a la estructura municipal, dependen en última instancia del presupuesto de la intendencia. Esta es una característica que limita tanto la autonomía fiscal como la autonomía administrativa de los municipios, en la medida que la estructura de recursos humanos del municipio depende de la intendencia y, en última instancia, del intendente.

Los montos globales, las fuentes de financiamiento y los criterios de distribución del FIGM se fijan cada quinquenio en el inciso 24 del presupuesto quinquenal del gobierno nacional. Su administración depende de la Oficina de Planeamiento y Presupuesto (OPP) de la Presidencia de la República y su seguimiento está a cargo de la Comisión Sectorial de Descentralización (CSD). Esta comisión está integrada por miembros del Poder Ejecutivo a través de los ministerios competentes (Economía y Finanzas; Transporte y Obras Públicas; Ganadería, Agricultura y Pesca; Industria, Energía y Minería; Vivienda y Ordenamiento Territorial, y Turismo) y una representación del Congreso de Intendentes. A partir de 2020 se integró un representante del Plenario de Municipios con voz y sin voto. La CSD fija por reglamento los criterios para que los municipios accedan a los recursos del FIGM y rindan los fondos ante el Poder Ejecutivo. La OPP es quien coordina este ámbito.

El FIGM está compuesto actualmente por cuatro literales (A, B, C y D) que guardan relación con las fuentes de financiamiento y los criterios exigibles en términos de condicionamiento del gasto. Si bien la mayoría de las transferencias nacionales hacia los gobiernos subnacionales son no condicionadas (Martínez et al., 2020), el FIGM establece algunas restricciones que podrían considerarse como transferencias condicionadas, principalmente en relación a la inversión en infraestructura y los servicios básicos municipales. Estas restricciones o condicionamientos al uso de FIGM por parte de los municipios han variado desde 2015 en adelante. En 2015 se establecía que el 60% del literal B debería ir con destino a proyectos de inversión. Este porcentaje aumentó al 70% a partir de 2020 y se agregó que al menos la mitad del literal B debe tener por destino inversiones en infraestructura básica municipal (calles, veredas, alumbrado, recolección de residuos). Los controles de estos condicionamientos son *ex ante*, en la etapa de aprobación del presupuesto, y en menor medida *ex post*, en el marco de las rendiciones de cuentas de los gobiernos departamentales.

Otra de las variaciones en la implementación del FIGM es la relevancia asignada a los compromisos de gestión para acceder a los montos del literal C. Mientras que en 2015 hubo un mayor énfasis por parte del gobierno central en el seguimiento de estos compromisos que incluían metas en diversas áreas (servicios, obras, participación, fortalecimiento institucional), a partir de 2020 los compromisos quedaron subsumidos a la implementación de proyectos acordados entre municipios e intendencias con financiamiento de los literales C y D.

Finalmente, el literal A es un ficto distribuido en partes iguales entre todos los municipios y que es de libre disponibilidad. Tiene como particularidad que se transfiere por duodécimos cada mes, distinto al resto de los literales, cuyos fondos se transfieren contra certificados de avance de proyectos. Esta forma de acceder a los fondos del FIGM es una variación introducida a partir de 2020 que, entre otras cosas, busca un mayor control y coordinación de las inversiones financiadas por este fondo[5].

El FIGM se ha consolidado y ha incrementado su financiamiento desde 2016 en adelante. Una característica del FIGM es la asignación incremental en la medida que aumenta su financiamiento en los últimos años del mandato. En pesos constantes

---

[5] Para un mayor detalle de las fuentes de financiamiento y condiciones establecidas según literal puede consultarse el Reglamento de Gestión Administrativa del FIGM (2021), en https://municipios.gub.uy/figm-opp.

de 2020, el FIGM pasa de 600 millones en 2016 a 1.479 millones en 2019 y 2020; y de 1.085 millones en 2021 a 1.725 millones en 2024 y 2025. Del mismo modo, esta evolución puede observarse con respecto al promedio de la asignación presupuestal por municipio que alcanza a los 18,8 millones en 2024-2025. Teniendo en cuenta la asignación por año y el número de municipios para cada período, esto significa un incremento en términos reales del 17% entre un mandato y otro (ver gráfico 2).

Gráfico 2. Evolución de la asignación presupuestal del FIGM 2016-2025 (en pesos constantes de 2020)

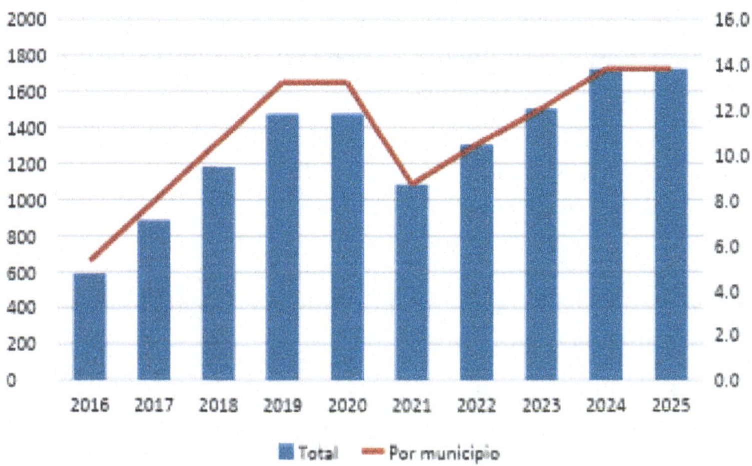

Fuente: elaboración propia en base a Municipios Uruguay, en https://municipios.gub.uy.

La segunda fuente de financiamiento son las asignaciones presupuestales que el gobierno departamental realiza con destino a los programas de los municipios. Estos son recursos que las intendencias recaudan de distintas fuentes, aunque sean ingresos propios como ingresos nacionales, distribuidos entre los programas presupuestales de los municipios.

En principio, la asignación de recursos que realizan las intendencias sobre los municipios es discrecional y no está basada en ningún criterio de distribución, aunque en promedio es la proporción de ingresos más importante que reciben los municipios. Poco se conoce sobre los criterios que los intendentes y las Juntas Departamentales implementan para distribuir los recursos. Empíricamente, existe la dificultad de que no todos los municipios cuentan con programas presupuestales, lo que limita los resultados de la comparación. Aunque legalmente es obligatoria la existencia de programas presupuestales municipales, en la práctica hay departamentos en los que esto no se cumple. Además, donde hay programas presupuestales también hay criterios diferentes de asignación; por ejemplo, algunos solamente incluyen el FIGM, otros incluyen FIGM y los recursos de funcionamiento del municipio; otros incluyen sólo inversiones, otros excluyen los recursos humanos, y así sucesivamente, se observan diferencias de criterios que dificultan la comparabilidad.

En este marco, muchos intendentes y alcaldes negocian obras ejecutables en los municipios durante el quinquenio. Estas inversiones no necesariamente son incluidas en los programas presupuestales de los municipios, o pueden incluirse en parte, dependiendo si son realizadas por administración directa o por licitación, en función de los montos y de las capacidades instaladas de los municipios, entre otros factores.

De todos modos, teniendo en cuenta la heterogeneidad en que operan estos factores y las debilidades de los sistemas de información, es posible estimar un monto global del peso del gasto del conjunto de los municipios para cada año seleccionado sobre la base de las rendiciones de cuentas de los gobiernos departamentales. Como se puede apreciar en la tabla 4, el gasto total ejecutado por los municipios es una proporción muy pequeña, tanto en relación al gasto total de las intendencias como del gobierno central, y se mantiene estable en el tiempo.

Tabla 4. Gasto total del gobierno central, intendencias y municipios (2012-2021, en millones de pesos corrientes)

Año	Total Gasto Gobierno Central	Total gasto intendencias	Gasto intendencia /gasto GC	Ejecución anual municipios	% Munic./ gasto intendencia	% Munic./ gasto GC
2012	255.063	30.925	12,1%	S/D	S/D	
2016	427.510	47.995	11,2%	6.143	13%	1,4%
2018	480.637	59.458	12,4%	7.640	13%	1,6%
2021	685.717	74.119	10,8%	9.870	13%	1,4%

Fuente: elaboración propia en base a Anuarios Estadísticos del INE y OTU.

La incidencia del FIGM en el financiamiento total del gasto de los municipios es una parte menor. Esta incidencia puede ser muy relevante en la operativa cotidiana de aquellos municipios más pequeños y débiles, donde los recursos del FIGM pueden marcar la diferencia a la hora de financiar algunas inversiones en infraestructura o servicios básicos municipales.

Finalmente, a partir de 2020 se incluyó en la ley de presupuesto nacional (19.924) una cláusula que obliga a las intendencias a aprobar proyectos en zonas municipalizadas por al menos el 15% del financiamiento anual correspondiente al Fondo de Desarrollo del Interior (FDI) (Art. 663). Esta disposición es irrelevante para los departamentos de Maldonado y Canelones, donde el 100% del territorio se encuentra municipalizado, pero obliga al resto de los departamentos del interior a canalizar fondos hacia los municipios a través de este instrumento. Estos no son fondos que sean ejecutados directamente por los municipios sino por las intendencias; en general son obras de infraestructura (vialidad, espacios públicos, entre otros) que se implementan en territorio municipalizado. En términos administrativos, el FDI exige a las intendencias que los proyectos presentados bajo esta modalidad cuenten con la firma del alcalde. Asimismo, se establece que el FIGM puede ser utilizado para financiar las contrapartidas que el FDI exige a las intendencias. Ambos instrumentos buscan favorecer la negociación entre intendentes y alcaldes a la hora de determinar las obras y su financiamiento, como también generar acuerdos en red entre varios municipios dentro de un mismo departamento.

2.4. El asociacionismo municipal y las relaciones intergubernamentales

La cooperación intermunicipal, entendida como el diseño y la implementación de políticas, programas, proyectos o servicios de forma colaborativa entre varios municipios, es aún incipiente en Uruguay. Tanto los dispositivos de relaciones intergubernamentales (RIG) horizontales como los instrumentos de gestión derivados de ellos son débiles y difusos.

La LDyPC establece como materia municipal la posibilidad de que los municipios celebren convenios de colaboración en el marco de sus competencias, participen de proyectos de cooperación internacional que comprendan a su territorio, así como también acuerden con otros municipios diversos asuntos en el marco de las competencias delegadas por los intendentes (Art. 7, n° 7, 10, 11 y 12, respectivamente). Esta eventualidad está fuertemente intermediada por la voluntad política de los intendentes y depende en gran medida de las capacidades político-institucionales y técnico-administrativas existentes en los municipios. Por lo tanto, aunque la posibilidad formalmente está establecida, en los hechos hay fuertes limitaciones en términos de capacidades estatales subnacionales para implementarlo.

Teniendo en cuenta estas limitaciones, un análisis de la experiencia del proceso de municipalización desde 2010 permite identificar algunos dispositivos de RIG horizontales de nivel intermunicipal; a saber: i) plenario de municipios; ii) redes departamentales de municipios; y iii) proyectos intermunicipales en el marco de programas nacionales o internacionales.

El Plenario de Municipios se creó en 2013 por resolución del Congreso de Intendentes. Nuclea a todos los alcaldes que ejercen la representación de los municipios y cuenta con una mesa ejecutiva de representación pluripartidaria integrada por nueve miembros. Esta institucionalidad, además de incipiente, tiene como característica una alta supeditación al Congreso de Intendentes. En este sentido, la capacidad de generar una mayor autonomía de los municipios a través de este ámbito se encuentra fuertemente limitada. No obstante, a través del Plenario se han desarrollado algunas redes temáticas vinculadas a asuntos como el turismo o la equidad de género, que pueden, entre otras cosas, canalizar recursos provenientes de la cooperación internacional y del gobierno central hacia los municipios.

Entre 2016 y 2020 el plenario contó con un acompañamiento técnico proveniente del Programa de Naciones Unidas para el Desarrollo (PNUD) y la OPP, lo que además del fortalecimiento necesario en términos de capacidades, operó también como ámbito de seguimiento y control por parte del gobierno central.

En relación a las redes departamentales se producen variados acuerdos con diverso nivel de institucionalización en cada departamento. Estos arreglos van desde gabinetes departamentales con integración de los alcaldes, hasta mesas, microrregiones o federaciones de municipios. Se destacan, a modo de ejemplo, las microrregiones y los vértices territoriales en Canelones, que integran también a los municipios; la Federación de Municipios de Cerro Largo, y la integración de los alcaldes a las reuniones de los gabinetes de gestión en varias intendencias.

No todos estos acuerdos se encuentran incluidos en los reglamentos de funcionamiento de los municipios. En ocasiones pueden formar parte de decretos departamentales o inclusive de las funciones y atribuciones de las direcciones de descentralización que forman parte de las intendencias. En otros casos se trata de reuniones *ad hoc*, lo que es una muestra de la debilidad institucional de estos ámbitos. Todas estas experiencias tienen en común que dependen fuertemente de la capacidad política y técnica de las intendencias. En este sentido, aunque puedan favorecer una mejor gestión municipal, funcionan principalmente como ámbitos de control o cooptación de los intendentes y de los departamentos en relación a los municipios.

Finalmente, en cuanto a la gestión intermunicipal de proyectos, hay experiencias a nivel de distintos programas de diverso origen (OPP, PNUD, UE, BID, MIEM, ANDE, Congreso de Intendentes, entre otros). Más allá de estas experiencias, las mismas han sido más bien *ad hoc* y no tanto como resultado de una planificación coordinada. Algunos ejemplos son proyectos intermunicipales implementados en el marco del Fondo +Local de la OPP (2011-2020) o el Programa de Desarrollo Sostenible (OPP/UE), donde varios municipios se asociaron para la implementación de proyectos de desarrollo local. También las agendas municipales de cultura y de desarrollo municipal implementadas en el período 2015-2020, en las que se recogen experiencias puntuales de coordinación y complementariedad de recursos en el marco de procesos de planificación. En el último período de gobierno, se registran algunas experiencias de proyectos en el marco de diversos fondos extrapresupuestales como Desarrollo Territorial (OPP) o el Fondo Juventud, implementado en conjunto entre OPP e INJU/MIDES.

Otros procesos de colaboración se producen sobre la base de relaciones de vecindad, intermediados por buenas relaciones informales entre los alcaldes. Estos instrumentos de colaboración no siempre cuentan con una base formal o reglamentaria que asegure la continuidad y sustentabilidad en el tiempo, pero suelen ser eficaces para resolver algunos asuntos, como pueden ser la recolección y disposición final de residuos, el mantenimiento de la caminería rural, o la realización de algunas obras de infraestructura de menor escala, entre otras acciones.

3. PRINCIPALES POLÍTICAS URBANAS Y DESAFÍOS MUNICIPALES

Como hemos desarrollado a lo largo del capítulo, los municipios en Uruguay son unidades de reciente creación y con escasas capacidades. Sin embargo, a la hora de pensar en los problemas de las ciudades y localidades del país, los gobiernos locales han ido adquiriendo un rol cada vez más relevante en su gestión. Partimos de la base de que dichos problemas no suelen ser abordados de manera autónoma por los gobiernos locales, sino que responden a procesos de gobernanza multinivel donde los municipios son un engranaje más en procesos complejos, aunque en algunos casos cumplen un rol marginal.

En este apartado nos dedicaremos a describir algunos asuntos fundamentales relacionadas con las políticas urbanas. Para esto, identificaremos dichos desafíos asociados a los Objetivos de Desarrollo Sostenible (ODS) y a su implementación en el territorio.

En primer lugar, es necesario destacar que Uruguay ha realizado un importante esfuerzo para avanzar en el abordaje de la Agenda 2030 de la ONU y su implementación. En este sentido, el país, desde el 2017, ha presentado avances en base a sus informes voluntarios a nivel país, pero también ha implementado avances a nivel subnacional en el proceso de localización de los ODS. Se destacan fundamentalmente los aportes que se realizaron en el marco de los informes territoriales en base a *Rapid Integrated Assesment* (conocido como RIA por sus siglas).

Esta herramienta fue desarrollada por el PNUD en el marco del aterrizaje de la Agenda 2030 en la región. El RIA realiza un mapeo de los objetivos y metas de ODS contra prioridades nacionales/subnacionales (basado en el análisis de la visión, planes nacionales de desarrollo, planes sectoriales, y agendas de desarrollo local) para determinar cómo los ODS están reflejados en los objetivos y metas nacionales, facilitando el diálogo necesario para embarcarse en la fase de implementación (Freigedo, Milanesi y Ferreira, 2020).

Específicamente, se realizó este ejercicio en siete de los 19 departamentos del Uruguay, analizando el rol que han tenido los gobiernos subnacionales (departamentales y municipales) en la contribución de los ODS[6]. El trabajo realizado permite ahondar en algunos hallazgos interesantes. Se ha señalado que los gobiernos subnacionales en Uruguay, particularmente los gobiernos departamentales, han ido adquiriendo cada vez más funciones y protagonismo en algunas áreas claves de las políticas públicas como las políticas sociales, ambientales o de desarrollo productivo (Freigedo y Rodriguez, 2019).

En este sentido, como se muestra en el siguiente gráfico, la aplicación del RIA permite confirmar que los gobiernos subnacionales intervienen, en mayor o menor medida, en todos los ODS.

Gráfico 3. Alineación de las iniciativas de los gobiernos subnacionales a los ODS

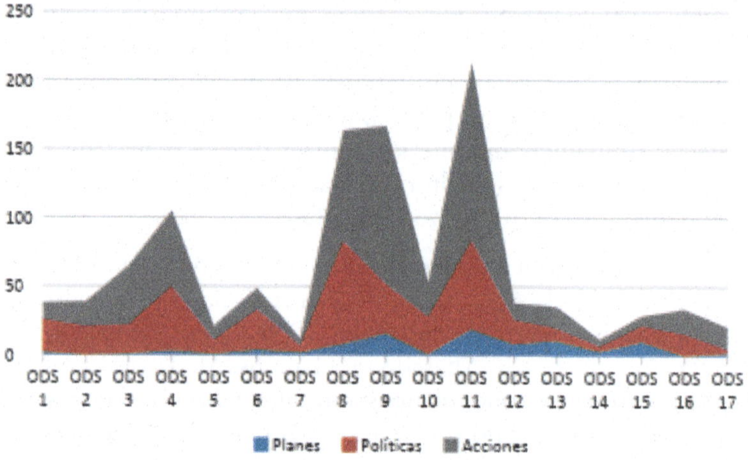

Fuente: Informe Voluntario ODS, Uruguay. 2019.

Como se mencionó, más allá de la importancia que han adquirido los gobiernos subnacionales (tanto departamentales como municipales) y su capacidad de incidencia para colaborar a mejorar los indicadores de los ODS, en un país unitario y centralizado como el Uruguay, la necesidad de colaboración y trabajo conjunto con el nivel central se torna fundamental. Particularmente esto es relevante en algunos asuntos claves para la gestión de problemas complejos en localidades urbanas. En lo que resta de esta sección se abordan tres asuntos claves para la gestión de las localidades urbanas en el país: el ordenamiento territorial, la gestión del agua y la gestión de los residuos.

3.1. Ordenamiento territorial

En relación a la gestión del ordenamiento territorial, el país se embarcó en un proceso de construcción de un nuevo marco institucional a partir de la aprobación, en 2008, de la Ley de Ordenamiento Territorial y Desarrollo Sostenible (LOTyDS). Este nuevo marco permite planificar el modelo de ordenamiento del territorio uruguayo en sus diferentes escalas: nacional, regional, departamental y local. Como resultado, se han aprobado en total 97 instrumentos de ordenamiento territorial en sus diferentes niveles[7].

Un asunto fundamental en relación a los gobiernos subnacionales es que el nuevo marco les da una importante autonomía a los Gobiernos Departamentales (segundo orden), ya que los instrumentos departamentales y locales son elaborados y aprobados por este nivel de gobierno. Actualmente, los 19 Gobiernos Departamentales han aprobado Directrices Departamentales y en buena parte de los municipios también se han definido Planes Locales de Ordenamiento Territorial.

De todas formas, los gobiernos municipales no son actores centrales en estos procesos, sino que cumplen funciones principalmente a nivel de consulta e informativos. Los actores nacionales y departamentales suelen consultar e intercambiar con los actores municipales a la hora de elaborar los planes en sus territorios.

---

7 Fuente: https://www.ambiente.gub.uy/indicadores_ambientales/ficha/oan-instrumentos-de-ordenamiento-territorial-aprobados/. Acceso: 24/06/2024.

Sin embargo, no existe a nivel institucional ningún mecanismo de relaciones intergubernamentales formales donde participen los gobiernos locales.

Otro aspecto relevante de este proceso de construcción de instrumentos de ordenamiento territorial es el lugar que le otorga a los mecanismos de participación ciudadana. En este sentido, los instrumentos, para ser formalmente aprobados, deben contar con instancias previas de participación, las que se llevan a cabo a través de puestas en manifiesto y audiencias públicas. Los resultados muestran que estos mecanismos no son vinculantes y están condicionados por la voluntad política de las autoridades departamentales de incorporar o no la visión de los actores sociales del territorio. Esto marca una importante heterogeneidad a nivel territorial (Freigedo y Ruiz Díaz, 2020).

Más allá de estos importantes avances en materia de diseño de políticas públicas de ordenamiento territorial, que permitió la aprobación de un número muy importante de instrumentos desde el 2008 en adelante, existen desafíos para poder consolidar este nuevo marco institucional. El desafío más importante está asociado a la efectiva implementación de estos planes y a la construcción de indicadores que permitan evaluar la política. En este sentido, los gobiernos locales son, sin duda, actores fundamentales que deben ser parte de este proceso, identificando problemas y regulando la implementación de la política. Para esto, seguramente sea necesario trabajar en el fortalecimiento de sus capacidades.

3.2. Gestión del agua

Otro de los desafíos fundamentales por los que atraviesan las zonas urbanas del país está asociado a la gestión de los recursos hídricos. Seguramente el ejemplo más notable de este desafío está asociado a lo vivido durante el primer semestre de 2023, cuando la capital, Montevideo, donde vive casi la mitad de la población del país, quedó sin abastecimiento de agua potable por varios meses[8]. Las sequías por falta de lluvias, la contaminación de las cuencas hídricas y la falta de infraestructura explican en buena medida las causas de lo sucedido[9].

Considerando la relevancia del asunto más allá de esta situación concreta, en este apartado nos centraremos en presentar, desde una perspectiva de la gobernanza multinivel, cómo se ha trabajado su abordaje.

En este sentido, el modelo de gestión del agua tiene un hito legal importante en 2004 a partir de la aprobación de una reforma constitucional sobre el uso de agua en el país, que, con la aprobación del 64,7% de la población, estableció, entre otros puntos fundamentales, que el suministro de agua potable y el saneamiento eran responsabilidades exclusivas del Estado. A su vez se estableció que la gestión hídrica debe darse por medio de un proceso participativo donde participen actores sociales y del gobierno en sus diferentes niveles, incluyendo a los gobiernos subnacionales en el proceso de planificación, gestión y control de los recursos hídricos (Venturini, 2022).

En este sentido, se han creado diversos mecanismos, sobre todo asociados a la gestión de cuencas, en los que la participación de gobiernos departamentales, y en algunos casos municipales, es activa. Ejemplos de estos son los planes que se han elaborado en distintas cuencas como el Plan de Cuenca del Río Negro, Plan Río Tacuarembó, Plan de Gestión Integrada de la Cuenca del Río Santa Lucía, Plan de Cuenca Laguna del Cisne y Plan de Cuenca Laguna Merín[10]. Todos estos procesos han avanzado en mayor o menor medida y lograron modificar en parte la lógica de cons-

---

8 https://www.bbc.com/mundo/articles/c4nvqjy9pywo. Acceso: 14/06/2024.

9 https://aapepyg.com/2023/09/02/ambiente-y-politica-2/ Acceso: 14/06/2024.

10 https://miradordegobiernoabierto.agesic.gub.uy/SigesVisualizador/gu/o/GA/p/1959;jsessionid=fvwALlgCF2W9PsifH2F95fo2.node1. Acceso: 15/06/2024.

trucción del cuidado de las aguas en el país. De todas formas, los desafíos aún son diversos, y las lógicas e intereses de los diferentes actores involucrados han llevado a que los procesos sean de un aprendizaje constante.

3.3. Gestión de residuos domiciliarios

Finalmente, una de las funciones y competencias que más han asumido los municipios desde su creación es la recolección de residuos domiciliarios. En 2022 la mitad de los municipios aplicaba algún sistema de recolección a través de contenedores urbanos y cerca de una cuarta parte implementaba sistemas de contenedores domiciliarios (OPP y MA, 2023).

La participación del municipio en la prestación de este servicio suele depender del lugar que ocupan dentro del sistema departamental de recolección y disposición final, lo que es responsabilidad del gobierno departamental. Dependiendo del grado de planificación existente y de la madurez e integralidad del sistema, los municipios pueden participar de distintas maneras. Cuando tienen escala, capacidad logística y operativa, suelen encargarse de todo el ciclo del servicio, desde la programación hasta la implementación. En otros casos, cuando el sistema es gestionado principalmente por la intendencia, los municipios participan en el monitoreo y en la financiación parcial de los componentes del servicio, como los contenedores y su mantenimiento, la adquisición de equipamiento o la provisión de insumos utilizados, entre otros.

Aunque la LDyPC establece que el seguimiento y control de la recolección de los residuos domiciliarios y su disposición forma parte de la materia municipal (Art. 7, numeral 2, inciso quinto), los datos disponibles muestran que el servicio se presta bajo deferentes modalidades y no incluyen sólo el seguimiento y el control, sino también distintos grados de participación en la prestación del servicio. De acuerdo con un relevamiento realizado por OPP para los ejercicios 2017 y 2019, aproximadamente la tercera parte de los municipios era responsable de la prestación del servicio de recolección de residuos domiciliarios. Otro tercio de los municipios lo brindaba de manera concurrente, es decir, con un alto grado de coordinación con la intendencia derivado de que ambos niveles de gobierno asumen la competencia. Por último, en el tercio restante el servicio era prestado únicamente por parte de la intendencia, sin participación relevante de los municipios (OPP, 2019: 24).

Un aspecto destacable en todas las modalidades es la participación de diversas organizaciones como empresas, cooperativas u organizaciones sociales que participan en alguna fase del servicio, tanto en la recolección como en la clasificación y reutilización de los residuos. En este sentido, las intendencias y los municipios han avanzado en la asunción de la lógica de economía circular tendiente a valorizar los residuos como recursos; aunque incipiente, la economía circular aparece como desafío a futuro, tanto en materia de gestión ambiental como de generación de ingresos económicos para las comunidades locales.

Otro de los desafíos, principalmente en los municipios de mayor población, es la regularización de la población que trabaja y vive en torno a los sitios de disposición final (SDF). Actualmente, de la mano de la creación del Ministerio de Ambiente (MA) y con apoyo del Banco Mundial (BM), la principal estrategia consiste en regularizar los SDF y cerrar los que están en muy malas condiciones, muchos de los cuales se sitúan en pequeñas localidades y son gestionados por los municipios. La alternativa es crear centros de transferencia para llevar los residuos desde las localidades hacia SDF habilitados en las capitales departamentales.

En todas las alternativas de solución mencionadas, surge como desafío la necesidad de fortalecer los mecanismos de coordinación entre los niveles de gobierno para cumplir con los cometidos en materia ambiental. En este sentido, se destacan algunos instrumentos de gestión intergubernamentales como la Ley de Reciclaje de Envases (2004), la Ley de Ordenamiento Territorial y Desarrollo Sostenible (2008), la Ley de Gestión Integral de Residuos (2019) y el Plan Nacional de Gestión de Residuos (2021), entre otros, cuyos lineamientos estratégicos requieren de la aplicación concreta de soluciones coordinadas en las distintas escalas territoriales. Del mismo modo, existen mecanismos de financiamiento intergubernamentales como el Fondo de Desarrollo del Interior (FDI) y el Fondo de Incentivo a la Gestión de los Municipios (FIGM), que son fuentes a las que los municipios pueden acceder para fortalecer su capacidad de prestación del servicio. Otras fuentes las constituyen diversos programas y proyectos con financiamiento local e internacional, que además de financiamiento pueden ofrecer acompañamiento técnico en la planificación e implementación de las diversas alternativas de políticas.

4. A MODO DE CONCLUSIÓN

El proceso de municipalización en Uruguay se encuentra en fase de consolidación, en la medida en que se han mantenido o profundizado algunos de los instrumentos originales planteados en la LDyPC. A saber, el número total de municipios ha ido en aumento; el financiamiento a través de transferencias centrales ha crecido y se han perfeccionado sus instrumentos, y las autoridades municipales, en general, se han ido legitimando dentro del sistema político.

En este marco, el diseño y la implementación de las políticas públicas sectoriales requieren cada vez más de la participación de las autoridades locales, quienes suelen reclamar una mayor participación en la solución de sus problemas. No siempre esta participación se produce de la mano de mecanismos formales de relaciones intergubernamentales; muchas veces la participación de los municipios queda librada en exceso a la voluntad política de los intendentes.

Los ejemplos del ordenamiento territorial y de la gestión del agua muestran, por un lado, la potencialidad de los municipios como actores locales de gobierno, a la vez que sus limitaciones para incidir de un modo más importante sobre las problemáticas que abordan. En otras áreas de servicios municipales, como por ejemplo la gestión de los residuos domiciliarios, los municipios pueden generar mayores grados de autonomía, dependiendo de las capacidades logísticas y operativas con las que cuentan. En este sentido, el panorama parecería ser muy heterogéneo. En cualquier caso, se advierte la necesidad de fortalecer las capacidades y aumentar los recursos materiales, humanos y tecnológicos para afrontar los desafíos de las políticas públicas en el nivel local.

Surgen como desafíos la necesidad de fortalecer la descentralización fiscal y los mecanismos de acceso al financiamiento por parte de los municipios. Este es requisito para evitar uno de los principales riesgos de la descentralización, que es la asunción de nuevas competencias sin el financiamiento necesario, lo cual debilita al gobierno local (Falleti, 2005). De la mano del acceso al financiamiento, también la posibilidad de contar con recursos humanos calificados. Los indicios, en este sentido, apuntan a que los municipios no han aumentado el número de funcionarios, sino que lo han reducido o mantenido estable en relación al número total de funcionarios estatales. En general los municipios dependen grandemente de las capacidades técnicas de las intendencias. Este hecho, si bien fuerza la necesidad de generar mayores grados de coordinación multinivel, puede deteriorar la autonomía de los gobiernos locales para cumplir con sus cometidos.

Además de los desafíos fiscales y administrativos señalados, también se identifican desafíos relevantes en la dimensión política. En primer lugar, fortalecer la participación electoral en los municipios de mayor población, de modo de favorecer una mayor legitimidad del proceso de descentralización en todo el país y no sólo en el interior. En segundo lugar, favorecer las condiciones para una mayor equidad de género en el acceso a los cargos del gobierno municipal. En este sentido, la brecha de género no ha sido reducida significativamente durante lo que va del proceso de municipalización en el país. Finalmente, aunque se trata de una problemática más compleja, se advierte el riesgo del aumento de la centralización del poder político asociado al incremento de concejos monopartidistas en situación de congruencia política con los intendentes departamentales. Si bien esto es en gran parte consecuencia de la lógica de la competencia política subnacional, requiere desarrollar instrumentos de control, transparencia y rendición de cuentas tendientes a favorecer el buen gobierno local en contextos de mayor concentración del poder.

5. REFERENCIAS BIBLIOGRÁFICAS

Centurión, I. (2016). Desigualdad territorial y concentración en el Uruguay. Observatorio Territorio Uruguay. Reporte No. 5.

Falleti, T. G. (2005). A sequential theory of decentralization: Latin American cases in comparative perspective. American political science review, 99 (3), 327-346.

Freigedo, M., Ferriera, C., y Milanesi, A. (2020). RIA: aplicación de una metodología para el seguimiento de la localización de los ODS. Cuadernos del Claeh, 39 (112), 119-132.

Freigedo, M., y Rodríguez, J. (2019). Las capacidades estatales de los gobiernos departamentales en Uruguay. En E. J. Grin, E. Completa, A. P. Carrera-Hernández y F. L. Abrucio (coords.), Capacidades estatales en gobiernos locales iberoamericanos: actualidad, brechas y perspectivas. Río de Janeiro: Fundación Getulio Vargas.

Freigedo, M. y Ruiz Díaz, M. (2020). Caracterización de mecanismos participativos en el marco de la Ley de Ordenamiento Territorial y Desarrollo Sostenible. Informe final. Convenio DINOT – APFCS.

Magri, A. (2015). "Gobiernos locales en Uruguay", en J. Ruano y C. Vial (coord.), Manual de gobiernos locales en Iberoamérica. CLAD y Universidad Autónoma de Chile.

Magri, Altair y Freigedo, M. (2010). "Municipales 2010: ¿elecciones de segundo orden?", en D. Buquet y N. Johnson (coord.), Del cambio a la continuidad. Ciclo electoral 2009-2010, 325-369. Ediciones de la Banda Oriental – Instituto de Ciencia Política de la Facultad de Ciencias Sociales. Universidad de la República, Montevideo.

Martínez, J., Radics, A., y Viscarra, H. (2020). Diagnóstico y propuestas para la modernización del sistema de transferencias en Uruguay. Oficina de Planeamiento y Presupuesto Dirección de Descentralización e Inversión Pública.

Oficina de Planeamiento y Presupuesto (2019). Desarrollo Institucional Municipal. Serie Síntesis Metodológica Programa Uruguay Integra.

Oficina de Planeamiento y Presupuesto y Ministerio de Ambiente (2023). Municipio Sostenible. En https://municipios.gub.uy/sites/default/files/MUNICIPIOS%20SOSTENIBLES.pdf Recuperado el 24/06/2024.

Rodríguez, J. R. (2022). La centralización del poder político como contracara del proceso de descentralización en Uruguay. Actores políticos, elecciones y sistemas de partidos: una aproximación comparada desde la política subnacional en América Latina, 45-71.

Rodríguez Miranda, A., Vial Cossani, C., Centurión, I. y Pérez, M. (2024). Índice de desarrollo regional Uruguay 2006-2022. IDERE-UY. Informe 2024. Montevideo: Facultad de Ciencias Económicas y de Administración, Universidad de la República.

Venturini, P. (2023). Gobernanza del agua en la cuenca del Río Santa Lucía: valores, percepciones y preferencias en la construcción de las zonas buffer [en línea] Tesis de maestría. Montevideo: Udelar.

Gobiernos locales en Venezuela

WLADIMIR PÉREZ PARRA
Universidad Politécnica Estatal del Carchi
Ecuador

Resumen: Venezuela tiene 335 municipios, es un Estado Federal descentralizado en los términos consagrados en la Constitución y se rige por los principios de integridad territorial, cooperación, solidaridad, concurrencia y corresponsabilidad. Sin embargo, es un modelo centralizado que limita la autonomía local. Existe una propuesta para reformar la ley del poder público municipal para dar paso a las comunas y los consejos comunales. Para un sector es una restricción a la autonomía local y para otros es darle poder al pueblo. El presente trabajo es un análisis en torno a la situación actual de los gobiernos locales en Venezuela.

Palabras claves: Venezuela, autonomía local, centralizado, comuna, gobiernos locales.

Abstract: Venezuela has 335 municipalities. As outlined by its Constitution, it operates as a decentralized federalist state and is governed by principles of territorial integrity, cooperation, solidarity, concurrence, and co-responsibility. However, its centralized model limits local autonomy, and there is a proposed reform to allow municipalities to create communes and communal councils. For some, this proposal represents a possible restriction on local autonomy, while for others it represents a way to empower the people. This paper analyzes the current situation of local governments in Venezuela.

Keywords: Venezuela, local autonomy, centralized, communal, local governments.

1. INTRODUCCIÓN

Dentro del territorio venezolano, desde los tiempos coloniales, la noción *municipio* ha sido de considerable importancia para definir las políticas gubernamentales llevadas a cabo a nivel local.

El ayuntamiento fue uno de los principales espacios destinados a la administración municipal mientras funcionó como eje durante el proceso independentista; por esta razón, la historia nacional asigna a esta institución un carácter especial al ser la raíz de la nación venezolana.

El Estado venezolano ha sido diseñado por las Constituciones nacionales de 1961 y de 1999. Con la consolidación de una democracia bipartidista hasta 1998, las organizaciones con fines políticos Acción Democrática (de ideología socialdemócrata) y Copei (de ideología democratacristiana) se alternaron en el poder central y en el parlamento, lo que permitió el dominio, casi absoluto, de los microgobiernos (enfocados en lo local). En ese sentido, estas organizaciones políticas condujeron la organización y las funciones del Estado, mientras implementaron un sistema de gestión pública *sui generis*, particularidad materializada con el financiamiento de la renta petrolera.

Dicho sistema democrático, instaurado en 1958, estuvo marcado por una alta participación electoral, con una baja abstención (característica distintiva que indica cómo fue la madurez y el comportamiento político de los venezolanos y sus instituciones entre las décadas de los años sesenta y noventa).

Lamentablemente, este modelo de economía rentista que sustentaba las potencialidades de la organización y las funciones del Estado fue dando señales de agotamiento, situación que se puso en evidencia durante los años noventa, cuando se empiezan a producir una serie de cambios en la ciudadanía. Al respecto de esos años, que algunos estudiosos señalan como los de la *década perdida*[1] (Pérez Herrero, 2001) en el contexto latinoamericano,

---

1 "Década perdida" por la generalizada crisis económica en Latinoamérica producto del aumento de los procesos inflacionarios, la crisis de la deuda externa y el aumento de los de los tipos de interés, situación que disparó el déficit del Estado. En nuestro país se tradujo en una reducción de las exportaciones, reducción del gasto público, deterioro de los servicios públicos y decrecimiento del PIB.

Manuel Caballero (2007) dirá con acertada razón que "Una ola de escepticismo parece haber ganado al país" (p. 179). Como consecuencia, las instituciones políticas y administrativas sufren una acelerada pérdida de legitimidad, pues al Estado le resultaba complejo seguir cumpliendo sus obligaciones y responsabilidades con sus ciudadanos. Para lograr salvar la situación se toman medidas de emergencia económica que intentaron en un primer momento contener la crisis, tal y como lo señala el expresidente de la República, Carlos Andrés Pérez, uno de los protagonistas de estos eventos:

> ...nuevo esquema cambiario; liberación de las tasas de interés activas; aumento gradual del precio de la gasolina por tres años; racionalización de la política arancelaria; libertad de comercio y eliminación de exoneraciones para las importaciones; congelación de los cargos públicos; ajustes gradual de las tarifas de luz y teléfono; liberación de las tarifas en el transporte público; establecimiento de 50% de subsidio para los fertilizantes; incremento del salario mínimo a 4.000 bolívares para el área urbana y 2.500 para el campo; aumento del 30% del sueldo para los funcionarios públicos; subsidios directos a los componentes a la cesta básica; creación de una red de mercados populares; fortalecimiento al plan de hogares de cuidado diario y otros sistemas de apoyo a los sectores marginales; y creación de una comisión presidencial para la lucha en contra de la pobreza. (Hernández, 2012, p. 85).

Pero ya era demasiado tarde. Los hechos violentos acaecidos en febrero de 1989 (revuelta de los sectores populares por el aumento de la gasolina), en unión a las rebeliones militares del 4 de febrero y el 27 de noviembre de 1992, más el incremento de la abstención electoral, mostraron las señales de agotamiento del sistema político instaurado desde 1959, con lo que entra en crisis el denominado sistema populista de conciliación de élites y el modelo rentista. Es de destacar que, durante los sucesos de 1992, traducidos en dos intentos de golpes de Estado, los militares alzados en armas no lograron sus objetivos por el alto apoyo que recibe el gobierno nacional de los gobiernos regionales y locales, dado que estos últimos tenían una aceptación considerable en comparación con el nacional, trayendo consigo un fuerte apoyo y estabilidad institucional al país.

Los cambios políticos y electorales producidos en Venezuela, posteriormente a 1998, tienen su concreción en la aprobación de la Constitución nacional mediante referéndum celebrado el 15 de diciembre de 1999. En este nuevo marco legítimo, el diseño del gobierno local, en el seno de la Asamblea Constituyente, fue objeto de un amplio debate desde diferentes puntos de vista, cuya discusión se venía suscitando desde 1989, al promoverse la descentralización mediante elección directa y secreta de los gobernadores de cada estado y los alcaldes de los municipios. La gestión del gobierno nacional de esa época,

> Convocó a todos los candidatos presidenciales y a los secretarios generales de los partidos para que se comprometieran a impulsar las propuestas de la COPRE y a aprobar en el Congreso de la República las reformas de la Ley de Régimen Municipal, la Ley del Sufragio y la Ley de Elección y Remoción de Gobernadores. (Hernández, 2012, p. 82).

Hubo, empero, cierto escepticismo. Se temía que, con dicha asamblea, se perdiesen los avances y logros desarrollados en materia de descentralización; luego, la propia dinámica del debate constituyente aclaró cualquier duda y temor sobre un asunto de tanta relevancia.

> Conforme a la tradición constitucional venezolana, la Constitución Política contenida en el texto de 1999, conservó la organización del Estado con forma federal, mediante un sistema de distribución del Poder Público en tres niveles: Nacional, Estadal y Municipal, atribuyendo su ejercicio a diversos órganos, y asignando competencias exclusivas en los tres niveles, además de las competencias concurrentes entre ellos, y algunas competencias residuales e implícitas. (Brewer-Carias, 2001, p. 21).

En tal sentido, se otorgó mayor margen de autonomía a los gobiernos locales dentro del nuevo texto constitucional, a diferencia de su predecesor (la Constitución nacional de 1961).

En la nueva Carta Magna se consagra la descentralización política y administrativa, referida específicamente a los aspectos tributarios y de manejo fiscal en los municipios. Venezuela, desde una aproximación formal, tiene algunas especificidades en materia local, en lo que corresponde al reforzamiento de la figura del alcalde como primera autoridad del municipio, así como en las formas de elección de concejales y el control político de los consejos locales sobre los alcaldes mediante las contralorías municipales. También da potestad a la distribución de competencias de los poderes públicos para instaurar un servicio de policías garantes de la seguridad ciudadana, competencias de circulación vial, ordenación del territorio, gestión urbanística, así como la protección y salvaguarda del patrimonio histórico y cultural. Con relación a lo fiscal, los parámetros constitucionales establecen la potestad tributaria municipal y su inclusión dentro del sistema tributario nacional.

Cabe destacar que, dentro de esta nueva Carta Magna, el artículo 168 fusionó los artículos 25 y 29 de la anterior Constitución y señala que los municipios constituyen la unidad política primaria de la organización nacional; además, dicho artículo garantiza la autonomía local cuando reconoce al municipio como uno de los poderes de la nación enmarcado dentro del Poder Público Municipal, cuya soberanía comprende la elección de sus autoridades (alcaldes y concejales), la gestión de las materias de sus competencias y la creación, recaudación e inversión de sus ingresos para incrementar la calidad de vida a sus habitantes.

El municipio actúa dentro de sus competencias constitucionales al fundamentar e incorporar la participación ciudadana para la ejecución de la administración pública, mediante el control y evaluación de sus acciones, que garantizarían resultados administrativos positivos conforme a lo establecido por la ley. Sin embargo, el texto constitucional sigue siendo un instrumento jurídico garantista adosado a un papel, donde muchos de sus postulados esperan su materialización.

> Pero distribuir el Poder Público a nivel local y diseñar un Nuevo Municipalismo como instrumento político para la participación democrática, exige, por supuesto, organizar los niveles intermedios del Poder Público en el territorio, pues de lo contrario, la reforma conduciría a más centralización del Poder, por la imposibilidad de descentralizar ciertas competencias hacia el pequeño ámbito municipal. Por ello, en todas las sociedades democráticas

> contemporáneas, paralelamente al desarrollo del municipalismo y del gobierno local, se han organizado niveles de Poder Público descentralizados, de carácter intermedio en el territorio, ubicados entre el Poder Central (Nacional) y el Poder Local (Municipal). (Brewer-Carias, 2001, pp. 10-11).

En este sentido, sobre la base de los estatutos del municipalismo como instrumento legal, los actores políticos y los ciudadanos asumen un rol participativo, protagónico y crítico en el momento de ejecutar las leyes que se desprenden de la Carta Magna venezolana.

Se define el *gobierno local* como la estructura administrativa y el organismo ministerial con mayor acercamiento al ciudadano, encargado de atender los asuntos que afectan directamente a la población; por eso, las personas pueden acceder al gobierno sin intermediarios. Esta cercanía entre ambos agentes (gobierno-sujeto) está determinada por varias particularidades, como el tamaño territorial, el número de habitantes, las competencias administrativas, entre otras (Brito, 2005).

A pesar del valor político-administrativo del municipio, en Venezuela no se le ha dado la relevancia merecida, ya que sus competencias han sido marginadas y disminuidas a lo largo de historia republicana centralista.

2. DESCRIPCIÓN GENERAL DE LOS GOBIERNOS LOCALES EN VENEZUELA

2.1. Tipos de gobiernos locales

Venezuela no puede ser concebida como una nación si no se estudia desde lo minúsculo. En este sentido, su evolución histórico-política está sujeta a los municipios, en la medida en que, con el desarrollo constitucional, se les han realizado importantísimas innovaciones. Estos microgobiernos se rigen por una ley orgánica nacional, la cual es adaptada a las características propias municipales de acuerdo con la situación geográfica, el número de habitantes y el desarrollo económico.

El municipio, entonces, constituye la unidad política primaria y autónoma, es decir, la estructura organizativa fundamental de la administración territorial, debido a que sus habitantes se agrupan para gestionar, de forma autónoma, sus intereses colectivos desde los tiempos coloniales. Por ello, este organismo tiene su origen en "el cabildo [como] institución de gobierno local traída por los españoles a América desde el mismo comienzo de la Conquista" (Diccionario de Historia de Venezuela, 2007, p. 270). Venezuela, dentro de su régimen democrático participativo y protagónico establecido en la Constitución de 1999, tiene su basamento en la democracia local, que abarca un proceso de reforma que posibilite cubrir las necesidades y exigencias sociales.

La división político-territorial venezolana se organiza en *estados* organizados en municipios y distribuidos, a su vez, en parroquias. Dichas organizaciones están reguladas por una ley orgánica garante de la autonomía municipal y de la desconcentración administrativa. Entre las competencias autónomas de los gobiernos locales (instauradas en la Constitución) destacan: elección de sus autoridades, conformación de parroquias, fundación de instancias, mecanismos y sujetos de descentralización, asociación en mancomunidades y demás formas asociativas intergubernamentales, la legislación de sus competencias, la organización y el funcionamiento de los distintos órganos del gobierno local, la creación, recaudación e inversión de sus ingresos, el control, la vigilancia y fiscalización de sus ingresos, los gastos y bienes. Conjuntamente, los gobiernos locales son responsables de la planificación, zonificación y urbanización de las ciudades. La taxonomía político-territorial de Venezuela es la siguiente: un gobierno nacional, 23 gobiernos estatales y 335 gobiernos locales, un distrito capital (que comprende parte de la ciudad de Caracas) y las dependencias federales (algunas islas, en su mayoría deshabitadas).

En teoría, el municipio es la unidad primaria de la organización político-territorial del país, según lo establece la Constitución nacional, en el capítulo IV, artículo 168, donde se describen los fundamentos del poder público municipal. Sin embargo, este microgobierno es arropado por el poder de los *estados regionales*, los cuales asumen parte de sus competencias, a pesar de corresponderles a los municipios constitucionalmente ejecutarlas. En su mayoría, los municipios las ceden a los gobiernos regionales por carencia de recursos económicos. Esto acarrea que el gobierno local pierda el papel estelar dentro del sistema político nacional, mientras se fortalece el regional.

Para que se establezca una comunicación efectiva entre el gobierno nacional y los regionales y locales se ha creado el Consejo Federal de Gobierno, organismo integrado por los poderes municipal, estatal y nacional, cuyo propósito consiste en profundizar la descentralización del Estado, según el mandato constitucional (artículo 185) y la Ley Orgánica del Consejo Federal de Gobierno, con fecha del 22 de febrero de 2010, mientras se establece una mayor transferencia de competencias entre dichos poderes. Este consejo federal debe propiciar, también, las relaciones entre otros niveles gubernamentales mediante la coordinación y la planificación de políticas públicas.

Los microgobiernos ubicados en la zona capital o en las principales ciudades del país destacan por poseer una elevada población, empresas, industrias, comercios, zonas mineras o petroleras (razón para aumentar la cantidad de presupuesto y recursos por vía de los impuestos municipales). Esto implica que algunos municipios sean considerados más importantes que otros, como los de la región capital (Libertador, Chacao, Baruta, Sucre y el Hatillo), los cuales componen la Gran Caracas. En contraposición, hay territorios pobres, con incapacidad administrativa, sostenidos económicamente gracias al situado constitucional, con el que cancelan la nómina, amparan la ejecución de obras, entre otras problemáticas gerenciales. Del mismo modo, están aquellos que no son capitales de estados, pero su labor comercial o industrial (como las zonas francas) los convierte en epicentro de recursos monetarios, al generar rentas municipales que superan hasta el doble del ingreso económico constitucional que por ley les correspondería por la renta petrolera.

Figura 1. Tipos de gobiernos locales

Tipos de gobiernos locales y su papel dentro del contexto institucional nacional venezolano

Gobierno Central
Presidente de la Republica, Ministerios, Institutos

Gobiernos Estatales
Gobernador, Gobernaciones de Estados, Institutos autónomos estatales

Municipios
Alcaldes, Alcaldía, Consejo Municipal e Institutos

Parroquias Urbanas y Rurales
Presidente de Juntas, Juntas Parroquiales.

Fuente: Elaboración propia.

2.2. Formas de elección de los alcaldes y los concejos municipales

Venezuela, desde 1958, configuró un sistema electoral representativo y popular (forma en la cual los ciudadanos eligen a sus autoridades) como respuesta fundamental del régimen democrático, a través de la presencia de partidos. La elección de los representantes en los distintos cargos públicos por medio de los votos es indispensable para el fortalecimiento de la democracia.

Sin embargo, los efectos inicuos de este sistema representativo se percibieron tres décadas después, cuando, a finales de los años setenta, los mismos actores políticos, al reflexionar sobre el impulso de una reforma del método electoral venezolano, insisten en introducir modificaciones en el sistema electoral, como una necesidad impostergable para el fortalecimiento de la institucionalidad democrática y así evitar el debilitamiento del sistema político y administrativo (años después, esto acontece con los dos intentos de golpes de Estado, cuyo protagonista llega al poder presidencial a finales de los noventa). Para lograrlo, se debían atender las preferencias de los venezolanos a fin de disminuir la partidocracia que había secuestrado su participación, para estimular la intervención política del ciudadano en el ejercicio de su soberanía, aunque se llevó a cabo con cierta distancia y autonomía frente a los partidos, que habían copado los espacios de intervención. Los partidos políticos siempre han estado en el epicentro del sistema electoral venezolano y, en este caso, tenían el control popular hasta el punto de que, por ejemplo, la consulta electoral se efectuaba mediante el empleo de tarjetas de colores, con las que no se votaban a personas concretas con nombre y apellido, sino a la lista presentada por el partido. En la actualidad, el sistema convoca a elecciones utilizando dos variables que convergen en los procesos nacionales, regionales y municipales, a saber: el nombre del partido de adscripción con el nombre de los candidatos a elegir.

En 1978, la Ley Orgánica de Régimen Municipal no alcanzó la anhelada autonomía municipal sin dar valor al municipio como unidad política territorial primaria; durante 1979, por primera vez, se celebraron elecciones separadas de las presidenciales, en las que se votaron por concejales. El mencionado centralismo seguía frenando la autonomía municipal; los actores políticos y los partidos carecían de voluntad política para realizar los cambios necesarios en el replanteamiento de los municipios.

En 1989, en cambio, hubo un gran avance, dado que se reformó la Ley Orgánica de Régimen Municipal y nació un sistema administrativo local, con el que se estableció una clara diferencia entre la autoridad ejecutiva (presidida por el alcalde) y la legislativa (dirigida por el concejo municipal), la cual es deliberante y de control. En este sentido, la figura del alcalde electo es reciente si se compara con el establecimiento de la democracia, pues, anteriormente, había un prefecto (jefe del municipio) sin valor dentro del Poder Ejecutivo municipal. Se instaura treinta años después, con la ley del 15 de junio de 1989, que instituyó la elección directa de esos funcionarios, siendo el alcalde el principal empleado ejecutivo del municipio y simultáneamente el presidente del Concejo Municipal. Los ciudadanos tuvieron la oportunidad de escoger, de forma directa y secreta, a sus representantes locales: alcaldes y concejales. Con anterioridad a la ley de 1989, no existía esta figura, cuya función era ejercida por el presidente del Concejo Municipal, o del Distrito, como era llamado entonces, que solapaba las funciones ejecutivas y las legislativas.

Con la instauración de las alcaldías se da un imponente paso en materia de descentralización, dado que se separan el Poder Ejecutivo del Legislativo y el alcalde ahora ejerce el gobierno local, mientras que los concejales legislan por medio de las ordenanzas municipales. Con ello, se supera la imagen de un régimen municipal colegiado por el gobierno que atentaba contra la descentralización al confundir las funciones legislativas, deliberantes, de control y administrativas desarrolladas por los ediles con las del gobierno ejecutivo encabezado por el alcalde (Mascareño, 2000).

Los alcaldes y los concejales de los concejos municipales se eligen de forma universal, directa y secreta mediante un sistema electoral mayoritario, que designa un método uninominal por lista y por circuitos electorales. La duración del período de ambas figuras es de cuatro años, con reelección indefinida, según la enmienda N.° 1 de la Constitución Nacional, promulgada en el 2009. El Concejo Municipal podrá presentar una moción de censura o de confianza, la cual, dependiendo de su causal, podría terminar en los órganos jurisdiccionales competentes como la Contraloría General de República o el Tribunal Supremo de Justicia para llevar a cabo su correspondiente sanción e incluso destitución. Asimismo, está el referendo revocatorio, decretado en el artículo 72 de la Constitución nacional, aplicable al alcalde.

Este es un mecanismo público en el que los cargos de elección popular son revocables.

En la Constitución nacional de 1999 sí se específica el rol de este actor político. El actual texto constitucional es mucho más avanzado en lo referente al sistema de representación y en la forma de elección de los alcaldes y concejales. Por tanto, representa una mejora significativa, pues destaca su rol democrático, mientras da oportunidad a los ciudadanos para expresarse libremente cuando escogen a sus alcaldes y concejales.

Un aspecto negativo de esta realidad local es que en Venezuela no hay debate sobre la forma de delegación y elección de los alcaldes y concejales. Se define como un sistema de votación por circuito de representación mayoritaria en el que no hay cabida a las minorías; los partidos con su maquinaria tienen ventaja sobre los ciudadanos; sigue siendo un sistema electoral que favorece a los partidos en detrimento de los movimientos sociales; los ciudadanos tienen que afiliarse a los partidos para estar representados en el municipio. El control personal, entonces, es casi nulo, debido a que los partidos imponen sus concejales, quienes a su vez responden a los lineamientos partidistas en los que militan y monopolizan las votaciones al cerrar cualquier posibilidad de contribución civil.

En suma, con la promulgación de la Ley Orgánica del Poder Público Municipal en el 2005, se establece con precisión la separación de los poderes municipales, mientras el alcalde deja de ser presidente del Concejo Municipal, quien ahora es nombrado dentro del cuerpo de concejales electos. Estas acciones indican que aún falta maduración política en el país, especialmente en lo referente al fortalecimiento del municipio como entidad administrativa-política; además, se requiere una transferencia de las competencias legales, las cuales se encuentran todavía en manos del gobierno central y de los regionales.

2.3. El perfil de los alcaldes y el liderazgo local en Venezuela

El proceso de descentralización desarrollado entre 1989 y 1999 trajo consigo el repunte de los liderazgos regionales y locales, a través del rescate de la unidad nacional por medio de los microgobiernos, los cuales garantizan el respeto y la convivencia pacífica en el país. Los liderazgos municipales, en este sentido, poseen la capacidad de influir determinantemente en su territorio.

Existen pocos alcaldes independientes, cuyos perfiles profesionales varían de acuerdo con las zonas, intereses ideológicos y formación educativa. La mayoría de ellos, habitantes de la zona capitalina (la Gran Caracas) y de las principales ciudades capitales de los estados vitales en economía, son egresados en Derecho; también, en el interior del país, hay ingenieros, médicos, contadores públicos y educadores. En lo referente a la tasa de alcaldes por sexo se cuantifica que, de las 335 alcaldías, aproximadamente el 75% son de género masculino; la participación femenina, en este caso, es baja, al representar apenas un 25%, según datos del CNE.

2.4. El asociacionismo municipal y las relaciones intergubernamentales

El fenómeno de la polarización partidista ha dividido al país en dos mitades. El oficialismo tiene como práctica cuando algún candidato de la oposición gana las elecciones regionales o locales, reducir los recursos económicos y competencias de gobernadores y alcaldes mediante decretos o imponer gobiernos paralelos o "protectorados". Un ejemplo es la figura de jefe del Gobierno de Caracas, implantada por Hugo Chávez, a fin de reducir las competencias del alcalde mayor electo con el apoyo de la oposición, que para ese entonces era Antonio Ledezma. Igualmente, en los estados gobernados por la oposición se erigieron las Corporaciones Regionales, órganos que actúan como entes análogos con el objetivo de suprimir funciones y recursos a los gobernadores no adeptos al oficialismo.

Los municipios ya no recurren a la cooperación intermunicipal. En la Gran Caracas confluyen, para hacer referencia a un caso en específico, los municipios Libertador (con orientación partidista oficialista), Baruta, Chacao, Sucre y el Hatillo (del sector de oposición). Cuando se celebran reuniones para planificar acciones de desarrollo que integren a los sectores en un acuerdo mancomunado, el municipio Libertador no asiste a las convocatorias.

Sin embargo, con la formación del Consejo Federal de Gobierno parece que se ha logrado un mejor acercamiento entre los distintos municipios divergentes del oficialista gobierno central. Esta institución tiene como objetivos promover, apoyar y suministrar recursos financieros tanto a los gobiernos regionales como a los locales, para destinarlos, mediante inversión pública, a optimizar las condiciones de vida de la población. Bajo un esquema denominado Instancia del Poder Popular, dicha institución lleva a cabo la ejecución, seguimiento y control administrativo municipales.

2.5. Forma de financiación

Para entender cómo funciona la administración económica de los entes políticos es necesario hacer mención al *situado constitucional*: ingreso de dinero recibido por las gobernaciones y alcaldías, basado en las ganancias del Estado cuando exporta su principal fuente económica: el petróleo. Esta entrada monetaria es enviada por intermedio de las gobernaciones de los estados a cada municipio, de acuerdo con su número de habitantes (Gaceta Oficial de la República Bolivariana de Venezuela, 2003).

La mayoría de los municipios venezolanos dependen económicamente de este situado constitucional para cubrir sus gastos de diversas maneras, entre las que destacan las transferencias intergubernamentales, los créditos públicos y los ingresos propios generados con sus tributos. La distribución de estos recursos depende de las características geoeconómicas de cada municipio, dado a que en algunos existen suficientes industrias y comercios que hacen que los tributos sean altos e incluso superan los aportes del gobierno central, así como los ingresos por la explotación de ciertos recursos naturales. En otros casos, por ser espacios pequeños y carentes de grandes comercios e industrias, únicamente subsisten gracias al aporte del gobierno nacional.

Venezuela, además, cuenta con una serie de ingresos reconocidos en la Constitución nacional y las leyes correspondientes, los cuales van desde los ordinarios hasta los extraordinarios. Dichos recursos pueden proceder de la administración del patrimonio, de los bienes y servicios, de las tasas impositivas por negocios comerciales, de espectáculos públicos, de la publicidad comercial y los generados por catastros, servicio vehicular, multas, dividendos e intereses por suscripción del capital depositados en la banca, entre otros.

La autonomía del gobierno local depende de su capacidad de recaudar impuestos (que generan recursos económicos) y de tener presupuesto (que financian las obras municipales), frente a los recursos asignados por el gobierno central. El gobierno local, como establece la Constitución, posee autonomía legal para la gestión de sus propios recursos y desarrollar sus competencias.

Existen también notables diferencias entre los gobiernos locales. Hay municipios ricos y con gran capacidad recaudadora. En contraste, hay algunos que destinan sus pocos tributos al cobro de tasas relativamente insignificantes; su sostenimiento, entonces, recae en la percepción de ingresos producto de la renta del petróleo. El gobierno central posee otros mecanismos para transferir recursos hacia los estados y municipios mediante leyes especiales y el Consejo Federal de Gobierno, los cuales dotan a los municipios de recursos puntuales con el recurso de ciertos programas de subsidio.

En suma, el gobierno local depende financieramente del gobierno central. Según reza la Constitución en su artículo 140 y en la Ley Orgánica del Poder Público Municipal, cada municipio puede generar recursos mediante la aprobación de tributos clasificados en tasas, impuestos, contribuciones, transferencias, patrimonios y recursos extraordinarios.

Figura 2. Forma de financiación

Fuente: Elaboración propia.

3. PRINCIPALES POLÍTICAS URBANAS Y DESAFÍOS MUNICIPALES

3.1. Participación ciudadana en el ámbito local

La Constitución de Venezuela es clara sobre los mecanismos novedosos de participación ciudadana. Fundamentalmente otorga el poder al ciudadano con la figura del *referéndum consultivo*, a través de la Junta Parroquial, el Concejo Municipal o al menos al 10% de los ciudadanos inscritos en el Municipio. Este referéndum tiene su aval legal en el artículo 71 de la Constitución; sin embargo, recientemente es cuestionada dicha participación ciudadana pues, como ya se hizo mención, el gobierno nacional ha venido socavando el poder de decisión de cada municipio para transferirlos a los llamados Consejos Comunales, antiguas Asociaciones de Vecinos.

En otros términos, se está jugando con dos modelos de participación ciudadana basados en la ideología y los lineamientos de dos polos macro (oficialismo-oposición). El bloque de la oposición defiende los postulados municipales como mecanismo directo de participación civil; por ello, toda propuesta de desarrollo local debe partir y ser impulsada desde las instituciones del poder público municipal. En cambio, el oficialismo apuesta por el debilitamiento del poder público municipal, a través de los llamados consejos comunales, con los cuales, en apariencia, las decisiones dependen del mismo colectivo.

El gobierno central, en este sentido, hace un llamado civil mediante un *plan de la patria*, con el cual postula principios humanísticos, holísticos y ecológicos, pero opuestos a cualquier modelo de corte liberal. Cuando dicho plan es llevado al ámbito municipal, se presentan agendas de trabajos y diagnósticos de la realidad local que luego pasan a la fase de municipalización, cuya finalidad consiste en construir un *Estado comunal* paralelo al Estado constitucional ordenado por las leyes refrendadas en la Constitución de 1999.

Con la creación del Parlamento Comunal, impulsado por el gobierno nacional con el Ministerio de la Comunas, es indudable el debilitamiento del Concejo Municipal, porque se le resta responsabilidades para aprobar ordenanzas y regular la vida social y comunitaria. También debilita las competencias y atribuciones de las alcaldías, dado que este Parlamento se convertiría en la máxima instancia del gobierno y, en consecuencia, cualquier acción ejecutada sería considerada un acto legítimo.

El Consejo Local de Planificación Pública es un dispositivo legal de participación expresado en el artículo 182 del texto constitucional que da al ciudadano protagonismo y autonomía en la toma de decisiones locales. Está integrado por el alcalde, los concejales, los presidentes de las juntas parroquiales, los representantes de las organizaciones vecinales y demás instituciones de la sociedad civil organizada. En este sentido, para consolidar el modelo de gobierno comunal, la Asamblea Nacional sancionó la reforma parcial de la Ley de Consejos Locales de Planificación Pública con la finalidad de quitar peso a las organizaciones vecinales y sociales, y, así entregar mayor poder a los consejos comunales.

Respecto a las consultas populares, los gobiernos locales recurren a las asambleas ciudadanas para discutir los planes de gestión y el presupuesto. La mayoría de los alcaldes se reúnen con organizaciones sociales para debatir las prioridades comunales y diseñar un presupuesto público que se debate en asambleas ciudadanas. Esta práctica, que se realiza al margen de la ley, la ejecutan con frecuencia los alcaldes tanto del oficialismo como los de la oposición, con el agravante de que necesariamente tienen que incluir en dicha discusión a los consejos comunales.

La participación ciudadana depende de los intereses y la voluntad del bando que esté al frente del gobierno local, donde sólo asisten a las convocatorias sus adeptos. En este sentido, existe una *participación partidista*, la cual no aporta nada al desarrollo de los gobiernos locales, pues intenta resolver los intereses de su partido político.

3.2. Innovación y modernización local

Las nuevas tecnologías de la información han hecho del mundo una aldea global vinculada a los cambios sociales de carácter progresista, innovadores e ininterrumpidos sobre los procesos político-administrativos. En la esfera gubernamental, en este sentido, el acceso a la información es cada vez más acelerado, especialmente en los gobiernos locales (Cotarelo, 2010). La vanguardia de estos sistemas permite, en teoría, que los procesos gubernamentales den respuesta con prontitud y de manera agilizada a sus ciudadanos.

En Latinoamericana, el gobierno electrónico está dando paso al gobierno abierto como instrumento adecuado para impulsar el *buen gobierno* (Mariñez y Valenzuela, 2013). Con ello se estaría impulsando la participación de las comunidades alejadas actualmente del ejercicio de la ciudadanía, por no existir los canales idóneos de interacción; en otros términos, los ciudadanos tendrían una mayor accesibilidad a los entes públicos, sin importar el lugar donde se hallen.

Sin embargo, el gobierno electrónico no están tan avanzado en Venezuela como en el resto de países del continente. El esfuerzo por modernizar el sector público es muy pobre. Las municipalidades, lo que más han desarrollado son sitios *web* (específicamente, las alcaldías capitalinas). Las principales ciudades han ejecutado ciertos procesos internos sobre la operatividad administrativa. Sin embargo, este esfuerzo no es suficiente porque las actividades realizadas no son de acceso al público por este medio, ni tampoco mejoran la agilización de los trámites administrativos.

Es por ello necesario y urgente iniciar una política nacional de digitalización de la administración municipal en materia de impuestos, rendición de cuentas, publicación de actos administrativos, entre otros ítems, que permita interconectar a todos los ciudadanos del país con sus administraciones locales.

En síntesis, Venezuela carece hasta ahora de un debate nacional abierto, de propuestas modernizadoras de la administración pública. Algunas alcaldías, con raras excepciones, han aplicado tecnologías en el ámbito local, entre ellas las que conforman la Gran Caracas (Chacao, Baruta y Sucre). Sus sitios *web* declaran los ingresos brutos, certifican actas y efectúan otros trámites. Es necesario superar la materia informativa y diseñar plataformas que contribuyan a implementar gobiernos abiertos y totalmente democráticos.

Figura 3. Innovación y modernización local

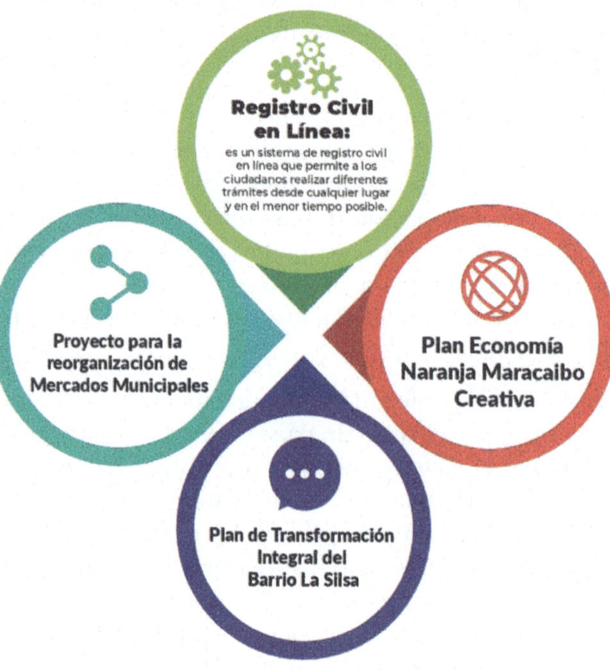

Fuente: Elaboración propia.

3.3. Principales políticas urbanas y sus retos

Debido a una falta de aplicación de políticas claras y coherentes a través de un plan de ordenación territorial, las ciudades venezolanas se han convertido en espacios desorden social, caos, contaminación, irrespeto a las normas de tránsito y a las normas civiles de convivencia.

Venezuela, además, es considerado uno de los principales países del continente con mayores índices de contaminación del medio ambiente, y por tener el parque automotor más antiguo, que genera más gases tóxicos en contraste con los vehículos construidos en los últimos tiempos.

La ausencia de cooperación y coordinación entre los tres niveles de gobierno (nacional, estatal y local) provocó, por ejemplo, que en Mérida, la contaminación por desechos sólidos hiciera colapsar parte del espacio público, durante los gobiernos de oposición al gobierno central. La alcaldía, que estuvo en manos de un partido de oposición, no recibía los recursos del gobierno nacional, mientras este último dotó de equipos nuevos y modernos a la gobernación de ese estado para que se abocara a resolver dicho problema, sólo cuando la gobernación estuvo en manos del oficialismo.

Todo esto permite afirmar que en Venezuela los gobiernos locales están alejándose cada vez más de los problemas auténticos de los ciudadanos. Esto queda demostrado por los bajos niveles de participación electoral en las elecciones municipales, a diferencia de otros procesos electorales. Sin embargo, como se ha hecho referencia, el alcalde carece de autoridad y de recursos para solventar los problemas más apremiantes.

4. CONCLUSIONES

En la Asamblea Nacional se considera la posibilidad de reformar la Ley de Administración Central para crear el Ministerio de Asuntos Municipales y Acción Comunitaria o Comunal con el objetivo de desarrollar un sistema nacional de apoyo técnico y capacitación de los recursos humanos de las alcaldías en Venezuela puesto que una inmensa mayoría de los municipios venezolanos no dispone de los recursos financieros para atender los problemas de sus comunidades.

La Presidencia de República y la Asamblea Nacional en el 2025 están desarrollando una agresiva política de parroquialización para tratar de dar solución al fracaso de la propuesta de las comunas, proponiendo una nueva reestructuración de los 335 municipios (de los cuales 126 tienen una sola parroquia), para superar las 5.000 comunas e impedir su vinculación con los partidos políticos.

Es indispensable que los gobiernos locales garanticen a sus ciudadanos una mínima calidad de vida mediante la prestación de servicios públicos esenciales. Además, debe acentuarse el centralismo del Estado para favorecer la toma de decisiones de los ciudadanos, directamente o a través de sus representantes en el ámbito local.

5. REFERENCIAS BIBLIOGRÁFICAS

Brewer-Carias, A. (1984). *Régimen municipal de Venezuela.* Caracas: Editorial Jurídica Venezolana.

Brewer-Carías, A. (2001). La descentralización política en la Constitución de 1999: federalismo y municipalismo (una reforma insuficiente y regresiva). Provincia, (7), 7-92. [fecha de consulta 8 de febrero de 2025]. ISSN: 1317-9535. Recuperado de: https://www.redalyc.org/articulo.oa?id=55500702.

Brito, M. (2005). Buen gobierno local y calidad de la democracia. *Revista Instituciones y Desarrollo,* (12-13), 249-275.

Caballero, M. (2007). *Las crisis de la Venezuela contemporánea (1903-1992).* Caracas: Alfadil Ediciones (5ª edición).

Constitución de la República de Venezuela (1961, 16 de enero). *Gaceta Oficial de la República.* Enero 23, 1961.

Constitución de la República Bolivariana de Venezuela (1999, 30 de diciembre). *Gaceta Oficial de la República,* N° 36.860. [Extraordinaria]. Marzo 24, 2000.

Cotarelo, R. (2010). *La política en la era del Internet.* Valencia, España: Tirant lo Blanch.

Hernández, R. (2012). *Carlos Andrés Pérez* (Biblioteca Biográfica Venezolana, volumen 146). Caracas: Editorial El Nacional.

Ley de Reforma parcial de la Ley de los Consejos Locales de Planificación Pública (2010, 30 de diciembre). *Gaceta Oficial de la República de Venezuela.* N° 6.017.

Ley Orgánica de Régimen Municipal (1978, 18 de agosto). *Gaceta Oficial de la República de Venezuela.*

Ley Orgánica del Poder Público Municipal (2005, 8 de junio). *Gaceta Oficial de la República de Venezuela.* N° 38.204.

Mariñez, F. y Valenzuela, R. (2013). *Gobierno abierto: ¿Más innovación? ¿Más gobierno? ¿Más sociedad? ¿En qué consisten? Propuestas para los gobiernos locales.* México: Miguel Ángel Porrúa-EGAP.

Mascareño, C. (2000). *Balance de la descentralización en Venezuela: Logros, limitaciones y perspectivas.* Caracas: Nueva Sociedad.

Mesa de la Unidad Democrática (2013). *Lineamientos para la gestión municipal 2014-2017.* Venezuela: Unidad Técnica de la Mesa de la Unidad Democrática.

Pérez Herrero, P. (2001). Estados Unidos y Latinoamérica en el Nuevo Sistema Internacional. En Pereira, J.C. (Coord.), *Historia de las relaciones internacionales contemporáneas.* Madrid: Ariel Historia.

Promulgación de la Constitución de la República Bolivariana de Venezuela (2009, 19 de febrero). *Gaceta Oficial de la República,* Nº 5.908. [Extraordinaria].

Urdaneta Troconis, G. (2020). *La idea de municipio en Venezuela: El arduo tránsito del municipio territorial al municipio-colectividad.* Caracas: Fundación Derecho Administrativo.

VV.AA. (1997). *Diccionario de Historia de Venezuela.* Caracas: Fundación Polar.

Sobre los autores

Daniel Casal Oubiña

https://orcid.org/0000-0002-8960-5350

Profesor de Ciencia Política y de la Administración Pública en la Universidad Rey Juan Carlos. Doctor en Ciencia Política y de la Administración por la Universidad Complutense. Diploma de Estudios Avanzados en Gobierno y Administración Pública por el Instituto Ortega y Gasset y licenciado en Derecho por la Universidad Carlos III de Madrid. Investigador principal del proyecto CentGob sobre Presidencias y Centros de Gobierno en Sistemas Multinivel y miembro del Instituto Complutense de Ciencia de la Administración, así como del Grupo de Innovación Docente GIDOGAP de la URJC.

Cristian Castillo Peñaherrera

https://orcid.org/0000-0003-0038-1483

Doctor en Ciencias Políticas y de la Administración Pública y máster oficial en Gobierno y Administración Pública por la Universidad Complutense de Madrid. Magíster en Desarrollo y Comportamiento Organizacional por la Universidad Diego Portales de Santiago de Chile. Diplomado Superior en Asociatividad y Competitividad Empresarial por la Universidad del Azuay de Cuenca y diplomado en Gestión Estratégica de Recursos Humanos por el Tecnológico de Monterrey. Licenciado en Comunicación Social por la Universidad del Azuay de Cuenca.

Ex ministro de la Presidencia de la República del Ecuador, ex ministro de la Administración Pública del Ecuador, ex consejero del Gobierno del Ecuador y ex asesor del Ministerio Coordinador de la Producción, Empleo y Competitividad y del Consejo de la Judicatura.

Docente investigador de la Universidad del Azuay en gobierno y administración, estudios organizacionales, planificación estratégica, prospectiva.

Consultor en asuntos de planeación estratégica institucional y gubernamental, gestión estratégica organizacional, prospectiva estratégica, modelos de gestión, diseño organizacional, simplificación administrativa, gestión pública, políticas públicas, desarrollo social y productivo.

Daniel CRAVACUORE

https://orcid.org/0000-0001-7686-5244

Doctor en Dirección y Gestión Pública Local por la Universidad de Jaén (España). Director del Centro de Desarrollo Territorial de la Universidad Nacional de Quilmes (Argentina). Profesor invitado de universidades en Chile, Colombia y España. *Former Distinguished Senior Research Scholar* de la *Steven J. Green School of International and Public Affairs, Florida International University* (Estados Unidos). Presidente de la Fundación Internacional para el Desarrollo Local (FINDEL). Director de la Red Iberoamericana de Universidades y Centros Académicos Municipalistas, promovida por la Unión Iberoamericana de Municipalistas. Posee más de un centenar de publicaciones entre libros, capítulos de libros y artículos referados. Ha realizado más de cuatrocientas presentaciones en congresos científicos nacionales e internacionales. Miembro del Comité Editorial de 11 revistas científicas internacionales. Miembro del *Board* del Comité RC05 *Comparative Studies on Local Government and Politics* de la Internacional *Political Science Association.* Premio Iberoamericano 2023 “Alexis de Tocqueville” a la Trayectoria en Investigación en Gestión Local, propuesto por sus pares disciplinares. Premio a la Excelencia Municipalista otorgado por la Federación Latinoamericana de Ciudades, Municipios y Asociaciones (2024).

Martín Freigedo

https://orcid.org/0000-0003-0177-8845

Doctor en Ciencias Sociales (FLACSO-México). Es profesor adjunto de tiempo completo del Departamento de Ciencia Política, Universidad de la República. Miembro del Sistema Nacional de Investgiadores, nivel I.

Se ha especializado en las temáticas de política subnacional, particularmente en la gestión pública de los gobiernos subnacionales y asuntos de representación política a nivel local.

Sus trabajos se han publicado en diversas revistas académicas nacionales e internacionales como *Regional and Federal Studies, Revue internationale de politique comparee, Revista Reforma y Democracia, Public Administration Review, Iconos, Revista Iberomaericana de Estudios Municipales,* entre otras.

Eduardo Grin

https://orcid.org/0000-0002-0488-8487

Doctor en Administración Pública y Gobierno (FGV-SP). Máster en Ciencia Política (Universidad de São Paulo). Investigador visitante del Departamento de Ciencia Política (UC-Berkeley/2023), donde desarrolló investigación sobre cooperación intermunicipal en Brasil y Estados Unidos. Profesor del Departamento de Gestión Pública (EAESP/FGV-SP) en el curso de pregrado en Administración Pública, en el curso académico de posgrado (maestría y doctorado en Administración Pública y Gobierno) y en el curso profesional (Maestría en Gestión y Políticas Públicas). Profesor de la Facultad de Economía (FGV-SP-2013-2022). Profesor de la Universidad del Valle (Colombia) en el Programa de Doctorado en Administración Pública. Profesor de la Escuela Iberoamericana de Políticas Públicas, vinculada al Consejo de Administración para el Desarrollo (CLAD), y a la Escuela Nacional de Administración Pública (ENAP). Investigador del Centro de Estudios en Administración Pública y Gobierno (CEAPG/FGV) en las áreas de federalismo y gobiernos locales. Investigador de ENAP. Investigador de la Red Iberoamericana de Universidades y Centros Académicos/Unión Iberoamericana de Municipios (RED-Uni). Coordinador de Relaciones Institucionales del Instituto Nacional de Ciencia y Tecnología Qualigov. Director de Relaciones Internacionales de la Sociedad Brasileña de Administración Pública. Miembro del Comité Científico de la División de Administración Pública (ANPAD). Miembro de la junta del Comité de Investigación del IPSA sobre Estudios Comparativos en Gobierno Local y Política. Secretario ejecutivo de la Red Latinoamericana de Políticas Públicas.

José Hernández-Bonivento

https://orcid.org/0000-0002-0921-481X

Director del Instituto de Gobierno y Asuntos Públicos y profesor asociado de la Facultad de Ciencias Económicas y Administrativas, Universidad Austral de Chile. Doctor en Ciencias Políticas y de la Administración por la Universidad Complutense de Madrid (España). Máster en Estudios Latinoamericanos por la Universidad de Salamanca (España). Politólogo y literato por la Universidad de los Andes (Colombia). Miembro fundador del Grupo de Investigación en Gobierno, Administración y Políticas Públicas (GIGAPP). Ha sido consultor para organismos internacionales como el Concejo Económico para América Latina y el Caribe (CEPAL), la Organización de Estados Americanos (OEA) y la Alianza para el Gobierno Abierto (OGP) en temas de gobiernos locales, gobierno abierto y responsabilidad pública. Actualmente es investigador responsable del proyecto FONDECYT Regular 1231562: "Instituciones formales e informales y sus efectos en el éxito de estrategias de gobierno abierto local: el caso del programa OGP Local", financiado por la Agencia Nacional de Investigación y Desarrollo (ANID) del Gobierno de Chile.

Luis Eduardo MARTÍNEZ ALMANZA
https://orcid.org/0009-0009-5033-9225

Ingeniero comercial, se desempeña como especialista en gobernanza local. Cuenta con más de 25 años de experiencia en políticas públicas y desarrollo local, con un fuerte enfoque en el trabajo con gobiernos municipales e indígenas. Máster en Administración de Empresas y diplomado en Gestión Municipal, Autonomías Indígenas, Formulación de Proyectos, Gestión Parlamentaria y Descentralización.

Su experiencia abarca tanto el sector privado como organismos internacionales, ONG, fundaciones, agencias de cooperación y el sector público. Ha participado en programas de desarrollo con organizaciones como el PNUD, SNV, GIZ, IDEA Internacional, Solidar Suiza y ONU-Habitat, donde ha tenido un rol activo en el fortalecimiento de la gestión pública en diferentes niveles de gobierno. Como consultor ha colaborado en programas con financiamiento de COSUDE, el Banco Mundial, BID, UNICEF y la Delegación de la Unión Europea en Bolivia, asesorando a diversos gobiernos departamentales, municipales y autonomías indígenas del país, y ha sido especialista en descentralización en el Ministerio de Participación Popular.

Su experiencia incluye el diseño y monitoreo de planes y proyectos en diferentes municipios de Bolivia, así como planes de vida para pueblos indígenas y estrategias financieras para áreas protegidas. Además, tiene una sólida trayectoria como docente universitario, impartiendo clases en temas como planificación, gestión, proyectos y políticas públicas en instituciones académicas como la UMSS, UCB, UNIVALLE, UAGRM y la Contraloría General del Estado.

Actualmente se desempeña como consultor independiente de diferentes instituciones.

Wladimir Pérez Parra
https://orcid.org/0000-0003-4617-8851

Doctor (PhD) en Gobierno y Administración Pública por la Universidad Complutense de Madrid, España. Diploma en Estudios Avanzados (DEA) en Ciencia Política y de la Administración por el Instituto Universitario de Investigación Ortega y Gasset, España. Magíster en Ciencias Políticas por la Universidad de Los Andes, Venezuela. Politólogo por la Universidad de Los Andes, Venezuela. Fue profesor titular de la escuela de Ciencias Políticas, jefe del departamento de Políticas Públicas y coordinador del Doctorado en Estudios Políticos de la Universidad de Los Andes, Venezuela. En la actualidad es profesor-investigador titular, director de la carrera de Administración Pública, director del Doctorado en Políticas Públicas y presidente de la catedra Luis F. Aguilar Villanueva en Gobierno y Administración Pública de la Universidad Politécnica Estatal del Carchi, Ecuador. Ha publicados diferentes libros, capítulos de libros y artículos científicos relacionados con temas de teoría de la administración pública, modernización administrativa, gobiernos, políticas públicas y gobernanza. Ha dirigido proyectos de investigación en gobierno, administración pública, políticas públicas y gobernanza.

José Raúl Rodríguez
https://orcid.org/0009-0002-1745-161X

Doctor en Ciencia Política por la Facultad de Ciencias Sociales de la Universidad de la República, Uruguay. Es docente en el Departamento de Ciencia Política de la Universidad de la República. Asimismo, es miembro del equipo técnico de la División de Cohesión Social de la Oficina de Planeamiento y Presupuesto de la Presidencia de la República de Uruguay. Sus líneas de investigación principales se centran en el estudio de las relaciones intergubernamentales y su incidencia sobre las capacidades estatales subnacionales para las políticas públicas, en el marco de los procesos de descentralización en Uruguay y América Latina.

Edgar Ricardo RODRÍGUEZ HERNÁNDEZ

https://orcid.org/0000-0001-8915-218X

Doctor en Políticas Públicas y Desarrollo por la Universidad de Guadalajara. Es profesor adscrito al Centro Universitario de Tonalá, miembro del SNII y asistente de investigación en la Plataforma Economía de Jalisco del Centro Universitario de Ciencias Económico-Administrativas de la Universidad de Guadalajara. Sus líneas de investigación se relacionan con políticas públicas, desarrollo y gobiernos locales.

Jarumy ROSAS ARELLANO

https://orcid.org/0000-0001-9659-2167

Doctora en Ciencias Económico-Administrativas y maestra en Políticas Públicas de Gobiernos Locales, ambas por la Universidad de Guadalajara. Actualmente es profesora del Departamento de Estudios Regionales-INESER y coordinadora del Doctorado en Políticas Públicas y Desarrollo de la Universidad de Guadalajara. Pertenece al Sistema Nacional de Investigadoras e Investigadores (SNII) en el nivel I. Sus líneas de investigación se relacionan con temas de política social local, así como diseño y evaluación de políticas públicas.

José Manuel RUANO DE LA FUENTE

https://orcid.org/0000-0003-0412-2921

Doctor en Ciencias Políticas y Sociología por la Universidad Complutense de Madrid, donde imparte docencia en estudios de grado y posgrado. Ha desempeñado varios cargos de gestión académica universitaria, entre ellos el de vicedecano de la Facultad de Ciencias Políticas y Sociología (2002-2006), director del Centro Superior de Estudios de Gestión, Análisis y Evaluación (2015-2017), director de la Escuela de Gobierno de la UCM (2021-2023) y coordinador del Máster Universitario en Gobierno y Administración Pública (2010-2025). Sus principales líneas de investigación son el gobierno local y las políticas públicas, los procesos de descentralización y la reforma del Estado. Es codirector del Grupo de Investigación y Diseño de Políticas: Transferencia e Innovación Social (POLiTIS) y presidente del Consejo Científico de EUROPA (Entretiens Universitaires Réguliers pour l' Administration en Europe), ONG internacional con estatuto de entidad colaboradora del Consejo de Europa.

Antonio Sánchez Bernal
https://orcid.org/0000-0002-6698-516X

Doctor en Ciencias Sociales con especialidad en Desarrollo Regional por la Universidad de Guadalajara. Miembro del Sistema Nacional de Investigadores nivel I. Realiza investigación en economía pública, finanzas públicas municipales, cambio institucional y desarrollo. Su libro más reciente es: *La trayectoria de los estudios municipales. Tres décadas de investigación.* Expresidente de la Academia Jalisciense de Ciencias.

Coordinó el Doctorado en Ciencias Económico-Administrativas del CUCEA de 2010-2013. Expresidente de la Red de Investigadores en Gobiernos Locales Mexicanos, IGLOM. Jefe del Departamento de Estudios Regionales-INESER de la Universidad deGuadalajara, desde 2013 hasta 2019. Actualmente es director de la División de Economía y Sociedad del Centro Universitario de Ciencias Económico-Administrativas de la Universidad de Guadalajara. Coordinador de la Plataforma Economía de Jalisco, https://economiajalisco.cucea.udg.mx/.

María Belén Servín
https://orcid.org/0009-0005-2446-7734

Licenciada en Economía por la Universidad Católica Nuestra Señora de la Asunción y máster en Ciencias Económicas por el

Instituto Politécnico Nacional, México. Investigadora del Centro de Análisis y Difusión de la Economía Paraguaya (CADEP, Paraguay). Tiene varios trabajos publicados sobre temas relacionados con desarrollo territorial, economía internacional, comercio exterior, competitividad e innovación.

Filipe Teles

https://orcid.org/0000-0002-5059-368X

Politólogo, profesor de Ciencia Política en la Universidad de Aveiro (Portugal) y actual prorrector para el Desarrollo Regional y Políticas Urbanas. Con más de 20 años de experiencia en docencia, investigación y liderazgo académico, ha coordinado diversos proyectos científicos a nivel nacional e internacional. Es presidente de la European Urban Research Association (2021-2025) y miembro de una unidad de investigación especializada en gobernanza y políticas públicas (GOVCOPP).

Doctor en Ciencia Política, ha publicado ampliamente sobre gobierno local, liderazgo político y reformas territoriales. Es editor y autor de 14 libros y numerosos artículos científicos, además, participa activamente en redes internacionales, comités editoriales y actividades de evaluación académica en Europa y fuera de ella.

Ha sido consultor y experto para instituciones como la Comisión Europea, OCDE, Consejo de Europa y Banco Mundial, trabajando en temas como descentralización y cooperación intermunicipal. También ha impartido conferencias y seminarios en universidades de Europa, América Latina, África y Asia. Su trayectoria combina investigación rigurosa, compromiso institucional y una profunda implicación con el desarrollo territorial, la innovación en políticas públicas, la formación de jóvenes investigadores y la promoción de redes internacionales de colaboración científica.

Camilo Vial Cossani
https://orcid.org/0000-0001-7860-382X

Doctor en Ciencias Políticas por la Universidad Complutense de Madrid. Profesor titular de la Universidad Autónoma de Chile, académico de la Facultad de Ciencias Sociales de la Universidad de la República (Uruguay) y editor de la *Revista Iberoamericana de Estudios Municipales*. Fue vicerrector de Vinculación con el Medio y director del Instituto Chileno de Estudios Municipales, ambos en la Universidad Autónoma de Chile, y jefe de División de Políticas y Estudios de la Subsecretaría de Desarrollo Regional y Administrativo (Subdere). Sus principales líneas de investigación son descentralización y políticas de desarrollo local y regional. Dentro de ese marco, es el autor intelectual del Índice de Desarrollo Regional. Es también autor de diversas publicaciones académicas y artículos en la temática del desarrollo territorial y la descentralización.

Maren Zamorano Hernández
https://orcid.org/0009-0007-4350-6756

Administradora pública de la Universidad Austral de Chile. Personal de apoyo del proyecto FONDEF IDeA I+D ID22I10128 "Escalamiento del Índice de Desarrollo Regional como instrumento de gestión y políticas públicas a nivel territorial en Chile", y del proyecto FONDECYT Regular 1231562 "Instituciones formales e informales y sus efectos en el éxito de estrategias de gobierno abierto local: el caso del programa OGP Local", ambos financiados por la Agencia Nacional de Investigación y Desarrollo (ANID) del Gobierno de Chile.